Der Jüngste Tag
Die Bücherei einer Epoche

Band 2
Büchergilde Gutenberg

Herausgegeben
und mit einem dokumentarischen Anhang versehen von
Heinz Schöffler

Frankfurt am Main 1982

Faksimile-Ausgabe

Nach den Erstausgaben wiedergegeben mit Erlaubnis
der Deutschen Bücherei Leipzig

Nachdruck der 1970 im Verlag Heinrich Scheffler
erschienenen Ausgabe

Alle Rechte vorbehalten · Societäts-Verlag
© 1981 Frankfurter Societäts-Druckerei GmbH
Druck: Paul Robert Wilk, Friedrichsdorf-Seulberg
Printed in Germany 1982
ISBN 3 7632 2639 7

Inhalt

Band 2

Gottfried Kölwel	Gesänge gegen den Tod	559
Paul Kraft	Gedichte	603
Carl Sternheim	Napoleon	641
Kasimir Edschmid	Das rasende Leben	691
Carl Sternheim	Schuhlin	735
Franz Kafka	Die Verwandlung	769
René Schickele	Aïssé	845
Johannes R. Becher	Verbrüderung	877
Carl Sternheim	Meta	923
Albert Ehrenstein	Nicht da nicht dort	967
Franz Werfel	Gesänge aus den drei Reichen	1045

Gottfried Kölwel
Gesänge gegen den Tod

1914

Kurt Wolff Verlag · Leipzig

Dies Buch wurde
gedruckt im März 1914
als siebzehnter Band der Bücherei
„Der jüngste Tag" bei Poeschel & Trepte
in Leipzig

Copyright 1914 by Kurt Wolff Verlag, Leipzig

Es gibt keine Toten!

Maus, Hund und Mond
oder:
Die dreieinige Liebe

Jene blutigangefahrne Maus,
die sich im Staub der Straße weh vertropfte,
als der Tag schwand und der mörderische
Autobus schon in der Ferne klopfte,
pulste auf zur Zeit der Morgenfrische
fern im Orient in einer neuen Maus.

Ein weißer Hund lief durch den kühlen Schatten,
der sich dichter in den Abend wob,
beschnupperte den kalten Leib und fühlte
seine Pflicht, die Toten zu bestatten.
Wie er die Leiche leicht mit Heilandszähnen hob
und sie in seinen Grabesrachen schluckend wühlte!

Der junge Mond verzückte sich, als er
die große Liebe sah, zog seinen Säbel
aus den Wolken, die ihn seligschwer,
wie Hallelujaengel hell umkränzten,
und zerschnitt den blauen Weihnachtsnebel,
daß die Menschen, die es sahen, alle glänzten.

Ewige Stunde

Ich sah an einem himmelblauen Tag
nichts, als die wunderlichen Wolken wehn,
und fühlte meine Erde schaukelnd gehn,
auf der ich, süß vom Licht gekreuzigt, lag.

Die Stunde, die ich lebend so vollbrachte,
war weise wie ein hungeriges Tier;
ich wußte nicht mehr, daß ich selig lachte,
ich lachte, denn ich wußte nichts von ihr.

Als wiegte jemand ohne Aufenthalt
mich ewig fort von Tor zu Toren,
war ich plötzlich tausend Jahre alt
und plötzlich ungeboren.

Ein Lied gegen den Tod

Wenn dir der hinterlistige Tod
an weißen Tagen
mitten auf der Gasse
im eigenen Schatten begegnet und droht,
lauf unter die Sonne und lasse
ihn totschlagen!

Blinkt aber des Nachts aus dem schalen Wein
sein bleiches Gebein,
ist's wohl am besten, man läuft
ans Faß und schüttet alles hinein,
daß der Tod ersäuft.

Zuweilen
kommt es auch vor,
daß er gleich tausend Nächte lang mit geilen
Brüsten und Schenkeln als falsche Venus erscheint und [nicht ruht,
bis du seine Begierden stillst.
Grabe deiner blinden Glut
zeitig einen Löschgraben vor,
wenn du nicht als Götzenopfer verbrennen willst!

Wenn er dir aber einmal in einer müden Stunde
heimtückisch die Wunde
des Sterbens beibringt, dann zeige
auf deine Kinder, auf die sprossenden Zweige
der Bäume oder auf den roten
samenreichen Mohn im Feld,
nimm nochmal deine ganze Stimme hervor
und schrei es dem armseligen Scheusal höhnisch ins Ohr:
Du bist umsonst auf der lebendigen Welt,
es gibt keine Toten!

Begegnung

Auf den winterlichen Höhen, die vom kalten
Silberlicht des Sonntaghimmels rund umflossen
waren, wandelte viel Volk, das aus der großen
Meuchelstadt geflüchtet war, in warmen Falten.

Plötzlich nahte, wie gesandt, ein kleiner Schlitten.
Eine Mutter saß, den weiten Schoß verhüllt,
darauf und lächelte, bis in das Herz erfüllt
von denen, die, den Schlitten ziehend, vor ihr schritten.

Daß der Vater liebend sich in ihr verzehrte,
um in seinem Sohn, der neben ihm auf strammen
Beinen lachte, himmelssüchtig aufzuflammen,
wie sie, als sie dieses dachte, sich verklärte!

O, wie war die Mutter Weg und Mittelpunkt,
weil sich die Ewigkeit in ihrem süßem Schoße
gnädig kreuzte; o welch ungeheuergroße
Liebe aus Geburt und Sterben ewig prunkt!

Und manche aus dem Volke bebten bis ins Haar,
weil sie erschauerten vor dieser Gottesgröße,
die auf einem Schlitten wie in heiliger Blöße
unter kalten Himmeln jäh erschienen war.

Der Flieger

Im Wind ertrank
ein Flieger, der zur Tiefe sank.

Selig schied der schwarze Sarg,
der einen Fetzen Gottesgewand
zur Heimfahrt in sein webendes Land
in sich barg.

Und als die Menschen weinten, lachte
die Erde und schob den Schrein
in den unendlichen Webstuhl hinein
und wirkte, bis sie das große Werk, vielleicht in einem
                          [Vogel, vollbrachte.

Ein Erntelied

Ihr wißt, daß alle Körner, die guten und die bösen,
sich aus verdorrten Ähren lösen.

Die einen fallen aus dem Scheffel auf die Tenne
und wandern durch den Höllenleib der Henne,
andre werden in den Mühlen zerrissen
oder brechen unter den Gebissen
hungeriger Pferde,
viele aber, die unbeirrt
des Weges gehen, suchen ihre Gräber in der Erde,
bis die Auferstehung in ihnen wurzelig wird.

Fragt nicht: Warum? Denn eure Frage verendet
schmerzhaft im unendlichen Gewölbe,
wenn ihr nicht glaubt, daß alle Körner dieselbe
Reise gehen, die sich im Leben ewig vollendet.

Brand

Die Abendsonne setzte sich
auf einen Inselberg und schwang
die grellen Fackeln feierlich,
daß Glut zu Gluten übersprang.
Es brannten Ströme, Watt und Meer,
in Flammen wehte weit das Land,
die Türme lohten rund umher,
am Wege brannte gelb der Sand.
Und über allem flog der Rauch
der Wolken, rot, grau, schwer und rund,
rauchsäulenwölkig dampften auch
die Bäume aus dem großen Grund.

Ein Wanderer, der des Weges kam,
blieb taumelnd stehn im Flammenland,
vergaß die Finsternis und nahm
sein Herz und warf es in den Brand.
Es zuckte, glühte, flammte toll
und jauchzte aus der grellen Glut:
O Welt, wie bist du wundervoll,
in deinem Feuer kocht mein Blut!

Abenddämmerung

Wie sich der Rauch der späten Kühle
gespenstisch durch mein Fenster drängt,
die Räume, die ich sinken fühle,
zur Hexenstube grau verengt!

Mich zu erdrücken drohn die Wände,
die Ahnenbilder werden bleich
und aus den Bildern greifen Hände,
wie Hände aus dem Totenreich.

Im offnen Schrank, wo Würmlein knarren,
spielt mir das ganze alte Chor
zerlumpter Puppen, bunter Narren
das Todesspiel der Kindheit vor.

Aus dem Kamin die Kohlen gleißen
als rote Zähne, die voll Gier
sind, alles, alles zu zerbeißen,
vom letzten Ding die letzte Zier.

Ich stehe bebend und verworren
und meine Hand sucht irgendwo,
bis sich das Dunkel hat verloren,
erlöst zur Flamme, lichterloh.

Nachtmärchen

O kommt, ihr lieben Heimatgeister,
Nachteule, Spuk und Kieselbach,
herein mit euerm Harfenmeister,
dem dunkeln Wind, in mein Gemach.

Ich möchte euch so gerne hören,
bereit sei euch mein ganzes Haus;
nicht eine Ratte darf euch stören
und Todesstrafe gilt der Maus.

Sogar die Bilder an den Wänden
und alle Kästen sind gespannt,
die Uhr will ihre Rede enden,
die Fliege schweigen an der Wand.

Und wenn ihr etwa argt, es fiele
die Sonne jäh in den Kamin
und schliche vor bis an die Diele,
um eures Märchens Anbeginn

Mit lautem, grellen Glanz zu stören —
Es ist nur eine Fledermaus,
die wollte euch auch gerne hören
und rutschte im Kamine aus.

Unser Haus

Unser Haus hat kühle Wände,
Kohlen, die im Eimer lärmen,
Katzen, die die grauen Bälge
eng am braunen Ofen wärmen,
Äpfel, die aus alten Kästen
atmen und die Luft der Gärten
wecken, Bibelbände, die sich
auftun und lebendig werden,
und den Wind noch vor der Tür,
der für uns Musik bedeutet,
weil von allen braven Schwalben
keine mehr im Hausgang läutet.

Vor dem Frühling

Wenn hungerdünne Vögel sich empören
argwöhnisch gegen Himmel, Mond und Stern,
im dunkeln Wind die Bäume aber röhren,
begnadete Propheten ihres Herrn,
dann ist die große Unruh nicht mehr weit,
die sich aus Sturm und Drang der Erde wühlt,
aufringt und an den Wolken reißt und schreit,
weil sie den Heiland in der Sonne fühlt.

Bahnfahrt durch den Vorfrühling

Ziegelbauten, die wie rote
Schachteln als Fabriken liegen,
leben auf, um wintertote,
ferne Hügel zu erfliegen.

Und die reiserigen, leeren
Birken, die den Besen gleichen,
langen himmelhoch und kehren,
bis die grauen Wolken weichen.

Zwischen hundert Pappelpaaren
fängt ein Kirchturm an zu laufen,
hastend, um den ersten Staren
ein paar Nester abzukaufen.

Vor der Brücke

Vor der Brücke, die den Strom verhöhnte,
neigte sich der Schlot des Dampfers, kroch
der Rauch wie eine Pantherkatze, dehnte
sich, daß jeder, der die Demut roch,
sein Antlitz wandte,
bis der Dampfer wieder sich ermannte,
Bläue raubte, stieg, flog, schwindendhoch.

Frühlingserscheinung

Kühl in bleichen Perlen rann ein Schauern
über meinen Leib, der Waldbach hörte
auf zu rauschen, feste Luft beschwerte
mich, ich stand fast reglos wie in Mauern
eingekalkt, durch die ein Häher sägte.

Und ich sah, wie jeder Fels sich regte
und mit einem Sonnenauge dünnes
Lachen anfing, daß es jeder fühlte
von den nackten Bäumen und ein grünes
Hemd schamhaft um seinen Körper hüllte.

Die Frühlingssonne kommt

Wohin sie tritt,
in allen Wolken
blühen weiße Wunder auf.

In blauen Körben
bringt sie Vögel
von der Reise mit,

und schüttet sie,
die heimatglücklich schauen,
aus in alle Nester,

scheucht das feuchte Dunkel
sorglich
aus den Wäldern

und setzt dem Moose
große, gelbe Augen ein,
daß jedes wachsam leuchte.

Tauwetter

Wenn die Mauerwände tief verzückt
im sonnengelben Wunder stehn, erbeben
jene Flecken, welche rundgestückt
wie feuchter Hauch am glatten Steine kleben.

Dächer, denen letzter Schnee zerfetzt
von nackten, nassen Schultern hängt, verneigen
sich zu wachen Gossen, glanzbenetzt,
und brechen rot das weiße Winterschweigen.

Was sie selig weinen, ist Gesang,
daß viele Menschen, ganz von Melodie
betört, ein Rieseln fühlen, tropfenlang,
aus tiefen Lenden bis ins hohle Knie.

In der Frühe

Wie sich die jungen Felder unermüdlich rühren!
Der Morgennebel qualmt wie Rauch aus hundert Schlöten,
aus grauen Steinen sägt der Wind uralte Flöten,
die helle Arbeitslieder in den Werktag führen.
Allmählich schiebt die Saat sich aus dem grauen Felde
wie grünes Garngespinst aus großen Webmaschinen,
und bis die Sonne schaut, wie die Fabriken spinnen,
liegt schon ein großer grüner Fleck vor ihrem Zelte.

In der Färberstube

Auf alten Tischen häuft sich blaues Tuch,
das aus der Mange rollte, leinenglatt,
und atmet, bis der scharfe Farbgeruch
die Stubenlüfte überwältigt hat.
Durchs aufgemachte Fenster aber stäubt
der Duft der Rosen, die verschwendrisch groß
im nahen Garten blühen, und betäubt
die werkstattfeuchte Luft des Indigos.

Stiller See

Wenn der wolkenlose, blitzendhelle
Tag sich selig schweigsam auf die breiten
Wasser legt und sich nicht eine Welle,
auch nur leise, aufbäumt, dehnt in weiten
Flächen sich der See aus wie erstarrtes,
klares, grünes Glas, daß man erregt
aus tiefen Träumen aufwacht, wenn ein hartes
Ruder Scherben aus dem Spiegel schlägt.

Vor dem Gewitter

Auf den grünen Hängen, die den großen
See umlaufen, beugen tief erschreckt sich alle
Bäume wie zum jähen Sprung und stoßen
Schreie vor dem schweren Wolkenballe
aus, der drohend aus dem Horizonte
fliegt, daß alle Wasser schwarz sich färben
wie die Menschen weiß vor Angst, gewohnte
Ruhe rings verlieren, Verderben
ahnen und mit schäumendweißen Wellen
wie mit Mövenflügeln in die regenreifen
Lüfte schlagen, als wollten sie im schnellen
Drang verstört die Flucht ergreifen.

Mittagsstille

Wenn die Vögel lautlos durch den Mittag gleiten,
schwingenweit, um jenen Glanz, der in den Lüften
bebt, auf ihren Flügeln aufzuhäufen, breiten
sich die Wälder selig aus, in ihren Hüften
hochgefühlevoll, urheilig, ernst wie seltne Frauen
kurz vor der Empfängnis, wenn nur Hauch mehr flüstert,
voll Erwartung, bis die heiligengeistesblanken
Vögel auf sie niederkommen und den blauen
Ätherglanz des Mittags von den lüsternschlanken
Flügeln schütten, daß die Wollust in den Zweigen knistert.

Auf der Waldwiese

Föhren, die im Glanz des Mittags blauten,
drängten an die reife Wiese, hielten
tiefgespannt den Atem an und schauten
auf die Falter, die im Tanze spielten.

Als die Tänzer müde waren, boten
farbenlaute Blumen weiche Sessel
an; die gelben überschrien die roten,
blaue drängten vor die weiße Nessel.

Wolken, die vor Neugier schwollen, tauchten
aus dem Himmelmeer; die Bäume hauchten
plötzlich mächtig auf; Applaus, das dünne
Donnern eines fernen Hochgewitters,
wehte wogend über die Tribüne.

Die Sicheln

Sicheln, die in hungerigen Scheunen
müde schlafen, wachen auf und singen
schaurig, wandern, Mordlust in den Klingen,
aus dem Hof, entlang an hellen Zäunen.
Wo die reifen Ähren über dunkeln
Acker-Furchen furchtsam bebend schwanken,
lachen sie, daß ihre heillos blanken
Augen geisternd durch die Felder funkeln.

Höhenernte

Leiterwagen schneiden blanke Stücke aus dem Horizont,
Garben, wunderselig besonnt,
warten in tanzenden Kränzen.
Gäule, auf denen die schaukelnde Sonne blitzt,
schlagen mit langen Schwänzen,
daß grelles Silber aus den Höhen spritzt.

Die Himmel zittern überall,
Bläue prangt, von Wolken entlaubt,
und alle Menschen wandeln in den Himmeln mit er-
[hobenem Haupt.

Nachtgewitter

An den Wänden meines weiten
Zimmers, das vom Licht der großen
Straßenlampen hell ist, gleiten
Schatten, die aus ruhelosen
Bäumen durch die Fenster schwellen,
lose gaukelnd hin und her,

bis einer von den schauderndgrellen,
ausgedehnten Blitzen, der
von Wolke hin zu Wolke fährt,
mit seinem Glanz die Schattenbilder
totsticht und die Bühne leert,

während an meine Fenster wilder
Hagel schlägt wie Trommelklang
bei einem lauten Leichengang.

Die Turmuhren

Gleichmäßig drängen sich die Zacken
der harten Räder in die Lücken,
um jede Stunde fest zu packen,
zu martern und sie tot zu drücken.
Und werfen die erwürgte Stunde
hinunter auf die harten Gassen,
wie satte Katzen aus dem Schlunde
zerbißne Mäuse fallen lassen.

Dunkle Nacht

Wenn die Nacht wie eine große
Kohle meine Stube ausfüllt, warte
ich wie eine regungslose
Urversteinerung, bis mich der harte
Pendelschlag
der Wanduhr wie ein Bergmannshammer
aus dem schwarzen Jammer
langsam fördert an den hellen Tag.

Ach, alles ist Liebe!

So stand ich vor dem Sterben ...

Ich ging, als sich der regnerische Tag
verweinte und die Weihnachtsfenster lockten,
auf heilen Straßen, wo die Menschen stockten,
weil jedes Auge auf dem Glanze lag.

Da lief, als ich das Pflaster überquerte,
der Tod mir nach als schwerer Autobus,
bedrohte mich als harter Pferdefuß,
daß sich mein Atem jäh nach innen kehrte.

So stand ich vor dem Sterben, schmerzbeschwert —
der Heiland aber, der in allen bösen
Dingen lebt, umschwebte mich, um zu erlösen:
er hupte, wieherte aus einem Pferd.

Und glitt vorbei, als ich das Trottoir
betrat, und wartete auf keinen Dank.
Ich sah die Straße seligfeucht und blank
und stand noch, als er schon verschwunden war.

Im Trödlerladen

I.

Ergraute Heilige, die steif
sich standen am Altar das Bein,
pilgern, von bunter Welt gelockt,
ins irrsalreiche Leben ein.
Und wagen sich zur Tänzerin
aus pudelnacktem Porzellan,
die lüstern schon bei der Geburt
in Meißen fing zu tanzen an.

II.

Und Josef, flüchtend nach Ägypten,
treibt seinen Esel auch hinein
und hängt ihn lässig dem gerippten,
verstaubten Tod ans morsche Bein,
daß die Maria bleich erschrickt
und auf ihr Kind die Augen senkt,
weil sie, wenn gleich ihm längst entrückt,
noch immer an Herodes denkt.

III.

Mephisto, sonst der Wahrheit scheel,
voll Argwohn, Schelmerei und Tücken,
naht sich dem heiligen Michael,
versöhnlich ihm die Hand zu drücken.
„Hier straft kein Himmel mehr den Zweifel
und keine heiße Hölle quält,
hier eint sich vieles", meint der Teufel,
„was je sich fluchte in der Welt".

Der Heiland

Wenn der Abend niederfällt
leise in die lauten Straßen
und die Lichter heimlich quält,
die erstehen und verblassen,
geht der Heiland durch die Stadt.

Mädchen führt er an den Händen
vor die bunten Fenster hin,
daß sie Gold und Seide fänden
für den töricht=jungen Sinn;
denn der Heiland will erlösen.

Männer, die vor Sehnsucht brennen,
führt er weise dann herbei;
sündig wird er keinen nennen,
wer nur ehrlich brünstig sei;
denn der Heiland will erlösen.

Dann in Spielen und Konzerten
weckt er Geigen und Gesänge,
daß ein Rausch die wirren Herden
Leiden stundenlang verdränge;
denn der Heiland will erlösen.

Fällt die späte Nacht den Straßen
in den seeligmüden Schoß,
um sich auszuruhen, blasen
Engel aus dem Sternenschloß:
Heil den Menschen, die erlöst sind!

Die neunte Stunde

Die da stehen hinter übersprochnen
Ladentischen, Mädchen, die vom Duft
der Waren taumeln, warten mit gebrochnen
Arbeitsaugen, bis der Heiland ruft.

Dieser schaut als zitterndweiße Zeit
aus einer Uhr, die langsam sieht,
bis sie aus Güte gegen warmes Leid
die Heilandsmiene immer enger zieht.

Wenn der Pförtner dann die Tore schließt
und runden Angesichts von Männern lacht,
die draußen warten, hört er, wie es fließt
aus seligem Mädchenmund: „Es ist vollbracht!"

Die Liebe spricht

Ein Spiel des Schmerzes auf der Straße
am Krönungstag des Königs.

Die Liebe spricht:

Auf allen Straßen staut sich königliche Pracht.
Horch, wie es jubelt, jauchzt und lacht!
Ich will, was sich bewegt fühlt auf den Straßen,
weg von der Leber reden lassen.
Vielleicht löst sich ein heller Schrei
aus einer dunkeln Kehle frei,
heut, da in königlicher Pracht
ach, alles jubelt nur und lacht.

Das Spiel.

Das Pflaster:

Besinnung ist an solchen Tagen schwer,
wenn alles Leben wirrer rauscht,
ich glaub, es ist ein Menschenalter her,
daß Schmerz sich wieder über Schmerzen bauscht.
Mich martert jeder Pferdehuf, der Tritt
der Menschen, der vertausendfacht
mich trifft, und niemand, niemand leidet mit,
ach, alles jubelt nur und lacht.

Die Gäule:

Uns zwingt ein Hoflakai, uns schlägt der Strang,
Geschirr zwängt unsern Atem ein
und Zügel foltern uns den Weg entlang
vor einem fremden, goldnen Schrein.
Wir liefen lieber wild, statt unsern Schritt
zu opfern für den König, der die Pracht
genießt; wir leiden, niemand leidet mit,
ach, alles jubelt nur und lacht!

Die Tannenzweige:

Wir lebten seliggrün am jungen Baum,
die Säge hatte keinen milden Zahn,
die schauerndkalte Schere keinen Traum,
wir fielen, drängten uns zu Kränzen an.
So sterben wir am wunden Schnitt,
wenn alle Straße lebt; das macht
uns traurig; ach, und niemand trauert mit,
ach, alles jubelt nur und lacht!

Die Fahne:

Mich krümmt der Wind. (Umsonst scheint all mein
 [Tun.)
Er foltert mich von Raum zu Raum,
und meine Sehnsucht, feierlich zu ruhn,
war nur ein falschgefaßter Traum.
Schon oft, weiß ich, daß ich am Galgen litt,
und stets hat sich mein Haß entfacht,
ich leide nur und niemand leidet mit,
ach, alles jubelt nur und lacht!

Der Königswagen:

Ich schnaufte einst als Baum im Frühlingswind,
versteckte mich als Gold im harten Erz,
da formte mich ein gieriges Gesind
zum Wagen um und alle Lust zum Schmerz.
Nach freien Wäldern singt mein runder Schritt,
ich bin ein Sklave königlicher Pracht,
ich leide, niemand, niemand leidet mit,
ach, alles jubelt nur und lacht!

Das Kind:

Wenn ich doch auch ein goldner König wär,
ich trüge Tag und Nacht die Perlenkron,
im goldnen Wagen reiste ich umher
und kaufte Schokolade und Bonbon.
Aber mein Schaukelpferd ist ohne Schritt,
aus dünner Pappe Helm und Geld gemacht;
ach, wenn ich König wär, ich lachte mit,
wenn alles jubelt, jauchzt und lacht!

Die Mutter:

Wie blitzt verhöhnend jedes Bajonett!
Vielleicht durchblutet bald ein Krieg das Land;
ich sehe schon ein großes Schollenbett
und eine abgeschoßne Jünglingshand.
Mein Sohn, mich schmerzt dein strenger Schritt,
der wehen Takt mit hundert andern macht;
ich bin so traurig, niemand trauert mit,
ach, alles jubelt nur und lacht!

Der Vater:

Ich schaffte Münzen ein mit heißem Fleiß
und baute mir ein Nest am eignen Herd,
nicht eine Tagesstunde stockt der Schweiß,
es härtet sich die Hand, die uns ernährt.
Ich fühl, wie jeder Steuerpfennig drückt,
der König aber fährt in goldner Pracht;
all meine Lebensfreude ist zerstückt,
ach, alles jubelt nur und lacht!

Der König:

Ich nicke, weil ich dankend nicken muß,
ich fahre als ein Sklave durch den Tag
und meine Fahrt gleißt andern zum Genuß,
Gott weiß, wo die Pistole lauern mag.
Vielleicht ein Schuß im nächsten Augenblick —
im Blut ertrinkt die lügnerische Pracht:
Ich bin das einzig traurige Geschick,
wenn alles jubelt, jauchzt und lacht!

Die Liebe spricht:

Habt ihr am schwangern Jubeltag gehört,
wie jedes Herz sich aus dem Trug empört?
Daß jedes glaubt, es sei im Schmerz allein,
erlöst zu seinem eignen Seligsein,
weil jedes trachtet und nach innen ringt,
daß auch in ihm die Lust der andern singt.
Im Schmerz lebt unerschöpfter seliger Sinn,
weil ich mit ihm in allen Dingen bin.

Paul Kraft
Gedichte

Die klare Welt
bleibt klare Welt.
Goethe.

1915
Kurt Wolff Verlag · Leipzig

Dies
Buch, entstanden
Oktober 1913 bis Januar 1915,
wurde gedruckt als achtzehnter Band der
Bücherei „Der jüngste Tag" bei
Poeschel & Trepte in
Leipzig

Copyright 1915 by Kurt Wolff Verlag, Leipzig

Verzweiflung

O Blitze, zuckt in mich hinein
Aus Armut, Zweifel, Sturz und Tod
Und steigert wenigstens meine Not
Zu höherem, wenn auch schwärzerem Sein.

Brennt doch hinein in meinen Geist
Und reißt zerstörend ihn hinab
Und schmeißt ihn weg zu Schutt und Grab,
Wenn innere Not ihn nicht zerbeißt.

Werft Pulver doch in mich hinein,
Schießt meinen Körper doch zusammen,
Ergießt euch, hergesehnte Flammen,
Vernichtend in mein halbes Sein.

Zerbrecht doch meiner Seele Band,
Das überm Abgrund sie noch hält,
Daß sie, so schlaff und schwach gespannt,
Zerrissen in die Tiefe fällt!

Türmt doch in meinem Innern auf
Ein wirkliches, faßbares Weh,
Aus Gift und Blut und Falln im Lauf,
Aus Dämon, Wüste, Nord und Schnee!

Doch nicht dies blasse Halbverzagen,
Doch nicht dies schale Halbverwehn,
Laßt lieber mich ein Ganzes tragen
An Haß und donnerndem Vergehn!

Wirbelt mich durch der Welten Schmach,
Schleift mich durch Tier und dumpfes Sein,
Und wenn ich nicht an mir zerbrach,
Zerbrecht mich doch an anderer Pein!

Doch nicht dies dumpfe Nichtvertraun,
Kein Blitz, kein Blühen, kein Erhellen,
Kein Wald, kein Lachen, keine Quellen,
Kein fester Grund, auf dem zu baun.

Zerrt mich zerknickt durch Höllenmund,
Durch Rauch und Ruten und Spelunken,
Daß ich zerknittert und zertrunken
So tief, o Schmerz, in dich gesunken,
An dir erst werde recht gesund!

An gewisse Andere

Tier im Menschen, Mensch im Tiere,
Eingeschnürt in Nacht-Visiere,
Ewig Grausein, ewig Schlechtsein,
Ewig dumpfes Ungerechtsein,
Kraut im Feld und Rauch im All,
Schlamm auf Straßen, Sturz und Fall,
Staub und Asche, Stank im Blut,
Niedergang und dürrer Mut,
Eure Güte noch ist Haß,
Härte ohne Ziel und Maß.

Eure Nächte erst sind Tag,
Euer Leuchten ist mein Dunkel,
Sein Erlöschen mein Gefunkel,
Wenn ihr schlaft erst bin ich wach.

Ekel spritzt vor euch zur Erde,
O ihr Tiere! O ihr Herde!
Falsch erworbener Stärke Nützer,
Haß- und Niedertracht-Verspritzer,
Allen Schwachen Tyrannei,
Schlagt die Güte ihr entzwei.

Herz! O Herz! Du dennoch Sieger,
Ob ihr spottet, wenn ich mahne,
Ewigdürren Feldes Pflüger
Als des Lebens schlechtste Krieger,
Über Pranger eures Eifers
Bösbehaglichen Gegeifers,
Über euch und euren Hohn,
Über Gott und Gottes Thron
Donnern meine Wort-Orkane,
Wirbelt meiner Güte Fahne.

Lied des müden, abgearbeiteten Großstädters

Was habe ich vom Grün des Sommers denn?
Von Helle und Spaziergängen an Seen!
Wenn Bäume sanft und leicht nach vorne wehn,
Wenn weiße Kinder lachend spielen, wenn

Das Goldene auf dem Blau des Himmels liegt.
Wie sehn' ich mich, das Lichte zu umfassen,
Wenn Sonnen=Schein des Morgens auf den Straßen
Die Welt in neues tiefes Fühlen wiegt.

Was habe ich von schneeigen Wintertagen,
Wenn Ihr, in Kraft und Frische aufgereckt,
Von seltsam=mutigem Gefühl bedeckt,
Durch Kälte hinmarschiert und Wohlbehagen?

Was habe ich von Sichergehn in Gärten
Und Pärken an des Abends weicher Hand?
O schmerzliches Vorbeiwehn an begehrten
Frauen und Weiß und Sternen=Strand.

O schmerzliches Vorbei an Tennisplätzen
Und Neid auf schöne Menschen, die da spielen,
O schmerzliches Einstürmen von Gefühlen,
Die meiner Seele letzten Trost zerfetzen!

O Neid auf Reiter, die durch Morgentau
Und braunen Sand und wunderbare Kühlen
Und wunderbare Frische von Gefühlen
Hinstürmen wie im Lächeln einer Frau.

O Herz! O dunkles Herz! O Durst und Sehnen
Nach Tagen, selig hingespielt im Glanz
Des Nichtstuns, wilder junger Freuden Tanz
Und innigem Genießen alles Schönen.

Schweben durch Pärke, die dich mild umarmen,
Schwimmen durch Seen, die dich sanft umkosen,
Schwelgen im blauen Dufte aller warmen
Süßen, von Purpurschein durchglänzten Rosen.

Baden in Mädchen, die so weich und gut sind
Und die Geliebte stundenlang betrachten
Nicht mehr vergebens — irre nach ihr schmachten
In Betten, die eiskalt und die voll Blut sind.

Und Nächte, die zerbrechen von Gefühlen
Und meiner Seele Berge übersausen.
O Explosion! O Steigerung! O Brausen
Durch Lauben, die mein Denken grün umspülen.

Kein Abgespannt sich in die Stadtbahn werfen,
Nicht mehr stillsitzen auf den hohen Stühlen,
Keine Gehässigkeit, kein Schwarz, kein Wühlen
Im Schmerze meiner überreizten Nerven.

Nur Tage, die in Licht und Hauch versinken,
Nur Nächte, die zergehn in Lustgefühlen,
Und nur durch Taumel schimmerndes Sich spülen
Und nur aus Liebe wieder Liebe trinken.

An die unbekannte Geliebte
An M. S.

I.

Immer bin ich dir nah, Geliebte, ob ich des Abends
Müde mich in gütige Decken wickle
Oder am Morgen von hüllendem Bett aufstehe,
Ob ich, noch halb verschlafen, am Kaffeetisch sitze,

Zitternd vor böser Schule marternder Dumpfheit,
Ob ich auf Straßen gehe, wo Menschen schwirren,
Grinsende Worte mich ekeln, gute mir schmeicheln,
Oder ob ich vor grausamer Arbeit verzweifle:

Immer schwebst du vor mir, besternt und bestrahlt,
Himmel am Abend, goldener Widerschein
Purpurner Sonnen im Meere, leichtes Gewölk,
Duft und Zerfließen, schattiger Wald im Glühen

Drückender Wärmen, unendliche Melodie,
Aufsteigend, schmetternd, rasend und dann vergehend,
Schmeichelnd, peitschend, Seelenatem zerreißend,
Lächelnde Blumen auf brennendes Denken streuend.

Deine Seele, die in verborgene Tiefen
Nur ihr Letztes ausstrahlt, und die ich nicht kenne,
Die sich mir nie enthüllte, liegt dann ganz oben,
Ausgebreitet dem suchenden Blick. Und die Reinheit

Glanzvoller Tage blendet mich, daß ich erbebe
Und Verzückung einatme und seliges Rauschen
Aller strahlenden Flüsse und schimmernden Meere
In mir erklingt und Triumph und funkelnde Glorie

Wie Raketen zu brennenden Höhen steigen
Und die Schwärze zerfliegt und himmlische Fahnen
Wehen, Fanfaren donnern und singende Engel
Leuchtend vom Himmel zur Erde herniedertanzen.

II.

Immer schöpf' ich, Geliebte, aus goldenem Brunnen
Worte (Worte nur!), die dein durchschienenes Antlitz
Auf das weiße Papier abspiegeln sollen und zeugen
Von seinen purpurnen Früchten und ewigen Sonnen.

Wenn ich den Hauch meines Mundes einatme, entsteigt ihm
Dein berauschender Duft. Die Süße des Apfels, der Birne
Birgt deine Süße und durchfließt mich in tiefer,
Seliger, dunkler, geheimnisvoller Verwandlung.

Und ich fühle die werbende, strömende Weihe
Heiligen Abendmahls, wenn ich in der Würze des Brotes
Wahrhaft deinen Leib fühle und deine Glieder
Und bis in innerste, glühendste Tiefen erschaure.

III.

O Gefühle, bedrückende und aufreißende
Gefühle: daß ich, ungekannt, ungeliebt von dir,
Altar dir auf Altar errichte wie einer Göttin,
Lichter um dich entzünde und schwebende Sterne.

Wo bist du jetzt? Wo fliegen deine Gedanken?
In leichten Lüften? In dumpfer Niederung?
Im Atem steigenden Lebens oder in Dünsten
Sinkender Schwäche und zerfallener Krankheit?

Schläfst du schon, eingehüllt in Decken und Kissen,
Ruhig, wunschlos? Oder sehnst du den Leib
Brünstigen Zuckens nach der starken Umarmung
Schauernder Wollust und hinströmender Triebe?

Was soll dies alles? Weiß ich das eine doch nur:
Daß ich hier sitze und schreibe und an dich denke
Und du mir fern bist und — ob du nun weinst oder lachst,
Klar oder verworren in dir bist, nicht an mich denkst.

IV.

Du bist die Höhe und ich bin die Tiefe,
Ich fühle mich so klein und verdorben neben dir!
Und wenn uns der Gott der Sterne selber zusammenriefe,
Ich fühlte mich immer noch weit entfernt von dir!

Geliebte! ich fühle dich in mir die Tage und Nächte,
Du badest in mir und breitest dich in mir aus.
Du rinnst über meinen Leib und bist das Haus,
In dem ich wohne, und bist der Schlaf meiner ruhigen Nächte.

Du bist bei mir, wenn ich Gutes esse und trinke,
Du zerteilst meinen Körper und schwimmst aus mir plötzlich hervor!
Und stehst vor mir und lachst und sprichst taumelnde Worte und ich versinke
In deinem Duft und fliege dann brennend empor.

Du stehst vor mir und ich fasse dich und stürze in dich hinein
Und fühle ein so ganz, ganz unnennbares Entzücken
Und fühle: jetzt kannst du sie alle beglücken!
Und fühle: jetzt kannst du Wein und goldener Becher sein!

V.

Es genügt mir ja, einen deiner Blicke zu fangen,
Um glücklich zu sein,
Einmal in deinen blonden Wimpern und Haaren zu hangen
Selig — allein.

Einmal in deinem Zimmer vor dir zu beten,
Geliebte!
Und zu wissen, daß du meine Augen fühlst, die blaß und
                                  zertreten
Vor dir niederfallen, Geliebte!

Was du dabei denkst, ist ja so unendlich egal.
Nur das Wissen,
Daß du meine Blicke auf dir brennen fühlst wie Flamme
                                und Strahl,
Wärmt mich wie Decken und Kissen.

Es genügt mir ja, dich einmal durchs Zimmer gehen zu
                                sehn,
Geliebte!
Einmal eine Viertelstunde auf der Straße hinter dir zu
                                gehn,
Einmal meine Blicke wie Winde um dich zu wehn,
O Geliebte!

VI.

Geliebte! Flüsterndes Wiegenlied! Jede deiner
Wehenden Bewegungen ist das strahlende Feuer von er=
 habenen Bibeln,
Ist Glorie und Wunder wie einst die Bilder in Kinder=
 fibeln,
Ist Höhe und Zuflucht und Inbrunst. Jeder meiner

Blicke rieselt zerbebt und zerfleht an dir empor.
Alles an dir ist Süße und streichelnde Welle.
Dein Lachen! Deine ironischen Verbeugungen! O, er=
 frischende Quelle
Im Walde nach langem Marsche! O Lieder und jubelnder
 Chor!

Siegesparadiese umduften mich! Atem gerinnt!
O Geliebte! O segnendes Schicksal! O Haar! O Kleid!
(O wär ich dies Kleid!) O Gesang! O Seligkeit!
Dein Gesicht — (O beschwingtestes Eigenschaftswort, das
 mir jetzt fehlt, komme und hauche dich in mein Ohr) —
Dein Gesicht legt sich auf mich wie sanfter Sommerwind!
Deine Stimme steigt unendlich in strömendem Goldklang
 und singender Süße empor.

Jede deiner Bewegungen ist ein Schritt tiefer in mein
 Herz,
In die verzehrende Sehnsucht meiner zitternden Qual.
Bei jedem deiner Schritte (der näherkommt) flattert
 meine Seele wolkenwärts,
Bei jedem deiner Schritte (der sich entfernt) sinkt sie (ein
 angeschossener Vogel) hinab ins Tal!

VII.

Dein Atem umschlingt die Nächte und Sommer und
Blumen
Und sprüht ihren wärmenden Hauch versüßt noch auf
mich zurück.
Sprüht ihn in mein verlangendes
Lustgespanntes Gesicht.

Dein Auge spiegelt die Tropen und Sonnen und Quellen
Und wirft Erfrischung und taumelnde Urwaldpracht
Und Glanz und gesunde Kälte
In meine sehnsüchtigen Augen.

Deine Schritte stoßen an Regen und Donner und Berge
Und schütten durchkühlte Luft und Glorie und Gipfel
Vor meinen in Glück erzitternden
Wonnedurchwehten Körper.

Und wenn ich nie unter deinem Atem zerschmolz,
Spürte ich doch seine Flügel und zwingende Kraft,
Seinen Duft wie im Blühn die Akazien
Und Rauschen wie Sternenseide.

Und wenn ich nie das Geschenk deiner Rede empfing,
Nie Erzklang und Inbrunst, von heiligen Chören geformt
In meine trunken geöffnete
Aufgerissene Seele fiel:

Sprang doch schon tausendfach Gold und Fanfare auf
mich
Aus deiner Stimme hinreißender Glocken=Macht,
Sprach doch schon meine gesteigerte Seele im Traum
Lichterdurchtaumelt schimmernde Worte mit dir.

Vor der Wohnung der Geliebten

Ich kam in die Straße voll dumpfen und engen Geruches,
Mit niederen Häusern und schmalem und dunklem Fuß-
weg,
Wo an der Ecke das Haus steht, in dem die Geliebte
Wohnt. — Und es erhebt sich nicht über die Nachbarn

Und stürmt nicht in Wonne über die andern hinaus?
O unbegreifliches Wunder! O trostloses Schicksal!
O Unsinn des Lebens! Und wächst nicht in Glorie und
Süße
Aufgereckten Bewußtseins und brennenden Stolzes
Zum Himmel und rührt nicht die Sterne mit seinem
Dach?

Und ich sehe die Mauern, die grau sind vom Schmutze der
Zeiten
Und weiß (o zerreißende Schauer!), daß sie umschließen
Den lachenden Fluß deines Leibes und die erhabene
Musik deiner Seele und das beschwingte Gold deiner
Stimme.

Sonne umstrahlt mich und unsagbare Seligkeit,
Wonnestürme umrauschen mich und ich sinke
Auf die Schwelle und küsse die Steine und fühle
Das Holz der Treppe, das deine Füße berührten.

Und greife die Klinke der Türe, die deine Hände
Umklammerten und fühle, wie die Gerüche
Deines gebadeten Leibes und deines durchglänzten Haares
Über mich fließen und meine Gefühle besternen.

Geliebte! Gefäß aller Gnade! Antrieb zum glühendsten
  Denken!
Wandelnde Anmut! Gewährerin! Schenkendes Leben!
Ewig blühender Baum im Wechsel der seligen Jahre!
Süßestes Schicksal im Dunkel zerstörenden Daseins!...

Ich ging berauscht und betäubt vom Dufte der Stunden,
Und entschwindenden Blicks noch umfaßt' ich das göttliche
  Haus.
Und sank in Betten, in denen Weiche und Güte
Die gedrückten Gefühle des engen Lebens ersticken.

Lied im Bett

O, abends im Bette liegen, wo alles Dumpfe,
Von des Tages eifernden Kämpfen Beschwerte,
Alle Kälte und Dunkelheit von dir sinkt
Und die leichte Seele in innigem Gleichklang schwingt.

O unter der schützenden Decken wärmender Güte
Liegen, wenn dich angenehme Gedanken erhellen
An sanftes Schicksal, an den Gang der Geliebten,
Die du mit verzückten Gesängen bestrahltest.

Geliebte! Stern zu gutem Schlaf! Erweckerin
Zu gesteigertem Leben! O segnender Schutzgeist du!
Wenn ich in Schnee verirrt war und Eis, dann warst du
Schützende Hütte oben im Dunkel der Berge.

Landhaus im Sommer! Wehendes Silberkleid!
Glorientanz! Brennendes Amen! Beruhigerin!...
An dieses zu denken und denken, daß ich so glücklich
Bin und zufrieden und Gold durch die Stunden rinnt.

Gebet des Dichters

O schlimme Qual des Nichterschaffenkönnens,
O unfruchtbare Qual des Nichtentbrennens
(Das Streichholz knarrt und es entspringt kein Funken),
Qual will hinaus und Sonne, Nacht und Tag,
Schmerz, Tier und Fahne, Landschaft und Gemach
Und alles, was in dich hineingesunken.

Du zerrst und zerrst. — O allzu festes Tau,
An dem du dir die Finger blutig ziehst,
O Betaltar, wo du vergebens kniest,
O vielgeliebte Frau,
Die nur die flüchtigen Blicke an mich schenkt
Und ihre Tiefen in ihr Herz versenkt.
O Qualen, die in Tönen aus mir fliehen —
Möchten und nur nach innen glühen!
O Seligkeiten, die im Wort erglänzen —
Möchten und nur die Seele kränzen!
O süße Schauer, die im Laut entschwingen —
Möchten und nur nach innen singen!...

Gott, lodere du in meinem Wort! Ich rufe dich
Mit niegebebtem Schrei! Verschenke dich an mich!
Gott, lodere du im Wort! Falle in mich hinein
Und steig empor — als Flamme, Blut und Schein!

Nacht-Lied

Abends im Bette zu liegen
Unter den Bildern und Sternen
Und im Dufte der Fernen
Selig sich wiegen.

Gleitend in Decken zu fahren
Durch goldene Weiten
Und in Seligkeiten
Durchleuchtet sich baden.

Federn und Laken voll Güte,
Nacht — und Süße — beschattet.
Was im Lichte sich mühte,
Ist nun ermattet.

(Alles löst sich von dir,
Chemie und Mathematik,
Des Lehrers dämonischer Blick
In dein beglänztes Revier.)

Denken an eine Frau,
Die nackt und ganz nah an dir lag,
An Duft von Weiche und Blau
Und Teppichgemach.

Lied beim Aufwachen am Morgen

Morgendlich angeschmiegt
An schmeichelnde Kissen,
Wehes, das dich umfliegt,
Ist nun zerrissen.

Freundlich funkelt noch nach,
Was du im Schlafe genossen,
Was dich, halbträumend, halbwach —
Leuchtend umflossen.

Seidenes und kühles Gedicht
Klingt in dir.
Schwebendes, tanzendes Licht
Verstrahlt an dir.

Glieder werden wie Gold,
Sind so dem Leben entbebt.
Alles ist nun verzollt,
Was du mit Beben gelebt.

Glieder lösen sich sanft,
Werden gewichtlos und leicht.
Liebe, die zu dir sich neigt,
Führt dich aus Nacht in den Tag.

An die entfernte Geliebte

Nun flattern Eisenbahnen um mich her
Und wirbeln ihren Rauch in mich hinein,
Und um mich brandet donnernd Meer an Meer,
Und um mich prallt zerbrechend Sein an Sein.

Nun fliegen Kurszettel durch meine Träume
Und Zahlen schreiten, schwarz — emporgereckt
Durch nüchterner Kontore weite Räume,
Von harten, kalten Stimmen aufgeschreckt.

Nun taumeln in Kupees von Stadtbahnzügen
Der Lichtreklamen Strahlen-Helligkeit
Und Nacht und Straßen, Menschen, Mond und Lügen
Vorbei an meiner müden Traurigkeit.

Nun bist du ganz Phantom und ganz schon Geist
Und ganz entschwebtes Glück, ungreifbar fern,
Und nicht mehr Wille, der zu Sternen weist,
Und bist selbst nicht mehr Heimat, nicht mehr Stern.

Nun zuckt nur noch in seltnen Augenblicken
Erinnern an dein Lächeln, an dein Kleid,
An deines Gangs unirdische Heiterkeit
Durch mich, ohne mich so nah zu beglücken,

Wie früher es das Jauchzen aller Quellen
Und aller Tänze hingerissene Lust
Und alle Macht von goldenen Wasserfällen
Einschwellen ließ ins Toben meiner Brust.

Nun ist die zuckende Flamme, die mich zwang,
Verse zu schreiben voll von deiner Süße,
Tönend vom leichten Schreiten deiner Füße
Und deines Haares sonnigem Gesang,

Verlöscht und Funken nur aus Asche glühen,
Wo sonst ein Feuer lodernd aufwärts schlug,
Um über Unkraut und verdorrten Trug
Helle und Seligkeit ins All zu sprühen...

Und doch weiß ich, daß, wenn dein Blick in Flammen
Purpurn nur einmal wieder auf mir brennte,
Aufstiege Segen aller Elemente
Und strahlend schlüge über mir zusammen.

Trennungsschmerz

Werner Kraft zugeeignet.

O dumpfer Tod der Einsamkeit!
O schwere Nacht! O Tränen=Nacht!
Verfluchtes Kranken an der Zeit,
Die deine Seele umgebracht!

O Kopfschmerz, der mich rasend packt,
O Hämmer gegen meine Stirn!
O Blitze über mein Gehirn,
So pest=durchbellt und grell=durchzackt!
O Denken kurz und klein gehackt!

Nun fährt der Freund in Nacht hinaus
Und Blühen, Lachen, Helle aus
Und gelbes Schwanken in der Welt,
Die höhnend mich umklammert hält.

O Seele du, zerbrich mir nicht,
O daure über dumpfe Zeit!
Laß Einsamkeit und Einsamkeit,
Daß all ihr Haß an dir zerbricht!

Schlägst du dich auch am Boden wund,
Und wundgekratzt und wundgehaun,
Halt klar die Stirn! Preß zu den Mund!
Und springe über Nacht und Graun,
Denn manches ist noch aufzubaun,

Denn deine Seele ist noch gut
In diesem frevelnden Geschlecht,
Das hart und seelenlos und schlecht
An Staub verwest und Gift im Blut.

Und ist es so tief unter dir,
So schweb' du lachend über ihm!
Ja Mensch, ja Cherubim
Gegen Teufel und Tier!!

Das neue Erlebnis
An R. F.

> Wenn ich dich liebhabe, was
> geht's dich an? Philine.

O unbegreiflicher Anhauch der Liebe!
Ahnung des holden Etwas, das dich Durchglänzte umfängt
Und holder auf mich Erzitternden weht.
Ahnung des seligen Klanges deiner Stimme!
Selig wodurch? O Unbegreiflichkeit!
Mischung der frohen Farben deiner Haut
Und reizende Zusammenstellung deiner Worte!

Weißt du, daß ich dich liebe, tausendfach Geliebte,
Gesteigerte im Traum sehnsüchtiger Stunden?
Kind, das ich bin! O Herz, sei doch zufrieden!
Ihr Was und Wie! taucht in den Schlund zurück,
Aus dem ein fahler Wirbel euch gebar.
Was ist da viel zu fragen und zu denken?
Gott warf es in dich, und so ist es gut!
Genug, dein Sinn genießt, dein Herz erbebt,
Die Seele stürzt in Blaues und Smaragdenes,
Worte aus ihrem Mund sind süß zu hören,
Gerüche ihres Haares sind mild zu schmecken,
Und Atem deines Mundes! Und Augen klar und tief!
Und süß darin sich spiegeln, Lachen hell
Und süß verklärend dein Gesicht und süß,
Nicht minder süß, mich zu verklären...
Seele! So jauchze doch dem Leben zu!
Seele! Dank' deinem Gott!

Sehnsucht

Einmal nur dich wiedersehn,
Dir zu Füßen fallen,
Meine Blicke um dich wehn,
Blondeste von allen!

Daß dies Zimmer einmal noch
Meine Lust umschließe,
Seinen Schimmer einmal noch
Über mich ergieße,

Einmal noch dein goldener Gang
Mir vorüberschwebe
Und mein Herz im Überschwang
Einmal noch erbebe!

Daß dein Aug' noch einmal nur
Gold und Güte sprühe,
Einmal hinter deiner Spur
Noch mein Schritt erglühe!

Räume zwischen uns, vergeht!
Wirbelt uns zusammen,
Daß, was brünstig sie erfleht,
Seele mag entflammen!

Dein Gesang, der mir nicht tönt,
Wird mich mild umrauschen,
Daß ich, gütig und versöhnt,
Lauschen kann, nur lauschen.

Lächeln, das nicht mir erglüht,
Wird mich grün umranken,
Daß mein zitterndes Gemüt
Danken kann, nur danken.

Und dein Blick, der mir nicht gilt,
Mich zu Sternen heben,
Daß mein Herz, von Gott erfüllt,
Schweben kann, nur schweben!

Du nur
bist Licht und Luft und Element

Mein Herz schlägt desto feuriger nach dir,
Je dicker sich die Zeit ballt, die uns trennt,
Und bäumt sich in der Glut, die es verbrennt,
Empor aus dem verpesteten Revier.

Was nicht zu dir gehört, erscheint als Tier.
Du nur bist Licht und Luft und Element.
Und nur dem Ton gebiet' ich, der dich nennt,
Und der nur loht und wird zu Kunst in mir.

Dein Herz, schon göttlich und Emblem der Güte,
Von meinen Strophen grenzenlos entfacht,
Ist doch dem Göttlichen nicht so vermählt,

Daß mich nicht auch dein Menschliches beseelt
Im Wirbel deines Blondes durch die Nacht,
Vor dem ich einst in Tau und Tränen kniete.

Die Entschwundene. I.

An M. S.

Dahin! Dahin! Du Leuchter des Altars,
Mädchen! auf ewig nun dahingesunken
Und ewig Blau des Blicks und Blond des Haars,
Darin ich lag, von Duft und Sonne trunken.

Ein anderer faßte diese zarte Hand,
Nicht glücklicher als ich und nicht beneidet,
Denn was ist zärtlicher als dieser Brand
Und diese sanfte Sehnsucht, welche leidet?

Dein Platz ist leer. — Wenn ich ihn wiedersehe,
Wird Kälte aus der Leere auf mich schäumen
Und Sehnsucht sich nach deiner leichten Nähe
In meiner Seele auf zum Gotte bäumen

In milder Traurigkeit und dieses denken:
O dumpfe Qual des ewigen Entferntseins!
Es war so schön, dies selige Sich=versenken
Und diese Lust entbebtesten Besterntseins...

Doch was ist dies, dem ewigen Glück vergleichbar,
Das einst und immer noch mich süß durchquillt:
Bist du auch meinem Auge unerreichbar,
Ist meine Seele doch von dir erfüllt.

Denn dieses frag' ich wieder, immer wieder:
Was ist denn Wirklichkeit? Nichts ist sie, nichts!!
Vor dem Erträumten stürzt die Seele nieder,
Erschüttert von der Größe des Gesichts.

Denn dies frag' ich: Was wären Worte, Sätze,
Und wenn sie tausendstrahlig mich bespülen,
Was gegen dieses ungeheure Fühlen,
Mit dem ich meine Seele jetzt benetze?

Da ich dich sah, wurdest du riesengroß
Und wuchsest blau im Feuer meiner Strophen
Und warfst dich, angefacht und grenzenlos,
Blonde! Flamme! in meiner Seele Ofen.

Als du entfernt warst, wurdest du Emblem
Von Güte, Mitleid, Wollust, Stern und Gold
Und wurdest von dem Wolken=Diadem
Des Gottes selbst durchrollt

Und ließest stählern mich in dir erhärten,
Denn deine Güte, deiner Stimme Gärten,
Denn deines Gangs befeuernde Gewalt,
Denn deine Blondheit ward in mir Gestalt.

Und ob ich dich auch niemals wiedersehe,
Mein Herz ist leicht und wie noch nie geschwellt,
Denn deine goldene, ungeheure Nähe
Braust stets in ihm und, wie sie es erhellt,
Stellt es in Feuer=Hymnen in die Welt.

Da du verloren, bist du erst gewonnen,
Auf immer mir entrückt, entrückst du mich,
Und meine Sehnsucht kreist wie tausend Sonnen
In nie erlebter Strahlen=Kraft um dich.

Aufloht dein Haar und Aug' und Kleid und Gang,
Schlägt brennend in das Blau, wird selbst zum Blau
Und löst sich auf in dem Triumph=Gesang
Entfachter Stärke und geballt im Klang
Von Härte, Locken, Mut und Morgen=Tau.

— So sei gegrüßt und für die Fahrt gesegnet,
Mädchen! Für immer Stern aus meiner Krone,
Auf die, — in Zärtlichkeit zu seinem Sohne —
Der Väterliche auf dem Wolken=Throne
Feurige Flut der letzten Güte regnet.

Die Entschwundene. II.

Ich denke manchmal, daß das keiner kennt:
Dies rasende Geglüh aus tausend Türen,
Und daß dies so gering ist, was uns trennt,
Und zu gering für mich, dich zu verlieren.

Ich denke manchmal, daß dies nie gefühlt:
Wie mich dies Zittern hoch und höher hebt,
Und dieses Dumpfe, das mich niederwühlt,
Mich plötzlich trägt und sanft mit mir entschwebt.

Wie ein Gesicht dies alles in mich wirft,
Kein Wort, kein Kuß, keine Vereinigung,
Nicht Nähe, die geheime Wollust schlürft
Und sich entfacht zu ungeheurem Schwung.

Nicht, daß ihr Kleid mich leise je gestreift,
Ich ihre Haut je im Gedräng' gespürt
Und ihre Hand, die in die Sterne greift,
Jemals die meine hat berührt:

Ein Lächeln nur, ein Blick, auf mich gerichtet,
(War er auf dich gerichtet? Träumst du nicht?)
Ein Auge, aus dem süßen Stoff gedichtet,
Der aus dem Auge meines Gottes bricht,

Beisammensein im gleichen hellen Raume,
Wo du mit deinem Blick sie überfielst,
Ein süßes, liebes Trostes=Wort im Traume,
Das du noch immer in dir brennen fühlst:

Das war Erleben, das noch nie erlebt,
Und war ein Beben, das noch nie gebebt
Und war ein Höher=zittern, Höher=schwellen
Und war ein Taumeln über goldene Wellen

Und war ein Überfließen und Sich=sehnen
Und war ein Stürzen und ein Höher=wehn
Und war ein Abend=Glück in Lust und Tränen
Und war ein Morgen=Gang in Laub und Seen

Und ist dies heut in mir wie nie zuvor
Und reißt mich, schwingt mich wie noch nie empor
Und fährt noch einmal mit mir durch die Lüfte,
Mit denen damals mich mein Dämon küßte.

Was heißt Verlieren? Gibt es ein Verlieren?
Entschwinden? Denn wo gibt es ein Entschwinden,
Da ja der Brand, den deine Genien schüren,
Sich dir wohl steigern kann, doch nicht entwinden?

Was heißt Entferntsein? Gibt es ein Entferntsein?
Ist sie denn nicht unendlich in der Nähe,
Damit sie dich wie Purpur überwehe
Und deiner Himmel nächtliches Besterntsein?

Ein Ruck, und die Gedanken sind beisammen,
In die du ihre Blondheit hast geballt
Und wie noch nie in solchen süßen Flammen
Erstrahlt dir ihre adlige Gestalt,

Ist da und überschwemmt dich mit Gezitter
Und wirft dich tiefer in das Meer der Lust.
Der Gott erklirrt aus Wolke und Gewitter,
Die Luft vergoldet sich, einstürzt das Gitter
Und über das Gestürzte: — Fleisch und Flitter —
Strömt die erfüllte Sehnsucht in die Brust.

Ein Sonnenaufgang färbt das Firmament,
Da ist ihr Stuhl, und da geht sie entlang,
Wiegend, tanzend, in leicht' und goldenem Gang,
Betaut von Licht und rosenem Gesang,
Und facht in dir den glühenden Überschwang,
Der selig donnert, daß dies keiner kennt.

Das ewige Erlebnis
An M. S.

Wie? Lächeln mir noch einmal Auge und Gang herauf?
Stürzen in mein Gefild noch einmal Zittern und Licht?
Bist du, süße Erscheinung,
Immer noch lebendig in mir?

Monatelang entschwand Blond in Haar und Gestalt,
Und in die Dämmerung dumpfer Vergessenheit
Glaubte ich es gefallen,
Aus der armen Seele verbannt.

Aber das leichte Gefühl sonnigen Frühjahrs um mich,
Kaum schon Frühjahr, nur erst Sonne in kühlerem Wind,
Führt dich zu mir herauf,
Tür wieder, Stuhl und Tisch und Gemach.

Aber das gütige Blau dieses erstrahlenden Tags,
Ahnung kommenden Glücks beim Spaziergang im Grün,
Leichten, feurigen Schritts
Und erfüllt von freundlichem Licht,

Ahnung herzlicher Lust im Gespräch mit dem Freund,
Jugendlich=heiteren Spotts, hin zur Sonne gewandt,
Die dem lachenden Mut
Mütterlich=segnend zum Siege scheint:

Ist im tiefsten dir nah, nah deinem neuen Gestirn,
Mischt in Morgen und Gold deine Blondheit hinein,
Deines gütigen Augs
Schwesterliche Sendung für mich.

Denn wem einmal ein Blick klarere Täler erschloß,
Einmal das Blau eines Augs ehern den Gott offenbart,
Einmal ein schwebender Schritt
In dem Chaos die Form gezeigt,

Einmal ein seeliger Blick mitten ins Herz hinein
Aller Liebe Gesetz ewiglich bloßgelegt
Und einer Stimme Blond
Einmal die Flamme entbunden hat:

Dem hält heiliger Bann ewig das Innere fest,
Und der Dämon befiehlt ewig das stürzende Lied,
Und für ewig durchglühn
Stimme und Aug' das anbetende Herz.

CARL STERNHEIM
NAPOLEON

DER JÜNGSTE TAG

KURT WOLFF VERLAG · LEIPZIG
1915

NAPOLEON

EINE NOVELLE

VON

CARL STERNHEIM

LEIPZIG
KURT WOLFF VERLAG
1915

Mit drei Lithographien von Ottomar Starke.
Gedruckt bei Poeschel & Trepte in Leipzig
Juli 1915 als neunzehnter Band der Bücherei
»Der jüngste Tag«

COPYRIGHT 1915 BY KURT WOLFF VERLAG · LEIPZIG

FÜR THEA, MEINE LIEBE FRAU

NAPOLEON

NAPOLEON wurde 1820 zu Waterloo im Eckhaus, vor dem sich die Steinwege nach Nivelles und Genappes trennen, geboren. Sein Kinderleben verließ historischen Boden nicht.

Über die durch Hohlwege gekreuzten Flächen, auf denen des Kaisers Kürassiere in Knäueln zu Tode gestürzt waren, gingen seine Soldatenspiele mit Gleichalterigen. Sie lehrten ihn ewige Gefahr, Wunden und Sieg.

Zwölf Jahre alt, nahm er von Kameraden beherrschten Abschied, sprang zum Vater in die Kalesche und fuhr nach Brüssel hinüber, wo er vor ein Gasthaus abgesetzt wurde. In der Küche des Lion d'or lernte er Schaum schlagen, Fett spritzen, schneiden und schälen. Gewohnter Überwinder der Kameraden auf weltberühmter Walstatt, ließ er auch hier ganz natürlich die Mitlernenden hinter sich und war der erste, der die Geflügelpastete nicht nur zur Zufriedenheit des Chefs zubereitete, sondern auch nach den Gesetzen zerlegte.

Er selbst blieb von allen Speisenden der einzige, den der Vol=au=vent nicht befriedigte, doch nahm er Lob und ehrenvolles Zeugnis hin, machte sich, siebenzehnjährig, auf den Weg und betrat an einem Maimorgen des Jahres 1837 durch das Sankt Martinstor Paris.

Als er von einer Bank am Flußufer die strahlende Stadt und ihre Bewegung übersah, wurde ihm zur Gewißheit, was er in Brüssel geahnt: Nie würde er aus den allem Verkehr fernliegenden Küchenräumen jene enge Berührung mit Menschen finden, die sein Trieb verlangte. Tage hindurch, solange die ersparte Summe in der Tasche das Nichtstun litt, folgte er den Kellnern in den Wirtschaften gespannten Blicks mit inniger Anteilnahme, verschlang ihre und der Essenden Reden, Lachen, Gesten. An einem hellen Mittag, da eine Dame Trauben vom Teller hob, den ihr der Kellner bot, trat er stracks in die Taverne auf den Wirt zu und empfahl sich ihm durch Gebärden und flinken Blick als Speisenträger.

Nun brachte er Mittag- und Abendmahl für alle Welt herbei. Es kam von beiden Geschlechtern jedes Alter und jeder Beruf zu seinen Schüsseln und sättigte sich. Unermüdlich schleppte er auf die Tische, fing hungrige Blicke auf und satte, räumte er ab. Nachts träumte er von malmenden Kiefern, schlürfenden Zungen und ging anderes Morgens von neuem ans Tagwerk im Bewußtsein seiner Notwendigkeit.

Erst allmählich sah er Unterschiede des Essens von schmatzenden Lippen ab. Er kannte den gierigen, weitgeöffneten Rachen des Studenten, durch den unsortierte Bissen in ein niegestopftes Loch fielen, unterschied den Vertilger eines nicht heißhungrig ersehnten, doch regelmäßig gewohnten Mahles von jenem Überernährten, der ungern zum Tisch sich niederließ und gelangweilt Leckerbissen kostete und zurückschob. Er prägte sich die kauende, trinkende Menschheit in allen Abstufungen fest und bildhaft ein.

Durch Kennerschaft wurde er ihr Berater und Führer, wies den Hungrigen feste Nahrung, bediente die ewig Satten mit Schaum und Gekröse, von ihm zu allen Tischen lief ein Band des Verständnisses. Hob der Gast nur die Karte, fiel von Napoleons Lippen erlösend der gewünschten Speise Name.

Jahrelang blieben die seine Lieblinge, deren leibliche Not die Kost stillen sollte. Ein saftiges Stück Fleisch, von kräftigen Zähnen gebissen, schien ihm die gelungenste Vorstellung. Doch machte er Unterschiede zwischen den Sorten. Ließ er Kalb und Lamm im Hinblick auf ihre festere Zusammensetzung gelten, war ihm Wild und Geflügel wenig sympathisch. Von Fischen, Austern und Verwandtem hielt er der lockeren Struktur wegen nicht das Geringste. Inbegriff guter Nahrung war ihm das Rind. Unwillkürlich sah er beim Hin- und Heimweg die Begegneten auf die Beschaffenheit ihrer Muskulatur hin an. Die erschienen ihm wohl bereitet, die über straffem Knochenbau gedrängte Materie trugen. Die Mageren verachtete er, und die mit losem Fett Gepolsterten waren ihm verhaßt. Einem gut aufgesetzten Körper folgten seine Blicke zärtlich und zerlegten ihn augenblicklich in gigots, selle, côtes und Kotelettes. In der Einbildung streute er Pfeffer und Salz hinzu, garnierte, schnitt und servierte das Ganze mit passendem Salat, dann lächelte das junge Gesicht, und hingerissen, ahnte er nicht, in welcher Zeit er lebte, unterschied

Sommer und Winter, Trockenheit und Regen, Überfluß und Notdurft nicht und wußte nur: dies freut den Gast.

Immer hitziger wurde sein Trieb, dem zu Bedienenden sättigende Kost zu bieten. Gewürz und Zutat sah er nur in dem Sinn, wie sie die bestellte Speise fest und ausdauernd machen möchten. Es bildete sich in seine Vorstellung der Raum des leeren Magens, in den er wie aus Betonklötzen die Nahrung baute.

Ging der Gesättigte, der schlappen Schrittes gekommen, wuchtig zur Tür hinaus, hing Napoleons Blick an dem Schreitenden, als sei dessen Lebendigkeit sein Werk. Er brauchte das Bewußtsein schöpferischer Tat, um vor sich bestehen zu können und steigerte es allmählich zur Überzeugung, ohne ihn und seine Pflege sei die Lebensarbeit der Betroffenen nicht möglich. Diese festzustellen, merkte er die Namen der Gäste, nahm an ihrem Vorwärtskommen teil.

*

Es geschah, als er am freien Tage durch die Wege der Versailler Parks schritt, in der Einbildung, er habe gerade eine riesige Wurst mit den Höchstwerten menschlicher Nährstoffe gestopft und schnitte den Wartenden Scheiben herunter, daß aufschauend sein Auge zu einem jungen Weibe fiel, das am entblößten Busen ein Kind hängen hatte. Gebannt wurzelte Napoleon am Boden und prägte sich in aufgetane Sinne das Bild rosiger, geblähter Rundheiten an der Frau und dem Säugling ein. War das eine Apotheose seiner Träume von kraftvoller Nahrung und ihrem besten Verbrauch! Er hätte an die Nährende nieder=

8

fallen und durch Umschlingung ihres und des Kindes Leibes an dem erhabenen Vorgang teilnehmen mögen.

Das geschaute Bild verließ ihn nicht und veranlaßte ihn, flüssigen Stoffen gesteigerte Aufmerksamkeit zu schenken, dann aber hob es den Wert der Frau, der bis heute ihrer geringen Lust zum Essen wegen für seine Welt nicht groß gewesen war, sich jetzt aber unter einem anderen Gesichtspunkt auf das beste ins große Tableau tafelnder Menschheit einordnete. Zum ersten Mal besah er das Mädchen an der Anrichte, dem er bisher nur den kräftigen Gliederbau hatte bestätigen müssen, und immer eindringlicher, als prüfe er es auf gewisse ihm nun einleuchtende Möglichkeiten. Er fand, sie nähme als Nahrung zu viel leichtes Zeug, belade sich mit Geblasenem und Aufgerolltem, das im Magen zu einem Nichts zusammenfiele, warnte sie vor Klebrigkeit und Süßem und forderte sie eines Tages geradezu auf, mit ihm irgendwo ein Mahl zu nehmen, das bis ins kleinste von ihm zusammengestellt, in seinem Wert für sie erörtert werden solle. Das Mädchen nahm des Mannes Kauderwelsch für einen Umschweif, willigte ein, und sie gingen an einem der nächsten Tage gemeinsam ein Stück über Land und traten in einen Gasthof ab.

Dort verschwand Napoleon und erklärte zurückkommend der schmollenden Suzanne, er habe in der Küche selbst bis ins Kleinste vorgesorgt. Mit einem Ragout vom Hammel in einer Burgunderweinsauce beginne man und gehe, alle falschen Vorspiegelungen verschmähend, geradezu auf ein wundervolles, halb=

blutiges Rindslendenstück zu, an das er englische Gurken und Zwiebeln habe braten lassen.

Als das Essen aufgetragen war, wies er sie, die Bissen langsam zu kauen und ohne Zukost von Brot zu schlucken. Er ruhte nicht, bis das letzte Teilchen auf der Schüssel vertilgt war und befahl ihr und sich selbst ein Gläschen Schnaps zu besserem Bekommen an.

Da nach Tisch sie draußen im Gras lagen, breitete er Arme und Beine von sich und riet ihr, ein Gleiches zu tun. Er sei ein schmächtiger Bursch gewesen und nur durch vernünftige Nahrung und angemessene Verdauung sein Gewebe fest und kräftig geworden. Dabei ließ er durch Beugung die Muskeln der Arme und Waden zu kleinen Bällen schwellen, worauf sie, in der Eitelkeit verletzt, auch ihre Glieder spielen ließ und ihn zur Prüfung der festen Beschaffenheit einlud. Doch bestritt er alles von vornherein, meinte, es sei bei ihrer bisherigen Ernährung gar nicht möglich und forderte sie auf, in Zukunft nach seinen Vorschriften zu leben. Dann werde, was nicht da sei, kommen.

Er gefiel ihr. Dieser nüchterne Sinn machte Eindruck auf sie, und sie bemühte sich, seine Erwartung zu erfüllen. Bei den nächsten Ausflügen blieb sie plötzlich stehen, bäumte den Arm auf und ließ seine Hände die Anschwellung fühlen. Doch kam durch Wochen nichts als ein Schnalzen von ihm, das ihr immerhin bedeutete, sie sei auf rechtem Weg. Bis eines Tags beim Versuch, sich ein gelöstes Schuhband zu knüpfen, sie ihm ein so mächtiges Rückenstück entgegenhob, daß eine runde An=

erkennung seinen Lippen entfuhr. Gleich lag sie an seiner Brust, bot ihm den Mund zum Kuß.

Der Besitzer der Taverne starb, und Napoleon wurde Inhaber des Speisehauses. Er konnte nun schalten, wie er wollte, und entfernte vollends alle Spielereien von der Karte. Die gleichbleibende Kundschaft, er selbst und Suzanne waren gewichtig auftretende Personen geworden, die eine Rede deutlich in den Mund nahmen. Es gab in seinen Räumen kein Getuschel, sondern zu schallenden Worten dröhnendes Lachen. Ein forsches Zugreifen und Fortstellen. Überzeugte Meinungen und Entschlüsse für kühne Taten.

Napoleons Vaterunser und Einmaleins hieß: in allen Molekülen drängende Kraft. Von Suzannes Kind, das sie von ihm unter dem Herzen trug, rechnete er, es müsse nach Menschenermessen ein Herkules werden.

*

Der Ruf des Hauses hatte sich verbreitet. Einer rühmte es dem andern und brachte ihn zu einem Versuch mit. Schließlich reichte der Raum nicht, die Gäste zu fassen. Einen freiwerdenden Stuhl besetzte sofort ein anderer Hungriger. Große Tagesumsätze wurden erzielt und immer bedeutendere. Verglich aber zum Jahresabschluß der Wirt Einnahme und Ausgabe, kam kaum ein Guthaben zu seinen Gunsten heraus. Anfangs, bevor er das Ziel seines großen Rufs erreicht, ließ er es gehen, als aber dieser über ganz Paris feststand, begann die schlechte Abrechnung ihn zu wurmen. Er war nun dreißig Jahr alt, hatte große Pläne, und schien Reichtum auch nicht seine letzte Absicht, mußte er doch mit dem übrigen kommen. Nochmals nahm er die Bücher gründlich vor und stellte fest, der geforderte Preis war in Anbetracht der hervorragenden Beschaffenheit und Menge der gereichten Speisen zu niedrig. Da ihm aber einleuchtete, der Konkurrenz wegen könne er einen Preisaufschlag nicht eintreten lassen, stand er vor der Entscheidung, alles beim alten zu lassen oder die Qualität des Gebotenen zu verschlechtern. Treu seinen bisherigen Grundsätzen entschloß er sich zu ersterem, stand aber den Essenden jetzt nicht mehr mit alter Unbefangenheit gegenüber. Bei jedem Filet, das der Kellner mit schönem Schwung zum Gast niedersetzte, stellte er den Vergleich zwischen Ware und erzieltem Preis an und kam bald dazu, daß ihn eine Platte, je besser sie gelungen und je reichlicher sie serviert wurde umsomehr in qualvolle Erregung versetzte. Besonders konnte er den Blick von einem Gast nicht wenden, der mit dem Gebotenen anfangs nicht zufrieden, die Bedienung und die Küchenbrigade durch anfeuernde Reden zur höchsten Leistung für ihn angespornt hatte und nun wahre Fleischtrümmer vorgesetzt bekam, die er mit Mengen alles Erreichbaren würzte. Dazu warf er Napoleon triumphierende und anerkennende Blicke zu, die diesen anfangs erbitterten, schließlich zu heller Empörung brachten. Der Vielfraß war ein Kanzleibeamter, von dem nie ein besonderes Verdienst verlautet hatte, und der Herr des Gasthauses fragte sich ergrimmt, mit welchem Recht, für welches bedeutende Vorhaben der Betreffende eigentlich solche

12

Anforderungen für seinen Magen stellte. Man wisse schließlich zu welchem Ende, schlänge ein Thiers, ein Balzac solche Mengen in seine Därme. Dieser Durchschnittsbürger aber schweife in geradezu widerlicher Weise aus, garniere er den faulen Bauch täglich mit solchen Prachtfleischstücken. Überhaupt begann der Wirt des Veau à la mode seine Stammgäste auf ihre Verdienste hin anzusehen und stellte vor seinem Gewissen fest, keiner habe durch Erfolge die Sorge vergolten, die man jahrelang an seiner Ernährung genommen. Infolgedessen folgte er ihrem Schlingen von nun an mit noch scheeleren Blicken, und als das Maß seines Grolls aufs Höchste gestiegen war, brüllte er eines Tages dem Hauptkoch zu, der über ein Tournedos ein volles achtel Pfund Butter goß, ob er von Gott verlassen sei und ihn durchaus ruinieren wolle.

Über all das hatte er schlaflose Nächte, bis er zu fester Anschauung sich durchgerungen hatte, die lautete: Es hat die Mahlzeit das Äquivalent zu sein der durch die tägliche Arbeit verausgabten Kräfte. Und so stellte er den Blick seiner Kundschaft gegenüber neu auf Feststellung dieser Tatsache ein und fand, er könne ruhigen Gewissens mit der Beschaffenheit und dem Maß der Portionen herunter gehen und leiste noch immer ein Mehr in den Magen der Speisenden. Auch Suzanne gegenüber, die ihm ein Mädchen geboren hatte und noch in derselben Stellung bei ihm war, nahm er jetzt diesen Standpunkt ein. Auf Grund seiner Erziehung war sie gewöhnt, ihren und ihres Kindes Körper gehörig mit ausgesuchter Eßware zu stopfen. Jetzt wies er sie hin, es sei Schande, den ungeheueren Nahrungsmengen, die sie genösse, ein so winziges Maß an Leistung gegenüberzustellen. Sie möge Leib und Geist mehr tummeln oder ihren Eßverbrauch einschränken.

Damit aber hatte der Prozeß in ihm kein Ende. War gegen Mitternacht das Geschäft vorbei, das Haus leer, blieb er am Herd zurück und begann, schmorend und bratend, Versuche mit Surrogaten zu machen, die er den Speisen beimischte, von der innigen Überzeugung geführt, er habe das Recht und die Pflicht, es den Verbrauchern gleichzutun, die auch an Stelle wirklichen persönlichen Wertes für das Menschengeschlecht falsches Vorgeben, hohle Gesten und Phrasen gesetzt hatten.

Langsam begann er danach, seine theoretischen Erkenntnisse in die Praxis umzusetzen. Äußerlich blieb alles, Name und Anrichtung der Speisen, beim alten. Bedachte er aber, wie ein Stück Fleisch durch Klopfen und Lockern der Atome angeschwollen, durch Beimischung scharfer Gewürze Kiefer und Gaumen jetzt weniger durch Kauen als durch Beize beschäftigte, schmunzelte er und trieb die entdeckte Kunst zu immer größerer Vollendung. Nun hatte er zwar am Schluß des Jahres die Genugtuung eines außerordentlichen Überschusses, fühlte aber, ihn befriedigten die Grundsätze, nach denen er heute Wirt sei, weder in Bezug auf die Beschaffenheit der Gäste mehr, noch hinsichtlich der Mittel, die er anwandte, ihre Erwartungen zu erfüllen.

*

An einem Sonntagabend lief dicht vor seinen Augen die Wendeltreppe zu den Räumen im ersten Stock des Restaurants ein Persönchen empor, das mit Rockrüschen und Volants wie ein Quirl über seiner Stirn hüpfte. Die Beine in weißseidenen Strümpfen nahmen zwei, drei Stufen auf einmal, und bei jedem Satz federte der Körper hoch auf in den Gelenken. Dazu flogen Haare, Federn, Pelzwerk um den Kopf, und ein empörtes Hundekläffen kam von ihrem vermummten Busen her. Mit einem Sprung schwang sie sich oben zu zwei Herren an den Tisch und rief klingenden Stimmchens: »Hunger!« Napoleon, der auf Zehen vor sie getreten war, durchfuhr's, hier sei seine ganze Speisekarte fehl am Ort, und während Röte sein Antlitz malte, schlug das Herz Generalmarsch in hastiger, aussichtsloser Erregung, was er diesem Püppchen bieten könne.

Als Madame Valentine Forain stellte sie einer der Herren vor, und Napoleons Unruhe wuchs zur Verzweiflung, als er hörte, er habe die berühmte Tänzerin vor sich, die seit Wochen Paris bezaubere. »Stillen Sie meinen Hunger mit Luft,« sagte sie, »die den Leib nicht beschwert. Sie sehen aus, als verstehen Sie Ihre Kunst. Diesem süßen Ungeheuer,« sie wies auf das safranrote Hundeschnäuzchen, das aus einer Spalte ihrer Taille schnüffelte, »reichen Sie ein Schälchen zerkleinerter Kalbsmilch.«

Einen Augenblick blieb Napoleon auf dem Gang zur Küche im Dunkeln an einen Pfeiler gelehnt, als habe er einen Schlag gegen die Stirn bekommen und

müsse sich erst zu neuem Leben sammeln. Gleich aber schoß die Stichflamme der Erkenntnis in ihm hoch, hier gelte es die Zukunft, und schon spürte er den aus den Kämpfen der letzten Wochen gesammelten Willen zu etwas gänzlich Neuem als ein Lichtmeer über sich fluten. An den Herd er glitt, schnitt, mischte, quirlte, hob es in kleinster Kasserole nur eben ans Feuer, nahm's fort, als der erste Wrasen stieg, und mit vier Sprüngen die ganze Treppe nehmend, servierte er das Schüssel=
chen in seiner frühesten Hitze: Taubenpüree mit frischen Champignons.

Sie kostete, murmelte, schluckte und schlug ein Paar kornblumenblaue Augen lächelnd zu ihm auf. Er stürzte in die Küche zurück, setzte den Herd in größere Glut und ließ über eine Handvoll Spargelspitzen, die er den jüngsten Sprossen abgeschnitten, heißen Dampf schlagen, in dem er sie gar kochte. Im letzten Augenblick gab er eine Schwitze von Sahne und Sellerie über das Ganze. Als drittes und letztes Gericht bot er frische, geschälte Wallnüsse mit Himbeeren à la crême. Dem Hündchen aber hatte er Trüffeln an die Kalbsmilch getan.

Nun stand er unauffällig in der Nähe, sah, wie nach wenigen Bissen von jeder Platte schon die ganz sanfte Röte auf ihrer Haut lag, der Körper sich tiefer in die Kissen des Sofas drückte und aus ihrem Munde ein Fauchen, winzige Tropfen Feuchtigkeit aus den Augen kamen, ansagend, das zarte Leibchen ziehe hin=
gegeben jetzt Kraft aus dem Genossenen. Keiner der Herren sprach in diesen Augenblicken, da auf dem

Antlitz der Frau ein andächtiges Lächeln lag, mit ihr, als sei es ausgemacht. Zitternden Zwerchfells lachte Napoleon, schütternden Leibes in heller Seligkeit für sich dazu, bis ihm die Augäpfel in Tränen schwammen. Er war mit ihm eins und lobte Gott in der Höhe.

Die Begegnung wurde geänderten Lebens und neuer Ziele Anfang. Als er am gleichen Abend heimkehrend den kräftigen Leib Suzannes in den Bettkissen fand, schnitt er der Schlafenden eine angewiderte Grimasse. Wütend deckte er ein freiliegendes Rundteil von ihr zu, schloß die Augen und träumte in Wolken duftiger Seide und Band die behende Gestalt der Tänzerin. Vor seinem geistigen Auge prüfte er die schlanken Arme, eine schmale Hand, ihre ganze zierliche Erscheinung und stellte fest, wie wenig fleischliche Person die Begnadete sei, und wie geringer Kost sie bedürfe zu künstlerischer Leistung, durch die sie eine Nation zum Entzücken hinriß. Für welche Tat aber sei der Leib neben ihm derart aufgemästet, zu welchen Fortschritten brauche er seine täglichen mächtigen Rationen? Mit was für Gesindel habe er, Napoleon, sich eigentlich bis über sein dreißigstes Jahr hin abgegeben, und welch steilen Weg müsse er bis zu lohnendem Ziel noch ersteigen! Er fühlte, keine Minute sei zu verlieren, und alles Heil ruhe im Anschluß an die verehrte Gastin. So widmete er ihr vom zweiten Erscheinen an sein Trachten und Vermögen. Dachte die Stunden bis zu ihrem Kommen nichts, als was er ihr vorsetzen, wie er ihre Erwartungen übertreffen müsse. Lief mor=

gens vom Markt in Hallen und Krämereien, suchte, tüftelte das Frischeste, Zarteste und Rarste heraus. Zur Vorstellung ihres winzigen Kerns in einer Hülle von Tüll und Tand dichtete er aus Schaum, Krusten, Farce und Saucen das assoziierende Speisengebild, schabte, preßte in Tücher, seihte und überquirlte wohl ein dutzendmal, bis das Gekochte schwebend gleich einer Wolke zum Teller niedersank. Dann sah er es entzückt zwischen zwei leuchtenden Zahnreihen auf einer schmalen Zunge zergehen.

Einst gönnte sie ihm ein Wort der Anerkennung. Ihm schien's ein Rauschen und hallte ihm lange im Ohr. Zum Schluß riet sie, das Stadtviertel des soliden Bürgers eiligst zu verlassen und jenseits des Flusses, mitten im Herzen des vornehmen Paris, ein Restaurant zu schaffen, das trotzdem bis heute jeder entbehrte, der höchste Anforderungen an Küche und Keller zu stellen gewillt sei. Sie würde mit Freunden kommen, wolle seiner außerordentlichen Kunst Verkünderin sein.

*

So geschah's. Nachdem er in einer Seitenstraße bei der Oper das passende Lokal gefunden, verkaufte er mit Nutzen die alte Wirtschaft, ließ die Wände der gemieteten Räume mit weiß silbernen Malereien zieren, die zu dem reichen Silber, der Wäsche der Tischreihen stimmten. Ein roter Teppich deckte den Boden. Kraft eines Schlagwortes, das irgendwo auf und über die Boulevards flog, wußte Paris plötzlich von der Existenz des Chapon fin, und daß der Kenner eines gewählten

Bissens dort auf seine Rechnung käme. Vier Wochen nach Eröffnung ging die beste Welt regelmäßig bei Napoleon ein und aus, als habe sie nie einen anderen Ort des Stelldicheins gekannt. Der Ruhm seiner Küche beruhte auf der Vorzüglichkeit der leichten Platten. Man konnte wohl ein Châteaubriant, ein Selle de chevreuil so gut wie anderswo bekommen, doch wies der maître d'hôtel den Gast mit Augenzwinkern auf die Spezialität des Hauses: Muschelgerichte, Ragouts und Purées in Pfännchen, Überraschungen in winzigen Schälchen und Kasserolen. Der Gast folgte und war regelmäßig zufriedengestellt.

Denn was der Herr des Hauses für die Tänzerin erdacht, vervollkommnete, vermehrte er von Tag zu Tag. Schalentiere ließ er aus den Krusten, Geflügel vom Knochen brechen, nahm vom Tier das Gekröse, von den Gemüsen die Spitzen. Frikassierte und mischte die verblüffendsten Gegensätze, verband das Widerstrebende in Saucen von Sahne, kostbaren Eiersorten, Pilzen und duftenden Essenzen. Das letzte Geheimnis seines Erfolges aber war die »kurze Hitze«, in der die Speisen garwerden mußten. Der oberste Grundsatz hieß: was zu lange Feuer gerochen, ist für den Ruch verdorben.

Nach wie vor blieb Valentine die erste, die jede neue Schöpfung kosten mußte. Zwischen ihr und dem Patron webte nun eine schöne Vertraulichkeit, geboren aus den Blicken dankbarer Anerkennung, mit denen die Essende nach jeder von ihm selbst angerichteten Platte Napoleon beschenkt hatte. Allmählich lernten die Augen sich auch sonst suchen, nach dem lauten Scherzwort eines Gastes etwa, einer unzarten Bemerkung von irgendwoher, bei jedem Vorkommnis. Und fühlten, wie es in der Blicktiefe des anderen ein Geheimnisvolles gab, durch das das eigene Schauen wie an feinen Häkchen schmerzvoll süß haranguiert wurde. Dazu fuhr die Frau mit freundschaftlicher Würde fort, ihm Beobachtungen und Anregungen mitzuteilen, die sie aus sich selbst und von anderen zur Vervollkommnung des Betriebes nahm. Auch fragte sie ihn, legte er ihr die kostbare Pelzhülle um die Schultern, letzthin nach dem praktischen Erfolg, und er war glücklich, ihr von Mal zu Mal eine höhere Summe als erzielten Gewinn zuflüstern zu können.

Die Gefährtin seiner Lehrjahre und ihr Kind hatte er mit einer Summe abgefunden und aus seiner Nähe verbannt. Anfangs sah er sie noch hin und wieder, dann aber stand sie plötzlich im Schrank seiner Erinnerungen als Gleichnis der Hausmannskost und kleinbürgerlicher Umstände.

*

Auf den Rat seiner Gönnerin widmete er der Zufriedenheit jener Frauen besondere Aufmerksamkeit, die in kostbaren Toiletten nach dem Theater in Begleitung von Lebemännern aßen. Er merkte sich irgend ein Besonderes, eine Laune der Betreffenden und spielte das nächste Mal vertraut freundschaftlich darauf an. Das Luxusgeschöpf sieht sich vom ernsten Mann ernst genommen, errötet vor Vergnügen und wird seine treue Kundin. Neben dieser Kategorie und ihrem Anhang stellte er sich vor allem den Diplomaten und Staats-

männern zur Verfügung, indem er ihnen, kamen sie
mit wichtigen Gesichtern von einer Sitzung, um zu einer
Sitzung zu gehen, ein stilles Eckchen anwies, wo sie
ungestört blieben, nicht duldete, daß ein Kellner sich
näherte und sie durch ausgesuchte Leckereien der Bürde
ihrer Verantwortlichkeit für Augenblicke enthob. Da er
aber fühlte, es ging ihm im Umgang mit den Spitzen der
politischen Abteilungen aus Unkenntnis ihres Wirkens
und Wollens die nötige Sicherheit noch ab, lud er sie
in ein abgelegenes Zimmer, durch dessen Wand er
von seinem Kontor ihre Gespräche hören, ihre Mienen
beobachten konnte. Da lernte er alsbald, durch welche
Spitzfindigkeiten und Umschweife aus Eifersucht und
Ehrgeiz der Handelnden strittige Fragen zwischen po=
litischen Parteien des Vaterlandes oder den verschiedenen
Nationen, aus ihrem logischen Gelenk gerissen, zu Ent=
scheidungen wurden, die Zwischenfälle, Krisen und ein
Mißtrauensvotum für das Ministerium hervorriefen. Er
sah den Führern Frankreichs ihr Stirnrunzeln, das ironisch
überlegene Lächeln und die knackende Handbewegung
ab, die ein Ultimatum bedeutet, und hörte sich voll=
kommen in die inner= und außerpolitischen Strömungen
hinein. Bald konnte er es wagen, dem eintretenden
Minister, Attaché oder Abgeordneten eine so treffende
Anmerkung zur gerade wichtigen Affaire zuzuraunen,
daß der einen bedeutenden Eindruck von ihm bekam
und weitergab. Aber auch die vollkommene Kenntnis
des galanten und des Geschäftslebens verschaffte sich
Napoleon durch seine Horchspalte, sah er verliebten

Paaren, feilschenden Geldleuten mit angespannter Aufmerksamkeit zu, bis die in der Erregung aufgesperrten Kiefern sich krampften. Am erregendsten blieb es stets für ihn, verließ ein Teil des Paares für Augenblicke das Zimmer, und der Zurückbleibende, sich allein glaubend, verlor alle Haltung, wurde Mensch mit seinen Hoffnungen und Sorgen, zählte in der Brieftasche die Barschaft oder suchte durch Prüfung der zurückgebliebenen Kleidungsstücke des anderen auf dessen wirkliche Lebensumstände zu schließen. Kurz, der Wirt des Chapon fin wurde ein Kenner, der ins Unterbewußtsein der Menschheit hinabsah.

Binnen Jahresfrist lag Paris zu seinen Füßen. Er beherrschte es durch die vollkommenste Kenntnis seines Magens als ein gütiger Fürst und lächelte, als man ihn erst zaghaft und vereinzelt, dann ganz allgemein König Napoleon im Gegensatz zum Kaiser nannte. Rührung und Glück aber ergriff ihn, als Valentine das erstemal seine Hand suchte und drückte. Das war Beweis nicht nur geschäftlichen Erfolges, sondern auch des erreichten gesellschaftlichen Ansehens, da die Gefeierte einen sozial unter ihr Stehenden nicht vor aller Welt so ausgezeichnet hätte. Nun wuchs er von Tag zu Tag mehr in eine überlegen menschliche Haltung hinein, die veranlaßte, daß selbst der höchstgestellte Gast ihm die Hand gab, ihm gutgelaunt auf die Schulter klopfte.

Für den Mann der Provinz vollends ward es bei der Rückkehr in die Heimat Glanzstück des Berichts der in der Hauptstadt erlebten Abenteuer, konnte er nicht nur bemerken: Ich habe beim »König« gespeist, sondern hinzusetzen: der mich auf die Schulter schlug und fragte: »Nun, Baron, wie wär's mit einer Boule au jus tutu?«

*

Als er von einem fremdländischen Herrscher das erste Ritterkreuz erhalten, dessen violette Rosette er am gleichen Abend im Knopfloch trug, forderte Valentine ihn auf, sie am nächsten Tag um fünf Uhr nachmittags aufzusuchen. Er erschien nach schlafloser Nacht, dem ruhelosesten Morgen, und fand sie im Raum auf der Erde, wo sie mit dem Hund balgte. Sie sprang hoch, steckte das entfesselte Haar auf und saß gleich in einem niedrigen Sessel so nah ihm gegenüber, daß er das vergötterte Antlitz dicht vor sich hatte, es zum erstenmal andächtig sich einprägen konnte. Sie machte keine Bewegung und ließ ihn sich vollends sattsehen. Dann gab sie die Hand, die er inbrünstig küßte. Sie war selbst einfacher Herkunft und ehrte die Tüchtig=
keit, die ihm seinen außerordentlichen Platz verschafft. Umgehend nur mit Männern vornehmster Geburt, fesselte sie an ihn das Band etwa gleicher Vergangenheit, bei ihm durfte sie Gefühle voraussetzen, die ihren Freunden fremd waren. In die Erzählung der Mühsale auf dem steilen Weg zum Erfolg vertieften sie sich, sprachen mit kräftig eindeutigen Worten und genossen in vollen Zügen mit kicherndem Sichlustigmachen die Schadenfreude, die sie irgendwie für eine Welt emp=
fanden, über die sie heute jeder auf seine Art herrschten.

Napoleon kramte vor ihr seine kleinen Geheimnisse, alle Mittel aus, mit denen er sich in das Vertrauen der oberen Tausend geschlichen, erzählte von seiner durchsichtigen Kontorwand. Sein Vertrauen erwidernd, gab sie ihm die Hauptdaten ihres Aufstiegs, nannte drei, vier Männer, denen sie als Frau und Künstlerin verpflichtet war, und zeigte, alsbald vor ihm tanzend, durch welche choreographischen Einfälle sie nacheinander die Menge bezwungen hatte. Sie schwebte und bog sich ohne Ziererei vor ihm, und da sie im leichten Hausrock war, wurde er durch Zufälle von Rock- und Kleiderfall entzückt. Zum Schluß einen Csardas von hinreißendem Rhythmus stampfend, kam sie aus der entfernten Ecke des Zimmers auf den Zehen gegen ihn, bei jeder Taktsenkung das Bein wie einen bohrenden Pfeil gegen sein Antlitz streckend.

Bei seinem zweiten Besuch ward sie mit reizender Natürlichkeit seine Geliebte. Diese Frau, die den Männern bisher das Bild eines buntschimmernden Vogels von phantastischer Seltenheit hatte geben müssen, blasierter Ungeduld zu genügen, war an seinem Hals das schlichte, schlanke Mädchen aus dem Volk voll naiver Hingabe. Es bedurfte nichts Außerordentlichen von seiner Seite, die Sehnsucht der Umarmten zu stillen.

Doch blieb bei dem mannigfachen Glück, das sie einander gaben, die gassenbübische Art, mit der sie alle offizielle Welt verhöhnten, höchster Genuß. Napoleon besonders war darin unerschöpflich. Größen der Geldwelt, Sterne der Wissenschaft und Kunst stellte er blitzschnell in gedrängter Plastik hin und knickte dann mit witzigem Einfall das Pathos ihrer Geste. Berühmte politische Personen ahmte er nicht nur in Tonfall und Haltung nach, sondern auch, wie er in der Betroffenen Art mit riesigem Wortschwall durchsichtige Tatsachen in ein Chaos verwirrte. Während sie vorgebeugt aus den Kissen ihm zusah, führte er dramatische Szenen auf zwischen den Botschaftern zweier Staaten etwa, in deren Verlauf die beiden, sich über eine unsagbare Nichtigkeit unsagbar albern und aufgeblasen unter= haltend, allmählich anstelle der verbindlichsten Um= gangsformen eine immer steifere Haltung, schroffere Bewegungen setzten, bis sie schließlich wie zwei schmol= lende Gockel hochmütig auseinanderstelzten. Er erzählte, mit welchen Torheiten und Zufällen sich das Schicksal der Gesetzesvorlagen in den verschiedenen Kommis= sionen, die nach den offiziellen Sitzungen bei ihm fort= getagt, meist entschieden hatte, sie gab ihm Einsicht in abertausend Spitzfindigkeiten, die die auf die Liebe gestellte Frau der Gesellschaft anwendet, sich ihre Launen und ihre Lust, am öffentlichen Leben teilzunehmen, zu erfüllen. Wie oft habe sie selbst ihre Gönner in hohen Stellungen aus Eigensinn zu unsinnigen, folgenschweren Entschlüssen bestimmt und den Reportern, die ihr das Haus einliefen, noch dazu phantastische Lügen aufge= bunden! So reinigten sie sich, das Thema unaufhörlich variierend, innerlich von dem Respekt, den proletarische Herkunft ihrer Jugend auferlegt hatte, und wurden lächelnde Verächter der feinen Lebensformen und des

25

guten Tons, den sie wie den Stil in einem Drama von Corneille oder einer Molièreschen Komödie agierten, während ihnen aus ihrer Liebe ein herzliches Wort, eine menschliche Bewegung gleichnishaft dazu immer gewärtig war.

Im Geschäft dehnte Napoleon die Herrschaft, die er über Franzosen besaß, auf die übrige Welt aus. Er hatte London, Petersburg und Wien gesehen, Verbindungen angeknüpft und befestigt, manche Anregung mit heimgenommen. Sein Haus wurde an der Themse und Donau berühmt, bei Sacher und Claridge fand man Platten »Au Chapon fin«. Es scheiterte auch sein Vormarsch an die Newa nicht wie der seines unsterblichen Namensvetters. Als der fünfzigste Geburtstag vor der Tür stand, war sein Ruhm über zwei Erdteile verbreitet, der größere Teil der zivilisierten Menschheit aß streng nach seinen Einfällen und Vorschriften. Er besaß ein fürstliches Einkommen und hatte die kluge, ihn immer anfeuernde Frau an der Seite, zu der die Beziehungen nicht legitimiert waren, die er aber leidenschaftlich und zärtlich liebte.

Da man vierzehn Tage vor seinem Fest vom Krieg mit Preußen zu sprechen begann, und die Gäste stürmischer seine Meinung wollten, blieb er lächelnd ruhig und verneinte jede Möglichkeit eines Ausbruchs von Feindseligkeiten. Er wußte aus besten Quellen, kein ernsthafter Politiker glaube wirklich an den Krieg; er war gewiß, es handle sich wieder einmal um die Prestigefrage, das sattsam bekannte Händeknacken und schmol=

lende Gockeltum. Aber auch als die Regierung unter einem frivolen Vorwand die Schiffe hinter sich verbrannt hatte, blieb Napoleon in tiefster Seele ruhig. Er, der wußte, hohe Politik wird gemacht, um ein paar Dutzend Ehrgeizigen in jedem Land Vorwand für eine Karriere zu geben und ihren Heißhunger nach öffentlichem Bekanntsein und Sensationen, mit denen ihr Name verknüpft ist, zu befriedigen, war überzeugt, man werde unverzüglich diesen Wichtigtuern Genugtuung geben, indem man sie mit Titeln, Orden und sonstigen Auszeichnungen von überallher so reichlich fütterte, daß sie satt werden mußten. Was den Frieden bedeutete. Einen Willen der Völker stellte er nicht in Rechnung. Er hatte gelernt, es wird mit ihnen kurzerhand nach Gutdünken der Regierung verfahren. Sie sind es seit ewig gewohnt, wissen und wollen nichts anders. Sagen heute zu schwarz schwarz und morgen zu schwarz weiß. Es genügt, ihnen zuzurufen: Das Vaterland ist in Gefahr! Sie fragen niemals: Durch wen im letzten Grund? Lassen sich bewaffnen, morden jeden Beliebigen als Erbfeind, erst zögernd, dann, aus Gewohnheit, mit Überzeugung und Hochrufen. Valentine gab ihm recht. Sie verspottete alles, Regierende und Regierte. Verbreitete Erzählungen, die die Albernheit der Diplomaten in ein fabelhaftes Licht setzten, militärische Maßnahmen des Generalstabs dem Gelächter preisgaben. Beide griffen mit Wollust nach jedem Gerücht, in dem sich irgendeine großartige Dummheit manifestierte, fütterten, hätschelten es und waren vor

Freude außer sich, akzeptierten es selbst diejenigen mit feierlichem Ernst, die aus ihrer übergeordneten Stellung heraus seine Sinnlosigkeit sofort hätten einsehen müssen. Mehr als der Friede gab der Krieg ihnen unablässig Gelegenheit, die blöde Einfalt der Welt auf Schritt und Tritt zu erkennen und sich über sie zu erheben. Die einfache Tatsache, daß sie durch Einsicht in politische Zusammenhänge die Lügenhaftigkeit aller Vorwände für den Krieg einsahen, gab ihnen vollkommen innere Unabhängigkeit von ihm.

So konnten sie sich, während ringsum alle Welt immer tiefer in das verwirrte Auf und Ab der Geschehnisse verstrickt wurde, auf Grund einer wirklichen Überlegenheit entschieden von den Menschen trennen. In ihre Seele trat das Bewußtsein höherer Bestimmung, das sich in den Antlitzen malte. Sie lebten jetzt und webten auf Wolken hoch über dem gemeinen Volk. Lächelten unbetroffen erhaben zu allen Unglücksfällen und Exzessen, die die Folgezeit in unaufhörlichem Aufeinander brachte. Die vollendete Katastrophe des Vaterlandes führte sie auf den höchsten Gipfel innerer Erhebung. Es lagen ringsum nicht nur die Mitbürger ihrer erkannten Weisheit, Napoleon und Valentine lagen einander und jeder sich selbst bewundernd und andächtig zu Füßen.

*

Eines Tages trat auf in Paris, was man die Kommune nannte. Sie zerschlug die Spiegelscheiben des Chapon fin, zertrümmerte alles Gerät im Innern und setzte Valentine und Napoleon, jeden für sich, ins Ge=

fängnis. Als es nach Wochen Napoleon durch einen Zufall gelang, sich zu befreien, erfuhr er, die Gefährtin seines Lebens sei, an die Wand gestellt, erschossen. Ihm fielen die Beine unter dem Leib fort, und tagelang schleppte er sich aus Gassen in Felder an Flußrändern entlang, ohne Licht und Finsternis scheiden zu können. Das erste Bewußtsein von sich empfing er durch einen Stoß vor die Brust, den ihm ein deutscher Landwehr= mann gab. Doch schwand es wieder, bis eines Nachts, da er auf einer Pritsche lag, Erinnerung an Valentine ihn überfiel. Sie war rosa und wie eine tanzende Guir= lande anzusehen, die sich immer enger um ihn schlang und ihm endlich die erste Träne, dann Tränenströme aus den Augen schnürte. Nun sank er hin, aufgelöst in ein unendlich weiches und warmes Weh. Lange er= schütterte es seine Glieder und hüllte die Welt in feuchte Schleier. Es trat aber der Vergleich seiner elenden jetzigen Lage und alles Gewesenen hinzu und erfüllte ihn mit Haß gegen die Menschheit und den Schöpfer. Tiefer kroch er in sich hinein und häufte Anklage auf Anklage gegen die Welt. In einer dunklen Nacht stand er plötzlich vor den mit Brettern vernagelten Fenstern seines Lokals — noch hafteten einige goldene Buch= staben des Schildes — und in das Loch plötzlich riesen= großer Erkenntnis fiel die Summe fünfzigjährigen Lebens: ein blankes Nichts und Einsamkeit.

Trotz und Empörung stachelten ihn zu neuem Tun. Gegen die Ungunst der Verhältnisse wollte er sofort versuchen, Mittel zu neuem Anfang zu schaffen, des gleichen Abends aber legte er sich irgendwohin nieder, spürend, es leide seine Natur nicht, daß man sie um das bestehle, was ihr vor allem notwendig sei: ungestörte, hingebende Trauer um Valentine. So suchte er sich einen Platz, der ihm nur das tägliche Brot gab. Früh am Nachmittag aber schon schloß er sich in seine Kammer ein, stopfte Fenster und Schlüssellöcher, legte sich aufs Bett und begann, die Frau von den Toten heraufzudichten. Nachdem er sie zuerst bis in die kleinste Einzelheit körperlich vor sich wieder hergestellt, ging er sein Leben mit ihr vom frühesten Anbeginn an durch. Um keinen Augenblick ließ er sich betrügen, repetierte die einzelne Situation so oft, bis sie in lebendiger Wahrhaftigkeit vor ihm stand. Jene erste, da sie mit Rockrüschen und Volants wie ein Quirl über seiner Stirn die Treppe hinaufgehuscht war. Die Beine in weißseidenen Strümpfen nahmen zwei, drei Stufen auf einmal, er sieht sie im Gelenk flitzen, und da — das aber hat er damals nicht gesehen — erscheint blitzend am Knie die goldene Strumpfbandschnalle. Wahrhaftig, als Wirklichkeit dauerte, vor lauter Schauen und Staunen hatte sein Bewußtsein sie nicht gefaßt. Und heute erstand sie das erstemal zum Leben, beschworen durch seine unwiderstehliche Zärtlichkeit. So drang er inständig weiter in Erinnerung ein und entriß ihr, mit Hingebung und Andacht um ein Nichts und den Bruchteil einer Sekunde kämpfend, so viel Nichtgespürtes und Nichterfahrenes, daß er ein völlig neues, reicheres Leben mit der gestorbenen Freundin führte.

Als er bei jener Epoche angekommen war, in der sie ihr irdisches Leben beendet hatte, brachte er sie leicht über die Klippe des leiblichen Todes handelnd und redend in die jetzige Zeit hinüber und sah sie Stellung nehmen zu seinem augenblicklichen Dasein. Er müsse, da die Verhältnisse sich allmählich wieder zur Ordnung fügten, den sinnenden Zustand aufgeben, an äußeres Fortkommen und eine neue bedeutende Einstellung zu neuen Umständen denken.

Hatte ihm der Krieg nicht tiefere Einblicke in Fragen der Ernährung, Möglichkeiten der Rohstoffverarbeitung gegeben, als jede Situation vorher? Welche außerordentlichen Aufschlüsse hatte die zweckmäßige oder unzweckmäßige Ernährung eines Heereskörpers, der Bevölkerung einer belagerten Stadt, welche Klarheit vor allem das Befinden des eigenen Körpers nach dieser oder jener leiblichen Zumutung ihm verschafft! Das eine mindestens war zur Evidenz klargeworden: Weit über die Notdurft hatte der Mensch vor dem Krieg gegessen und getrunken. Es schien Napoleon fernerhin ein Unding, das bisher übliche Mittagsmahl von sechs oder sieben Platten, ein Abendessen von fast gleichem Umfang zu servieren. Millionen hatten größere Arbeitsleistung, höheren Schwung bei einem Stück Brot und wenigen Kartoffeln bewiesen als Generationen vorher bei einer täglichen Unzahl von Gerichten. Es schien ihm hohe Pflicht, die gewonnenen Erkenntnisse dem Publikum sofort praktisch zu demonstrieren.

Er gab Valentine vollkommen recht. Sie habe nicht

nur dem eigenen Leib nie mehr als das Notwendige zu=
gemutet, sondern sei auch Anlaß gewesen, daß er den
Gästen das Leichteste und Verdaulichste geboten. Doch in
viel zu viel Platten auf einmal. Von jetzt ab müsse er
in zwei, drei Gerichte zusammendrängen, was der Magen
zur Speisung des Organismus brauche, und ihm zugleich
die volle Wollust eines reichlichen Mahles vermitteln.

Während er also die am Leben gebliebenen Gönner
aufsuchte und zu seiner Unterstützung vermochte,
während die so lange leer gebliebenen Räume seines
alten Heimes allmählich in strahlenden Stand gesetzt
wurden, unterrichtete er sich methodisch über die
wissenschaftliche Zusammensetzung der verschiedenen
Nahrungsmittel, über ihren Gehalt an Eiweiß, Kohle=
hydraten und Fett. Er machte Tabellen und Exempel
über Exempel und errechnete an glückseligen Tagen
eine neue ideale Speisenkarte, auf der er jeden, auch
den verführerischsten Namen einer Platte, sofort durch
arithmetische Zahlen ersetzen konnte, aus der man mittels
zweier Speisen einen ausreichenden Nenner sämtlicher
für die Ernährung wichtigen Stoffe erzielen konnte.
Hatte aber anfangs Notwendigkeit, die gewollten Ein=
heiten in ein Gericht unterzubringen, vielleicht auf dessen
gastronomische Vollkommenheit gedrückt, ging jetzt auf
Spaziergängen Napoleons Phantasie der erklügelten
Platte von allen Seiten zu Leibe, wie ihre Schmack=
haftigkeit und Anrichtung auf die höchste Höhe zu
bringen sei. Und da ihm ein über das andere Mal die
Hitze des Entdeckerglücks ins Gesicht stieg, fixierte er

endgültig die Gerichte, mit denen er künftige Menschen aus der Schwächung durch den Krieg zu frischem Leben führen wollte.

*

Der Erfolg an der wiedereröffneten Stelle war nicht so überraschend und bedeutend wie das erstemal. Schon nach wenigen Tagen stellte der Wirt fest, er hatte es mit lauter Unbekannten zu tun, die nicht Empfehlung, sondern Zufall und Laune zu ihm geführt. Der riesige Kreis seiner alten Gäste war vom Erdboden verschwunden. Doch stählte diese Erkenntnis seine Kräfte, da ihm einleuchtete, es brachten die Neulinge auf Grund liebgewordener Gewohnheiten keine Voreingenommenheit mit. So verließ er Monate die Küche nicht, wo er mit Anspannung aller Kräfte die gewonnenen Grundsätze in die Tat umsetzte. Vor allem mußte er die Köche von der Richtigkeit seiner Ansichten überzeugen, daß die nötige Herzenslust zur Arbeit ihnen nicht fehlte. Erst als unten die Wirtschaft geregelten Gang ging, betrat er die Räume des Restaurants wieder und suchte Fühlung mit den Gästen.

Vom Ton zwischen ihnen und den Kellnern ward er zuerst betroffen. Es gab keine Unterhaltung über die zu wählenden Speisen, nicht einen Scherz, kein interessiertes Hin und Wider. Kurze Kommandos flogen. Der Bedienende, geneigten Hauptes stumm, machte kehrt. Man aß schnell, ließ sich nicht mit Behaglichkeit nieder. Kaum, daß man die Kissen drückte. Zur Verdauung gab sich niemand Zeit. War der letzte Bissen genossen, fuhr der Gast in die Höhe und verschwand. Rote Köpfe, fettgeränderte Lippen, müde Scheitel, die sich in die Sofarücken lehnten, Hände, mit geschwollenen Adern aufs Gedeck gebreitet, sah Napoleon nicht mehr. Es wehte nicht der Atem einer allgemeinen glückseligen Sattheit nach Tisch und des Dankes gegen Gott und den Wirt durch den Raum. Steif und gereizt fast saß der Kauende und vermied, auch nur von sich fortzusehen. Das war nicht ein geänderter Kundenkreis, das war das Gesicht einer anderen Welt, erkannte Napoleon.

Es war klar: andere Ideale herrschten in neuen Menschen. Der Krieg hatte die Machthaber von ehemals vernichtet. Es saßen nicht mehr die Glieder alter Familien an seinen Tischen, die in oft jahrhundertelangem Ringen Ansehen und Vermögen an sich gebracht und es zu brauchen wußten, er bediente nicht mehr die dreifache Aristokratie des Adels, ererbten Reichtums und des Geistes. Hier trat eine Rasse auf, die durch den Umsturz aller Verhältnisse an die Oberfläche gespült, behend zugegriffen und in der allgemeinen Verwirrung, bei einer sentimentalen Erschlaffung der Besitzenden, sich übermäßig und skrupellos bereichert hatte. Den Sack voll Gold, saßen sie unkundig seines Verbrauchs, gierig, die Allüren der Wissenden sich anzueignen, elend und leer mit der einzigen Geste schweigender Abwehr. Stumm und in der Bewegung beherrscht, konnten sie für unterrichtet gelten. Sprachen sie, wurde ein Wirken der Glieder notwendig, klappten sie zu völliger Ohnmacht zusammen.

Nachdem er aber eingesehen, die Zurückhaltung der Gäste sei in einem Zuwenig begründet, ließ er seine beherrschte Unterwürfigkeit und ging langsam, doch eindringlich zum Angriff gegen die maskierte Gesellschaft vor. Wie ein Dieb brach er in gepanzerte Unnahbarkeit, legte ein harmloses Sätzchen als Köder vor und amüsierte sich göttlich, ließ der geschmeichelte Heraufkömmling sich aufs Eis überkommener Begriffe locken und legte eine geradezu erbarmungswürdige Blöße an den Tag. Hatte er hinter undurchdringlicher Maske jemandes Vertrauen gewonnen, ließ er den Getäuschten das eigene Selbstbewußtsein ausbreiten, das sich fast immer stützte auf alberne, mit Emphase vorgetragene Gemeinplätze über den Krieg, Heldentaten, die der Betreffende irgendwie während des Feldzugs vollbracht haben wollte; dann kamen Napoleons Einwürfe aus dem Schatz des Herkommens, Namen ausgezeichneter Menschen der Vergangenheit, bedeutender Erfindungen, irgendeiner Geistesgroßtat. Am höchsten hüpfte sein Herz vor Freude, konnte er durch einen einzigen Kulturbegriff, den er wie einen spitzen Pfeil dem Gegner in die Parade flitzte, diesen bis auf die Haut entlarven.

Nun fing des Abends im Bett ein Gekicher an, das grausamer und schonungsloser war, als jenes einstige Lachen mit Valentine über Narrheiten einzelner Zeitgenossen vor dem Krieg. Hier fand Napoleon eine ganze Welt närrisch, ihren einzigen Ehrgeiz, Geldgewinn und Beurteilung des Menschen nach seiner

Eignung dazu, über das Maß abgeschmackt und kahl. Während seine Geschäfte noch gut gingen, sah er schon die Kluft sich auftun zwischen einer modernen, rein merkantilen Weltauffassung und dem eignen Universa= lismus. Mit Ergriffenheit spürte er, wie zum erstenmal er hier von Valentine sanft sich schied. Er wußte, auch für die schrecklich veränderte Welt hätte sie nur gut= mütigen Spott gehabt, in ihm aber kam von Tag zu Tag stärkere Empörung herauf, die ihn schließlich völlig beherrschte.

Ihm schien jetzt, die fröhliche Überlegenheit, die mit dem fortschreitenden Alter Valentines immer friedlicher und harmloser geworden war, hätte ihn schon in der letzten Zeit ihres Lebens gereizt. Hatte sie nicht schließ= lich, nachdem man sich gehörig ausgelacht, immer eine Entschuldigung, irgendeine Güte für den Verspotteten gehabt? Er war durchdrungen, sie würde es heute nicht anders machen, ja sie möchte zur Nachsicht noch viel geneigter sein, und zürnte ihr darum. Je mehr seine Abneigung gegen das Publikum wuchs, je hassenswerter ihm die Erscheinungen wurden, um so mehr schob er Valentine den unbeugsamen Willen zu, alles zu be= greifen und zu vergeben. Es begann ein täglicher Kampf, unaufhörliche Auseinandersetzung mit der Welt einer= seits und dem lebendigen Bild der geliebten Frau auf der anderen Seite, der ihn zermürbte und elend machte. Doch blieb allen Einwendungen gegenüber sein dumpfer Haß schließlich siegreich. Jahre hindurch hatte er nun nichts mehr von Freundlichkeiten und Lieblichkeiten des geselligen Lebens bei sich gesehen. Es war der Sinn für Blumen und brillante Überraschungen, Tollheiten und geistreich Unvorhergesehenes geschwunden, nicht mehr gab es die über das Mannesbewußtsein als Spenderin alles Glücks erhöhte und angebetete Frau. Kein Lachen herrschte mehr und kein Verschwenden, nicht Laune und Überlegenheit. Wohin er hörte: Geschäfte. Ziffern, wohin er sah. Das Dach des Hauses schien auf ihn zu stürzen, als eines Tages ein Gast, kühl und korrekt, an dem er mit witziger Bemerkung sich gerieben, ihm ein Goldstück als Trinkgeld anbot.

Da lief das bis zum Rand gefüllte Gefäß über. Von jenem Abend bis zum andern Morgen grub sich eine Falte zwischen seine Brauen, die Lippen preßten sich aufeinander. Er hatte fortan nicht nur keine Teilnahme für die gute Bedienung der Gäste, sondern genoß mit Schadenfreude ein Glück, sah er in irgendeinem Antlitz Enttäuschung über die angerichtete Speise. Schnell ward sein geänderter Sinn den Kellnern, Köchen offenbar. Sorgfalt und Gewissen floh. Immer häufiger gab es unzufriedene Gesichter der Essenden. Unbewegter Miene schlürfte der Wirt jedes Quentchen Wut, dessen Ausdruck er erhaschte, und berauschte sich daran. Ganz nach vorn wuchs sein Gesicht. Stechenden Blicks, geblähter Nase schnüffelte er sich in das Empfinden der neuen Welt, trank, wie bitter es schmeckte, sie völlig aus und spürte zum anderen Male deutlicher und als Entscheidung: in dreißig Millionen Narren besaß die Nation nur noch einen Sinn: das Geld, und jeder, dem der Erwerb wie immer geglückt war, war im eigenen und im allgemeinen Urteil Person. In Napoleons Auffassung aber war er ein Räuber, ein Scheusal, das die Anarchie der Vernunft während des Krieges benutzt hatte, den durch Überlegenheiten und Mühsale in Generationen erworbenen Familienbesitz des Landes an irdischen und himmlischen Gütern zu zerstören. Es kamen die Häuptlinge der neuen Geldaristokratie zu ihm. Fett, frech und verlegen stümperten sie mit ihren Weibern Geselligkeit.

In Napoleons Hirn stieg wie ein Bläschen zuerst der Gedanke an Gift, das ihnen zwischen die Speisen zu mischen sei. Bald machte er sich im Denken breiter, und endlich beherrschte er sein Trachten ganz. Von irgendwoher hatte er sich das ansehnliche Quantum Arsenik verschafft, das ihm nun seit Tagen in der Tasche brannte: es wie ein harmloses Gewürz in die Teller zu streuen, abzuwarten, bis die Wirkung, die in den Eingeweiden wühlte, ins Auge brach. Glut stieg ihm ein über das andere Mal in die Haare, bis er fühlte, im nächsten Augenblick widerstände er dem ungeheueren Verlangen nicht mehr.

Da riß er die Tür zur Gasse auf, und barhäuptig im Galopp, als wälzten sich Lavaströme auf seinen Fersen, entlief er der Straße, dem Stadtviertel, der Bannmeile von Paris; sank draußen ins Feldgras, schluchzte, daß die Knochen bebten, schluchzte sich und die Erde naß.

*

Er zog die Landstraßen entlang, durch Märkte und Städte. Blieb aus Zufall irgendwo Monate, Jahre als Aufwärter, Hausknecht, Gelegenheitsarbeiter. Sein Weltbild wurde auf gleicher Basis runder und mannigfaltiger. Überall sah er die vom Kampf ums Dasein betäubten Massen, von rücksichtslosen Unternehmern an Kessel und Maschinen geschmiedet, Waren verfertigen, für die aus schließlichem Mangel an Absatz, so rechnete Napoleon, über kurz oder lang durch neue Kriege mit neuen Hekatomben zerfleischter Menschen neue Abnehmer in zu erobernden Provinzen gewonnen werden mußten.

Hellen Bewußtseins trat er aus diesem Lauf der Geschicke aus. Den Gedanken an Erwerb riß er mit allen Wurzeln aus seiner Seele, erlaubte sich keinen Besitz über die Notdurft. Das von aller Welt gesonderte Dasein gab ihm Person und Überlegenheit, der Mangel an Eigentum, Unabhängigkeit und freie Bewegung. Von einem Tag zum andern hatte er durch einen einzigen Entschluß Verfügung über sich und die Welt nach allen Seiten gewonnen, und ein erlöstes Lachen trat in sein Gesicht. Jetzt, wo er auch stand und ging, war er bloßer Zuschauer der menschlichen Komödie, an der er, weil durch eigene Qual nicht mehr verbunden, gutmütige Kritik übte. Da war es, daß er sich dem vergessenen Andenken Valentines wieder offiziell und innig vermählte, der er, wie er sich nun gestand, während seine Vernunft ihre Einflüsse bekämpfte, ahnend nachgefolgt war.

Eines Tages stand er vor jenem Eckhaus, an dem sich die Steinwege nach Nivelles und Genappes treffen,

in dem er geboren war. Niemand kannte ihn dort. Alles
Verwandte war tot. Als zwölfjähriger Knabe war er
hier fortgegangen, der Wiedergekehrte zählte fünfund=
sechszig Jahre.

Aber im Wirtshaus wußte man seine Geschichte.
Erzählte Grandioses, Historie von ihm. Mehr war den
Erfolgen dieses heimischen Napoleon die allgemeine
Teilnahme und Bewunderung zugetan, als dem Korsen.
Man wies ihm, der sich nicht zu erkennen gab, ge=
rahmte Zeitungsnachrichten, in denen es hieß, wie ganz
Außerordentliches von ihm in verschiedenen Zeitläuften
ausgerichtet war — »und angerichtet,« wie ein Witziger
hinzufügte. Länder samt ihren Fürsten, die zivilisierte
Welt von West nach Ost habe schließlich ihm, dem
vlämischen Bauernsohn, einmütig zu Füßen gelegen.
Mit nachdenklichem, gerührtem Erstaunen hörte Na=
poleon die mannigfachen Erzählungen und entsann sich
der Kreuze und Sterne an rot und grünen, an ge=
streiften Bändern, die irgendwo in einer Schublade lagen.

*

Am Rand des unvergleichlichen Wälderkranzes, der
Brüssel einsäumt, liegt in einer Talsenkung an der
Straße von Quatre=bras nach Waterloo das Schlößchen
Groenendael, ein weißes, einstöckiges Haus aus dem
Empire. In vergangenen Zeiten eine Abtei, wurde es
im neunzehnten Jahrhundert Wirtshaus, in das die bes=
seren Bürger Brüssels auf Ausflügen einkehren. Dort
ganz nah der Stätte seiner Geburt, nahm Napoleon
einen Platz als Kellner. Seine Jahre, die schwachen

Füße erlaubten ihm angestrengten Dienst nicht mehr. Hier war im Winter nichts, im Sommer an Wochentagen wenig zu tun. Nur Sonntags mußte er sich ein wenig tummeln. Doch nahmen die Gäste seiner viel Rücksicht und blickten mit neugieriger Erwartung ihm entgegen, trug er das hochbeladene Brett auf sie zu. Jeder hatte ein Wort für ihn, dem er freundliche Empfindung unterlegte; alle Anrede begann mit Umschreibung und Entschuldigung fast. Nicht, was er brachte, er selbst, wie er's ausführte, blieb Gegenstand teilnehmender Aufmerksamkeit, gutmütigen Staunens, und stand das Gewünschte auf dem Tisch, strahlte ihm alles Verwunderung und Anerkennung zu. Aber auch Napoleon selbst lachte in heller Befriedigung über das ganze Gesicht. Der Wirt mit seiner Familie merkte das Gefallen der Gäste an dem alten Mann, behandelte ihn mit Rücksicht und ließ ihn ungestört und ungescholten seine Tage hinbringen.

So kam von außenher alsbald kein Mißlaut mehr in sein Leben, das im ruhigen Gleichmaß ging. Den Frühling sah er, Gottes himmlische Wärme in bestimmten Abschnitten über die Erde kommen, auf den Hügeln Buchen grünen, Kühe über die beblumte Wiese weiden. Menschen aller Art aber wandelten zu allen Jahreszeiten in einem schönen, landschaftlichen Panorama vor ihm. Lange sah er sie als deutliche Figuren mit Lärm und eigener Bewegung, dann noch wie scharfe Schatten. Allmählich aber lösten sie sich still in umgebende Natur auf.

Die sich in seine Seele wie ein vollkommenes Ge=
mälde spannte, das er mit Andacht schaute. War
die Sonne mild, trat er unter Bäume und blickte das
Warme an, das um ihn summte. Dort strahlte ein Vogel
lang dasselbe Lied, dann flog er wie Licht zum andern
Baum hinüber. Hier putzte das Eichhorn sich schnurrig
geduldig zum Goldbraun der Stämme, Blindschleiche
kroch mit dem Schatten ins Helle und züngelte. Dann
faltete Napoleon die Hände, stieß entzückte Seufzer
aus und legte sich lang ins Gras. Den Blick zum ewigen
Himmel aufgeschlagen, hatte er die gesamte Schöpfung,
Ton, Raum und Licht mit eins in der Netzhaut.

An Vergangenheit, viel Macht und Ehre, viel Leid
und Elend, häusliches und bürgerliches Wesen, an
einzelnes erinnerte er sich nicht mehr. Manchmal tätschelte
er die Kuh, den Hund und dachte nichts dabei. Er
wurde gar sehr schwach. Das war ihm eitel Wollust.
Als die letzte, größte Schwäche kam, war er gut und
fromm.

KASIMIR EDSCHMID
DAS RASENDE LEBEN

DER JÜNGSTE TAG * 20
KURT WOLFF VERLAG · LEIPZIG
1916

DAS RASENDE LEBEN

ZWEI NOVELLEN VON

KASIMIR EDSCHMID

LEIPZIG
KURT WOLFF VERLAG
1916

Mit Titelzeichnung von Ottomar Starke.
Gedruckt bei E. Haberland in Leipzig=R.
November 1915 als zwanzigster Band
der Bücherei »Der jüngste Tag«

COPYRIGHT 1915 BY KURT WOLFF VERLAG · LEIPZIG

Diese Novellen reden im hauptsächlichen Sinn nicht ⟨wie das vorausgegangene Buch⟩ vom Tod als einer letzten Station, nicht von Trauer und vom Verzichte. Sie sagen auch nicht: leben. Sie sagen: rasend leben. — — Mit vierundzwanzig Jahren starb, ein ungeheueres zersprungenes Gefäß der Kraft, zu früh mein Landsmann und sehr großer toter Bruder Georg Büchner. Er stammte aus Darmstadt, liebte den Elsaß und ist mir auch sonst seltsam nahe. Schrieb Lenz, Danton, Wozzek und die unendliche Süßigkeit Leonce und Lenas.

Ich widme dies Buch des größten
Lebenswillens seinem großen
Andenken.

DAS BESCHÄMENDE ZIMMER

DEN ABEND war ich bei einem Freunde. Wir waren allein. Wir hatten uns in politischen Dingen ausgerast. Wir hatten Tee getrunken, der – ich glaube – sehr leicht nach dem Haar von Kamelen roch. Er sprach von einer Jagd in Turkestan. Darauf sagte ich einiges und beiläufig von Wintertagen bei Utrecht. Dann redeten wir wieder lange von Paris. Ich hatte gerade die Schattenspiele der Connards erwähnt und wollte anfangen, von dem merkwürdigen Effekt zu erzählen, als ich Wolfsberg ohne Bart am Square de Vaugirard traf... da war mein Freund, der ganz ruhig gesessen hatte, wie unter einem lang zurückgehaltenen Entschluß rapid aufgestanden und hatte mich durch sein Bad in ein Zimmer geführt, von dessen Existenz ich keine Ahnung hatte.

Er hob den Arm. Zwei Lichter am Fuß der Wände füllten sich langsam mit prächtigem Licht und strichen in warmen Flutungen und Bündeln die honiggelben Seiten hinauf. Dann öffnete er das große Fenster nach der Straße und schob eine Jalousie vor das Loch. Sein Profil stand rasch, von Abenteuern zerfetzt, aber gütig, vor dem hellen Tuch... dann waren nur seine Hände da, die grotesk waren in ihrer Röte und noch mehr wie sonst denen eines Matrosen ähnlich schienen, wo sie allein von Licht überspült dastanden. Kraft, die in Weichheit gebändigt war, ging von allen seinen Bewegungen aus.

Dann öffnete er gegenüber zwischen zwei Schränken das Schiebefenster zum Garten. Sommerliche Nacht strich herein. Das Tuch lehnte sich tief aus der Füllung. Schatten überschaukelten den Teppich und an den Wänden zog ein Klappern hin. Es war ein melancholisches unangenehmes Geräusch. Als ich aufsah, lächelte der Freund, wies mit halbgedrehter Hand auf die Bilder, die die hohe und breite Mauer in einem Gurt durchschnürten, daß über und unter ihnen eine gleiche Fläche glänzender Tapete freiblieb. Sie hingen an Stricken, Bändern, Seidenkordeln und Tauen. Einige bedeckten sich fast völlig, manche überschnitten sich mit den Rahmen und bildeten in allen Stufen und Farben zusammenhängend ein eigentümliches Mosaik.

Wies auf die Bilder und sagte: „Es ist keines darunter, in dem nicht ein Erlebnis wühlte. Es ist eine Laune oder ein Experiment. Ich muß es abwarten. Ich habe sie hier aufgehängt ohne Auswahl, ohne Ordnung, je wie ich hierher zurückkehrte und wie es mir gefiel. Es liegen Jahre in manchem eingeschlossen und strömen sich aus.

Oft ist mein ganzes Zimmer hier voll von dem Frühling in Paris. Dies Bild ist die Schaukelnde des Fragonard. Sie hat das eine Bein zurückgezogen, das andere zieht in dem trotzigen Aufschwung noch die Volute der losgeschnippten Pantoufle nach, und um diese graziöse Entblößung fällt das Schwebende der weiten Robe und der Duft der Farbe, der gleich einer Wolke darübersteht.

Ich kaufte es eines Abends an einem Tag, da wir morgens nach St. Germain gefahren waren. Es war der erste jener bezwingenden Tage, die aufquellen aus einer gleichgültigen Nacht und voll sind von der Zärtlichkeit des Blaus und der warmen Stille einer Verheißung. Wir standen auf den Dächern der Waggons, die starrten von

6

Ruß. In den Gärten brachen die Mandelbäume auf. Wir liefen wie ganz junge Hunde die Quere durch den Park. Es gibt in dieser Zeit nur eine Seligkeit: fühlen, wie das Spiel der Muskeln um eine Freude herum erwacht. Wir lachten und liefen, sprangen über Hürden, öffneten eine Holztür mit Lilien ... und dann wußten wir erst, daß wir Eindringlinge seien: als wir gerade hineintraten in das Rondell.

Aus einem Bogengang ließ sich eine Schaukel nieder. Eine Dame saß darin. Sie trug ein dünnes hellrosa Kleid. Wir sahen sie vom Rücken. Ihre Arme umfingen die beiden Schnüre und zogen sie in einer lässigen Knickung zusammen, wobei sie sich etwas nach rechts lehnte. Ihre nach vorn vereinigten Hände mußten etwas halten, über das sie den Kopf senkte. Es war so still, daß man die Schaukel quietschen hörte, wenn die Dame am vorderen Auslauf sich mit dem einen Bein an einem in rotpunktierten Blüten stehenden Aprikosenbaum abstieß, während sie das andere hastig zurückzog. Dabei senkten sich jedesmal eine Handbreit Spitzen unter dem Brett augenblickslang über ein sehr zierliches Bein.

Dann hörte sie uns. Sie glitt von dem Holz. Ihr schmaler weißer Kopf senkte sich schräg. Sie raffte mit einer schützenden Bewegung die dünne und kurze Matinée. Damit gab sie sich noch mehr preis. Wieder erschien ihre Wade in dem glänzenden Strumpf und der noch hellere Schuh. Allein das Merkwürdige war ... sie ward nicht rot, nicht verlegen, sagte nur mit einer Stimme, die kindlich war, anklagend, alles war und umschloß in Inhalt, Tiefe und Modulation dieses: good morning: ~ nur dieses ~, schritt langsam, sehr langsam, ohne wieder herzusehen, in einen Seitenweg.

Wir zogen uns zurück.

Ein Erlebnis wie ein Pastell ... sagte Einer.

Kindlich, dachte ich, niedlich, ästhetisch! Verstehen Sie! Es war kein Herr dazugekommen, niemand hatte gerufen, etwas gesagt, nur ein Geräusch: good morning. Aber am Abend im aufheulenden Lärm des Boulevard kaufte ich dies Bild. Manchmal höre ich den Klang der Stimme nachts im ganz Stillen, oft am Meer, im Orkan der Versammlungen, im Räderstampfen und in der Explosion der Dampfer. Jetzt im Augenblick rieche ich, physisch — Sie lächeln — ich rieche jeden Geruch jenes Morgens, das Feuchte vom Boden, das Arom der Luft zwischen den Knospen, den Aprikosenbaum und das Warme darüber. Sie sehen, mit welch wahnsinniger Intensität sich ein Erlebnis einfressen kann, das wir zuerst flach empfinden und leicht ablösbar wie die Spur des Atems an einem Spiegel ... und das bleibt, stärker und nachwirkender wie das Ungeheuere im ersten Erblicken eines anderen Erdteils, wie verstörter Ehrgeiz und Tod der Schwester. — — —

Ich habe stets das gedacht, was mich retten konnte. Darum liebe ich jenes Bild. Es ist wenig daran. Eine alte Radierung, zwei alte Menschen, ganz dunkel, um die Köpfe nur ein wenig Licht. Ich dachte mir einiges Angenehme dazu. Es half mir. Ich lag damals immer zu Bett, krank und mutlos. Ein kleines Mädchen schenkte es mir, das abends in den Vorstädten geigte. Ich besinne mich vergeblich auf ihre Haltung. Ich weiß keinen Zug mehr von ihrem Gesicht. Aber ich weiß, wie sie das Bild auf meine Decke legte und ihren grauen baumwollenen Handschuh daneben, der irgendwo dunkler geflickt war. — — —

Der Goya da kam eines Morgens als Paket in graues Sackpapier eingeschlagen. Mag sein, daß ich mißmutig war. Riß es auf und der Riß fuhr in ihn hinein, klaffend bis mitten in die Kampfszene. Genau zwischen Stier, der den Nacken zum Stoß einzieht, und Pferdebauch und gerade über den schnelleren Heft der Lanze.

Er kam von einem Brasilianer, mit dem ich eine Nacht fuhr von Kowno nach der Grenze. Es war Schneesturm. Er sagte mir mit Leidenschaft vieles von seiner Heimat: dem fürstlichen Meer des Amazonenstroms, den glühen= den Nächten, die sie erträglicher machten durch das Ge= niessen unzähliger Kannen sehr heißen Kaffees, und dem Gekreisch der Papageienherden.

Der Sturm brach sich an der Böschung, drückte mit blödsinnigen Stößen auf den langen Leib des Zuges. Wir wurden warm und zogen zusammen das Fenster herunter. Sofort zerbrach es. Die Scheibe spritzte uns ins Gesicht. Wir bluteten mit vielen kleinen Wunden. Der Wind knallte das andere Fenster hinaus, die Rahmen krachten. Schnee stopfte uns den Mund voll, wenn wir sprechen, rufen wollten, wir würgten, konn= ten nicht atmen. Pse! lachte der Brasilianer. Mehr hörte ich nicht.

Hagel klatschte uns gegen das Gesicht, das anschwoll, schmolz daran, und fror im gleichen Augenblick in einer Maske von Eis wieder vor. Wir sahen aus, als hätten wir Gesichter aus Glas oder von roter Gelatine. Denn wir bluteten sehr und lachten.

Es ist auf dem Bild des Stierkampfs nur die unterste Reihe der Zuschauer zu erkennen. Doch es scheint: eine Welle von Wut und Extase sei das Amphitheater in einer Kaskade hinuntergestürzt und habe sich in diesem Parkett bäumend gestaut.

Es ist eine schwere Lache Blut auf dem Bild.

Der Stich liegt auf einem alten gelbem Papier, das vor Leidenschaft knistert, wenn die Sonne durch das kleine Fenster in einer Säule darauf steht.

Ich denke gern an diese Nacht.

Aber ich liebe noch mehr jenen Sommer, in dem alle Tage waren wie jene Nacht." ⟨Er hob mit steifem Arm eine breite weißgerahmte Radierung heraus, daß die Schnur sich straff ins Zimmer spannte und blieb, sie auf der hohlen Hand wiegend – die andere in der Tasche – stehen.⟩ – „Man kann nicht anders empfinden: Alles ist hier bezwungen von dem bleichen Weg. Sei es, daß er zwischen dunklen Hügeln in einer geheimnisvollen Biegung läuft, ... ob dämmrige, schwere Fischerhäuser neben an der Düne liegen mit verglasten Luken und dann der Spuk der Telegraphenstangen ihn begleitet bis zu dem Kreuz auf dem Hügel ... mag sein, daß das alles die geballte Atmosphäre gibt von Trauer, Unheil und ganz schwachem süßem Licht am Horizont ... ganz groß und so, daß er all dies missen könnte, ist nur der lange weiße Gang des Wegs, der sich langsam mit unheimlichem Wollen, steigend, verblassend, in den grauen Himmel über den Dünen wie in ungeheure, frevelhafte Übersinnlichkeiten hinaufschraubt.

Es ist ein Sujet aus Bornholm von dem jungen Radierer Georgi. Ich traf ihn auf einem Petroleumsegler von Kopenhagen nach den Faeroers. Wir waren die einzigen Passagiere. Und die einzigen Fremden ⟨wenn wir einen kleinen Botaniker, der nach drei Tagen von einem unmöglichen Hügel abstürzte, nicht rechnen⟩ auf den Faeroers von Anfang Juli bis in den Oktober hinein, der schon Eis brachte von Island her.

Wir lebten jeder in einem anderen Fischerdorf. Er zeichnete. Ich schrieb, nein ich fischte, schoß mit einem siebenendigen Kugellazo nach Vögeln und liebte die breiten Mädchen. Meistens war Sturm. Er kam und man fühlte ihn rund oder blau und so stets wie als könne man ihn packen irgendwo. Oft schien es, er flösse aus einer immer breiteren metallenen Hülse, dann stieg er auf der See hoch gleich einem Segel und überschwemmte in einer plastischen Strömung den Strand.

Häufig lagen wir einen ganzen Tag auf einer Klippe, die in rechtem Winkel hinabsauste zum Meer. Wir hatten die Köpfe in den Arm gewühlt. So raste der Wind. Ganz hell, fast weiß war der Himmel. Wir konnten nicht aufstehn. Er hätte uns hinuntergeweht. Ganz sacht vielleicht, spielend wie ein Stück Tuch, locker es aufhebend, kreiselnd, rasch senkend und dann aufs Wasser legend. Wer weiß! Zeitweis hielt ich mit aller Kraft (er machte eine Parade als zerknackte er etwas im Armgelenk) einen Block vor den andern, auf den er Striche setzte. Wie hinter einer Bärrikade verschanzt und in atemloser Eile. So raste der Wind.

Ich lag ein anderesmal allein einen Tag in brennender Sonne und dann noch eine Nacht auf einem Felsen und wagte einen Tritt nicht zurück, bis morgens unten die Mädchen der Fischer vorüberfuhren. Eine trug einen roten Rock. Sie winkte. Sie rief: Du bist früh hinaufgestiegen ... Sie war aus Store Dimon. Da tat ich es.

Wir trugen keine Schuhe in dieser Zeit. Bündel Bast lagen um unsere Füße. Unsere Insel hatte einen kleinen Strand. Schwarze Felsen lagen um sie herum in Aufstiegen von hunderten Metern. Unten formten sie kleine in sich selbst strudelnde Fjords von hinreißender Elastizität der Linie. Ganz schwarz waren sie und am Abend wie Basalt dunkelblau. Manchmal lösten sich hellere aus den anderen und warden Mövenschwärme, die den Himmel zuzogen und das Meer überschrien.

Aller acht Tage kam der Dampfer von Edinburgh, der Konserven brachte und Tabak. Er legte nur bei gutem Wetter an. Während der großen Sturmzeit kam er vier Wochen nicht. Mit dem Glas sahen wir ein paar Amerikaner am Reling stehen, die nach Island fuhren. In dieser

Zeit versäumte ich die wichtigste Post in meinem Leben. Was lag mir an Post?

Teufel lag mir daran. Merde lag mir daran ...

Freund! in diesen Tagen fingen wir eine Art Delphin. Größer als ein Mann. Aufgesperrt den Rachen mit Lamellen aus samtnem Weiß. Die Augen ganz dunkles Violett mit einem rötlichen dünnen Schein drüber von der Sonne, die ihm gerade hineinschien. Einer der Fischer mit einer farbigen Mütze, die lang, spitz über den Rücken fiel, stieß ihm eine Harpune in den Rachen, stieß immer noch nach, als die Augen schon hinstarben, keine Sonne mehr brachen und der Leib aufbrandete in drei zuckenden Sprüngen. Der scharfgeflosste Schwanz wühlte ein Loch in den Sand, schlug, rasend wie der Kolben eines Preßlufthammers, wütenden Takt und machte Wind an dem stillen Tag. Seltsames Ding, dieser Schwanz: Porös, wie gewebt aus Gallerte, weichem Stahl und etwas, das war, als ob es köstlich sein müsse auf der Zunge oder schön in einem merkwürdigen Gefäß und vor allem von einer so maßlosen feuchten Fremdheit. Ich glaube, daß ich nie etwas Neueres erlebte, etwas Seltsameres sah, als die Flosse dieses Fisches, die mit einer nie empfundenen Extase auf meine Seele stieß.

Was war mir der wichtigste Brief meines Lebens?

Zut ... ein Dreck war er mir.

Zwischen Georgis und meinem Dorf lag eine schwierige Klippe. Morgens schossen wir, ließen die Echos hinüber- und herüberrollen, grüßten uns so. Abends trafen wir uns darauf. Dann sahen wir ins Innere der Insel, das wie eine Arena war, in deren Mitte das große, weiße Viereck lag, das Gebäude für die einzige Krankheit, die diese Menschen hinfrißt, Männer Frauen, Frauen Männer, durcheinander, wie es kam, aus ihren Hütten heraus in dies Gebäude, das in das Dunkel noch lange hinausblitzt wie der Bauch eines Hai. — — —

Um zu diesem tiefvorwachsenden holländischen Rahmen zu kommen, von dem ich wollte, daß er aus dem siebzehnten Jahrhundert sei ... vielleicht ein wenig früher aber keine Minute mehr, mußte ich achtundzwanzig Seineantiquariate durchsuchen vier Tage lang, dann fand ich ihn . . . . und sollte dazwischen das Überfahrenwerden eines blonden Kindes erleben, das mir jeden Morgen um zehn Uhr auf der ersten Straße des Jardin des Plantes ein Lächeln ins Gesicht warf. Es hatte ein Kleid aus schwarzer Seide und eine gelbe, schöne Krause an.

Von dem Bild in diesem Rahmen, das Segelbote zeigt, will ich nicht erzählen. — — —

An dem kältesten Tag, den ich in Deutschland erlebte, stand ich vor dem Bildzyklus in der Ecke dort. Hallo . . . . ich stand nicht. Ging!

So kalt war es. Ging auf den Holzfliesen. Aber die Kälte brannte mir in die Füße. Ich ging rascher und dann sehr rasch. Drei Schritte auf das Bild zu, drei kleinere es entlang nach rechts, sechs die ganze Fläche hinunter nach links, zurück zur Mitte und drei wieder, langsamer, rückwärts ... und so fortfahrend eilender im Schauen, unheimlich und lautlos gleich der Parade des schwarzen Panthers vor seinem Gitter im ersten Käfig in Frankfurt.

Es ist der Isenheimer Altar des Grünewald. Sehen Sie die übersinnliche Kraft des Lichtstrahls aus der oberen Ecke und den Leib dieses Leprösen, der schon grün ist und überfault und so vegetativ, daß er sich nach Erde sehnt und halb schon Erde ist, aber hier aufgefangen steht als qualvoller Schrei des Fleisches zwischen Sehnsucht und Hiersein und Bestimmung zum Ende. Ganz Kolmar klirrte an diesem Tag vor Kälte.

Ich liebe das Bild, weil es mich plötzlich mit einer überflutenden Intuition mehr als durch tausend Bücher wie durch eine klaffende Wunde hineinschauen ließ in das aufzischende Herz des Mittelalters. — — —"

(Nun hob er den Arm als wolle er eine Lanze werfen und beschoß mit den zitternden Kreisen der elektrischen Taschenlampe ein ganz kleines Bild) „Erinnerung eines Monats in einem schottischen Landhaus. Abends Silber, Kerzen, Toaste. Sonst Gehen auf geraden Wegen im Park, Rasen, zwei Schwestern, Lilith und Jane, Rudern mit den Brüdern, die auf Ferien aus Oxford waren, und zwischen all diesem Frischen endlose Ruhe. Holte mir Arbeitslust für ein paar Jahre. Stahl, als ich wegging, von der Diele diesen winzigen Stich. Es ist eine Szene mit Affen. Einer trägt das Kostüm Voltaires. Steht darunter: the travelling monkey. — — —

Weheste und zarteste Erlebnisse, die wahllos ineinanderstürzen, aber binden sich an diese Silhouette. Germaine schnitt sie mir, ultramarin auf orange, in unserem kleinen Haus an den Tuilerien, als der Sommer dunkel und mit Gerüchen durch unsere Gardinen wehte. Niemals in der grenzenlosen Flucht der Zeit habe ich den Leib einer Frau mit dieser Hingebung geliebt wie den Germaines. Ich ließ sie alle Tänze lernen, die ihren Gliedern neue Linien, tiefere Inbrunst, und glänzendere Seeligkeit geben konnten. Am schönsten war sie, wenn sie auf einem Fell abends neben meinen Füßen lag.

Sie trug ein langes weißes Hemd, träumte und färbte die Nägel ihrer Zehen. Draußen der dunkle Garten bewegte sich manchmal. In Pausen ging jemand vorüber, roter Himmel wuchs über die Rideaux, und wir wußten, wie nah und brennend Paris über der Seine sei.

Germaine saß oft tagelang auf ihrem sechsbeinigen Schemel und schnitt Silhouetten. Dann nahm ich sie mit ans Meer in ein kleines Nest der Bretagne. Tagelang wieder lagen wir da im Sand, ihr Leib an meinem Leib, und wenn sie anfing zu zittern, dann ward es Abend, und die Nacht schliefen wir in einem Bett, das Boot war, und Germaines Glieder lagen auf den schweren roten Decken wie Achat.

Paul Fort sagte von ihr, sie sei rührender als ein Papillon und schmerzender wie ein Gedicht von Francis Jammes.

Germaine liebte mich, eh sie mich verließ, aber sie hatte keine Seele. Allein sie besaß – unsagbarstes Wunder – besaß Kniee von ungeheurer Süße, kleiner und zärtlicher als die Brust eines schlanken norddeutschen Mädchens von dreizehn Jahren. — — —

Den Carrière in dem ovalen Rahmen nahm ich aus dem Zimmer des Malers Binetti, als er nach dreitägigem Kranksein an Cholera starb. Stunde auf Stunde, den ganzen letzten Tag rief er einen seltsamen Namen. Er diktierte mir einen Brief, dessen Adresse ich nicht verstand. Binetti schrie. Ich habe ihm Wasser gereicht. Habe ihn in Eis gepackt. Ich habe ihn gebadet mit einer alten Frau. Binetti schrie den Namen. Ich habe ihn nicht verstanden. Am Abend gestikulierte er und formte immer eine merkwürdige Gebärde in die Luft. Sein Blick wollte mich zwingen, zu begreifen. Immer wieder machte er die Bewegung, und eine maßlose wütende Angst löste sich von seinen Augen ab. Er wollte es wieder sagen, doch es gab keinen Laut mehr. Er stieß mit der Zunge noch lange wie mit einem Dolch in die Luft, rascher, qualvoller, spitzer. Aber ich verstand es nicht.

Der Brief ist das Furchtbarste an Weh. Ich habe die Adresse nie gefunden. Es war in Marseille. Der Mond bewarf das Meer von flachen Dächern mit einem Licht, daß sie, eine aufflammende Kette von Spiegeln, Feuer in den Himmel brannten.

Vom Hafen her heulte das wahnsinnige Schmerz=
geschrei eines Arabers die Straße herauf.

Ich und Binetti, wir hatten nach Tunis fahren wollen.

Ich trug diesen Brief in der Tasche, und manchmal machte ich die vage Geste in die Luft und wunderte mich und erschrak und wollte mich zwingen, es zu lassen. Aber sie hatte Macht über mich bekommen und meinen Nachahmungstrieb vergewaltigt, und so lief ich, ein Auto= mat der fürchterlichen Gebärde des Sterbenden, den Quai entlang. Und ich fühlte, wie ich anfing einen Namen zu rufen, der sich langsam rundete wie aus einem zu A hin erhellten O mit fremden Palatallauten dahinter. Bis ich mich plötzlich wiederfand und den Kopf in die Fäuste geklammert aus dem Hafen rannte. Zwei Sergeanten traten mir in den Weg. Ich kam in eine Allee, wo ein Weinen mich nahm und über eine Bank warf.

Dies war die einzige Nacht, in der ich sterben wollte. ~~

Den mennigroten Tod aus Wachs über Ihrer linken Schulter... nein so... ja... schön... schenkte mir der finnische Dichter Karelainen, der eigentlich Grönquist heißt. Grönquist ist schwedisch. Karelainen ist finnisch. Darin besteht der wesentliche Wert Karelainens, daß er sich eindeutig so und nicht anders heißt. Denn seine Verse sind schlecht. Für den Adel und die Intelligenz ist das Schwedische die höhere Sprache, und sie heißen sich mit solchen Namen. Karelainen stemmte dem aber seine breite Brust entgegen, seine feinen Hände dazu und vor allem das helle Wunder seines Mezzosoprans und pro= pagierte mit dieser dreifachen Opposition das Finnische.

Aber es handelt sich nun keineswegs um Finnland. Wir saßen in einer schmutzigen Schenke einer kleinen Stadt an dem litauischen See Ssilkine, in dem wir ge= fischt hatten.

„Die litauischen Weiber sind Klötze Fleisch. Die Liebe der Männer geht über sie hin, Unempfindliche, wie eine Welle beim Krebsen oder ein Schlag auf den Schenkel. Sie atmen kaum.

Die litauischen Männer haben einen seltsamen Gang. Ihr Blut ist dick und ihre Brunst ist die der Zugstiere.

Aber es gibt keinen Treubruch; „niemals..." sagte Karelainen.

Er sah mich forschend an. Ich schaute an ihm vorbei. Da winkte er ungeduldig einem Hausierer, der, ein Grubenlicht vor den Bauch geschnallt, in der Ecke Spiritus trank, kaufte den roten, wächsernen Tod und schenkte ihn mir.

Er wußte, daß ich jede Nacht bei der jungen Frau des Wirtes war, die neunzehn Jahre und ganz weiße Haare hatte und eine Haut, glatt wie ein Aal.

Es ist nicht wahr, daß die Litauerinnen in ihren Betten liegen wie Klötze Fleisch...

Dann hob Karelainen seine Hand, die flach auf dem Tisch lag, bis auf die Kante des schmalen kleinen Fingers, und indem er sie viele Male zart aber scharf auf den Tisch hakte, erzählte er, daß es im Finnischen nur drei Flüche gebe, deren erster ist „Perkala", deren zweiter ist „Perrrkala" und deren dritter ist ein rasches schneidendes Streichen eines jener Messer, deren Griff aus Horn ist und deren Spitze etwas nach der Seite gebogen scheint fast wie eine Rosenschere.

Es ist nicht wahr, daß es im Finnischen nur drei Flüche gibt.

Es gibt viele Stufen dazwischen.

Denn hier stehe ich.

Und es ist unwahr, daß es niemals Treubuch gibt in Litauen.

2   17

Karelainen war klug. Allein seine Fallen lagen zu plump, weil er zu sehr voll war von Eifersucht und Gift. Denn erstlich habe ich nie Angst vor Männern und dann in diesem Falle, seine Stimme war – Mezzosopran.

Im übrigen war er auch darum wütend auf mich, weil ich eine Forelle fischte, einen halben Fuß größer als seine längste. Er vergaß mir dies nie.

Auch ist an dem billigen Symbolismus seines Geschenks apriorisch ersichtlich, daß er ein mieser Dichter war. – – –"

⟨Nun ging der Freund zögernd und unentschlossen um einen Schnitt herum, der eine japanische Marterszene darstellte, und wechselte den Kopf zwischen träumerischem Mich=Anschauen und einem Anstarren des Bildes. Dann warf er rasch die Schultern herum und dachte aber, eh die entschlossene Bewegung beendet war, – es schien mir – wieder eine Flut neuer Dinge. Auch sein Profil hatte schärfere Linien. Und sagte dann:⟩ „Ja."

Nur: ja.

Ich sagte auch: „Ja."

Ich wußte nichts anderes zu sagen. Auch fand ich es heiß und drückend.

Er sah mich sehr fremd und erstaunt an. „Ja" ... sagte ich.

Da antwortete er ganz kurz: „Gut." Und dann:

„Auch dies war in Marseille. Viele Städte haben mich geschlagen. Doch mein bestes hellstes Blut ließ ich in dieser. Wenn ich im Traum Schiff fahre und strande: es ist die Mole von Marseille. Wenn man im Traum ⟨herrlicher Rimbaud!⟩ mich amputiert: es ist das gelbe Spital dort im östlichen Viertel. Und auch dies, man krönt mich mit allen Insignien meines Ehrgeizes: es ist das Stadthaus von Marseille, aus dem ich in das Hohn=gelächter des Erwachens fahre.

So hasse ich diese Stadt ... Die Pest ...

Ich fuhr viel damals nach Aix. Es ist nicht weit. An der Universität hatte ich einen Bekannten, der über Bakteriologie las. Abends spielten wir zur Besänftigung Ecarté zu viert, ein jüdisch=russischer Flieger und ein japanischer Schüler meines Freundes, der noch kleiner war, als Japaner gewöhnlich scheinen. Er hatte eine sympathische Weichheit der Bewegungen und hinter den Augen: Energie. Er besuchte mich oft in Marseille und verstand es, was Ecarté allein ermöglicht, beim Karten= spiel entzückend zu plaudern. Einmal traf ich ihn mit einer Dame. Doch grüßte er mich nicht.

Auf Karneval waren wir alle zusammen in eines der großen mehrstöckigen Cafés gezogen, mußten uns aber bald zerstreuen. Nach einer Weile bekam ich Streit mit einem kleinen Kolonialoffizier, dem ich seine Jungfrau abnehmen wollte, die ich als Modell des roten Malers Hessemer von Lausanne erkannte — es ist ja nur ein Sprung —, die Kleine hatte ein Kostüm als Nymphe, loses Haar mit einem Reif, kurzes Kleid und nackte Beine. Ich faßte sie um die Taille, doch sie wollte, halb= betrunken, zu ihrem Leutnant. Sie wollte sich losreißen. Da legte der Flieger Blumenthal seine Pranke um ihr Gelenk. Jetzt gab es kein Loskommen mehr. Sie riß, warf sich mir schäumend um die Brust und biß mich durch den Frack tief in die Schulter.

Blumenthal sah es, ließ sie los, sie riß sich frei. Lief davon, ich folgte. Der Leutnant nahm den Flieger auf sich. Ich glaube, er wollte ihn in die Tasche stecken. Doch ich verlor die Nymphe.

Auf der Treppe zum dritten Stock sah ich aber eine junge Frau, die ein gelbes Kleid trug, das schönste an diesem Abend. Ich griff nach ihr. Sie lachte und stieß mir, rückwärts steigend, stets über mir, immer mit dem Knie an die Brust. Ich lachte. Plötzlich entlief sie mir.

Ich folgte ihr über ein paar Treppen, und da ich sie küssen wollte, führte ich sie in eine Nische gerade unter einen Streif Sternhimmel, der zwischen zwei Firsten lag. Sie legte mit Grazie und Wissen zwei halbvolle, leicht nach Wein duftende Lippen, die sehr warm waren, auf meinen Mund und flüsterte jedesmal — denn ich tat es öfters — dazwischen: maman ... Dann lief sie wieder. Ich hinter ihr.

Sie rannte in einen Schminkraum. Ich wartete und sah auf dem Milchglas der Türe ihre Silhouette. Sie legte Rot auf. Ich lugte hinter einer Säule. Als sie herauskam, trat ich vor, und sie lief wie sehr erschreckt im Spiel davon. Wir rannten durch einen Saal, durch Lauben und Séparés, und kamen auf einen Korridor, ich wollte sie greifen — da sah ich an einem hohen Fenster gleich einem überraschend aufgestellten Marionettenspiel die Szene. Der kleine Japaner gestikulierend ... ihm gegenüber ein Mann mit stark südlichem, fast spanischem Aussehen, in tückischer Haltung. Daneben an die Draperie des Fensterbogens gelehnt, bleich, halb leblos, sehr gerade, eine Dame.

Ich sah, wie der Japaner den Arm leise hob, wie das Gesicht seines Partners zu bluten anfing, und wie der Japaner dessen Arm über den Rücken hochriss ..."

Da geschah etwas Seltsames.

Der Freund stockte, er keuchte. Sein Atem pfiff über die Stimmbänder mit einem Ton, als geige jemand über gebrochenes Glas. Ich fuhr auf. Er hob befehlend die Hand, ein wenig gebückt. Ich setzte mich wieder.

Er schellte rasch: „Wasser ...!"

„Verzeihen Sie!" rief er. „Ich habe Sie gebluff t ... es hat mich überwältigt ... ich wollte zuerst nicht erzählen

... dann mußte ich doch. Aber ich travestierte, tauschte alles um ... Alle Personen sind unwahr. Keine ist echt ... keine Kontur. Glauben Sie es!..."

Ich sah ihn kalt an.

„Diese Geschichte ist ganz anders", sagte er nun. „Ich habe geglaubt, sie von mir abtun zu können, wenn ich sie erzählte, aber ich konnte sie nicht erzählen. Da phantasierte ich sie. Aber das war noch schlimmer, zu sehen, wie etwas hätte werden können ..."

Er sah starr nach dem Fenster.

Dann brach er in ein häßliches Gelächter aus. Sein Mund zog sich nach dem Kinn hinunter wie im Zwang von zwei Fäusten.

Dann drehte er stumm den Schnitt gegen die Wand, verbeugte sich und bat, nachdem er die Lichter gelöscht hatte und indem sein Gesicht wieder langsam in die alte Form zurückkehrte, ihn hinüber zu begleiten.

Allein, ich blieb in der Türe stehen.

Alles stürzte mit verdoppelter Wut, mit erneuter Wucht über mich hin.

Ich fühlte: Abenteuerlichkeit fraß sich in die Wände. Schicksal brannte in den Rahmen und wollte heraus. Sehnsüchte ohne Maß, gelebte, nur gestreifte, schwellten den Raum, daß er fast barst, und Jahre rasten auf dem Sekundenblatt der Pendüle herunter.

Ich sah in diesem Zimmer alles wie in einem glänzenden Kaleidoskop verwirrt.

Und als ich über die Schwelle zurücktrat und das Gebeugte im Gang meines Freundes sah, ward mir plötzlich das Straffe meiner Brust bewußt und das Brutale meiner Haltung, und da wußte ich, daß ich mein Leben gut gelebt hatte. Denn dies ist nicht die Frage, ob wir aufleuchtende Dinge erleben und in heiß aufklaffenden Abenteuern stehen ⟨wie wäre das klein und subaltern⟩, sondern es ist die=

ses, was dem Geschehenen erst Form gibt und Würde: was wir mit den Erlebnissen tun ... Und ich wußte bei diesem Zusammenbruch, was mir immer klar war, das war recht:

Man soll keine Erinnerungen haben. Niemals. Nein! Und am wenigsten noch armselig Fetische bilden und seine Erlebnisse in Dinge tun. Man soll keine Beichtstühle in seine Wohnungen tun. Sie zwingen in die Knie. Dann oder wann.

Man soll die Dinge von sich werfen. Weit. Und die Erlebnisse abstreifen wie einen Seifenschaum mit nachlässiger Hand von der Brust am Morgen und am Abend und jeden Tag, damit sie uns nicht demütigen einmal früher oder später so und so.

Denn der Genuß des Abenteuers ist das ungewiss Beschwebende: Wissen, vieles Bunte getan zu haben aber eine Luft hinter sich zu fühlen ohne Halt und ohne Farbe. Tosendes ... rasendes Leben ... —

So ist es.

Aber auch ohne dies war das Zimmer eine Sünde gegen die Kraft: Sein Rausch war ein Anreiz im einen, und ein Opiat im andern, und eine Hemmung im Ganzen. Denn es lagen in ihm ⟨wie ein Hohn⟩ zusammen das Große und Schwache, und das Ungeheure wie das Süße ... die Erhebungen, zwischen deren Polen sich die Skala unserer Erlebnisse bewegt und beglänzt, und die in dieser Spaltung, das Eine oder das Andere, maßlos entfernt und fremd voneinander und niemals zu packen in einem Griff, unser Leben ausmachen und erfüllen und so sind ⟨im täglichen Leben⟩ wie diese beiden Beispiele:

Die Sensation eines Expreß, der eine kleine abendliche Station durchrast — und das Erleben eines Ladens mit ausgebreiteten Seiden an einem allzuschnellen Frühlingstag auf der Meisengasse zu Straßburg.

*

DER TÖDLICHE MAI

ALS es nun am Ende der Woche kam, daß der Tod ihm ⟨dem Maler und Offizier⟩ die Eingeweide zerriß und er brüllend lag zwei Stunden lang, geschah es, daß die Pflegende erstaunte, denn das Geschrei bog sich langsam um in eine Stille, und aus der plötzlich sanften Ruhe seines Mundes stiegen jauchzende Rufe wie bunte Kugeln mählich in die Höhe und ketteten sich ineinander zu Jodlern, wie sie im Sommer der Schweiz tagelang von Berg zu Berg hinüberschweben.

Sie trat dicht an ihn heran und wusch ihm mit einem getränkten Lappen den Schweiß, der um den Mund herum austrat, aber er sang durch ihre kreisenden Handbewegungen weiter, verdrehte die Augen, streckte sich scharf in die Länge, legte sich auf die Seite und schwieg.

Nach einer halben Stunde rief er die Pflegende.

Seine Augen lagen tief in den Deckeln der Lider begraben, ein rötliches Weiß schimmerte heraus und der halbe Abschnitt der Pupille. Der Mund und das Kinn glänzten in leiser Seligkeit, die Stirn war rein und hell trotz der Bräune. Die Schläfen waren eingefallen, die Nase angespannt und an den Nüstern unbewegt wie über eine Pauke gezogenes Pergament.

„Die Bäume"... sagte er. „Die Bäume"... und jubelte mit der Hand.

Die Pflegende schauderte. Sie sah, wie der Tod seinen Leib aufwirbelte und blähte und empfand zugleich, wie der Raum sich furchtbar unter seiner Heiterkeit anfüllte.

23

Er sang das Wort „Diebäume" im wechselnden Um=
schwung aller Melodien. Er hielt mitten in den Buch=
staben ein, ließ den Ton verrollen und schob zwischen
den bläulichen Lippen rasch und lachend den Rest nach.
Er knickte die Silben wie Weidengerten, warf die schwa=
chen Vokale glitzernd hoch und duckte die saftigen. Manch=
mal schien das Wort ein explosiver Ton, andermals eine
verwirrende Skala. Oft bog und verengte er die Laute,
ließ sie wie Brandblasen aufglühn und zerplatzen und
schrie sie plötzlich in gleicher Folge wütend hinaus. Er
spielte mit dem Wort wie mit einer Beute, katzenhaft,
tückisch, selig, feig, lind und grenzenlos erbost.

Er klomm die letzte Krise der Krankheit hinauf, das
Wort wie einen Säbel zwischen den Lippen.

Manchmal warf sich ein Lächeln über sein Gesicht.
Trunken spannte er die Nasenflügel und sog. Die letzten
Stunden der Nacht waren höllisch.

Das Fieber kurbelte an die äußerste Grenze. Der
Bauch sackte ein und wand sich in Zuckungen. Das Weiß
des Auges war über Gelb zu dickem Grün geworden.

Er brach blutigen Kot, schüttelte die Hand und sang
das Wort.

Das Herz war im Brechen. Der Puls lief lächerlich
dünn. Seine Zähne stießen kleinen Schaum auf den
Lippenrand, der sich unmerklich ründete: es war das Wort.

Er hing an ihm zäh wie ein Affe, verbissen an einem
Trapez. Und es riß ihn heraus.

Schlank wie ein Tänzer lief er auf ihm durch die Nacht,
das Fieber und den blutigen Auswurf.

Segelte dumpf genesend durch das Aufundabgehen der
Gestirne, der tödlichen schweren Sonne und den leich=
teren Aufflug des glänzenderen Mondes wie durch ein
Spiel mit wechselnd bunten Ballonen hin mit unsäglicher
und berauschend linder Bewegung.

Schwamm mit beruhigendem Opium in den Adern durch die breite Schwermut der ersten Abende und sehr frühen Morgen und das harte massive Dunkel der Wolken= dämmerungen mit einem Weiß auf der Stirn, das alle erstaunte, und einem unmerklichen Flüstern auf den Lip= pen, die stets bewegt waren gleich der Brust einer weich Schlafenden.

Eines Morgens stieß die Sonne in einem langen und schönen Streifen durch sein Fenster und fiel hart unter sein Kinn. Da lief eine schwache Erregung über ihn, er verdrehte die Augen nach links, warf sie dann nach rechts hinüber, starr, daß die Pupillen, nach oben gestemmt und aus den Höhlen getreten, in das Innere des Kopfs hinein zu bohren drohten, ließ sie dann sanft zurücksinken, schüttelte sich, machte den Mund auf, groß und weit und schloß ihn wieder.

Schloß ihn hart und fest, lag nach diesem Signal noch zwei Tage und war darauf völlig durch die Gefahr hindurch.

Er war mimosenhaft zart und sehr scheu in den Stun= den des genesenden Körpers und des kommenden Be= wußtseins. Seine Soldaten kamen zu ihm und gratulierten ihm zu dem Sieg gegen den Tod. Er winkte mit der Hand hinauszugehen, erkannte sie kaum. Die Pflegende sagte ihm, sie seien traurig, wo sie unter ihm in tausend über= schwemmenden tödlichen Minuten gestanden hätten, nun, wie er krank, nicht von ihm geliebt zu sein. „So..." sagte er. Assistenten, Ärzte kamen. Sie versicherten ihm alle, daß er ihr Kopfschütteln ignoriert und stramm und siegreich über ihren Unglauben in die Gesundung hineingesprungen sei, zweibeinig und massiv. Er sah sie verwirrt an.

Apathische Wochen folgten. Der Vorsteher des Ge= nesungsheims erzählte ihm. Krieg ... ja ... gewiß ... er freue sich. Er legte den Kopf herum.

„Bücher?"
„Danke ... nein."
„Palette ... Wollen Sie wieder malen? ... Bedenken der Überanstrengung zwar. Allein ... ich wäre stolz —"
Er schüttelte langsam den Kopf.

Das Gewicht des Körpers nahm geringfügig nur zu. Wenig Interesse füllte ihn für den Umkreis der Dinge, noch weniger für sich selbst. Lag eine Schwebe zwischen Lebenwollen und Lebenmüssen, der Funktion aller Physis fähig, ein Fragezeichen der Bejahung, allen Möglichkeiten neuen Lebens ausgesetzt ... aber ohne Schwung.

Oft trat er abends auf den Balkon des Hauses, der verwachsen und kühl war. Die Ebene betäubte ihn anfangs mit ihrer Grenzenlosigkeit, langsam empfand er sie aber — um ein an das Endliche stoßendes Bild zu haben — als eine riesige Kreisbewegung, die um ihn herum, zuerst stark, dann sich im Silber der Ferne verzehrend, gegen den Horizont schwinge. An einer Seite hingen ein paar Wellenschläge ferner Gebirge, runde Hügel, gleich nach untengekehrten Wolken, zittrig in der Luft. Diese Gegend aus Fläche, Gras und Steppe, von brüchiger Luft überstanden, gab ihm das Gefühl, Mittelpunkt einer gläsernen Glocke zu sein. Sonne schlief reglos auf Bach und Moos und kleinem Gestrüpp. Die Tage hatten katzenhaften Ablauf, stumpf und aufreizend in dem währenden Gespanntsein dieser Leblosigkeit.

Da warf ihn eine Wagenfahrt, zu der der Arzt ihn zwang, in die unmittelbare Nähe einer wenig entfernten Königsstadt in eine Schloßanlage. Der große Dogcart mit den polierten roten Rädern schaukelte einen Nachmittag lang über geschwungene Wege und über Brücken. Er erlebte dichtes Dunkel des Parks, unendliche Stille um pagodenhafte Pavillons, den raschen Vorbeischwung weißer Nebenschlösser. Dann befanden sie sich mitten im

Gewühl weiter Auffahrten, auf die ganz am Ende der Alleen die Kaskaden fesselloser Terrassen herabstürzten. Hier empfand er Weite und Herrlichkeit der Welt an sich vorbeiziehn. Der Wagen schwamm an dem langen Wasserspielwerk, das von der Fassade bis in den blauen Horizont hinunterlief, entlang zwischen Hunderten spazierender Menschen, zwischen farbigen Jacken, weichgelben Handschuhen und der Orgie aufgeblasen roter Sonnenschirme.

Er kehrte nachdenklich nach Hause zurück.

Am Morgen erwartete er den Aufgang der Sonne von seinem Balkon. Er sah den Aufstieg über die schmalen Hügel und die langsame Belichtung der Ebene, die sich sinnlos und schwer mit dem Rot anfüllte. Da ging eine unfaßbare Sehnsucht nach Glühendem, Rasendem in ihm auf, er bog sich vor Gier nach der Stadt. Der Arzt war dafür, er brach auf, durchstreifte Straßen, die voll Anmut, Gärten, die voll Jugend waren. Am Abend landete er in einem Lokal, das mit jubelnden Tapeten überzogen war. Es war gefüllt mit schönen weißen Tischen und Stühlen. Viele bunte Laternen glühten darüber. Der Wind bewegte sie leicht. Alle Gesichter waren von schwankendem Rot überströmt. Feine Frauen saßen in den Sesseln, zurückgelehnt, lässig und mit Herren plaudernd. Es gab Musik. Manchmal lief der Wind heftig durch die ausgehängten Fenster und es gab ein Gewoge von Licht, das alle überstürmte. Dann hoben sich die Geigen aus der Musik in die Höhe und übergitterten mit namenlosen Spitzen den Raum.

Da ergriff ihn das Gewühl des Daseins mit einer tobenden Berauschtheit. Er fühlte sich von heißester Erregung in starre Kälte geschleudert und dann von neuem beißender Hitze entgegengeworfen. In seiner Brust wütete ein Orchester, Orgeln brannten auf und in langen, grausamen Voluten hoben sich die Bläser zu einem furchtbaren Stoß.

Es war zuviel: Man sah einen Offizier die Arme dehnen, die Brust herauspressen, einen seltsamen Jodler über das Lokal hinfeuern und die Hände auf den Tisch zurückhauen.

Er zerschlug die Lampe und einiges Geschirr.

Der Kellner tat sehr ruhig. Fernersitzende dachten an Zufall und Mißgeschick. Er gab dem Kellner märchenhaftes Trinkgeld, nahm die Mütze und ging breitspurig, säbelschleifend hinaus.

Draußen begann er sofort zu weinen. Toll tanzten die wunderbaren Frauen, die er wie zum erstenmal wieder sah (wieviele er gemalt hatte, wußte er nicht mehr, denn Dasein dünkte ihm noch neues Leben nach halbem Tod) vor seinen Augen, die Seiden, die Funken der Lichter. Unbegreiflich schluchzend empfand er die Wärme der Nacht, flüsternd ... „le ... ben ..." —

Dann ballte er die Fäuste, und als er von der kleinen Station nach dem Landhaus fuhr, stand sein Kopf scharf und sehr entschlossen auf seinem Körper.

Es kamen rasche Tage. Er rieb sich den Buckel an der blitzenden Scheibe der Stadt. Freude umgab ihn lind. Trieb und Wonne füllten golden seine Adern. Säfte rannen über seine Haut. Leben umspielte ihn reich. Es war die Rede, daß er zur Front zurückkehre. Er nickte.

Er nickte. Es war gut.

Der Mond kam abends aus der Ebene durchsichtig und schön wie aus dem weichen Munde eines Glasbläsers gebildet, und gleichsam von seinem Atem gehoben, so schlank und zart überflog er die stumme und dunkle Festlichkeit des Himmels.

Bald gab es tagelangen Sturm. Böen überschütteten die Steppe. Wolken schlugen übereinander mit Geheul. Schwere Regen knallten an den Fenstern. Geduckt sprang brüllender Wind in jede Spalte und zersprang dort in Fetzen von niederreißendem Radau. Nachts, wenn die Regenschwaden vom Sturm schräg herabgehauen auf die Ebene knatterten, schien es, Tausende von Eskadronen überritten die Steppe und die Bäuche aller Pferde schlügen langgestreckt zwischen den rasenden Sprüngen in einem Takt gegen die Erde.

Da zog er rocklos durch das Haus, probte die Muskeln, steckte Lichter an und sang mit jubelnd gesteigerter Stimme.

Er sagte ⟨als der Wind eine Pause einschob⟩ „Sehen Sie die Kassiopeia?", zur Pflegenden, zog sie in die Fensternische, hob die Flügel, deutete nach oben und lachte, als der Staunenden ein Nebelstreifen glitzernden Regen ins Haar schmiß.

Später einmal kam, heiß und verstaubt, ein schmaler Zug die Ebene herunter. Er tauchte grau und wie ein Punkt auf und wurde ein dünnes Gerinnsel durch das vergilbte Gras. Sie defilierten am Haus auf die Entfernung von zwanzig Metern.

Zuerst ging ein großer Mann, braun mit Narben von Hieben durch das Gesicht. Sein Kleid war Polichinell. Enganliegend mit Dreiecken gemustert zitronengelb und weiches Blau. Der Hals war unbedeckt und gefurcht. Seine Beine traten wie ein Pferd einen nach vorne ausbiegenden Trab, der stets Silhouetten vor dem vergrauten Horizont spannte und von trauriger Müdigkeit war. Hinter ihm kam ein Elefant, ein Dromedar und ein Wagen voll von farbigen Kindern.

Er trug zwei Stangen über der Schulter, um deren Spitzen ein Netz geknotet war, in dessen Maschen ein kläffender Hund saß und ein perlweißer Fasan.

Es war so süß langweilig in diesen Tagen, daß die Insassen des Hauses alle staunend und lachend hinausliefen, die Taschen umwandten, Geld über die Menschen

warfen und in Eile Stühle aufschlugen. O Rausch eines
unerwarteten Zirkus.

Es gab eine glänzende Vorstellung.

Der lange Führer wirbelte in die heiße Luft, mit
Fahnen in der Hand, Sprünge und Verrenkungen, strah=
lend und bunt.

Alle Soldaten suchten auf dem Dromedar zu reiten.
Die farbigen Kinder warteten gespannt, bis ein zufälliger
Blick auf ihnen zu ruhen begann, sprangen in die Höhe,
überschlugen sich grotesk, setzten sich fest auf die Hintern
und streckten bettelnd die Hand vor.

Der Elefant rückte verlegen auf seinen Beinen, ver=
engte den Raum unter sich und ließ sich endlich mit seiner
Rückseite auf einem Fünfzigliterfaß nieder und zog die
Vorderbeine hoch wie ein Pudel.

Der Führer gab ihm eine Mandoline in den Rüssel
und band ihm ein rosa Band an die Spitze des Ohrs.
Sein Gesicht blieb unbewegt und verächtlich wie bei sei=
nen Sprüngen.

Indem fuhr auf der anderen Seite des Hauses ein
Wagen an. Der Maler sprang heraus mit zwei ge=
schossenen Lapins und die Augen voll Träumerei von
Frauen, mit denen ihn die Einsamkeit der Heide über=
fallen hatte. Er trat in das Haus und schaute durch das
Fenster.

Da schwoll sein Gesicht hochrot, er blies die Backen
auf vor Zorn, und einen dumpfen Laut ausschreiend,
sprang er heraus. In seiner Hand lag ein Säbel. Er machte
einige Sätze und schlug dann die flache Klinge mit einem
sirrenden Ton dem Elefanten ausgestreckten Arms klat=
schend auf das Blatt.

Das Tier sprang auf. Es stand. Es spreizte langsam
die Beine, schob die Ohren zurück und hob den langen
Rüssel ganz wagrecht.

Da ließ er, während alle Anderen starr gebannt steif zuschauten, den Stahl fallen und strich andächtig und bewundernd den Rüssel mit der Hand entlang und hob ihn hoch, daß das weißliche Rosa des Mauls, das gleich einer fremden von Überreife angefaulten Frucht zwischen der harten Seltsamkeit der elfenbeinenen Hauer lag, aufklaffte. Dahinein legte er die Hand.

Der Polchinell brachte unter Bücklingen Zucker und legte sie in den untersten Rüssel. Der Elefant bog sie mit schlangenhafter Windung in das Maul.

Dann warf er wie einen Springbrunnen den Rüssel hoch und schoß überraschend und plötzlich einen so ungeheuer dunklen und wilden Schrei gegen die Menschen, daß sie einen Augenblick alle schwiegen.

„So ... gefällst du" sagte der Maler und steckte den Säbel ein.

Das Gesicht des Führers blieb über den Verbeugungen unbewegt und verächtlich wie bei seinen Sprüngen.

Es lag den Abend ein gewaltiger Druck auf der Landschaft.

Sie waren, als die Sonne sank, heiß und verstaubt, ein schmaler Zug die Ebene hinuntergezogen. Sie flossen ein dünnes Gerinnsel durch das vergilbte Gras und verschwanden grau und wie ein Punkt.

Am späten Mittag saß die Pflegende bei dem Maler, der auf einem Schaukelstuhl lang lag und rauchte. Sie schwiegen lange Zeit.

„Können Sie sich den Urwald vorstellen", fragte er.

Sie lächelte: „Nein —"

„... den Rand des Urwalds, Schwester. Ein Elefant reißt Lianen auseinander, erscheint. Die Sonne schwingt auf, rot. Er schreit ihr entgegen ... Und hier: o Müdigkeit ... o Müdigkeit ..."

Sie sah nachdenklich auf ihn. Dann stach sie eine Nadel durch ein Fliederblatt und sagte langsam: „Es ist Ihre Sehnsucht, Wald, ich weiß es. Ich weiß, daß Sie sich stets daran klammerten, als Ihre Krise war! Sie wissen nichts?"

Er wußte es nicht.

Er schüttelte den Kopf, lächelte und verneinte.

Da sagte sie leis: „Die Bäu... me."

Wieder kam das Lächeln über sein Gesicht. Aber ihr war, als ob es Gewalt bekomme über den Inhalt des Gesichts und als ob es sich einforme wie eine fressende Säure. Seine gespannten Muskeln waren einem sekundenhaften Verfall unterworfen. Sie schwanden unter der Haut.

Ganz weiß hob er den Kopf: „Habe ich... ha~~~be ich..."

Von schwerem Entsetzen geschüttelt wand er die Arme durch die Luft. Seine Augen wurden rund, kugelhaft und fast wie Glas und starrten über die Ebene. Er keuchte und deutete vor sich: „Geben Sie mir diesen Stein."

Ihm schien die Schwelle eines seltsamen Unterbewußtseins durchstoßen. Er hatte alle die Wochen nur ein Leben gehabt, das seine Wurzeln hatte in seiner letzten Krankheit. Wohl wußte er die Dinge und Vorgänge der Zeit und seines Lebens auch vorher. Aber in diesem Augenblick schien es ihm, daß eine dünne Haut darüber gewesen sei und daß ihm die Erkenntnis nach deren Platzen nun erst neu, groß und unendlich furchtbar wieder zuströme.

Er nahm den Stein, den ihm die Pflegende reichte. Er war sehr schwer und kantig. Er drückte seine Hände hinein, hielt ihn an die Stirn, hob und prüfte ihn und legte ihn fest auf das Knie. Er empfand, wie die Angst

32

vor der plötzlichen Leere um ihn herum schwinde und wie das Gewicht des realen Steins ihn wieder an das natürliche Leben und die geliebte Erde ⟨prometheisch⟩ zurückriß.

Dann warf er den Stein weg und sagte:

„Schwester, Sie kennen das nicht. Sie kennen das nicht, daß der Himmel plötzlich ein Abgrund scheint und entflieht und die Erde unter Ihnen sanft entweicht und am Horizont ein Strudel unermeßlich aufgeht und beginnt Sie aufzusaugen, der Sie sich schon langsam zu drehen scheinen. Schwester, bleiben Sie sitzen. Es könnte mich sehr stören, wenn Sie sich bewegten. Hören Sie: ich war niemals feig ... nie ..."

Sie bewegte ihr stilles Gesicht hin und her.

„Sie denken an meine Auszeichnungen", schrie er sie an. „Nein. Sagen Sie nichts. Daran sollen Sie nicht denken. Das liegt außerhalb meiner Betrachtung. Bleiben Sie sitzen. Sie sollen an meine Seele und Ihren Mut denken. Können Sie das? He ~ ~ ~"

Sie sagte, ihr sei das Leben keine so besondere Sache, daß sie nicht auch dies vermöge.

Da fing er an zu weinen, wurde sehr still und flüsterte:

„Sie haben Unrecht, Schwester ... es ist alles ... al ... les ~ ~"

Er schluchzte mit einem zerreißend stillen Laut.

Darauf begann er wieder zu sprechen kalt und hart.

Seine Stimme flog aus seinem Munde, als sei sie durch ihn, beziehungslos zu den Lippen, die sie formten, aus irgend einer dunklen Ferne geflossen. Sein Kopf hob sich bleich und edel über der Kante des Stuhls, und die Haut der Schläfen zitterte über dem blauen Geäder.

„Mitteldeutschland ... Schwester, beim zweiten Rücktransport von der Front nach der Passion von fünf durchlegenen Lazaretten ... Mitteldeutschland im Westen ...

und es war Mai ... das ist fabelhaft. Der Rhein war nicht fern. Himmel seidig und bebte vor Blau.

Wir waren da fast alles Offiziere im letzten Stadium des Genesens aus böser Erkrankung wie hier fast ... nur anders, süßer – unbeschreiblicher. Es war ein modernes Schloß mit säuligen Bögen und Wiener Keramik, mein Gott. Dahinter Wälder und überall herum schweifige Hügel und Täler, leicht gesenkt. Es gab eine phantastische Hygiene. Marmor, weißes Gemöbel, Staubsektoren, Sonnenfenster, Duschen von oben, Duschen von unten. Es gab einen unendlichen von Weite ausgedehnten blauen Tanzsaal mit einem großen glänzenden Flügel. Pariser Millionäre hatten diesen strenglinigen Tempel gebaut und ihn einer südamerikanischen Tänzerin gegeben, die da die schönsten Mädchen Europas in die gleitende Form körperlicher Musik hinein erzog. Die Mädchen waren in einer nahen Stadt damals.

Die Kirschblüte kam. Die unzähligen Bäume beschwebten sich weiß. Es flaggte drei Tage. Dann ging das flaumige Strahlen in einem wahnsinnigen Wind zum Teufel. Ich liebe diese Blüte nicht. Sie ist zu weich. Kennen Sie worpswedische Maler?

Nein, – ja, Schwester, was soll Ihnen Kunst, was soll Ihnen Bildnis?

O Nebensache, o Nebensache! Leben ist hundsföttisch mehr, ich weiß.

Nun eben so schwach, so zag, ekelhaft überfein ist diese Blüte wie Zweige, gemalt von diesen Menschen, hypertrophierten Empfindungsdestillatoren des Seins. Leben ist breiter, saftiger, spritzender, Schwester: Weinernte am Rhein, Heringsfang in Holland, bürgerliches Schmausen im Elsaß ...

Dann brachen alle Apfelbäume aus. Unten die Blüten ein wenig rot, oben kräftig weiß. Die Hügelkette war zum Platzen voll von ihnen. Manchmal standen sie wie Haine zusammen. — Ich liebe sie.

Es roch, Schwester —"

Er warf das Gesicht zurück in einer wahnsinnigen Spannung: „Ich fürchte mich", flüsterte er.

Sie legte ihre Hand auf seine.

Aber er schüttelte sie ab: „Lassen Sie das —."

Sie ließ es. Sie setzte sich näher zu ihm. Seine Stimme fing wieder an:

„Abends sanken Herden von Nachtigallen in die Bäume und verwüsteten die Nacht mit Süßigkeit.

Niemand weiß das, der es nicht sah: Sie werfen ihren Hals hoch, daß er plötzlich mit Gesang, der nicht Ton wurde, rasend gefüllt steht gleich einer runden Trommel, eine glühende Blase, größer schier als ihr Leib, an der sie wie an Montgolfieren in die weiche Unendlichkeit verschweben könnten — und dann werfen sie die stählerne Wärme der langen aufblitzenden Laute ergreifendsten Verzücktseins in die entzündete Dunkelheit.

Wir hatten einen blonden Kameraden aus Bornholm. Er wurde verrückt, als nach einem Gewitter aus einem nassen Fliederbusch ein Dutzend Nachtigallen plötzlich mit Gesang aufklirrend sein Gleichgewicht zu schwer erschütterten.

Ja, daß Schönheit tausendfach mehr tötet als Haß und Wut, Sie sollen es wissen. Was sage ich Ihnen, Schwester. Wo will ich hin ... hören — hören Sie mich? ..."

„Sie erzählen die Verzücktheit des Lebens ..." sagte die Schwester innig und unbewegt.

„Ich erzähle die Verzücktheit des Lebens. Ja. O Rausch, o Sonne, o Ruhm, o Süßigkeit..." Er stemmte die Fäuste im äußersten Schmerz und schwärmerisch gegen die Brust.

„An einem Abend kamen dreißig Damen, ein Fürst und viele Herren. Es hatte eine märchenhafte Art. Sie trugen seidige Kleider, Schwester, o von so feinen Firmen, die Sie nicht kennen. Und es gab wie Glas schimmernde Namen und schwermütige Profile.

Es gab Lampione.

Es gab Mond.

Unter den Apfelbäumen war eine Lichtung. Der Hügel schob sich leicht und schräg gegen den Horizont.

Wir saßen alle auf Stühlen, die auf der Wiese standen. Der Fürst hatte einen Säbel in einer Hand, in der anderen Blüten.

Dann kamen die Mädchen, Jungfrauen im Alter bis gegen Zwanzig, die kein Mann berührt hatte und die nur wenige sahen, die sich, weibliche Narzisse, nur in der entrollten Geschmeidigkeit sälelang ins Uferlose gestellter Spiegel in ihren Körpern empfanden. Sie trugen kleine Tuniken, die wie nichts waren und tanzten auf dieser schrägen Ebene uns gegenüber zwischen den Bäumen, tanzten mit Hüften, fließend wie die glatten Sprünge der Leoparden, Beinen ... stumm vor Berauschtheit, und Armen, die sie im wilden Entsetzen der Schönheit in den Mond hinein schwangen.

Alle gingen dann zurück zum Schloß, ich stieg zum höchsten Hügel..."

Er hielt ein. Sein Blick tauchte verschleiert in die Tiefe des späten Mittags. Seine Worte fielen dann, als er wieder anhub, heftig, immer schärfer und in monotoner Geschwindigkeit. Sie fielen, als stünde einer im Licht in voller Rüstung und schlüge im riesigen Kreisschwung beider Arme zwei Schwerter pfeifend immer rascher durch die Luft.

Er sagte:

„Es war still geworden, fast tonlos. Manchmal allein in langen brausenden Linien stürzten schwere Hummeln auf die weiße Ebene der Bäume. Es war lau, weich,

Wasserdampf schwebte in der Luft. Das ließ die Ferne vibrieren und die Sterne hatten davon etwas feuchten Schimmer. Hügel schob glatt über Hügel, Linie über Linie schwingend, in die Rheinebene. Bäume sprangen Abhänge hinauf, in der Nacht hin und her, und standen näher, tänzerisch zueinandergeneigt. Oben hing der Mond.

Diese Nacht war ungeheuerlich in ihrer Üppigkeit. In ihrer nassen Glut. In ihrem unheimlich gesteigerten stummen Gebrüll nach Dasein und trunkenster Fülle des Lebens.

Schwester: ich dachte da mit einemmal blitzhaft an die wüstesten und größten Dinge meines Lebens.

Ich wußte um Grate im bayrischen Gebirg, die ich spielerisch als Knabe überrannt hatte. Ich sah den schweren Wahnsinn der afrikanischen Hetzen. Sah den zerschlagenen beuligen Kopf im Dirnenhaus des Genuesischen Hafenviertels im Augenblick des Erwachens verzerrt in schmutzigen Kissen. Ich wußte um das Aufschreiende Werben fetzender Granaten, die trunkene Explosion der Abendschlacht. Ich sah ein Segelboot kentern im Starnberger See, sah den großen Verzicht eines feinen Mädchenauges ⟨o weinen, weinen⟩, sah den verwesten Leichnam des Freundes aus der Konfirmation im Park erhängt, sah das Sterben Maria Anderssons, die ich geliebt habe, die Schöne und Tanzende, wie einen bunten Vogel. Ich wußte um den Augenblick, der bewegungslos in der Pupille des Persers hing, als er in einer Pariser Spielspelunke den Dolch mir über die Achsel in den Rücken schlug — —

Was wissen Sie, Schwester, was einem Mann schwer und Gefahr ist ...

Aber ich wußte in dieser Minute: daß ich lächelnd dies alles wiederholen würde, daß ich singend wie ein Engel van Dycks gegen tausend Mündungen Kanonen gehen könne ... statt dieser Minute ... daß dies alles Erlebte eine kleine Prüfung, ein verächtlicher Vergleich und ein Geringes und Unwirkliches an Schwere sei gegen diesen einen Augenblick des Erlebens.

Denn es kam, daß ich vor der tobenden Süßigkeit der Nacht, in der das Leben dunkel rauschte wie ein verschlossener Schwarm von Bienen, daß ich vor der ungeheuerlichen Berauschtheit des Daseins mich hinwarf und weinte und grenzenlos den Tod zu fürchten begann.

Den Tod, der mir eine gemeine Sache, Oberfläche und sehr gering zu schätzen erschien, wo er mir nahe war wie eine Kugel, ein Gift oder ein Dolch ... und es mir blieb ... in dieser Form ... auch späterhin. In dieser Form ... in dieser Form.

Ich weinte.

Und da schwamm aus dem Schloß das hungrige Begehren einer Geige, hob sich, klirrte wie ein scharfer Käfer, raste um die Hügel, hieb sich verzweifelt sehnsuchtsvoll in die starke Brunst der weißen Bäume und kreiste den Horizont ein in zuckende Tiraden.

Und ich spürte die Hand, welche sie führte, fühlte mit gleichem Gefühl das weiche Fleisch des jungen Mädchens, das sie spielte, die rasche Berührung ihrer Brust, ihres streifenden Beines, das erzitternde weiche Fleisch mit dem silbernen Flaum, die mädchenhafte Weise des wiegenden Gangs, die königliche Süßigkeit ... und ich brüllte, Schwester! Ich lief in den Hain und brüllte: — Nicht sterben! — brüllte ich. Riß kleine Zweige und zerkaute sie, bohrte das Gesicht in überschäumte Äste, betete, fluchte, weinte ... es gab keinen Gott, der dies löste.

Ich begriff es nicht: Den Tod belächeln, das Leben fürchten ...

Aber überall war Tod. Die Blüten brannten furchtbar an den unteren Flächen. Tausendfach schwoll Blut in der

38

Luft. Eine riesige Spinne krampfte schnürend das Getanz der Apfelbäume zusammen, sie zitterten unter entsetztem Schrecken. Regenbogen schnellten durch die Nacht. Mord saß dunkel im Geäst. Ich ängstete auf der Stirn. Der Mond war mild. Aber die Sterne bogen sich herum und blitzten kalt wie die Spitzen unzähliger hingehaltener Schwerter.

Und das Schweigen dehnte sich, als ob es zerreißen müsse und die Stummheit, die volle maßlose Trunkenheit der Nacht kam in Bewegung, drehte einmal um und begann zu kreisen und ward ganz fern am Himmel ein dunkler Strudel, der sog und sog —

Ich schrie. Hell. Entsetzt und außer mir . . . Ich wollte nicht sterben.

Wollte nicht sterben. Nein . . schrie —

Schwester, ich habe nachher noch, eh ich herkam, vor meinem Typhus, den Tod gekannt in vielen Phasen, nahe an mir vorbei oder sich zurückwerfend vor mir im letzten Moment des Anlaufs. Ich stand in ihm wie der Mittelpunkt einer Explosion zahlloser Schrapnells.

Ich lüge nicht. Ich hob die Hand, ihn zu zerdrücken.

Ich hob die Hand, verächtlich, und schlug nach seinem Gesicht —

Aber in jener Nacht, da . . . da erkannte ich tiefer den Tod in der ungeheuerlichsten Schwellung des Lebens.

Ich lief ins Schloß, kroch in eine Ecke und fürchtete mich.

Ich wurde verachtet, geschmäht, verlacht. Man tat das Äußerste zur Erklärung des Unbegreiflichen im zivilen Dasein: man zweifelte an meiner Zurechnungsfähigkeit. Man hätte mich anspeien können.

Ich hätte gebettelt: Leben . . . leben . . .

So ist es.

Schwester — aber ich weiß, ich weiß nun mehr, unerträglich mehr wie alle anderen Menschen. Ich weiß: ungeheure Taten mögen geschehen, endloser Ruhm errafft werden von Dichtern, Feldherrn, Musikanten und Malern ... im letzten Ziel ist Tod. Andere wissen das nicht, ahnen es, haben aber nicht die Schärfe ewigserkündlichen Wissens und Umsichfühlens.

Wie ist die Welt bunt! Leichte Karussells laufen über die Jahrmärkte. Flieger erschwimmen die betäubende Höhe der Gestirne, gewiegt vom Nichts. Kapellen spielen in Theatern und Gärten. Mädchen tragen Schürzen im Hause und Bänder zum Ball. Und die Pferde ... auch die Hunde sind schön und voll Andacht ... Städte erleuchten sich abends mit sanftem Gas.

Wie kann ich dieses Beschwingte fürder noch spüren, den feinen Reiz und die breite Schönheit, wenn ich den Tod darin sehe jederzeit? Und muß sie doch lieben grenzenloser als immer und brennender wie jeder, weil ich weiß, daß das Leben so schwer und so gewaltig hoch das Letzte ist. Aber meine glühende Liebe wird stets auf den Tod stoßen, und so werde ich hin und her geschleudert sein, ahasverisch und in einem verzehrenden Tosen, zwischen ungeheuerer Anbetung und tödlicher Erkenntnis.

Ich werde in unmenschlichen Spannungen leben müssen, denn das Spannungslose saugt mich auf. Ich werde lächeln und, von Gefahr und höchstem Erleben zu anderen springend, mich bewegen wie aus dem Arm von unzähligen Frauen in den von neuen Namenlosen. Es ist eine tolle übersinnliche Liebe zum Leben dies, Schwester.

Ich werde nicht mehr ruhen können.

Denn Gefahr ist ein kleiner Augenblick und Sterben darin eine strahlende Sekunde. Schönheit der Welt aber dem Wissenden eine unendliche Qual und Bedrohung und ewige Leere.

Ich möchte nicht, daß Sie an diese Erkenntnis streiften, Schwester, weil Sie ein schönes und ruhiges Gesicht haben.

Ich bin von Freude geschwellt für den Augenblick, wo ich hier abziehe. Denn alles da ist trostlos und müd und ohne Heroischkeit.

Sehn Sie, es ist furchtbar, wenn ich müßig in die Ferne schaue . . . Schwester, liebe Schwester . . . wie der Horizont sich dann zusammenzieht, wie Hügel hineinschwanken und gleichsam in einem Rachen verschwinden. Manchmal blinkt es silbern. Nun hebt sich die Ebene. Taumelnd gurgelt die Welt in den Strudel. Die Leere . . . die Leere —

Glauben Sie nichts. Ich weiß, daß das eine Vision ist, daß wir fest stehen und unerschütterlich, wie wir es glauben. Aber ich empfinde alles im Gleichnis und oft ist Gleichnis uns die nächste und verwirrend deutlichste Realität. Ich sehe vieles im Bilde, weil ich in einer übersteigerten Sekunde über das Leben und gewöhnte Maß hinaus erkannt habe."

Er schwieg und schloß die Augen.

Er sagte noch: „Wo ich das Grauen vor dem Tod am zerschmetterndsten empfunden habe, an dieser Stelle, meine ich, muß die ungeheuerlichste Kraft des Lebens sitzen —

Darum rief ich, wie ich sterben sollte, nach diesen Bäumen."

Er sann nach. Und plötzlich schien Furchtbares auf ihn zu stürzen.

Aber bald formte sich sein verzerrter Mund in lächelnde Ruhe, und er flüsterte halb singend, somnambul: „Die Bäu . . . me —"

Dann schüttelte er kurz den Kopf, lächelte rasch und sagte: „. . . Liebe Schwester — müssen Sie nicht bei all diesem auch dem Tode näher sein als dem Leben?"

„Nein" sagte die Pflegende unendlich mild und fest, „es ist das Gegenteil."

Er sah sie staunend an.

Dann aber war es, als rase das entsetzliche Erleben in einer letzten grauenhaften Spannung noch einmal in ihm hoch.

Er warf die Hände in die Luft und rannte hinaus.

Die Pflegende ging ans Fenster und lehnte sich ruhig hinaus. Sie sah ihn eilig hinauslaufen und in den Hof einbiegen.

Dort stolperte er über eine Gießkanne, schwebte kurz in der Luft und taumelte dann zur Seite. Er fiel, die Hände vorgestreckt, in einen Hügel und bohrte auch sein Gesicht hinein.

Es war Kuhdünger aus den Ställen vom Morgen her.

Der Hügel dampfte in einer weißen Wolke warm und schön.

Er aber tat den Kopf nicht gleich zurück, sondern ließ ihn wenige Herzschläge lang da noch liegen, denn er fühlte in einem wunderbaren Gefühl, daß diese Lage unschön sei und schmutzig vielleicht und auch wohl Manchem großen Ekel machend aber ⟨was viel größer sei⟩ tief und warm und so unendlich voll Dasein.

Die Pflegende am Fenster hob ihr Gesicht ein wenig höher und dachte: O diese Hölle in e i n e r Brust. Er wird das Leben furchtbar packen wie eine unendliche Geliebte. Wie ich ihn lieben muß.

*

CARL STERNHEIM
SCHUHLIN

DER JÜNGSTE TAG ★ 21

KURT WOLFF VERLAG · LEIPZIG

1916

SCHUHLIN

EINE ERZÄHLUNG

VON

CARL STERNHEIM

LEIPZIG
KURT WOLFF VERLAG
1916

Mit Titelzeichnung von Ottomar Starke.
Gedruckt bei Poeschel & Trepte in Leipzig
Oktober 1915 als einundzwanzigster Band
der Bücherei »Der jüngste Tag«

COPYRIGHT 1915 BY KURT WOLFF VERLAG · LEIPZIG

SCHUHLIN

OB der musikalischen Erfindung des Ludwig Schuhlin Größe in dem Umfang innewohnte, wie er selbst sie ihr zumaß, wird die Zeit lehren. Ob er im Gewissen die gewaltige Überzeugung hatte, die er zur Schau trug, weiß Gott allein. Die ihm nahe standen, sind von seinen Stücken angerührt worden, die weitere Welt hat ihnen den Erfolg versagt.

Schuhlin kam aus der Tiefe des Volkes. Proletarisch ernährt und erzogen, lief ihm bis ins Jünglingsalter das Leben schmucklos hin. Ein Pianoforte, aus einem Erdgeschoß klingend, traf zum ersten Mal sein Herz mit edler Erfindung und versetzte ihn in Schwung, dem er nicht mehr entrann. An eine Regentraufe gelehnt, hörte er in der Folgezeit viel feierliche und fröhliche Musik, die sich in seine Seele senkte. Bis eines Tages er, entdeckt von dem gerührten Spieler, in dessen Umgebung gezogen wurde. Näher hinhörend, lernte er nun die Elemente des Spiels, griff bald und begriff die Tasten und ihre Bedeutung. Die Welt ward ihm völlig Klavier. In Terzen, Quinten, Oktaven sprang sein Denken, Dur und Moll spannte sein Herz. Über die Leiter der Schubert= und Beethovenschen Empfindungsstürme entrückte er dem gemeinen All und stand mit zwanzig Jahren in Kleidern des Kleinbürgers, die Stirn in den Sphären auserwählter Menschheit. Geld auf Fahrten verdienend, die er mit einem Flöten= bläser, einem Trompeter über die Märkte seines Be= zirks zu Kirmeß und Kirchweih unternahm, gab er es nur zu Teilen für seinen Unterhalt aus, verwandte das Meiste für den Unterricht bei bedeutenden Lehrern, bis er große Klavierstücke technisch vollendet so selb= ständig aus dem Flügel hämmerte, daß ihm innere Bewegung verständiger Zuhörer überall gewiß war. Da verließ er die Heimat und gewann auf Reisen be= trächtliche Sicherheit der Lebensformen. Man traf ihn im Frack, den er nicht übel zu tragen wußte, in den Salons situierter Kaufleute nach dem Abendessen vor dem Klavier. Den schönen Kopf auf freiem Hals über das Notenblatt gehoben, spielte er, und die bürgerlichen Frauen im Umkreis öffneten ihm die Herzen. Stand er auf, kam, noch getragen von rhythmischen Wellen, durch den Raum, senkte er den Blick in begeisterte Augen, die er merkte, und von denen er Lohn for= derte. Überall nahm er das leicht zu ergreifende Weib mittlerer Kreise als Beute, schüttelte ihr geringes Eigen=

teil aus ihr heraus, mit dem er sich stärkte. In immer bessere Zirkel brachte ihn die mit Begeisterung geübte Kunst, und es fehlte ihm schließlich ein bedeutendes Einkommen, lebhafter Beifall nicht. Sein Selbstbewußtsein verlangte alsbald überzeugendere Erfolge: die Verehrung einer großen Dame, Freundschaft eines in den Künsten dilettierenden Mannes von Welt. So wurde er der repräsentable Geliebte manch reicher Frau, die sich langweilte, geistiger Zusammenklang eines blasierten Dandys.

Doch war Hingabe und Aufopferung von seiner Seite größer als desjenigen, der den Bund mit ihm einging. Denn seines Gehirnes Kraftentfaltung war das Äquivalent zu ruhenden Gütern, die der andere aus Geburt und Vererbung besaß. Nie war Schuhlins Übergewicht von vornherein so groß, daß ein Mensch sich einfach ihm beugte. Er bedurfte des polierten schwarzen Kastens, die Aufmerksamkeit für sich zu erzwingen, die seine Eigenliebe wollte. War aber Zuneigung einmal erlangt, wuchs nie er allein dem andern ans Herz, sondern Vorstellung gespielten Klaviers, musikalisches Genie eines Toten mit ihm. Aus Liebesversunkenheit lallte die Frau nicht das bezügliche Wort, aber eine empfindsame Tonfolge, deren Schöpfer nicht, deren Vermittler er war. Das heimlichste Gespräch, jeder kostbare Augenblick des Lebens glitt über ihn hin zu den ursprünglichen Geistern, deren Einfälle er auf die Tasten abspielte.

Im zarten Anschlag einer Nerve noch spürte er vom Nächsten her Atome eines Gefühls, das über etwas prompt zu Lieferndes quittiert. Wie ein blasiertes »danke«, das man dem Bedienten lispelt. Kein spontaner Dank, kein Jubel kam ihm entgegen und hob sein Herz zu den Sternen auf. Davon wurde er krank, begann alles Erreichte, den augenblicklichen Zustand zu hassen und floh schließlich aus bequemen Verhältnissen aufs Land, wo er in einem Bauernhaus am Seeufer Vergangen=
heit und Zukunft umständlich bedachte.

Er begriff, reproduzierendes Künstlertum konnte der Hebel nicht sein, mit dem die Welt aus den Angeln sich heben ließ, der in ihm gärende Machthunger zu befriedigen sei. Keinen Augenblick zögerte er, alle Brücken zur Vergangenheit abzubrechen, verschwand vollständig von der Weltbühne und rollte sich wie ein Igel in die Einsamkeit des ländlichen Platzes, wo er drei Jahre lang das eigene, mächtige Wesen in Schar=
niere preßte, nicht einen Hauch seiner Person durch Ge=
spräch oder Mitteilung entweichen ließ. Wie in einen Spartopf senkte er mit grimmigem Lächeln jeden Ein=
fall, allen Gefühlsüberschwang in das eigene Innere,

verbot sich den winzigsten Gedanken von sich fort. Abends im Bett faltete er die Hände über den schwellenden Bauch und freute sich, als schließlich Wesensüberfülle innen gegen die Wände des Leibes tobte. Nachdem er der Stärke des Dranges und seines Umfangs sicher geworden, legte er weißes Notenpapier vor sich hin, und wie durch geöffnete Hähne hochgespannter Dampf mit Kraft auszischt, fuhr jäher Empfindungssturm in Noten Kopf an Kopf über die Seiten. Er sah die ersten Niederschriften durch, verglich sie und begriff ihren unterschiedlichen Wert. Auf Spaziergängen ließ er das mindeste gelten, nahm es in sich zurück und sah bei erneutem Ausbruch die geläuterten Themen in gültiger Form als sein erstes Lied aufgezeichnet.

Aus den Gedichten Hoelderlins wählend, was durch Verwandtschaft des Gedankens etwa vereint war, drängte er in heftigem Schaffenssturm an die zwei Dutzend Gesänge zyklisch zusammen und erschien mit dem Manuskript von neuem in der Hauptstadt. Er versammelte den Kreis ehemaliger Freunde und spielte ihnen das Werk mit so innigem Ausdruck, daß die Zuhörer gepackt waren, er selbst von seiner einzigen Bedeutung überzeugt wurde. Mit Wucht etablierte er jetzt vor sich und andere die Geste des Genius, der außerordentliche Rechte hat, und nahm ohne Bedenken, von bemittelten Anhängern den monatlichen Zuschuß, der ihn ernähren mußte. Saß nach dem Vortrag einer gelungenen Komposition die Gesellschaft in Ergriffenheit um seinen Platz am Flügel, brachte er ihr, von Schöpferglück geschwellt, leicht die Überzeugung bei, es sei ihres irdischen Daseins besserer Zweck, ihm auf alle erdenkliche Weise über die Härten des Lebens zu helfen. Ihr Lohn sei ihnen in seiner Lebensbeschreibung gewiß. So ließ die geschmeichelte Wohlhabenheit sich zu größerem Aufwand herbei, verschönte sein Leben mit praktischen Gaben nicht nur, sondern mit verschwenderischem Lob. Er aber, Anerkennung von überall her unersättlich schlürfend, schwoll zu einem Koloß des Selbstbewußtseins, der alsbald nicht duldete, daß in dem von ihm beglückten Haus von anderem die Rede war als von ihm selbst, wobei es ihm gleich blieb, ob man seine menschlichen oder künstlerischen Eigenschaften mehr verherrlichte. Dazu schied er den Freund vom Freunde, indem er den verächtlich machte, Gatten voneinander, weil jede Gemeinschaft zweier Wesen seinen Zwecken gefährlich schien. Nie versäumte er, war ihm aus der Überlegenheit seiner Person ein Eindruck gelungen, auf die Niedrigkeit jemandes, der bedürftig war, hinzuweisen. Wie zum Teufel verdiente der Betreffende Teilnahme, während Auserwählte müh=

selig ihr Leben fristeten? Müsse er nicht immer noch, nachdem Gott ihm schon den genialen Einfall seines großen Klavierkonzerts geschenkt, auf die notwendige Erholungsreise in den Süden verzichten? Wer von den Anwesenden ahne überhaupt etwas von den zerfleischenden Ausgleichungen, die in der Seele dämonischer Menschen stattfinden? Und von Ergriffenheit über sich selbst gepackt, vermochte er ein Tonstück so rührend zu spielen, daß die im Gewissen gemahnten Freunde sich ernstlich bedachten, ob ihnen vor Schuhlin Besitz erlaubt sei. Es lief der Hausherr schnell zum Bücherschrank, und ein kostbares Werk aus den Reihen nehmend und dem Meister zum Andenken an den feierlichen Abend reichend, zwang er Tränen aus den Augen der übrigen, die sich insgeheim jeder ein weiteres Opfer gelobten.

Als aber Schuhlin sah, welch unwiderstehliche Macht er auf törichte und eitle Menschen hatte, ergriff ihn die Vorstellung phantastischer Möglichkeiten. Wirkung auf sie, Absicht mit ihnen wurde ihm des Lebens Hauptzweck, und er ließ seine Arbeit ruhen. Mächtig reizte es ihn, fühlte er eines Opfers Bereitwilligkeit, dies weit über ursprünglich gesetzte Grenzen zu stoßen. Widerstände mit Worten, rührenden Gebärden sanft fortbiegend, schritt er über den Willen des Schwächeren auf Ziele zu, die ihn anfangs nur mit der Wonne, Sieger zu sein, beglückten. Später aber sog er aus der Überwindung fremder Person um so größeren Genuß, je mehr der Besiegte und wenn möglich ein dritter durch sie verächtlich wurde. Denn aus der Niederwerfung sittlich Entseelter trank er müheloser und gründlicher den Rausch zügellosen Selbstbewußtseins. Aber die auf die Knochen Geprügelten fingen an, ihn zu scheuen und mieden ihn schließlich. Fama begann, Neugierige zu warnen. Wie er auch seine Anstrengungen verdoppelte, Ruten geschickter legte, die Opfer wurden selten und magerer, und auch die letzten Versuche, die er mit Aufwendung gleißnerischer Tränenströme und hysterischer Erschütterungen anstellte, einstiger Macht entscheidenden Erfolg zu spüren, schlugen fehl. Die Wirkung des allzusehr bekannten, oft gehörten, wenig umfangreichen musikalischen Werkes einerseits, seiner menschlichen Spiegelfechtereien anderseits war erschöpft. Es drückten ihn die unwiderstehlichen Energien der großen Städte in den Schatten. Innere und äußere Existenzmittel begannen, immer mehr zu fehlen.

*

Ehe noch das Elend ihn völlig erreichte, war er zum zweiten Mal in die ländliche Vergessenheit enteilt, angefüllt mit Haß gegen die Welt, die seinem eisernen

Griff entschlüpft war. Er begriff nicht, wie der schlichte Mensch, der bei Verstand war, sich der Wollust, von ihm Gottbegnadeten beherrscht zu werden, entziehen mochte. Dieses Gottesgnadentums recht deutlich selbst wieder inne zu werden, setzte er sich gleich zu ernsthafter Arbeit nieder und entzündete sich an der unbesiegten, ja erweiterten Schöpferkraft, die aus ihm brach. Begier, Machtwillen, Dämonie, den Verein ihn aufwärtsstoßender Triebe türmte er zu Tongebilden, aus denen nach Ausbrennung der Schlacken heroisches Menschentum klang. So finden wir ihn am strahlenden Sommertag bei offenen Fenstern vor dem Instrument. Die Beine wuchtig ins Pedal gestemmt, zwei gespreizte Hände voll zuckender Tasten, schlägt die gesammelte Person ihren unbeugsamen Willen prachtvoll aus dem Klavier.

Es gab keine Seele im Dorf, die von der Schalldynamik aus Schuhlins Haus nicht irgendwie berührt wurde. Mit Widerstand oder andächtigem Hinhören nahmen sämtliche Bewohner zu ihr Stellung. Klara Kroeger, eine junge Blondine, die in dem waldreichen Ort Erholung suchte, wurde von ihr, wie einst der halberwachsene Ludwig vom Spiel eines anderen, augenblicklich im eigenen Wandel aufgehalten und zum Ausdruck fremden Ichs gezogen. Auch sie umkreist mit angehaltenem Atem das Haus, in dem Gefühlsstürme jauchzen, auch sie wird, die Hände gegen die hochwogende Brust gedrückt, vom Spieler zuerst durch das Fenster gesehen und läßt sich, halb fähig, halb unfähig, sich noch zu entfernen, von ihm dort finden. Ihn umhing noch die ganze Pracht und Wärme der aus ihm entbundenen Kraft, als er kam, sie stak noch in der Hingabe Mitten, da zum Willkomm er sie bei der Hand nahm. So führte er sie ins Haus zu ihrem Platz dicht bei ihm im Zimmer und vollendete am gleichen Tag das Werk der Verschmelzung ihres Schicksals in das seine.

Doch wie vieler Menschen Los auch vorher von ihm abgehangen, um jede Seele hatte er gegen Widerstände kämpfen müssen, bis sie erlag. Und auch dann noch hatte es Augenblicke gegeben, in denen der Unterworfene sich zu eigenem Willen zurückfand. Hier aber lag seinem gierigen Blick die junge Person vor jeglicher Empfängnis bloß. Haut und Haar, jeder Eingang Leibes und der Seele war unbefleckt. Es atmete ihn Erstaunen, gerührte Überraschung zu jeder Geste an, als bewege er mit Schöpfers Fingern von allen Dingen dieser Welt zum erstenmal die Schleier fort. Er sah, sein plattes Wort entwirrte für sie noch irgendein Geheimnis, und so willige Andacht bereitete ihm unaussprechliches Vergnügen. Denn unumschränkter als je über einen Menschen herrschend, spürte er, welcher Aufwand der

Kräfte bei ihr erspart war. Hier blieb vom Aufstehen bis zum Niederlegen er König, ohne mehr als der seiner läßlichen Bequemlichkeit hingegebene Mensch zu sein. Sie war, wo immer sie sich um ihn bewegte, seines leisesten Rufes nach Anerkennung stets bereites Echo. Tauchte in seines Auges Grund Herrschwille nur erst wie ein Flämmchen auf, breitete sie vor ihn wie einen Teppich ihre weibliche und menschliche Bereitwilligkeit. Wohin er treten wollte, da kniete sie schon, ihn huldigend zu empfangen. Sein stets möglicher Marsch durch sie hindurch räumte ihm die Vorstellung etwaiger Widerstände von außen gegen ihn und sein Werk aus dem Bewußtsein und vollendete in diesem Mann ein Maß von Selbstbewußtsein, das man sonst nicht in der Welt gesehen.

Es erhielten zu dieser Zeit seine Bewegungen eine Wucht und Schwere, als wirkten innen mächtige Gewichte. Er sprach mit so ungeheurem Pathos, als müsse dem Hörer die Rede eingestampft werden. Daß er diesem gesteigerten Ausdruck einen einigermaßen entsprechenden geistigen Inhalt unterlegen konnte, war Folge einer Selbsterziehung, die mit dem übrigen Fortschreiten Hand in Hand gegangen war.

Band er sich damals frühmorgens vor dem ovalen Spiegel im Schlafzimmer die Kravatte, sah über seine Schulter das bezauberte Mädchen, trafen sich im Glas ihre begeisterten Augen mit dem naiven Ausdruck: welch ein Mann, Ludwig! Klara sieh' doch, welch ein Mann!

In inniger Gemeinschaft mit dem Weibe entstand so manches Werk, und da es den Musiker letzthin deuchte, es würden die kleinen monatlichen Beiträge, die zwei treugebliebene Anhänger ihm von der Stadt her sandten, und die sein ganzes Einkommen ausmachten, unpünkt= licher und weniger gern gezahlt, beschloß er, wie zu einem Vorstoß von sicherer Warte aus, sich vorüber= gehend in die Welt der Menschen zurückzubegeben. Aber so mächtig war einst der Eindruck auf die Freunde gewesen, daß sie das Mal seiner Herrschaft noch im Fleisch spürten und nicht Lust hatten, es vertiefen zu lassen. Sie versteckten sich, und es gelang nur an einem Abend, mehrere Verehrer von ehemals in ein Zimmer zu versammeln, wo er sein symphonisches Stück über ein ländliches Thema spielte. Die Hörer, mit grimmiger Abwehr gegen ihn gewappnet, blieben kühl und vollkommen höflich. Unmittelbar nach dem Vortrag reichte man zu essen und zu trinken. Vereinter Wille hielt das Gespräch von seiner Schöpfung fern. Andern Tags fuhr er heim, und Klara war seines Aus= drucks kaum ansichtig geworden, als mit der Erzählung eines Traumes sie ihn überraschte, in dem er den schier beispiellosen Enthusiasmus einer vor das Haus versammelten Menge entgegengenommen hatte. Vorher aber sei im Traumbild eine überirdische Person aufgetreten, die ihr verkündet, es stünde dem geliebten Freund Leid des mißverstandenen Künstlers in außergewöhnlichem Umfang bevor. »Laß dich also,« fügte sie, bevor Schuhlin überhaupt zu Wort gekommen, flehentlich hinzu, »vom großen Erfolg, den du dort gehabt, nicht täuschen. Der Beifall beweist nur, man hat dich völlig mißverstanden.«

Schuhlin beruhigte sie. Es sei der Eindruck nicht allzu groß gewesen. Er war aber durch des Mädchens Verhalten in die alte Sicherheit gewiegt, und die einzige Folge des Ausflugs blieb, daß er sich endgültig von den Menschen fort zu Klara zog, die den doppelten Vorteil bot, Schutz gegen die Außenwelt und hemmungslos in seine Gewalt verloren zu sein.

Er heiratete sie, ihr die letzten Stege zur Umkehr abzusägen. Den verklärten Blick seines Opfers, als sie vom Standesamt heimkamen, beantwortete er mit einem so ausholenden Druck beider Hände in ihre Schultern, daß sie in den Knieen knickte. Dann ließ er unverzüglich ein Leben beginnen, in dem er durch des Weibes schöpferische Demut als Künstler, Mensch und Mann unablässig Herr des Universums war, denn Klara begnügte sich nicht mehr damit, die Winke seines Willens vorzuerfüllen. Weit über seine Begriffe flog ihre Vorstellungskraft und blies ihm mit immer größerem künstlerischem Ansinnen an sich selbst, ihre tiefere Unterwerfung unter ihn als Forderung belohnenden Ausgleichs ein. Da zögerte er nicht länger, sich für jede gelungene Harmonie einen hohen Preis aus ihrem zur Kreuzigung bereitem Leib auszuzahlen und hätte zwischen Werktätigkeit und der einzigen Frau ein in häusliche Stürme begrenztes Leben bis ans Ende seiner Tage geführt, wäre er nicht durch das unentschuldigte Ausbleiben jeder Subsidienzahlung plötzlich vor die Frage gestellt worden, wie er den irdischen Leib ernähren sollte.

Zwar drängte Klara dazu, auch da mit allen Kräften für ihn einzutreten. Sie hatte ein bedeutendes photographisches Talent und konnte hoffen, in absehbarer Zeit zu verdienen. Doch war Schuhlin überzeugt, es würde selbst bei angestrengtem Fleiß, was sie vermöchte, zu einem behaglichen Leben für ihn nicht ausreichen. Vom Ertrag seiner gedruckten Kompositionen aber war, wie die jährlichen Abrechnungen bewiesen, das Geringste nicht zu hoffen, und so begann Unsicherheit, woher die notwendigen Existenzmittel in Zukunft regelmäßig zu beschaffen seien, den bisher in sich beschlossenen Frieden des Hauses zu verwirren.

Da betrat eines Tages ein junger Mensch Schuhlins Wohnstube und brachte vor, er sei Musiker, habe vor Wochen den Vortrag des Meisters in der Hauptstadt gehört, und durch die Größe der Komposition und die Person des Spielers zu doppelter Bewunderung hingerissen, sei er zur Prüfung des eigenen Ichs geschritten. Das Ergebnis bilde die Erkenntnis seines Unvermögens nach jeder Richtung hin und der unbeugsame Wille, sich in Zukunft völlig dem erwählten Vorbild anzuschließen. Sein Leben, solle es überhaupt noch höherem Zweck dienen, müsse unter Schuhlins Leitung in dessen unmittelbarer und ständiger Nähe geführt werden. Er besitze Mittel, methodischen Unterricht eine geraume Zeit zu entgelten und flehe den Meister an, ihn nicht von sich zu weisen. Bei diesen Worten hatte sich sein Antlitz gerötet, die Augen, ein wenig aus den Höhlen, glänzten. Schuhlin stellte, ihn betrachtend, fest, es müßten sich mit dem Sturm solcher Erregung, würde er in richtige Bahnen gelenkt, Effekte erzielen lassen. Der Mensch und seine Ergebenheit für ihn war ihm sofort angenehm. So ließ er denn einiges Allgemeine in Lehrsatzform hören und verabredete mit dem Schüler das Nähere über dessen Unterbringung im Dorf sowie über die Einteilung künftiger Tage. Denn da das Zusammensein sich nicht auf die Unterrichtsstunden beschränken solle, sei es richtig, daß durch keine Abhaltung verhindert, der Lernende dem Lehrer stets zur Verfügung sei. Im Hinblick auf dies Ziel wurde von den Männern das Nötige sofort in die Reihe gebracht. Es freuten sich später die Gatten des Ereignisses, durch das mit einem Schlag alles Gewölk verscheucht schien. Klara pries den Entschluß des jungen Mannes in den Himmel und verklärte sein Auftreten und seine Erscheinung. Hier habe Schuhlin an einem Fremden endlich den Beweis, welche Wunder seine Kunst auf unverbildete Jugend wirke.

Ein harmonisches Leben begann. Neander wurde in Kontrapunktik, daneben fleißig im Klavierspiel unterrichtet. Was er vorher nach neuzeitlichen Methoden gelernt, von moderner Musik gehört hatte, ward verworfen. Über aller Tonkunst stand Sebastian Bach, der Gott. Neben ihm als Götter, Haendel und Philipp Emanuel, des Vaters Sohn. Mit Mozart kam schon fin de siècle=Kunst, Beethoven schien Barock, alles Fernere bloßer Unsinn. Es galt, an die Quellen zurückzufinden, dort neue Wege zu suchen. Mit schönem Ernst legte Schuhlin in des Jünglings Seele die Überzeugung von der unvergleichlichen Wichtigkeit ihrer gemeinsamen Aufgabe. Vor dem Instrument, wurde eines Sextakkordes, einer Synkope Ursinn aufgedeckt, strahlten ihre Augen sich in freudiger Erleuchtung an. Spielte Neander vom Blatt, genügte schließlich das rhythmische Nicken des neben ihm sitzenden Lehrers, dessen huschende Handbewegung, daß der Schüler den verborgenen Sinn des Musikstücks erriet. Um ihre Körper stand eine heiße Wolke steil, die sie wie ein Gerüst von der Welt abschloß, das sie erst durch= brechen mußten, erhoben sie sich nach beendigtem Spiel. Die bedeutenden Anmerkungen Schuhlins beim Unter= richt zeichnete der andere in ein Buch auf und trug so des Meisters Wesen auch in den Freistunden bei sich. Er hing an dessen Mund, wo der stund und ging. Manchmal spintisierte auf Spaziergängen der Ältere. War ihm des Rätsels Lösung gekommen, und er wandte das Haupt dem Gefährten zu, hatte der die gleiche Erkenntnis mit eins in den Augen. Bei einem solchen Vorfall griff Neander, da sie im Wald auf einer Lichtung rasteten, nach Schuhlins Hand und küßte sie. Dem aber hatte es geschienen, zugleich seien auch des Jünglings Knie völlig gewichen.

Auf dem Heimweg, — Neander ging einen Schritt vor= aus, — umfaßte mit mächtigem Griff Schuhlins Hand plötzlich des anderen Arm und zog die ganze willige Per= son an sich heran. Der Gepackte dreht das Haupt gegen den verehrten Mann und senkt den Blick mit dem Gelöbnis ewiger Treue in die ihn anherrschenden Lichter.

Fortan bildeten die Drei eine Gemeinschaft. Neander nahm an allen Mahlzeiten teil und übersiedelte auf Klaras Aufforderung bald ins Haus. In dem engen Logis war man auch dann dicht beieinander, befand sich jeder im eigenen Zimmer. Strich man tagsüber durch die schmalen Stuben, berührte man sich fortwährend und blieb immer im Dunstkreis der Gefährten. Aus der innegewordenen Enge des Raumes nahm sich nun Schuhlin den ersten sichtbaren Beweis seiner gleichmäßigen Macht auf beide Mitbewohner. Denn seine Bewegungen nicht beschränkend, sondern mit Griff und Tritt noch mehr ausladend, zwang er Weib und Schüler zu beständigem Ausweichen und Zurücktreten vor ihm und, da er ständig die Mitte der Stuben und des Flurs besetzt hielt, gewöhnten sich die zwei allmählich daran, längs der Wände hinzuschleichen, an ein Sitzen und Verweilen in entfernten Ecken. Doch war es ihnen natürlich und angenehm.

Und wie froh wurden sie beim Essen um den runden Tisch! Zuerst und sofort flogen die Schüsseln zu Schuhlin, der sich mit ausgesuchten Stücken regalierte und weitergab. Bescheiden nahmen die Mitessenden, bedacht, es möchte für den Meister noch ein zweites

Mal reichen. Der eigenen Nahrung nicht achtend, folgten sie jedem Bissen des Hausherrn mit Aufmerksamkeit und Genuß. Hei, wenn ein Braten gelungen war! Was gab es für ein Schmunzeln, welch saftige Bemerkungen des Zufriedenen! Und immer strahlender wurde seine Laune, prasselnder sein Witz, bis er bei Kaffee und Zigarre, die man nur ihm anrichtete, freundlich anerkennende Blicke für seine Umgebung hatte. Um die Belohnung durch solchen Blick war es den beiden einzig zu tun. Sie steckten die Köpfe zusammen und berieten abends, was man morgen zu Tisch geben solle. Obwohl Neander einen hübschen Unterkunftspreis bezahlte, reichten Klaras Mittel nicht immer aus, des vorgeschlagenen Mahles Kosten zu bestreiten. Dann legte der Pensionär hier eine Mark, dort einen Taler zu, den geplanten Schmaus und die mit Sicherheit folgende Belohnung zu ermöglichen, und als eines mißlungenen und knappen Mittagessens schrecklicher Eindruck sie beide ein einziges Mal getroffen hatte, gewöhnte sich Klara, der breiteren Haushaltführung erhöhte Kosten ohne weiteres von Neander zu fordern, der ein Übriges tat und einen unerschwinglichen Leckerbissen, Frühgemüse, Wildpret ins Haus brachte. Dann kam für das ausgegebene Goldstück von der Hausfrau entzücktem Händedruck bis zu Schuhlins wollüstigem Verdauungsschnaufen unaufhörlicher Dank an den Geber und Feststimmung ins ganze Haus, die ihren Gipfel erreichte, schlürfte der Meister ans Klavier und gab seiner dankbaren Gemütsstimmung tönenden Ausdruck.

So lief die Zeit. Draußen in der Welt gab's Ereignis auf Ereignis, Politisches und Kulturelles beschäftigte abwechselnd die Aufmerksamkeit der Zeitgenossen. Luftschiffe wurden wichtig, ein afrikanischer Aufstand. Es tobten und beruhigten sich die Börsen abwechselnd. Im Haus am bayrischen Bergsee nahm man von nichts Kenntnis. »Was leistete die Musik bis zu Ludwig Schuhlin, und in wiefern geht dessen Werk über alles Erreichte hinaus,« hieß das in unzähligen Variationen behandelte strenge und ewige Thema. Der Meister im Lehnstuhl läßt die Trabanten Fragen um diesen Kern herum stellen. Dann spricht er gütig und anerkennend von den großen Musikern vor ihm, macht kluge Anmerkungen zu seinem eigenen Schaffen und läßt durch den beseelten Blick ahnen, alles von ihm bis jetzt Fertiggestellte sei im Grund Stückwerk, und seiner Sendung wahrer Anlaß ruhe in der Zukunft Schoß.

Alle Regung der Zuhörer war schon verstummt. Glieder und Blick sind in Andacht gelähmt. Schuhlins Atem, nach schönen Perioden seiner Satzbauten, strömt in breiten Wellen. Er lächelt endlich gerührt, und eine blanke Träne über sich selbst hängt ihm im Auge. Er verläßt das Zimmer.

Aber, während Klara, wie in den Stuhl gestampft, sitzt, läuft der Jüngling mit erhobenen Armen und gerollten Fäusten von Tür zu Tür, und seine hin= gerissene Begeisterung macht sich in Stöhnen und Seuf= zen Luft. Er faßt auch wohl Klaras Hände, und mit Druck und Widerdruck verständigten sich die beiden über Anfang und Ende der gemeinsamen Welt. Ihrer selbst waren sie blind und taub. Es wußte der eine nichts vom Gesicht des anderen. Gegenseitiges Wesen und Gestalt blieb ihnen Luft.

Also waren sie einander nirgends im Weg, bis im Bestreben, aus abendlichen Plaudereien Erkenntnisse festzustellen, der ältere Mann für den anderen Auf= merksamkeiten hatte, die das Weib ausschlossen. Da gleichzeitig Neander begann, seine Geschenke, Kost= happen, Flaschen guten Weins, aber auch Klavieraus= züge und schließlich Gebrauchsgegenstände aller Art mit Umgehung Klaras an Schuhlin unmittelbar aus= zuliefern, sah sich die Hausfrau in Gefahr, in uneben= bürtige Stellung gedrängt oder aus der Gemeinschaft überhaupt ausgeschlossen zu werden. Ihre sofort mit Tatkraft unternommenen Gegenmaßregeln, den Gatten nachts, war er nur ihr erreichbar, mit allen Mitteln zu sich hinüber zu ziehen, konnten nur halben Erfolg haben, da mit Tagesanbruch die Bindung zwischen den Männern wieder hergestellt war, und Neander zielbewußt jeden Erfolg Klaras, den er wahrnahm, durch immer kostspieligere Überraschungen für Schuhlin ausglich. Des Eindringlings Überlegenheit war, bei gleicher Hingabe Leibes und der Seele beider an den Herrn, durch sein geldliches Vermögen gewährleistet. Dies zu zerstören, sah Klara als ihres Lebens nächsten und unvergleichlichen Zweck ein.

Sie stellte sich, als sei ihr um des Vergnügens willen, das er darüber empfand, ein engeres Zusammengehen ihres Mannes mit dem Schüler sogar angenehm. Bei jedem Geschenk für ihren Gatten schien sie sich mitzufreuen, und nachdem sie aus Neander die Höhe der ihm zur Verfügung stehenden Mittel herausgelockt und die Geringfügigkeit einer Summe von vierundzwanzigtausend Mark dem zu leistenden Aufwand gegenüber erkannt hatte, reizte sie ihn unaufhörlich, beiläufig geäußerte Bedürfnisse Schuhlins unverzüglich zu befriedigen. Dem aber brachte sie im Bett auf unterirdischen Wegen immer neue und gesteigerte Wünsche bei: wie mußte im Wohnzimmer ein Teppich sich ausnehmen? Gewänne mit einem Velociped er nicht die Fähigkeit, die herrliche Umgebung im Umkreis kennen zu lernen und aus der Kenntnis zu beherrschen?

Schuhlin schien's, er sei zum erstenmal mit Gott ganz einig. Wie sich an seiner Seite die beiden Geschöpfe tummelten und bis ins Innerste regten, daß Sinn und Nerve um ihn zitterte und sich aufrieb, fand er als Schöpfungseinfall prachtvoll und sinngemäß. Im Ausdruck glaubte er manches steigern und folgerichtig miteinander verknüpfen zu können. Hier zügelte er Neander, da stieß er Klara vorwärts. Er wies und verwies sie, sprach von Himmel und Erde, in welcher Erscheinungsweise sie ihm angenehm seien, und was geschehen müsse, mit Menschenmitteln den ersehnten Zustand der Elemente für ihn immer herzustellen. Wie man Licht blende oder verstärke, Geräusche abstelle, Schwingungen, Gerüche verhindere oder wirken lasse. Kurz: er spitzte die Ohren der Unterworfenen für den leisesten Hauch der Atmosphäre.

Ihre Zwistigkeiten entgingen ihm mitnichten. Er peitschte sie mit Wettstreit. Potz! sagte er zu Klara, Hei! zu Neander und ließ in beiden die Motore knattern. Sie fuhren ihn, während alles Gas auf die Ventile drückte, mit der letzten Übersetzung über die steilsten Hindernisse des Tages und lagen abends, ausgeblasene Hülsen, vor ihm, aus denen er mit aufgesetzten Füßen die letzte Luft trat. Mit Hebel, Kupplung und Bremse fuhr er sie, wohin er wollte.

Darüber hinaus mußten sie auch Einfälle haben. Sie sollten nicht nur wirklich, auch transzendental mußten sie sein. Mit dem Mann gelang das am besten. Immer demütiger, bot das Weib nur Fleisch an. Aber der Jüngling zuckte aus einer nicht übermäßigen Begabung manchmal jäh ins Erhabene.

So riet er einst, Schuhlin solle sein Bett in der breiten Wand Mitte stellen, daß durchs Fenster er über Landschaft gen Osten zum Horizont in die aufgehende Sonne blicke wie Louis Quatorze einst zu Versailles. Das wurde selbigen Tages noch angeordnet. Klara flog zu Neander ins Beigemach, und Schuhlin holte fortan, allein im Schlafgemach, nachts breiteren Atem.

Vier sehnsüchtige Augen hingen durchs Dunkel an der Tür, aus deren Spalten Licht drang, las der Herr vor dem Einschlafen noch die Zeitung. Das Rascheln umgewendeten Papiers, Geräusch des sich rekelnden Körpers, ein Knacken schließlich der verlöschenden Lampe, erregte zwei hochaufhorchende Herzen. War alles still, belauschte an entgegengesetzten Wänden Weib und Mann, parallel ausgestreckt, mit Neid und Erbitterung den gegenseitigen Herzschlag.

*

Doch während Schuhlins menschliches Ausmaß wie die Krone eines ungeheueren Baumes durch das Dach des Hauses brach und alles beschattete, was darin tot und lebendig war, während in Klaras Herz der Haß gegen Neander sich zu einem Zuckerhut aus Stahl verdichtete, der eines Tages mit Geschrei des Flugs sein Sprengmehl wie einen furchtbaren Strahl auf ihn niederstreuen mußte, schmolz durch wütende und überstürzte Ausgaben für sein Idol diesem das mitgebrachte Geld. Die Gewißheit erfüllte mit so heißer Schadenfreude Klara, daß ihr Antlitz tagsüber davon brannte, den Verschwender zittern machte und ihm jede Genugtuung zerschlug. Vom Gesicht des Weibes konnte er den Blick nicht wenden und fürchtete ein in ihm auftretendes Lächeln lange, bevor es noch da war. Je kleiner seine Barschaft wurde, um so toller schien ihm das Grinsen der Feindin. Durch schwarze Nacht glaubte er ihre verzerrten Züge zu erkennen, und wie dicht er sich in die Decke mummte, es lächelte um ihn, hinter ihm her. Als er einst ein ersticktes Kichern hörte, sprang er aus den Kissen mitten ins Zimmer so zischenden Atems, daß die Bedrohte ihm hoch auf dem nackten Boden entgegenstand. Dort griffen sie sich bei den Leibern, und stumm rissen, traten, schüttelten sie einander, bis ihnen das Leinen in Fetzen hing, und im Allerheiligsten ein leichtes Stöhnen sich hören ließ. Da nahm jeder die Fänge von des anderen

Fleisch und kroch geschunden auf seine Matratze zurück. Zu solcher nächtlichen Melodie klang weiter bei Tag Schubert, Chopin und Schuhlin mit Symphonie und Sonate. Aus Himmeln wurden zwei Menschen in Abgründe geschleudert. Unaufhörlich trieb sie ein Mühlrad aus den Sternen zur Hölle hinunter, wieder hinauf.

An Schuhlins fünfunddreißigstem Geburtstag waren fast vier Jahre ihres Zusammenlebens vergangen. Gegen Abend dieses Tages sprang dem Hausherrn von neuem der Gedanke, dessen er sich letzthin immer weniger erwehren konnte, ins Bewußtsein. Wenn heute man sich zur Nacht getrennt haben würde, wollte er im Bett endlich von Grund auf feststellen, was seine Spekulationen ihm in runden Ziffern verbürgten, was Klara, die er, ihr photographisches Geschick durchzubilden, unaufhörlich getrieben, und die schon jetzt im Dorf und Umkreis mit ihren Bildern Einnahmen hatte, bei zielbewußter Arbeit unter allen Umständen, was Neander durch den Klavierunterricht für ihn verdienen mußte, den er nach seiner Methode Fortgeschrittenen binnen kurzer Frist zu geben imstande sei. Wenn er auch Auslagen für Fahrgeld, Einnahmeminderung durch Krankheit der Verdienenden, alles Unvorhergesehene von dem durchschnittlichen Erträgnis gewissenhaft in Abzug bringe, glaubte er doch jetzt schon die Summe von viertausend Mark als nicht mehr zu bezweifelndes Jahresergebnis der gemeinsamen Arbeit für ihn schlimmsten Falls einsetzen zu können. Durch Hin- und Herrechnen wolle er aber der Sache heute Nacht noch schriftlich an den Leib und, vor jeder Überraschung sicher, auf frisches Papier mit schwarz und roter Tinte die genaueste Bilanz machen.

Immerhin freute er sich der gefundenen Zahl schon von Herzen, die er mit oft verändertem Tonfall vor sich hinsagte. Am Tisch sitzend, hatte er die Beine von sich gestreckt, die Zunge stand aus dem geöffneten Mund durch die Zähne schweißend hervor. Volkslied ging ihm mit: »O wie wohl ist mir am Abend« durch den gehobenen Sinn. Als er schließlich ein hinreichendes Maß Behagen aus günstigen Voraussichten in sich gesogen, formte er, an den Flügel sich ziehend, den anmutigsten Tanz auf die Tasten, aus dem er, eine Gegenbewegung zögernden Zweifels bewußt erfindend, Hoffnung immer fröhlicher klingen ließ. Dann riß er das Thema von neuem durchs Gewissen zu höheren Sphären hinauf, ließ das Taktgefüge wuchtiger brausen, Harmonien die Melodik begründen, bis seines blühenden Daseins Gewißheit und angenehmer Zukunft Überzeugung so süß aus den Saiten rauschte, daß allenthalben Tür und Fenster sich auf die Straße öffnete, und aus den Stuben die Menschen lauschten.

Ins Zimmer selbst aber traten vor des Spielenden transparent erleuchtete Augen die liebenden Antlitze zweier Menschen. Langflügelige Engel Fra Angelicos, stützten sie von beiden Seiten sich an das tönende Instrument. Aus den geblähten Backen blies wie aus Posaunen so gewaltig ihrer Seelen zustimmender Oberton, daß er das Segel von Schuhlins Herz wellte und es beflügelter Ja und Amen spielen ließ zu der Absicht, die es mit den zufriedenen Opfern ferner hatte.

Als man später die schweigende Mahlzeit, bei der Blicke emsig hin= und hergesprochen, beendet hatte, zog feierlicher Geste Neander eine Zigarre aus der Tasche, die er dem Meister reichte. Sie war lang und dick, glatt gedreht, von graubrauner Farbe. Ein breiter Ring aus gold und rotem Papier lief um ihre Mitte, auf dem das Wort »Intimidad« stand. Hoch auf zuckte im gleichen Moment Klara, wußte sie doch, hier gab der Nebenbuhler endlich den letzten Rest seines Vermögens fort und habe in Zukunft keinen Vorteil vor ihr mehr voraus. So erschütterte sie die ersehnte Wahrnehmung, daß sie die Augen schloß, die Gesichtsmuskeln verhielt, fürchtend, es könne die Gewalt des ausbrechenden Glücks Neander zu einer Verzweif=

lungstat augenblicklich hinreißen. Wie inständig der auch ihr Antlitz durchforschte, er fand in ihm gleichmäßige Ruhe.

Schuhlin aber schnitt mit leichter Verbeugung gegen den Geber umständlich die Spitze der Zigarre herunter, beroch, klopfte und schüttelte die Havanna, bis er sie mit zwei Streichhölzern von allen Seiten her in leuchtenden Brand setzte. Während sich nun Wölkchen erhoben, Ringe, Blasen, gezackte Ränder, aus des Rauchers Mund und Nase gestoßen, und Klara hinter gekniffenen Lidern jeder einzelnen, die verschwebte, folgte, trat eiskalter Schweiß Neandern auf die Stirn, und der Boden des Zimmers schien ihm zu schwingen.

Dämmerung sank, fast saß man im Dunkel. Es leuchtete bei jedem Zug der feurige Ring der Zigarre, noch einmal, immer noch, bis Schuhlin ein Überbleibsel in die Schale warf und zerdrückte.

Dann gab er Neander die Hand, schien dessen gespenstische Grimasse nicht zu bemerken und ging in sein Zimmer hinaus. Klara, das völlig entflammte Auge jetzt furchtlos in Neanders erstarrten Blick gedreht, folgte unmittelbar. Da der Geplünderte allein stand, brach ihm das Haupt wie von einer Axt angeschlagen auf die Brust, aus der ein einziger Ton heraufgrollte. Den hört, schon hinter der Tür, die Frau, und während er noch in allen Sinnen wohltut, überläßt sie sich schrankenlos ihrem größeren Glück.

Als später sie, die Federn schüttelnd, von Schuhlins Bett her durch die Pforte zurücktritt — ihres stets zu erneuenden Sieges Glanz stand als Stern ihr zu Häupten —

Da der Stahl aus Neanders Hand, ihr ins Herz gestoßen, sie schon hingeworfen, und des Totschlägers entseelter Leib, über sie stürzend, sacht an die geschlossene Tür schlägt, in diesem Augenblick dreht sich Schuhlin ermuntert der Nachtlampe zu und beginnt, die Brust weitend, die Arme von sich stemmend und wieder anziehend, kraft- und glücksgeschwellt, unter lateinisch A und B Zahlen zu malen, deren Addition ihm die materielle Sicherheit seines Daseins gewährleisten soll.

Andern Tages sah er überrascht ein, daß die gefundene Ausrechnung hinfällig geworden war.

Sanfte Trauer hindert ihn nicht, unverzüglich neue Verbindungen zu suchen, die die Mittel zu jenem Leben sichern sollen, das er als ihm gemäß und seiner Bedeutung zukommend, ein für allemal erkannt hatte.

ENDE

FRANZ KAFKA
DIE VERWANDLUNG

DER JÜNGSTE TAG ★ 22/23

Kurt Wolff Verlag · Leipzig

1916

DIE VERWANDLUNG

VON

FRANZ KAFKA

KURT WOLFF VERLAG
LEIPZIG

Gedruckt bei Poeschel & Trepte in Leipzig
November 1915 als Band 22/23 ⟨Doppelband⟩
der Bücherei »Der jüngste Tag« mit einem
Titelbild von Ottomar Starke

COPYRIGHT 1915 BY KURT WOLFF VERLAG · LEIPZIG

I.

ALS Gregor Samsa eines Morgens aus unruhigen Träumen erwachte, fand er sich in seinem Bett zu einem ungeheueren Ungeziefer verwandelt. Er lag auf seinem panzerartig harten Rücken und sah, wenn er den Kopf ein wenig hob, seinen gewölbten, braunen, von bogenförmigen Versteifungen geteilten Bauch, auf dessen Höhe sich die Bettdecke, zum gänzlichen Niedergleiten bereit, kaum noch erhalten konnte. Seine vielen, im Vergleich zu seinem sonstigen Umfang kläglich dünnen Beine flimmerten ihm hilflos vor den Augen.

»Was ist mit mir geschehen?«, dachte er. Es war kein Traum. Sein Zimmer, ein richtiges, nur etwas zu kleines Menschenzimmer, lag ruhig zwischen den vier wohlbekannten Wänden. Über dem Tisch, auf dem eine auseinandergepackte Musterkollektion von Tuchwaren ausgebreitet war — Samsa war Reisender —, hing das Bild, das er vor kurzem aus einer illustrierten Zeitschrift ausgeschnitten und in einem hübschen, vergoldeten Rahmen untergebracht hatte. Es stellte eine Dame dar, die, mit einem Pelzhut und einer Pelzboa versehen, aufrecht dasaß und einen schweren Pelzmuff, in dem ihr ganzer Unterarm verschwunden war, dem Beschauer entgegenhob.

Gregors Blick richtete sich dann zum Fenster, und das trübe Wetter — man hörte Regentropfen auf das Fensterblech aufschlagen — machte ihn ganz melancholisch. »Wie wäre es, wenn ich noch ein wenig weiterschliefe und alle Narrheiten vergäße,« dachte er, aber das war gänzlich undurchführbar, denn er war gewöhnt, auf der rechten Seite zu schlafen, konnte sich aber in seinem gegenwärtigen Zustand nicht in diese Lage bringen. Mit welcher Kraft er sich auch auf die rechte Seite warf, immer wieder schaukelte er in die Rückenlage zurück. Er versuchte es wohl hundertmal, schloß die Augen, um die zappelnden Beine nicht sehen zu müssen, und ließ erst ab, als er in der Seite einen noch nie gefühlten, leichten, dumpfen Schmerz zu fühlen begann.

»Ach Gott,« dachte er, »was für einen anstrengenden Beruf habe ich gewählt! Tag aus, Tag ein auf der Reise. Die geschäftlichen Aufregungen sind viel größer, als im eigentlichen Geschäft zu Hause, und außerdem ist mir noch diese Plage des Reisens auferlegt, die Sorgen um die Zuganschlüsse, das unregelmäßige, schlechte Essen, ein immer wechselnder, nie andauernder, nie herzlich werdender menschlicher Verkehr. Der Teufel soll das alles holen!« Er fühlte ein leichtes Jucken oben auf dem Bauch, schob sich auf dem Rücken langsam näher zum Bettpfosten, um den Kopf besser heben zu können, fand die juckende Stelle, die mit lauter kleinen weißen Pünktchen besetzt war, die er nicht zu beurteilen verstand, und wollte mit einem Bein die Stelle betasten, zog es aber gleich zurück, denn bei der Berührung umwehten ihn Kälteschauer.

Er glitt wieder in seine frühere Lage zurück. »Dies frühzeitige Aufstehen«, dachte er, »macht einen ganz blödsinnig. Der Mensch muß seinen Schlaf haben. Andere Reisende leben wie Haremsfrauen. Wenn ich zum Beispiel im Laufe des Vormittags ins Gasthaus zurückgehe, um die erlangten Aufträge zu überschreiben, sitzen diese Herren erst beim Frühstück. Das sollte ich bei meinem Chef versuchen, ich würde auf der Stelle hinausfliegen. Wer weiß übrigens, ob das nicht sehr gut für mich wäre. Wenn ich mich nicht wegen meiner Eltern zurückhielte, ich hätte längst gekündigt, ich wäre vor den Chef hin getreten und hätte ihm meine Meinung von Grund des Herzens aus gesagt. Vom Pult hätte er fallen müssen! Es ist auch eine sonderbare Art, sich auf das Pult zu setzen und von der Höhe herab mit dem Angestellten zu reden, der überdies wegen der Schwerhörigkeit des Chefs ganz nahe herantreten muß. Nun, die Hoffnung ist noch nicht gänzlich aufgegeben, habe ich einmal das Geld beisammen, um die Schuld der Eltern an ihn abzuzahlen — es dürfte noch fünf bis sechs Jahre dauern —, mache ich die Sache unbedingt. Dann wird der große Schnitt gemacht. Vorläufig allerdings muß ich aufstehen, denn mein Zug fährt um fünf.«

Und er sah zur Weckuhr hinüber, die auf dem Kasten tickte. »Himmlischer Vater!«, dachte er. Es war halb sieben Uhr, und die Zeiger gingen ruhig vorwärts, es war sogar halb vorüber, es näherte sich schon dreiviertel. Sollte der Wecker nicht geläutet haben? Man sah vom Bett aus, daß er auf vier Uhr richtig eingestellt war; gewiß hatte er auch geläutet. Ja, aber war es möglich, dieses möbelerschütternde Läuten ruhig zu verschlafen? Nun, ruhig hatte er ja nicht geschlafen, aber wahrscheinlich desto fester. Was aber sollte er jetzt tun? Der nächste Zug ging um sieben Uhr, um den einzuholen, hätte er sich unsinnig beeilen müssen, und die Kollektion war noch nicht eingepackt, und er selbst fühlte sich durchaus nicht besonders frisch und beweglich. Und selbst wenn er den Zug einholte, ein Donnerwetter des Chefs war nicht zu vermeiden, denn der Geschäftsdiener hatte beim Fünfuhrzug gewartet und die Meldung von seiner Versäumnis längst erstattet. Es war eine Kreatur des Chefs, ohne Rückgrat und Verstand. Wie nun, wenn er sich krank meldete? Das wäre aber äußerst peinlich und verdächtig, denn Gregor war während seines fünfjährigen Dienstes noch nicht einmal krank gewesen. Gewiß würde der Chef mit dem Krankenkassenarzt kommen, würde den Eltern wegen des faulen Sohnes Vorwürfe machen und alle Einwände durch den Hinweis auf den Krankenkassenarzt abschneiden, für den es ja überhaupt nur ganz gesunde, aber arbeitsscheue Menschen gibt. Und hätte er übrigens in diesem Falle so ganz unrecht? Gregor fühlte sich tatsächlich, abgesehen von einer nach dem langen Schlaf wirklich überflüssigen Schläfrigkeit, ganz wohl und hatte sogar einen besonders kräftigen Hunger.

Als er dies alles in größter Eile überlegte, ohne sich entschließen zu können, das Bett zu verlassen — gerade schlug der Wecker dreiviertel sieben — klopfte es vorsichtig an die Tür am Kopfende seines Bettes. »Gregor,« rief es — es war die Mutter —, »es ist dreiviertel sieben. Wolltest du nicht wegfahren?« Die sanfte Stimme! Gregor erschrak, als er seine antwortende Stimme hörte, die wohl unverkennbar seine frühere war, in die sich aber, wie von unten her, ein nicht zu unterdrückendes, schmerzliches Piepsen mischte, das die Worte förmlich nur im ersten Augenblick in ihrer Deutlichkeit beließ, um sie im Nachklang derart zu zerstören, daß man nicht wußte, ob man recht gehört hatte. Gregor hatte ausführlich antworten und alles erklären wollen, beschränkte sich aber bei diesen Umständen darauf, zu sagen: »Ja, ja, danke Mutter, ich stehe schon auf.« Infolge der Holztür war die Veränderung in Gregors Stimme draußen wohl nicht zu merken, denn die Mutter beruhigte sich mit dieser Erklärung und schlürfte davon. Aber durch das kleine Gespräch waren die anderen Familienmitglieder darauf aufmerksam geworden, daß Gregor wider Erwarten noch zu Hause war, und schon klopfte an der einen Seitentür der Vater, schwach, aber mit der Faust. »Gregor, Gregor,« rief er, »was ist denn?« Und nach einer kleinen Weile mahnte er nochmals mit tieferer Stimme: »Gregor! Gregor!« An der anderen Seitentür aber klagte leise die Schwester: »Gregor? Ist dir nicht wohl? Brauchst du etwas?« Nach beiden Seiten hin antwortete Gregor: »Bin schon fertig,« und bemühte sich, durch die sorgfältigste Aussprache und durch Einschaltung von langen Pausen zwischen den einzelnen Worten seiner Stimme alles Auffallende zu nehmen. Der Vater kehrte auch zu seinem Frühstück zurück, die Schwester aber flüsterte: »Gregor, mach auf, ich beschwöre dich.« Gregor aber dachte gar nicht daran aufzumachen, sondern lobte die vom Reisen her übernommene Vorsicht, auch zu Hause alle Türen während der Nacht zu versperren.

Zunächst wollte er ruhig und ungestört aufstehen, sich anziehen und vor allem frühstücken, und dann erst das Weitere überlegen, denn, das merkte er wohl, im Bett würde er mit dem Nachdenken zu keinem vernünftigen Ende kommen. Er erinnerte sich, schon öfters im Bett irgendeinen vielleicht durch ungeschicktes Liegen erzeugten, leichten Schmerz empfunden zu haben, der sich dann beim Aufstehen als reine Einbildung herausstellte, und er war gespannt, wie sich seine heutigen Vorstellungen allmählich auflösen würden. Daß die Veränderung der Stimme nichts anderes war, als der Vorbote einer tüchtigen Verkühlung, einer Berufskrankheit der Reisenden, daran zweifelte er nicht im geringsten.

Die Decke abzuwerfen war ganz einfach, er brauchte sich nur ein wenig aufzublasen und sie fiel von selbst. Aber weiterhin wurde es schwierig, besonders weil er so ungemein breit war. Er hätte Arme und Hände gebraucht, um sich aufzurichten, statt dessen aber hatte er nur die vielen Beinchen, die ununterbrochen in der verschiedensten Bewegung waren und die er überdies nicht beherrschen konnte. Wollte er eines einmal einknicken, so war es das erste, daß es sich streckte, und gelang es ihm endlich, mit diesem Bein das auszuführen, was er wollte, so arbeiteten inzwischen alle anderen, wie freigelassen, in höchster, schmerzlicher Aufregung. »Nur sich nicht im Bett unnütz aufhalten,« sagte sich Gregor.

Zuerst wollte er mit dem unteren Teil seines Körpers aus dem Bett hinauskommen, aber dieser untere Teil, den er übrigens noch nicht gesehen hatte und von dem er sich auch keine rechte Vorstellung machen konnte, erwies sich als zu schwer beweglich, es ging so langsam, und als er schließlich, fast wild geworden, mit gesammelter Kraft, ohne Rücksicht sich vorwärtsstieß, hatte er die Richtung falsch gewählt, schlug an den unteren Bettpfosten heftig an, und der brennende Schmerz, den er empfand, belehrte ihn, daß gerade der untere Teil seines Körpers augenblicklich vielleicht der empfindlichste war.

Er versuchte es daher, zuerst den Oberkörper aus dem Bett zu bekommen, und drehte vorsichtig den Kopf dem Bettrand zu. Dies gelang auch leicht, und trotz ihrer Breite und Schwere folgte schließlich die Körpermasse langsam der Wendung des Kopfes. Aber als er den Kopf endlich außerhalb des Bettes in der freien Luft hielt, bekam er Angst, weiter auf diese Weise vorzurücken, denn wenn er sich schließlich so fallen ließ, mußte geradezu ein Wunder geschehen, wenn der Kopf nicht verletzt werden sollte. Und die Besinnung durfte er gerade jetzt um keinen Preis verlieren, lieber wollte er im Bett bleiben.

Aber als er wieder nach gleicher Mühe aufseufzend so dalag wie früher, und wieder seine Beinchen womöglich noch ärger gegeneinander kämpfen sah und keine Möglichkeit fand, in diese Willkür Ruhe und Ordnung zu bringen, sagte er sich wieder, daß er unmöglich im Bett bleiben könne und daß es das Vernünftigste sei, alles zu opfern, wenn auch nur die kleinste Hoffnung bestünde, sich dadurch vom Bett zu befreien. Gleichzeitig aber vergaß er nicht, sich zwischendurch daran zu erinnern, daß viel besser als verzweifelte Entschlüsse ruhige und ruhigste Überlegung sei. In solchen Augenblicken richtete er die Augen möglichst scharf auf das Fenster, aber leider war aus dem Anblick des Morgennebels, der sogar die andere Seite der engen Straße verhüllte, wenig Zuversicht und Munterkeit zu holen. »Schon sieben Uhr,« sagte er sich beim neuerlichen Schlagen des Weckers, »schon sieben Uhr und noch immer ein solcher Nebel.« Und ein Weilchen lang lag er ruhig mit schwachem Atem, als erwarte er vielleicht von der völligen Stille die Wiederkehr der wirklichen und selbstverständlichen Verhältnisse.

Dann aber sagte er sich: »Ehe es einviertel acht schlägt, muß ich unbedingt das Bett vollständig verlassen haben. Im übrigen wird auch bis dahin jemand aus dem Geschäft kommen, um nach mir zu fragen, denn das Geschäft wird vor sieben Uhr geöffnet.« Und er machte sich nun daran, den Körper in seiner ganzen Länge vollständig gleichmäßig aus dem Bett hinauszuschaukeln. Wenn er sich auf diese Weise aus dem Bett fallen ließ, blieb der Kopf, den er beim Fall scharf heben wollte, voraussichtlich unverletzt. Der Rücken schien hart zu sein, dem würde wohl bei dem Fall auf den Teppich nichts geschehen. Das größte Bedenken machte ihm die Rücksicht auf den lauten Krach, den es geben müßte und der wahrscheinlich hinter allen Türen wenn nicht Schrecken, so doch Besorgnisse erregen würde. Das mußte aber gewagt werden.

Als Gregor schon zur Hälfte aus dem Bette ragte — die neue Methode war mehr ein Spiel als eine Anstrengung, er brauchte immer nur ruckweise zu schaukeln —, fiel ihm ein, wie einfach alles wäre, wenn man ihm zu Hilfe käme. Zwei starke Leute — er dachte an seinen Vater und das Dienstmädchen — hätten vollständig genügt, sie hätten ihre Arme nur unter seinen gewölbten Rücken schieben, ihn so aus dem Bett schälen, sich mit der Last niederbeugen und dann bloß vorsichtig dulden müssen, daß er den Überschwung auf dem Fußboden vollzog, wo dann die Beinchen hoffentlich einen Sinn bekommen würden. Nun, ganz abgesehen davon, daß die Türen versperrt waren, hätte er wirklich um Hilfe rufen sollen? Trotz aller Not konnte er bei diesem Gedanken ein Lächeln nicht unterdrücken.

Schon war er so weit, daß er bei stärkerem Schaukeln kaum das Gleichgewicht noch erhielt, und sehr bald mußte er sich nun endgültig entscheiden, denn es war in fünf Minuten einviertel acht, — als es an der Wohnungstür läutete. »Das ist jemand aus dem Geschäft,« sagte er sich und erstarrte fast, während seine Beinchen nur desto eiliger tanzten. Einen Augenblick blieb alles still. »Sie öffnen nicht,« sagte sich Gregor, befangen in irgendeiner unsinnigen Hoffnung. Aber dann ging natürlich wie immer das Dienstmädchen festen Schrittes zur Tür und öffnete. Gregor brauchte nur das erste Grußwort des Besuchers zu hören und wußte schon, wer es war — der Prokurist selbst. Warum war nur Gregor dazu verurteilt, bei einer Firma zu dienen, wo man bei der kleinsten Versäumnis gleich den größten Verdacht faßte? Waren denn alle Angestellten samt und sonders Lumpen, gab es denn unter ihnen keinen treuen ergebenen Menschen, der, wenn er auch nur ein paar Morgenstunden für das Geschäft nicht ausgenützt hatte, vor Gewissensbissen närrisch wurde und geradezu nicht imstande war, das Bett zu verlassen? Genügte es wirklich nicht, einen Lehrjungen nachfragen zu lassen — wenn überhaupt diese Fragerei nötig war —, mußte da der Prokurist selbst kommen, und mußte dadurch der ganzen unschuldigen Familie gezeigt werden, daß die Untersuchung dieser verdächtigen Angelegenheit nur dem Verstand des Prokuristen anvertraut werden konnte? Und mehr infolge der Erregung, in welche Gregor durch diese Überlegungen versetzt wurde, als infolge eines richtigen Entschlusses, schwang er sich mit aller Macht aus dem Bett. Es gab einen lauten Schlag, aber ein eigentlicher Krach war es nicht. Ein wenig wurde der Fall durch den Teppich abgeschwächt, auch war der Rücken elastischer, als Gregor gedacht hatte, daher kam der nicht gar so auffallende dumpfe Klang. Nur den Kopf hatte er nicht vorsichtig genug gehalten und ihn angeschlagen; er drehte ihn und rieb ihn an dem Teppich vor Ärger und Schmerz.

»Da drin ist etwas gefallen,« sagte der Prokurist im Nebenzimmer links. Gregor suchte sich vorzustellen, ob nicht auch einmal dem Prokuristen etwas Ähnliches passieren könnte, wie heute ihm; die Möglichkeit dessen mußte man doch eigentlich zugeben. Aber wie zur rohen Antwort auf diese Frage machte jetzt der Prokurist im Nebenzimmer ein paar bestimmte Schritte und ließ seine Lackstiefel knarren. Aus dem Nebenzimmer rechts flüsterte die Schwester, um Gregor zu verständigen: »Gregor, der Prokurist ist da.« »Ich weiß,« sagte Gregor vor sich hin, aber so laut, daß es die Schwester hätte hören können, wagte er die Stimme nicht zu erheben.

»Gregor,« sagte nun der Vater aus dem Nebenzimmer links, »der Herr Prokurist ist gekommen und erkundigt sich, warum du nicht mit dem Frühzug weggefahren bist. Wir wissen nicht, was wir ihm sagen sollen. Übrigens will er auch mit dir persönlich sprechen. Also bitte mach die Tür auf. Er wird die Unordnung im Zimmer zu entschuldigen schon die Güte haben.« »Guten Morgen, Herr Samsa,« rief der Prokurist freundlich dazwischen. »Ihm ist nicht wohl,« sagte die Mutter zum Prokuristen, während der Vater noch an der Tür redete, »ihm ist nicht wohl, glauben Sie mir, Herr Prokurist. Wie würde denn Gregor sonst einen Zug versäumen! Der Junge hat ja nichts im Kopf als das Geschäft. Ich ärgere mich schon fast, daß er abends niemals ausgeht; jetzt war er doch acht Tage in der Stadt, aber jeden Abend war er zu Hause. Da sitzt er bei uns am Tisch und liest still die Zeitung oder studiert Fahrpläne. Es ist schon eine Zerstreuung für ihn, wenn er sich mit Laubsägearbeiten beschäftigt. Da hat er zum Beispiel im Laufe von zwei, drei Abenden einen kleinen Rahmen geschnitzt; Sie werden staunen, wie hübsch er ist; er hängt drin im Zimmer; Sie werden ihn gleich sehen, bis Gregor aufmacht. Ich bin übrigens glücklich, daß Sie da sind, Herr Prokurist; wir allein hätten Gregor nicht dazu gebracht, die Tür zu öffnen; er ist so hartnäckig; und bestimmt ist ihm nicht wohl, trotzdem er es am Morgen geleugnet hat.« »Ich komme gleich,« sagte Gregor langsam und bedächtig und rührte sich nicht, um kein Wort der Gespräche zu verlieren. »Anders, gnädige Frau, kann ich es mir auch nicht erklären,« sagte der Prokurist, »hoffentlich ist es nichts Ernstes. Wenn ich auch andererseits sagen muß, daß wir Geschäftsleute — wie man will, leider oder glücklicherweise — ein leichtes Unwohlsein sehr oft aus geschäftlichen Rücksichten einfach überwinden müssen.« »Also kann der Herr Prokurist schon zu dir hinein?« fragte der ungeduldige Vater und klopfte wiederum an die Tür. »Nein,« sagte Gregor. Im Nebenzimmer links trat eine peinliche Stille ein, im Nebenzimmer rechts begann die Schwester zu schluchzen.

Warum ging denn die Schwester nicht zu den anderen? Sie war wohl erst jetzt aus dem Bett aufgestanden und hatte noch gar nicht angefangen sich anzuziehen. Und warum weinte sie denn? Weil er nicht aufstand und den Prokuristen nicht hereinließ, weil er in Gefahr war, den Posten zu verlieren und weil dann der Chef die Eltern mit den alten Forderungen wieder verfolgen würde? Das waren doch vorläufig wohl unnötige Sorgen. Noch war Gregor hier und dachte nicht im geringsten daran, seine Familie zu verlassen. Augenblicklich lag er wohl da auf dem Teppich, und niemand, der seinen Zustand gekannt hätte, hätte im Ernst von ihm verlangt, daß er den Prokuristen hereinlasse. Aber wegen dieser kleinen Unhöflichkeit, für die sich ja später leicht eine passende Ausrede finden würde, konnte Gregor doch nicht gut sofort weggeschickt werden. Und Gregor schien es, daß es viel vernünftiger wäre, ihn jetzt in Ruhe zu lassen, statt ihn mit Weinen und Zureden zu stören. Aber es war eben die Ungewißheit, welche die anderen bedrängte und ihr Benehmen entschuldigte.

»Herr Samsa,« rief nun der Prokurist mit erhobener Stimme, »was ist denn los? Sie verbarrikadieren sich da in Ihrem Zimmer, antworten bloß mit ja und nein, machen Ihren Eltern schwere, unnötige Sorgen und versäumen — dies nur nebenbei erwähnt — Ihre geschäftlichen Pflichten in einer eigentlich unerhörten Weise. Ich spreche hier im Namen Ihrer Eltern und Ihres Chefs und bitte Sie ganz ernsthaft um eine augenblickliche, deutliche Erklärung. Ich staune, ich staune. Ich glaubte Sie als einen ruhigen, vernünftigen Menschen zu kennen, und nun scheinen Sie plötzlich anfangen zu wollen, mit sonderbaren Launen zu paradieren. Der Chef deutete mir zwar heute früh eine mögliche Erklärung für Ihre Versäumnis an — sie betraf das Ihnen seit kurzem anvertraute Inkasso —, aber ich legte wahrhaftig fast mein Ehrenwort dafür ein, daß diese Erklärung nicht zutreffen könne. Nun aber sehe ich hier Ihren unbegreiflichen Starrsinn und verliere ganz und gar jede Lust, mich auch nur im geringsten für Sie einzusetzen. Und Ihre Stellung ist durchaus nicht die festeste. Ich hatte ursprünglich die Absicht, Ihnen das alles unter vier Augen zu sagen, aber da Sie mich hier nutzlos meine Zeit versäumen lassen, weiß ich nicht, warum es nicht auch Ihre Herren Eltern erfahren sollen. Ihre Leistungen in der letzten Zeit waren also sehr unbefriedigend; es ist zwar nicht die Jahreszeit, um besondere Geschäfte zu machen, das erkennen wir an; aber eine Jahreszeit, um keine Geschäfte zu machen, gibt es überhaupt nicht, Herr Samsa, darf es nicht geben.«

»Aber Herr Prokurist,« rief Gregor außer sich und vergaß in der Aufregung alles andere, »ich mache ja sofort, augenblicklich auf. Ein leichtes Unwohlsein, ein Schwindelanfall, haben mich verhindert aufzustehen. Ich liege noch jetzt im Bett. Jetzt bin ich aber schon wieder ganz frisch. Eben steige ich aus dem Bett. Nur einen kleinen Augenblick Geduld! Es geht noch nicht so gut, wie ich dachte. Es ist mir aber schon wohl. Wie das nur einen Menschen so überfallen kann! Noch gestern abend war mir ganz gut, meine Eltern wissen es ja, oder besser, schon gestern Abend hatte ich eine kleine Vorahnung. Man hätte es mir ansehen müssen. Warum habe ich es nur im Geschäfte nicht gemeldet! Aber man denkt eben immer, daß man die Krankheit ohne Zuhausebleiben überstehen wird. Herr Prokurist! Schonen Sie meine Eltern! Für alle die Vorwürfe, die Sie mir jetzt machen, ist ja kein Grund; man hat mir ja davon auch kein Wort gesagt. Sie haben vielleicht die letzten Aufträge, die ich geschickt habe, nicht gelesen. Übrigens, noch mit dem Achtuhrzug fahre ich auf die Reise, die paar Stunden Ruhe haben mich gekräftigt. Halten Sie sich nur nicht auf, Herr Prokurist; ich bin gleich selbst im Geschäft, und haben Sie die Güte, das zu sagen und mich dem Herrn Chef zu empfehlen!«

Und während Gregor dies alles hastig ausstieß und kaum wußte, was er sprach, hatte er sich leicht, wohl infolge der im Bett bereits erlangten Übung, dem Kasten genähert und versuchte nun, an ihm sich aufzurichten. Er wollte tatsächlich die Tür aufmachen, tatsächlich sich sehen lassen und mit dem Prokuristen sprechen; er war begierig zu erfahren, was die anderen, die jetzt so nach ihm verlangten, bei seinem Anblick sagen würden. Würden sie erschrecken, dann hatte Gregor keine Verantwortung mehr und konnte ruhig sein. Würden sie aber alles ruhig hinnehmen, dann hatte auch er keinen Grund sich aufzuregen, und konnte, wenn er sich beeilte, um acht Uhr tatsächlich auf dem Bahnhof sein. Zuerst glitt er nun einigemale von dem glatten Kasten ab, aber endlich gab er sich einen letzten Schwung und stand aufrecht da; auf die Schmerzen im Unterleib achtete er gar nicht mehr, so sehr sie auch brannten. Nun ließ er sich gegen die Rückenlehne eines nahen Stuhles fallen, an deren Rändern er sich mit seinen Beinchen festhielt. Damit hatte er aber auch die Herrschaft über sich erlangt und verstummte, denn nun konnte er den Prokuristen anhören.

»Haben Sie auch nur ein Wort verstanden?«, fragte der Prokurist die Eltern, »er macht sich doch wohl nicht einen Narren aus uns?« »Um Gottes willen,« rief die Mutter schon unter Weinen, »er ist vielleicht schwer krank, und wir quälen ihn. Grete! Grete!« schrie sie dann. »Mutter?« rief die Schwester von der anderen Seite. Sie verständigten sich durch Gregors Zimmer. »Du mußt augenblicklich zum Arzt. Gregor ist krank. Rasch um den Arzt. Hast du Gregor jetzt reden hören?« »Das war eine Tierstimme,« sagte der Prokurist, auffallend leise gegenüber dem Schreien der Mutter. »Anna! Anna!« rief der Vater durch das Vorzimmer in die Küche und klatschte in die Hände, »sofort einen Schlosser holen!« Und schon liefen die zwei Mädchen mit rauschenden Röcken durch das Vorzimmer — wie hatte sich die Schwester denn so schnell angezogen? — und rissen die Wohnungstüre auf. Man hörte gar nicht die Türe zuschlagen; sie hatten sie wohl offen gelassen, wie es in Wohnungen zu sein pflegt, in denen ein großes Unglück geschehen ist.

Gregor war aber viel ruhiger geworden. Man verstand zwar also seine Worte nicht mehr, trotzdem sie ihm genug klar, klarer als früher, vorgekommen waren, vielleicht infolge der Gewöhnung des Ohres. Aber immerhin glaubte man nun schon daran, daß es mit ihm nicht ganz in Ordnung war, und war bereit, ihm zu helfen. Die Zuversicht und Sicherheit, mit welchen die ersten Anordnungen getroffen worden waren, taten ihm wohl. Er fühlte sich wieder einbezogen in den menschlichen Kreis und erhoffte von beiden, vom Arzt und vom Schlosser, ohne sie eigentlich genau zu scheiden, großartige und überraschende Leistungen. Um für die sich nähernden entscheidenden Besprechungen eine möglichst klare Stimme zu bekommen, hustete er ein wenig ab, allerdings bemüht, dies ganz gedämpft zu tun, da möglicherweise auch schon dieses Geräusch anders als menschlicher Husten klang, was er selbst zu entscheiden sich nicht mehr getraute. Im Nebenzimmer war es inzwischen ganz still geworden. Vielleicht saßen die Eltern mit dem Prokuristen beim Tisch und tuschelten, vielleicht lehnten alle an der Türe und horchten.

Gregor schob sich langsam mit dem Sessel zur Tür hin, ließ ihn dort los, warf sich gegen die Tür, hielt sich an ihr aufrecht — die Ballen seiner Beinchen hatten ein wenig Klebstoff — und ruhte sich dort einen Augenblick lang von der Anstrengung aus. Dann aber machte er sich daran, mit dem Mund den Schlüssel im Schloß umzudrehen. Es schien leider, daß er keine eigentlichen Zähne hatte, — womit sollte er gleich den Schlüssel fassen? — aber dafür waren die Kiefer freilich sehr stark, mit ihrer Hilfe brachte er auch wirklich den Schlüssel in Bewegung und achtete nicht darauf, daß er sich zweifellos irgendeinen Schaden zufügte, denn eine braune Flüssigkeit kam ihm aus dem Mund, floß über den Schlüssel und tropfte auf den Boden. »Hören Sie nur,« sagte der Prokurist im Nebenzimmer, »er dreht den Schlüssel um.« Das war für Gregor eine große Aufmunterung, aber alle hätten ihm zurufen sollen, auch der Vater und die Mutter: »Frisch, Gregor,«

hätten sie rufen sollen, »immer nur heran, fest an das Schloß heran!« Und in der Vorstellung, daß alle seine Bemühungen mit Spannung verfolgten, verbiß er sich mit allem, was er an Kraft aufbringen konnte, besinnungslos in den Schlüssel. Je nach dem Fortschreiten der Drehung des Schlüssels umtanzte er das Schloß, hielt sich jetzt nur noch mit dem Munde aufrecht, und je nach Bedarf hing er sich an den Schlüssel oder drückte ihn dann wieder nieder mit der ganzen Last seines Körpers. Der hellere Klang des endlich zurückschnappenden Schlosses erweckte Gregor förmlich. Aufatmend sagte er sich: »Ich habe also den Schlosser nicht gebraucht,« und legte den Kopf auf die Klinke, um die Türe gänzlich zu öffnen.

Da er die Türe auf diese Weise öffnen mußte, war sie eigentlich schon recht weit geöffnet, und er selbst noch nicht zu sehen. Er mußte sich erst langsam um den einen Türflügel herumdrehen, und zwar sehr vorsichtig, wenn er nicht gerade vor dem Eintritt ins Zimmer plump auf den Rücken fallen wollte. Er war noch mit jener schwierigen Bewegung beschäftigt und hatte nicht Zeit, auf anderes zu achten, da hörte er schon den Prokuristen ein lautes »Oh!« ausstoßen — es klang, wie wenn der Wind saust — und nun sah er ihn auch, wie er, der der Nächste an der Türe war, die Hand gegen den offenen Mund drückte und langsam zurückwich, als vertreibe ihn eine unsichtbare, gleichmäßig fortwirkende Kraft. Die Mutter — sie stand hier trotz der Anwesenheit des Prokuristen mit von der Nacht her noch aufgelösten, hoch sich sträubenden Haaren — sah zuerst mit gefalteten Händen den Vater an, ging dann zwei Schritte zu Gregor hin und fiel inmitten ihrer rings um sie herum sich ausbreitenden Röcke nieder, das Gesicht ganz unauffindbar zu ihrer

Brust gesenkt. Der Vater ballte mit feindseligem Ausdruck die Faust, als wolle er Gregor in sein Zimmer zurückstoßen, sah sich dann unsicher im Wohnzimmer um, beschattete dann mit den Händen die Augen und weinte, daß sich seine mächtige Brust schüttelte.

Gregor trat nun gar nicht in das Zimmer, sondern lehnte sich von innen an den festgeriegelten Türflügel, so daß sein Leib nur zur Hälfte und darüber der seitlich geneigte Kopf zu sehen war, mit dem er zu den anderen hinüberlugte. Es war inzwischen viel heller geworden, klar stand auf der anderen Straßenseite ein Ausschnitt des gegenüberliegenden, endlosen, grauschwarzen Hauses — es war ein Krankenhaus — mit seinen hart die Front durchbrechenden regelmäßigen Fenstern; der Regen fiel noch nieder, aber nur mit großen, einzeln sichtbaren und förmlich auch einzelnweise auf die Erde hinuntergeworfenen Tropfen. Das Frühstücksgeschirr stand in überreicher Zahl auf dem Tisch, denn für den Vater war das Frühstück die wichtigste Mahlzeit des Tages, die er bei der Lektüre verschiedener Zeitungen stundenlang hinzog. Gerade an der gegenüber liegenden Wand hing eine Photographie Gregors aus seiner Militärzeit, die ihn als Leutnant darstellte, wie er, die Hand am Degen, sorglos lächelnd, Respekt für seine Haltung und Uniform verlangte. Die Tür zum Vorzimmer war geöffnet, und man sah, da auch die Wohnungstür offen war, auf den Vorplatz der Wohnung hinaus und auf den Beginn der abwärts führenden Treppe.

»Nun,« sagte Gregor und war sich dessen wohl bewußt, daß er der einzige war, der die Ruhe bewahrt hatte, »ich werde mich gleich anziehen, die Kollektion zusammenpacken und wegfahren. Wollt Ihr, wollt Ihr mich wegfahren lassen? Nun, Herr Prokurist, Sie sehen, ich bin nicht starrköpfig und ich arbeite gern, das Reisen ist beschwerlich, aber ich könnte ohne das Reisen nicht leben. Wohin gehen Sie denn, Herr Prokurist? Ins Geschäft? Ja? Werden Sie alles wahrheitsgetreu berichten? Man kann im Augenblick unfähig sein zu arbeiten, aber dann ist gerade der richtige Zeitpunkt, sich an die früheren Leistungen zu erinnern und zu bedenken, daß man später, nach Beseitigung des Hindernisses, gewiß desto fleißiger und gesammelter arbeiten wird. Ich bin ja dem Herrn Chef so sehr verpflichtet, das wissen Sie doch recht gut. Andererseits habe ich die Sorge um meine Eltern und die Schwester. Ich bin in der Klemme, ich werde mich aber auch wieder herausarbeiten. Machen Sie es mir aber nicht schwieriger, als es schon ist. Halten Sie im Geschäft meine Partei! Man liebt den Reisenden nicht, ich weiß. Man denkt, er verdient ein Heidengeld und führt dabei ein schönes Leben. Man hat eben keine besondere Veranlassung, dieses Vorurteil besser zu durchdenken. Sie aber, Herr Prokurist, Sie haben einen besseren Überblick über die Verhältnisse, als das sonstige Personal, ja sogar, ganz im Vertrauen gesagt, einen besseren Überblick, als der Herr Chef selbst, der in seiner Eigenschaft als Unternehmer sich in seinem Urteil leicht zu Ungunsten eines Angestellten beirren läßt. Sie wissen auch sehr wohl, daß der Reisende, der fast das ganze Jahr außerhalb des Geschäftes ist, so leicht ein Opfer von Klatschereien, Zufälligkeiten und grundlosen Beschwerden werden kann, gegen die sich zu wehren ihm ganz unmöglich ist, da er von ihnen meistens gar nichts erfährt und nur dann, wenn er erschöpft eine Reise beendet hat, zu Hause die schlimmen, auf ihre Ursachen hin nicht mehr zu durchschauenden Folgen am eigenen

Leibe zu spüren bekommt. Herr Prokurist, gehen Sie nicht weg, ohne mir ein Wort gesagt zu haben, das mir zeigt, daß Sie mir wenigstens zu einem kleinen Teil recht geben!«

Aber der Prokurist hatte sich schon bei den ersten Worten Gregors abgewendet, und nur über die zuckende Schulter hinweg sah er mit aufgeworfenen Lippen nach Gregor zurück. Und während Gregors Rede stand er keinen Augenblick still, sondern verzog sich, ohne Gregor aus den Augen zu lassen, gegen die Tür, aber ganz allmählich, als bestehe ein geheimes Verbot, das Zimmer zu verlassen. Schon war er im Vorzimmer, und nach der plötzlichen Bewegung, mit der er zum letztenmal den Fuß aus dem Wohnzimmer zog, hätte man glauben können, er habe sich soeben die Sohle verbrannt. Im Vorzimmer aber streckte er die rechte Hand weit von sich zur Treppe hin, als warte dort auf ihn eine geradezu überirdische Erlösung.

Gregor sah ein, daß er den Prokuristen in dieser Stimmung auf keinen Fall weggehen lassen dürfe, wenn dadurch seine Stellung im Geschäft nicht aufs äußerste gefährdet werden sollte. Die Eltern verstanden das alles nicht so gut; sie hatten sich in den langen Jahren die Überzeugung gebildet, daß Gregor in diesem Geschäft für sein Leben versorgt war, und hatten außerdem jetzt mit den augenblicklichen Sorgen so viel zu tun, daß ihnen jede Voraussicht abhanden gekommen war. Aber Gregor hatte diese Voraussicht. Der Prokurist mußte gehalten, beruhigt, überzeugt und schließlich gewonnen werden; die Zukunft Gregors und seiner Familie hing doch davon ab! Wäre doch die Schwester hier gewesen! Sie war klug; sie hatte schon geweint, als Gregor noch ruhig auf dem Rücken lag. Und gewiß hätte der Prokurist, dieser Damenfreund, sich von ihr lenken lassen, sie hätte die Wohnungstür zugemacht und ihm im Vorzimmer den Schrecken ausgeredet. Aber die Schwester war eben nicht da, Gregor selbst mußte handeln. Und ohne daran zu denken, daß er seine gegenwärtigen Fähigkeiten, sich zu bewegen, noch gar nicht kannte, ohne auch daran zu denken, daß seine Rede möglicher- ja wahrscheinlicherweise wieder nicht verstanden worden war, verließ er den Türflügel, schob sich durch die Öffnung, wollte zum Prokuristen hingehen, der sich schon am Geländer des Vorplatzes lächerlicherweise mit beiden Händen festhielt, fiel aber sofort, nach einem Halt suchend, mit einem kleinen Schrei auf seine vielen Beinchen nieder. Kaum war das geschehen, fühlte er zum erstenmal an diesem Morgen ein körperliches Wohlbehagen, die Beinchen hatten festen Boden unter sich, sie gehorchten vollkommen, wie er zu seiner Freude merkte, strebten sogar darnach, ihn fortzutragen, wohin er wollte, und schon glaubte er, die endgültige Besserung alles Leidens stehe unmittelbar bevor. Aber im gleichen Augenblick, als er da schaukelnd vor verhaltener Bewegung, gar nicht weit von seiner Mutter entfernt, ihr gerade gegenüber auf dem Boden lag, sprang diese, die doch so ganz in sich versunken schien, mit einemmale in die Höhe, die Arme weit ausgestreckt, die Finger gespreizt, rief: »Hilfe, um Gottes willen Hilfe!«, hielt den Kopf geneigt, als wolle sie Gregor besser sehen, lief aber, im Widerspruch dazu, sinnlos zurück, hatte vergessen, daß hinter ihr der gedeckte Tisch stand, setzte sich, als sie bei ihm angekommen war, wie in Zerstreutheit, eilig auf ihn, und schien gar nicht zu merken, daß neben ihr aus der umgeworfenen großen Kanne der Kaffee in vollem Strome auf den Teppich sich ergoß.

»Mutter, Mutter,« sagte Gregor leise, und sah zu

ihr hinauf. Der Prokurist war ihm für einen Augenblick ganz aus dem Sinn gekommen, dagegen konnte er sich nicht versagen, im Anblick des fließenden Kaffees mehrmals mit den Kiefern ins Leere zu schnappen. Darüber schrie die Mutter neuerdings auf, flüchtete vom Tisch und fiel dem ihr entgegeneilenden Vater in die Arme. Aber Gregor hatte jetzt keine Zeit für seine Eltern, der Prokurist war schon auf der Treppe, das Kinn auf dem Geländer, sah er noch zum letzten Male zurück. Gregor nahm einen Anlauf, um ihn möglichst sicher einzuholen, der Prokurist mußte etwas ahnen, denn er machte einen Sprung über mehrere Stufen und verschwand, »Huh!« aber schrie er noch, es klang durchs ganze Treppenhaus. Leider schien nun auch diese Flucht des Prokuristen den Vater, der bisher verhältnismäßig gefaßt gewesen war, völlig zu verwirren, denn statt selbst dem Prokuristen nachzulaufen oder wenigstens Gregor in der Verfolgung nicht zu hindern, packte er mit der Rechten den Stock des Prokuristen, den dieser mit Hut und Überzieher auf einem Sessel zurückgelassen hatte, holte mit der Linken eine große Zeitung vom Tisch und machte sich unter Füßestampfen daran, Gregor durch Schwenken des Stockes und der Zeitung in sein Zimmer zurückzutreiben. Kein Bitten Gregors half, kein Bitten wurde auch verstanden, er mochte den Kopf noch so demütig drehen, der Vater stampfte nur stärker mit den Füßen. Drüben hatte die Mutter trotz des kühlen Wetters ein Fenster aufgerissen, und hinausgelehnt drückte sie ihr Gesicht weit außerhalb des Fensters in ihre Hände. Zwischen Gasse und Treppenhaus entstand eine starke Zugluft, die Fenstervorhänge flogen auf, die Zeitungen auf dem Tische rauschten, einzelne Blätter wehten über den Boden hin. Unerbittlich drängte der Vater und stieß

Zischlaute aus, wie ein Wilder. Nun hatte aber Gregor noch gar keine Übung im Rückwärtsgehen, es ging wirklich sehr langsam. Wenn sich Gregor nur hätte umdrehen dürfen, er wäre gleich in seinem Zimmer gewesen, aber er fürchtete sich, den Vater durch die zeitraubende Umdrehung ungeduldig zu machen, und jeden Augenblick drohte ihm doch von dem Stock in des Vaters Hand der tödliche Schlag auf den Rücken oder auf den Kopf. Endlich aber blieb Gregor doch nichts anderes übrig, denn er merkte mit Entsetzen, daß er im Rückwärtsgehen nicht einmal die Richtung einzuhalten verstand, und so begann er, unter unaufhörlichen ängstlichen Seitenblicken nach dem Vater, sich nach Möglichkeit rasch, in Wirklichkeit aber doch nur sehr langsam umzudrehen. Vielleicht merkte der Vater seinen guten Willen, denn er störte ihn hierbei nicht, sondern dirigierte sogar hie und da die Drehbewegung von der Ferne mit der Spitze seines Stockes. Wenn nur nicht dieses unerträgliche Zischen des Vaters gewesen wäre! Gregor verlor darüber ganz den Kopf. Er war schon fast ganz umgedreht, als er sich, immer auf dieses Zischen horchend, sogar irrte und sich wieder ein Stück zurückdrehte. Als er aber endlich glücklich mit dem Kopf vor der Türöffnung war, zeigte es sich, daß sein Körper zu breit war, um ohne weiteres durchzukommen. Dem Vater fiel es natürlich in seiner gegenwärtigen Verfassung auch nicht entfernt ein, etwa den anderen Türflügel zu öffnen, um für Gregor einen genügenden Durchgang zu schaffen. Seine fixe Idee war bloß, daß Gregor so rasch als möglich in sein Zimmer müsse. Niemals hätte er auch die umständlichen Vorbereitungen gestattet, die Gregor brauchte, um sich aufzurichten und vielleicht auf diese Weise durch die Tür zu kommen. Vielmehr trieb er, als gäbe es kein Hindernis, Gregor jetzt unter besonderem Lärm vorwärts, es klang schon hinter Gregor gar nicht mehr wie die Stimme bloß eines einzigen Vaters, nun gab es wirklich keinen Spaß mehr, und Gregor drängte sich — geschehe was wolle — in die Tür. Die eine Seite seines Körpers hob sich, er lag schief in der Türöffnung, seine eine Flanke war ganz wundgerieben, an der weißen Tür blieben häßliche Flecken, bald steckte er fest und hätte sich allein nicht mehr rühren können, die Beinchen auf der einen Seite hingen zitternd oben in der Luft, die auf der anderen waren schmerzhaft zu Boden gedrückt — da gab ihm der Vater von hinten einen jetzt wahrhaftig erlösenden starken Stoß, und er flog, heftig blutend, weit in sein Zimmer hinein. Die Tür wurde noch mit dem Stock zugeschlagen, dann war es endlich still.

II.

Erst in der Abenddämmerung erwachte Gregor aus seinem schweren ohnmachtsähnlichen Schlaf. Er wäre gewiß nicht viel später auch ohne Störung erwacht, denn er fühlte sich genügend ausgeruht und ausgeschlafen, doch schien es ihm, als hätte ihn ein flüchtiger Schritt und ein vorsichtiges Schließen der zum Vorzimmer führenden Tür geweckt. Der Schein der elektrischen Straßenlampen lag bleich hier und da auf der Zimmerdecke und auf den höheren Teilen der Möbel, aber unten bei Gregor war es finster. Langsam schob er sich, noch ungeschickt mit seinen Fühlern tastend, die er erst jetzt schätzen lernte, zur Türe hin, um nachzusehen, was dort geschehen war. Seine linke Seite schien eine einzige lange, unangenehm spannende Narbe und er mußte auf seinen zwei Beinreihen regelrecht hinken. Ein Beinchen war übrigens im Laufe der vormittägigen Vorfälle schwer verletzt worden — es war fast ein Wunder, daß nur eines verletzt worden war — und schleppte leblos nach.

Erst bei der Tür merkte er, was ihn dorthin eigentlich gelockt hatte, es war der Geruch von etwas Eßbarem gewesen. Denn dort stand ein Napf mit süßer Milch gefüllt, in der kleine Schnitten von Weißbrot schwammen. Fast hätte er vor Freude gelacht, denn er hatte noch größeren Hunger, als am Morgen, und gleich tauchte er seinen Kopf fast bis über die Augen in die Milch hinein. Aber bald zog er ihn enttäuscht wieder zurück, nicht nur, daß ihm das Essen wegen seiner heiklen linken Seite Schwierigkeiten machte — und er konnte nur essen, wenn der ganze Körper schnaufend mitarbeitete —, so schmeckte ihm überdies die Milch, die sonst sein Lieblingsgetränk war, und die ihm gewiß die Schwester deshalb hereingestellt hatte, gar nicht, ja er wandte sich fast mit Widerwillen von dem Napf ab und kroch in die Zimmermitte zurück.

Im Wohnzimmer war, wie Gregor durch die Türspalte sah, das Gas angezündet, aber während sonst zu dieser Tageszeit der Vater seine nachmittags erscheinende Zeitung der Mutter und manchmal auch der Schwester mit erhobener Stimme vorzulesen pflegte, hörte man jetzt keinen Laut. Nun vielleicht war dieses Vorlesen, von dem ihm die Schwester immer erzählte und schrieb, in der letzten Zeit überhaupt aus der Übung gekommen. Aber auch ringsherum war es so still, trotzdem doch gewiß die Wohnung nicht leer war. »Was für ein stilles Leben die Familie doch führte,« sagte sich Gregor und fühlte, während er starr vor sich ins Dunkle sah, einen großen Stolz darüber, daß er seinen Eltern und seiner Schwester ein solches Leben in einer so schönen Wohnung hatte verschaffen können. Wie aber, wenn jetzt alle Ruhe, aller Wohlstand, alle Zufriedenheit ein Ende mit Schrecken nehmen sollte? Um sich nicht in solche Gedanken zu verlieren, setzte sich Gregor lieber in Bewegung und kroch im Zimmer auf und ab.

Einmal während des langen Abends wurde die eine Seitentüre und einmal die andere bis zu einer kleinen Spalte geöffnet und rasch wieder geschlossen, jemand hatte wohl das Bedürfnis hereinzukommen, aber auch wieder zuviele Bedenken. Gregor machte nun unmittelbar bei der Wohnzimmertür halt, entschlossen, den zögernden Besucher doch irgendwie hereinzubringen oder doch wenigstens zu erfahren, wer es sei, aber nun wurde die Tür nicht mehr geöffnet und Gregor wartete vergebens. Früh, als die Türen versperrt waren, hatten alle zu ihm hereinkommen wollen, jetzt, da er die eine Tür geöffnet hatte und die anderen offenbar während des Tages geöffnet worden waren, kam keiner mehr, und die Schlüssel steckten nun auch von außen.

Spät erst in der Nacht wurde das Licht im Wohnzimmer ausgelöscht, und nun war leicht festzustellen, daß die Eltern und die Schwester so lange wachgeblieben waren, denn wie man genau hören konnte, entfernten sich jetzt alle drei auf den Fußspitzen. Nun kam gewiß bis zum Morgen niemand mehr zu Gregor herein, er hatte also eine lange Zeit, um ungestört zu überlegen, wie er sein Leben jetzt neu ordnen sollte. Aber das hohe freie Zimmer, in dem er gezwungen war, flach auf dem Boden zu liegen, ängstigte ihn, ohne daß er die Ursache herausfinden konnte, denn es war ja sein seit fünf Jahren von ihm bewohntes Zimmer — und mit einer halb unbewußten Wendung und nicht ohne eine leichte Scham eilte er unter das Kanapee, wo er sich, trotzdem sein Rücken ein wenig

27

gedrückt wurde und trotzdem er den Kopf nicht mehr erheben konnte, gleich sehr behaglich fühlte und nur bedauerte, daß sein Körper zu breit war, um vollständig unter dem Kanapee untergebracht zu werden.

Dort blieb er die ganze Nacht, die er zum Teil im Halbschlaf, aus dem ihn der Hunger immer wieder aufschreckte, verbrachte, zum Teil aber in Sorgen und undeutlichen Hoffnungen, die aber alle zu dem Schlusse führten, daß er sich vorläufig ruhig verhalten und durch Geduld und größte Rücksichtnahme der Familie die Unannehmlichkeiten erträglich machen müsse, die er ihr in seinem gegenwärtigen Zustand nun einmal zu verursachen gezwungen war.

Schon am frühen Morgen, es war fast noch Nacht, hatte Gregor Gelegenheit, die Kraft seiner eben gefaßten Entschlüsse zu prüfen, denn vom Vorzimmer her öffnete die Schwester, fast völlig angezogen, die Tür und sah mit Spannung herein. Sie fand ihn nicht gleich, aber als sie ihn unter dem Kanapee bemerkte — Gott, er mußte doch irgendwo sein, er hatte doch nicht wegfliegen können — erschrak sie so sehr, daß sie, ohne sich beherrschen zu können, die Tür von außen wieder zuschlug. Aber als bereue sie ihr Benehmen, öffnete sie die Tür sofort wieder und trat, als sei sie bei einem Schwerkranken oder gar bei einem Fremden, auf den Fußspitzen herein. Gregor hatte den Kopf bis knapp zum Rande des Kanapees vorgeschoben und beobachtete sie. Ob sie wohl bemerken würde, daß er die Milch stehen gelassen hatte, und zwar keineswegs aus Mangel an Hunger, und ob sie eine andere Speise hereinbringen würde, die ihm besser entsprach? Täte sie es nicht von selbst, er wollte lieber verhungern, als sie darauf aufmerksam machen, trotzdem es ihn eigentlich ungeheuer drängte, unterm Kanapee vorzuschießen, sich der Schwester zu Füßen zu werfen und sie um irgendetwas Gutes zum Essen zu bitten. Aber die Schwester bemerkte sofort mit Verwunderung den noch vollen Napf, aus dem nur ein wenig Milch ringsherum verschüttet war, sie hob ihn gleich auf, zwar nicht mit den bloßen Händen, sondern mit einem Fetzen, und trug ihn hinaus. Gregor war äußerst neugierig, was sie zum Ersatze bringen würde, und er machte sich die verschiedensten Gedanken darüber. Niemals aber hätte er erraten können, was die Schwester in ihrer Güte wirklich tat. Sie brachte ihm, um seinen Geschmack zu prüfen, eine ganze Auswahl, alles auf einer alten Zeitung ausgebreitet. Da war altes halbverfaultes Gemüse; Knochen vom Nachtmahl her, die von festgewordener weißer Sauce umgeben waren; ein paar Rosinen und Mandeln; ein Käse, den Gregor vor zwei Tagen für ungenießbar erklärt hatte; ein trockenes Brot, ein mit Butter beschmiertes Brot und ein mit Butter beschmiertes und gesalzenes Brot. Außerdem stellte sie zu dem allen noch den wahrscheinlich ein für allemal für Gregor bestimmten Napf, in den sie Wasser gegossen hatte. Und aus Zartgefühl, da sie wußte, daß Gregor vor ihr nicht essen würde, entfernte sie sich eiligst und drehte sogar den Schlüssel um, damit nur Gregor merken könne, daß er es sich so behaglich machen dürfe, wie er wolle. Gregors Beinchen schwirrten, als es jetzt zum Essen ging. Seine Wunden mußten übrigens auch schon vollständig geheilt sein, er fühlte keine Behinderung mehr, er staunte darüber und dachte daran, wie er vor mehr als einem Monat sich mit dem Messer ganz wenig in den Finger geschnitten, und wie ihm diese Wunde noch vorgestern genug wehgetan hatte. »Sollte ich jetzt weniger Feingefühl haben?«, dachte er und saugte schon gierig an dem Käse, zu dem es ihn vor allen anderen Speisen sofort und nachdrücklich gezogen hatte. Rasch hintereinander und mit vor Befriedigung tränenden Augen verzehrte er den Käse, das Gemüse und die Sauce; die frischen Speisen dagegen schmeckten ihm nicht, er konnte nicht einmal ihren Geruch vertragen und schleppte sogar die Sachen, die er essen wollte, ein Stückchen weiter weg. Er war schon längst mit allem fertig und lag nur noch faul auf der gleichen Stelle, als die Schwester zum Zeichen, daß er sich zurückziehen solle, langsam den Schlüssel umdrehte. Das schreckte ihn sofort auf, trotzdem er schon fast schlummerte, und er eilte wieder unter das Kanapee. Aber es kostete ihn große Selbstüberwindung, auch nur die kurze Zeit, während welcher die Schwester im Zimmer war, unter dem Kanapee zu bleiben, denn von dem reichlichen Essen hatte sich sein Leib ein wenig gerundet und er konnte dort in der Enge kaum atmen. Unter kleinen Erstickungsanfällen sah er mit etwas hervorgequollenen Augen zu, wie die nichtsahnende Schwester mit einem Besen nicht nur die Überbleibsel zusammenkehrte, sondern selbst die von Gregor gar nicht berührten Speisen, als seien also auch diese nicht mehr zu gebrauchen, und wie sie alles hastig in einen Kübel schüttete, den sie mit einem Holzdeckel schloß, worauf sie alles hinaustrug. Kaum hatte sie sich umgedreht, zog sich schon Gregor unter dem Kanapee hervor und streckte und blähte sich.

Auf diese Weise bekam nun Gregor täglich sein Essen, einmal am Morgen, wenn die Eltern und das Dienstmädchen noch schliefen, das zweitemal nach dem allgemeinen Mittagessen, denn dann schliefen die Eltern gleichfalls noch ein Weilchen, und das Dienstmädchen wurde von der Schwester mit irgendeiner Besorgung weggeschickt. Gewiß wollten auch sie nicht, daß Gregor verhungere, aber vielleicht hätten sie es nicht ertragen können, von seinem Essen mehr als durch Hörensagen zu erfahren, vielleicht wollte die Schwester ihnen auch eine möglicherweise nur kleine Trauer ersparen, denn tatsächlich litten sie ja gerade genug.

Mit welchen Ausreden man an jenem ersten Vormittag den Arzt und den Schlosser wieder aus der Wohnung geschafft hatte, konnte Gregor gar nicht erfahren, denn da er nicht verstanden wurde, dachte niemand daran, auch die Schwester nicht, daß er die Anderen verstehen könne, und so mußte er sich, wenn die Schwester in seinem Zimmer war, damit begnügen, nur hier und da ihre Seufzer und Anrufe der Heiligen zu hören. Erst später, als sie sich ein wenig an alles gewöhnt hatte — von vollständiger Gewöhnung konnte natürlich niemals die Rede sein —, erhaschte Gregor manchmal eine Bemerkung, die freundlich gemeint war oder so gedeutet werden konnte. »Heute hat es ihm aber geschmeckt,« sagte sie, wenn Gregor unter dem Essen tüchtig aufgeräumt hatte, während sie im gegenteiligen Fall, der sich allmählich immer häufiger wiederholte, fast traurig zu sagen pflegte: »Nun ist wieder alles stehengeblieben.«

Während aber Gregor unmittelbar keine Neuigkeit erfahren konnte, erhorchte er manches aus den Nebenzimmern, und wo er nur einmal Stimmen hörte, lief er gleich zu der betreffenden Tür und drückte sich mit ganzem Leib an sie. Besonders in der ersten Zeit gab es kein Gespräch, das nicht irgendwie, wenn auch nur im geheimen, von ihm handelte. Zwei Tage lang waren bei allen Mahlzeiten Beratungen darüber zu hören, wie man sich jetzt verhalten solle; aber auch zwischen den Mahlzeiten sprach man über das gleiche Thema, denn

immer waren zumindest zwei Familienmitglieder zu
Hause, da wohl niemand allein zu Hause bleiben wollte
und man die Wohnung doch auf keinen Fall gänzlich
verlassen konnte. Auch hatte das Dienstmädchen gleich
am ersten Tag — es war nicht ganz klar, was und
wieviel sie von dem Vorgefallenen wußte — knie=
fällig die Mutter gebeten, sie sofort zu entlassen, und
als sie sich eine Viertelstunde danach verabschiedete,
dankte sie für die Entlassung unter Tränen, wie für
die größte Wohltat, die man ihr hier erwiesen hatte,
und gab, ohne daß man es von ihr verlangte, einen
fürchterlichen Schwur ab, niemandem auch nur das
Geringste zu verraten.

Nun mußte die Schwester im Verein mit der Mutter
auch kochen, allerdings machte das nicht viel Mühe,
denn man aß fast nichts. Immer wieder hörte Gregor,
wie der eine den anderen vergebens zum Essen auf=
forderte und keine andere Antwort bekam, als: »Danke,
ich habe genug« oder etwas Ähnliches. Getrunken
wurde vielleicht auch nichts. Öfters fragte die Schwester
den Vater, ob er Bier haben wolle, und herzlich erbot
sie sich, es selbst zu holen, und als der Vater schwieg,
sagte sie, um ihm jedes Bedenken zu nehmen, sie
könne auch die Hausmeisterin darum schicken, aber
dann sagte der Vater schließlich ein großes »Nein«,
und es wurde nicht mehr davon gesprochen.

Schon im Laufe des ersten Tages legte der Vater
die ganzen Vermögensverhältnisse und Aussichten so=
wohl der Mutter, als auch der Schwester dar. Hie
und da stand er vom Tische auf und holte aus seiner
kleinen Wertheimkassa, die er aus dem vor fünf Jahren
erfolgten Zusammenbruch seines Geschäftes gerettet
hatte, irgendeinen Beleg oder irgendein Vormerkbuch.
Man hörte, wie er das komplizierte Schloß aufsperrte

und nach Entnahme des Gesuchten wieder verschloß. Diese Erklärungen des Vaters waren zum Teil das erste Erfreuliche, was Gregor seit seiner Gefangenschaft zu hören bekam. Er war der Meinung gewesen, daß dem Vater von jenem Geschäft her nicht das Geringste übriggeblieben war, zumindest hatte ihm der Vater nichts Gegenteiliges gesagt, und Gregor allerdings hatte ihn auch nicht darum gefragt. Gregors Sorge war damals nur gewesen, alles daranzusetzen, um die Familie das geschäftliche Unglück, das alle in eine vollständige Hoffnungslosigkeit gebracht hatte, möglichst rasch vergessen zu lassen. Und so hatte er damals mit ganz besonderem Feuer zu arbeiten angefangen und war fast über Nacht aus einem kleinen Kommis ein Reisender geworden, der natürlich ganz andere Möglichkeiten des Geldverdienens hatte, und dessen Arbeitserfolge sich sofort in Form der Provision zu Bargeld verwandelten, das der erstaunten und beglückten Familie zu Hause auf den Tisch gelegt werden konnte. Es waren schöne Zeiten gewesen, und niemals nachher hatten sie sich, wenigstens in diesem Glanze, wiederholt, trotzdem Gregor später so viel Geld verdiente, daß er den Aufwand der ganzen Familie zu tragen imstande war und auch trug. Man hatte sich eben daran gewöhnt, sowohl die Familie, als auch Gregor, man nahm das Geld dankbar an, er lieferte es gern ab, aber eine besondere Wärme wollte sich nicht mehr ergeben. Nur die Schwester war Gregor doch noch nahe geblieben, und es war sein geheimer Plan, sie, die zum Unterschied von Gregor Musik sehr liebte und rührend Violine zu spielen verstand, nächstes Jahr, ohne Rücksicht auf die großen Kosten, die das verursachen mußte, und die man schon auf andere Weise hereinbringen würde, auf das Konservatorium zu schicken. Öfters während der kurzen Aufenthalte Gregors in der Stadt wurde in den Gesprächen mit der Schwester das Konservatorium erwähnt, aber immer nur als schöner Traum, an dessen Verwirklichung nicht zu denken war, und die Eltern hörten nicht einmal diese unschuldigen Erwähnungen gern; aber Gregor dachte sehr bestimmt daran und beabsichtigte, es am Weihnachtsabend feierlich zu erklären.

Solche in seinem gegenwärtigen Zustand ganz nutzlose Gedanken gingen ihm durch den Kopf, während er dort aufrecht an der Türe klebte und horchte. Manchmal konnte er vor allgemeiner Müdigkeit gar nicht mehr zuhören und ließ den Kopf nachlässig gegen die Tür schlagen, hielt ihn aber sofort wieder fest, denn selbst das kleine Geräusch, das er damit verursacht hatte, war nebenan gehört worden und hatte alle verstummen lassen. »Was er nur wieder treibt,« sagte der Vater nach einer Weile, offenbar zur Türe hingewendet, und dann erst wurde das unterbrochene Gespräch allmählich wieder aufgenommen.

Gregor erfuhr nun zur Genüge — denn der Vater pflegte sich in seinen Erklärungen öfters zu wiederholen, teils, weil er selbst sich mit diesen Dingen schon lange nicht beschäftigt hatte, teils auch, weil die Mutter nicht alles gleich beim ersten Mal verstand —, daß trotz allen Unglücks ein allerdings ganz kleines Vermögen aus der alten Zeit noch vorhanden war, das die nicht angerührten Zinsen in der Zwischenzeit ein wenig hatten anwachsen lassen. Außerdem aber war das Geld, das Gregor allmonatlich nach Hause gebracht hatte — er selbst hatte nur ein paar Gulden für sich behalten —, nicht vollständig aufgebraucht worden und hatte sich zu einem kleinen Kapital angesammelt. Gregor, hinter seiner Türe, nickte eifrig, erfreut über diese unerwartete Vorsicht und Sparsamkeit. Eigentlich hätte er ja mit diesen überschüssigen Geldern die Schuld des Vaters gegenüber dem Chef weiter abgetragen haben können, und jener Tag, an dem er diesen Posten hätte loswerden können, wäre weit näher gewesen, aber jetzt war es zweifellos besser so, wie es der Vater eingerichtet hatte.

Nun genügte dieses Geld aber ganz und gar nicht, um die Familie etwa von den Zinsen leben zu lassen, es genügte vielleicht, um die Familie ein, höchstens zwei Jahre zu erhalten, mehr war es nicht. Es war also bloß eine Summe, die man eigentlich nicht angreifen durfte, und die für den Notfall zurückgelegt werden mußte; das Geld zum Leben aber mußte man verdienen. Nun war aber der Vater ein zwar gesunder, aber alter Mann, der schon fünf Jahre nichts gearbeitet hatte und sich jedenfalls nicht viel zutrauen durfte; er hatte in diesen fünf Jahren, welche die ersten Ferien seines mühevollen und doch erfolglosen Lebens waren, viel Fett angesetzt und war dadurch recht schwerfällig geworden. Und die alte Mutter sollte nun vielleicht Geld verdienen, die an Asthma litt, der eine Wanderung durch die Wohnung schon Anstrengung verursachte, und die jeden zweiten Tag in Atembeschwerden auf dem Sopha beim offenen Fenster verbrachte? Und die Schwester sollte Geld verdienen, die noch ein Kind war mit ihren siebzehn Jahren, und der ihre bisherige Lebensweise so sehr zu gönnen war, die daraus bestanden hatte, sich nett zu kleiden, lange zu schlafen, in der Wirtschaft mitzuhelfen, an ein paar bescheidenen Vergnügungen sich zu beteiligen und vor allem Violine zu spielen? Wenn die Rede auf diese Notwendigkeit des Geldverdienens kam, ließ zuerst immer Gregor die Türe los und warf sich auf das neben der Tür befindliche kühle Ledersopha, denn ihm war ganz heiß vor Beschämung und Trauer.

Oft lag er dort die ganzen langen Nächte über, schlief keinen Augenblick und scharrte nur stundenlang auf dem Leder. Oder er scheute nicht die große Mühe, einen Sessel zum Fenster zu schieben, dann die Fensterbrüstung hinaufzukriechen und, in den Sessel gestemmt, sich ans Fenster zu lehnen, offenbar nur in irgendeiner Erinnerung an das Befreiende, das früher für ihn darin gelegen war, aus dem Fenster zu schauen. Denn tatsächlich sah er von Tag zu Tag die auch nur ein wenig entfernten Dinge immer undeutlicher; das gegenüberliegende Krankenhaus, dessen nur allzu häufigen Anblick er früher verflucht hatte, bekam er überhaupt nicht mehr zu Gesicht, und wenn er nicht genau gewußt hätte, daß er in der stillen, aber völlig städtischen Charlottenstraße wohnte, hätte er glauben können, von seinem Fenster aus in eine Einöde zu schauen, in welcher der graue Himmel und die graue Erde ununterscheidbar sich vereinigten. Nur zweimal hatte die aufmerksame Schwester sehen müssen, daß der Sessel beim Fenster stand, als sie schon jedesmal, nachdem sie das Zimmer aufgeräumt hatte, den Sessel wieder genau zum Fenster hinschob, ja sogar von nun ab den inneren Fensterflügel offen ließ.

Hätte Gregor nur mit der Schwester sprechen und ihr für alles danken können, was sie für ihn machen mußte, er hätte ihre Dienste leichter ertragen, so aber litt er darunter. Die Schwester suchte freilich die Peinlichkeit des Ganzen möglichst zu verwischen, und je längere Zeit verging, desto besser gelang es ihr natürlich auch, aber auch Gregor durchschaute mit der Zeit alles viel genauer. Schon ihr Eintritt war für ihn schrecklich. Kaum war sie eingetreten, lief sie, ohne sich Zeit zu nehmen, die Türe zu schließen, so sehr sie sonst darauf achtete, jedem den Anblick von Gregors Zimmer zu ersparen, geradewegs zum Fenster und riß es, als ersticke sie fast, mit hastigen Händen auf, blieb auch, selbst wenn es noch so kalt war, ein Weilchen beim Fenster und atmete tief. Mit diesem Laufen und Lärmen erschreckte sie Gregor täglich zweimal, die ganze Zeit über zitterte er unter dem Kanapee und wußte doch sehr gut, daß sie ihn gewiß gerne damit verschont hätte, wenn es ihr nur möglich gewesen wäre, sich in einem Zimmer, in dem sich Gregor befand, bei geschlossenem Fenster aufzuhalten.

Einmal, es war wohl schon ein Monat seit Gregors Verwandlung vergangen, und es war doch schon für die Schwester kein besonderer Grund mehr, über Gregors Aussehen in Erstaunen zu geraten, kam sie ein wenig früher als sonst und traf Gregor noch an, wie er, unbeweglich und so recht zum Erschrecken aufgestellt, aus dem Fenster schaute. Es wäre für Gregor nicht unerwartet gewesen, wenn sie nicht eingetreten wäre, da er sie durch seine Stellung verhinderte, sofort das Fenster zu öffnen, aber sie trat nicht nur nicht ein, sie fuhr sogar zurück und schloß die Tür, ein Fremder hätte geradezu denken können, Gregor habe ihr aufgelauert und habe sie beißen wollen. Gregor versteckte sich natürlich sofort unter dem Kanapee, aber er mußte bis zum Mittag warten, ehe die Schwester wiederkam, und sie schien viel unruhiger als sonst. Er erkannte daraus, daß ihr sein Anblick noch immer unerträglich war und ihr auch weiterhin unerträglich bleiben müsse, und daß sie sich wohl sehr überwinden mußte, vor dem Anblick auch nur der kleinen Partie seines Körpers nicht davonzulaufen, mit der er unter dem Kanapee hervorragte. Um ihr auch diesen Anblick zu ersparen, trug er eines Tages auf seinem Rücken — er brauchte zu dieser Arbeit vier Stunden — das Leintuch auf das Kanapee und ordnete es in einer solchen Weise an, daß er nun gänzlich verdeckt war, und daß die Schwester, selbst wenn sie sich bückte, ihn nicht sehen konnte. Wäre dieses Leintuch ihrer Meinung nach nicht nötig gewesen, dann hätte sie es ja entfernen können, denn daß es nicht zum Vergnügen Gregors gehören konnte, sich so ganz und gar abzusperren, war doch klar genug, aber sie ließ das Leintuch, so wie es war, und Gregor glaubte sogar einen dankbaren Blick erhascht zu haben, als er einmal mit dem Kopf vorsichtig das Leintuch ein wenig lüftete, um nachzusehen, wie die Schwester die neue Einrichtung aufnahm.

In den ersten vierzehn Tagen konnten es die Eltern nicht über sich bringen, zu ihm hereinzukommen, und er hörte oft, wie sie die jetzige Arbeit der Schwester völlig anerkannten, während sie sich bisher häufig über die Schwester geärgert hatten, weil sie ihnen als ein etwas nutzloses Mädchen erschienen war. Nun aber warteten oft beide, der Vater und die Mutter, vor Gregors Zimmer, während die Schwester dort aufräumte, und kaum war sie herausgekommen, mußte sie ganz genau erzählen, wie es in dem Zimmer aussah, was Gregor gegessen hatte, wie er sich diesmal benommen hatte, und ob vielleicht eine kleine Besserung zu bemerken war. Die Mutter übrigens wollte verhältnismäßig bald Gregor besuchen, aber der Vater und die Schwester hielten sie zuerst mit Vernunftgründen zurück, denen Gregor sehr aufmerksam zuhörte, und die er vollständig billigte. Später aber mußte man sie mit Gewalt zurückhalten, und wenn sie dann rief: »Laßt mich doch zu Gregor, er ist ja mein unglücklicher Sohn! Begreift ihr es denn nicht, daß ich zu ihm muß?«, dann dachte Gregor, daß es vielleicht doch gut wäre, wenn die Mutter hereinkäme, nicht jeden Tag natürlich, aber vielleicht einmal in der Woche, sie verstand doch alles viel besser als die Schwester, die trotz all ihrem Mute doch nur ein Kind war und im letzten Grunde vielleicht nur aus kindlichem Leichtsinn eine so schwere Aufgabe übernommen hatte.

Der Wunsch Gregors, die Mutter zu sehen, ging bald in Erfüllung. Während des Tages wollte Gregor schon aus Rücksicht auf seine Eltern sich nicht beim Fenster zeigen, kriechen konnte er aber auf den paar Quadratmetern des Fußbodens auch nicht viel, das ruhige Liegen ertrug er schon während der Nacht schwer, das Essen machte ihm bald nicht mehr das geringste Vergnügen, und so nahm er zur Zerstreuung die Gewohnheit an, kreuz und quer über Wände und Plafond zu kriechen. Besonders oben auf der Decke hing er gern, es war ganz anders, als das Liegen auf dem Fußboden, man atmete freier, ein leichtes Schwingen ging durch den Körper, und in der fast glücklichen Zerstreutheit, in der sich Gregor dort oben befand, konnte es geschehen, daß er zu seiner eigenen Überraschung sich losließ und auf den Boden klatschte. Aber nun hatte er natürlich seinen Körper ganz anders in der Gewalt als früher und beschädigte sich selbst bei einem so großen Falle nicht. Die Schwester nun bemerkte sofort die neue Unterhaltung, die Gregor für sich gefunden hatte — er hinterließ ja auch beim Kriechen hie und da Spuren seines Klebstoffes —, und da setzte sie es sich in den Kopf, Gregor das Kriechen in größtem Ausmaße zu ermöglichen und die Möbel, die es verhinderten, also vor allem den Kasten und den Schreibtisch, wegzuschaffen. Nun war sie aber nicht imstande, dies allein zu tun; den Vater wagte sie nicht um Hilfe zu bitten; das Dienstmädchen hätte ihr ganz gewiß nicht geholfen, denn dieses etwa sechzehn= jährige Mädchen harrte zwar tapfer seit Entlassung der früheren Köchin aus, hatte aber um die Vergünsti= gung gebeten, die Küche unaufhörlich versperrt halten zu dürfen und nur auf besonderen Anruf öffnen zu müssen; so blieb der Schwester also nichts übrig, als einmal in Abwesenheit des Vaters die Mutter zu holen. Mit Ausrufen erregter Freude kam die Mutter auch heran, verstummte aber an der Tür vor Gregors Zim= mer. Zuerst sah natürlich die Schwester nach, ob alles im Zimmer in Ordnung war; dann erst ließ sie die Mutter eintreten. Gregor hatte in größter Eile das Leintuch noch tiefer und mehr in Falten gezogen, das Ganze sah wirklich nur wie ein zufällig über das Kanapee geworfenes Leintuch aus. Gregor unterließ auch diesmal, unter dem Leintuch zu spionieren; er verzichtete darauf, die Mutter schon diesmal zu sehen, und war nur froh, daß sie nun doch gekommen war. »Komm nur, man sieht ihn nicht,« sagte die Schwester, und offenbar führte sie die Mutter an der Hand. Gre= gor hörte nun, wie die zwei schwachen Frauen den immerhin schweren alten Kasten von seinem Platze rückten, und wie die Schwester immerfort den größten Teil der Arbeit für sich beanspruchte, ohne auf die Warnungen der Mutter zu hören, welche fürchtete, daß sie sich überanstrengen werde. Es dauerte sehr lange. Wohl nach schon viertelstündiger Arbeit sagte die Mutter, man solle den Kasten doch lieber hier lassen, denn erstens sei er zu schwer, sie würden vor An= kunft des Vaters nicht fertig werden und mit dem Kasten in der Mitte des Zimmers Gregor jeden Weg verrammeln, zweitens aber sei es doch gar nicht sicher, daß Gregor mit der Entfernung der Möbel ein Gefallen geschehe. Ihr scheine das Gegenteil der Fall zu sein; ihr bedrücke der Anblick der leeren Wand geradezu das Herz; und warum solle nicht auch Gregor diese Empfindung haben, da er doch an die Zimmermöbel längst gewöhnt sei und sich deshalb im leeren Zimmer verlassen fühlen werde. »Und ist es dann nicht so,« schloß die Mutter ganz leise, wie sie überhaupt fast flüsterte, als wolle sie vermeiden, daß Gregor, dessen genauen Aufenthalt sie ja nicht kannte, auch nur den Klang der Stimme höre, denn daß er die Worte nicht verstand, davon war sie überzeugt, »und ist es nicht so, als ob wir durch die Entfernung der Möbel zeigten, daß wir jede Hoffnung auf Besserung aufgeben und ihn rücksichtslos sich selbst überlassen? Ich glaube, es wäre das beste, wir suchen das Zimmer genau in dem Zustand zu erhalten, in dem es früher war, damit Gregor, wenn er wieder zu uns zurückkommt, alles unverändert findet und umso leichter die Zwischenzeit vergessen kann«.

Beim Anhören dieser Worte der Mutter erkannte Gregor, daß der Mangel jeder unmittelbaren menschlichen Ansprache, verbunden mit dem einförmigen Leben inmitten der Familie, im Laufe dieser zwei Monate seinen Verstand hatte verwirren müssen, denn anders konnte er es sich nicht erklären, daß er ernsthaft darnach hatte verlangen können, daß sein Zimmer ausgeleert würde. Hatte er wirklich Lust, das warme, mit ererbten Möbeln gemütlich ausgestattete Zimmer in eine Höhle verwandeln zu lassen, in der er dann freilich nach allen Richtungen ungestört würde kriechen können, jedoch auch unter gleichzeitigem, schnellen, gänzlichen Vergessen seiner menschlichen Vergangenheit? War er doch jetzt schon nahe daran, zu vergessen, und nur die seit langem nicht gehörte Stimme der Mutter hatte ihn aufgerüttelt. Nichts sollte entfernt werden, alles mußte bleiben, die guten Einwirkungen der Möbel auf seinen Zustand konnte er nicht entbehren, und wenn die Möbel ihn hinderten, das sinnlose Herumkriechen zu betreiben, so war es kein Schaden, sondern ein großer Vorteil.

Aber die Schwester war leider anderer Meinung, sie hatte sich, allerdings nicht ganz unberechtigt, angewöhnt, bei Besprechung der Angelegenheiten Gregors als besonders Sachverständige gegenüber den Eltern aufzutreten, und so war auch jetzt der Rat der Mutter für die Schwester Grund genug, auf der Entfernung nicht nur des Kastens und des Schreibtisches, an die sie zuerst allein gedacht hatte, sondern auf der Entfernung sämtlicher Möbel, mit Ausnahme des unentbehrlichen Kanapees, zu bestehen. Es war natürlich nicht nur kindlicher Trotz und das in der letzten Zeit so unerwartet und schwer erworbene Selbstvertrauen, das sie zu dieser Forderung bestimmte, sie hatte doch auch tatsächlich beobachtet, daß Gregor viel Raum zum Kriechen brauchte, dagegen die Möbel, soweit man sehen konnte, nicht im geringsten benützte. Vielleicht aber spielte auch der schwärmerische Sinn der Mädchen ihres Alters mit, der bei jeder Gelegenheit seine Befriedigung sucht, und durch den Grete jetzt sich dazu verlocken ließ, die Lage Gregors noch schreckenerregender machen zu wollen, um dann noch mehr als bis jetzt für ihn leisten zu können. Denn in einen Raum, in dem Gregor ganz allein die leeren Wände beherrschte, würde wohl kein Mensch außer Grete jemals einzutreten sich getrauen.

Und so ließ sie sich von ihrem Entschlusse durch die Mutter nicht abbringen, die auch in diesem Zimmer vor lauter Unruhe unsicher schien, bald verstummte und der Schwester nach Kräften beim Hinausschaffen des Kastens half. Nun, den Kasten konnte Gregor im Notfall noch entbehren, aber schon der Schreibtisch mußte bleiben. Und kaum hatten die Frauen mit dem Kasten, an den sie sich ächzend drückten, das Zimmer verlassen, als Gregor den Kopf unter dem Kanapee hervorstieß, um zu sehen, wie er vorsichtig und möglichst rücksichtsvoll eingreifen könnte. Aber zum Unglück war es gerade die Mutter, welche zuerst zurückkehrte, während Grete im Nebenzimmer den Kasten umfangen hielt und ihn allein hin und her schwang, ohne ihn natürlich von der Stelle zu bringen. Die Mutter aber war Gregors Anblick nicht gewöhnt, er hätte sie krank machen können, und so eilte Gregor erschrocken im Rückwärtslauf bis an das andere Ende des Kanapees, konnte es aber nicht mehr verhindern, daß das Leintuch vorne ein wenig sich bewegte. Das genügte, um die Mutter aufmerksam zu machen. Sie stockte, stand einen Augenblick still und ging dann zu Grete zurück.

Trotzdem sich Gregor immer wieder sagte, daß ja nichts Außergewöhnliches geschehe, sondern nur ein paar Möbel umgestellt würden, wirkte doch, wie er sich bald eingestehen mußte, dieses Hin- und Hergehen der Frauen, ihre kleinen Zurufe, das Kratzen der Möbel auf dem Boden, wie ein großer, von allen Seiten genährter Trubel auf ihn, und er mußte sich, so fest er Kopf und Beine an sich zog und den Leib bis an den Boden drückte, unweigerlich sagen, daß er das Ganze nicht lange aushalten werde. Sie räumten ihm sein Zimmer aus, nahmen ihm alles, was ihm lieb war, den Kasten, in dem die Laubsäge und andere Werkzeuge lagen, hatten sie schon hinausgetragen, lockerten

jetzt den schon im Boden fest eingegrabenen Schreib=
tisch, an dem er als Handelsakademiker, als Bürger=
schüler, ja sogar schon als Volksschüler seine Aufgaben
geschrieben hatte, — da hatte er wirklich keine Zeit
mehr, die guten Absichten zu prüfen, welche die zwei
Frauen hatten, deren Existenz er übrigens fast vergessen
hatte, denn vor Erschöpfung arbeiteten sie schon stumm,
und man hörte nur das schwere Tappen ihrer Füße.

Und so brach er denn hervor — die Frauen stützten
sich gerade im Nebenzimmer an den Schreibtisch, um
ein wenig zu verschnaufen —, wechselte viermal die
Richtung des Laufes, er wußte wirklich nicht, was er
zuerst retten sollte, da sah er an der im übrigen schon
leeren Wand auffallend das Bild der in lauter Pelz=
werk gekleideten Dame hängen, kroch eilends hinauf
und preßte sich an das Glas, das ihn festhielt und
seinem heißen Bauch wohltat. Dieses Bild wenigstens,
das Gregor jetzt ganz verdeckte, würde nun gewiß
niemand wegnehmen. Er verdrehte den Kopf nach der
Tür des Wohnzimmers, um die Frauen bei ihrer Rück=
kehr zu beobachten.

Sie hatten sich nicht viel Ruhe gegönnt und kamen
schon wieder, Grete hatte den Arm um die Mutter
gelegt und trug sie fast. »Also was nehmen wir jetzt?«,
sagte Grete und sah sich um. Da kreuzten sich ihre
Blicke mit denen Gregors an der Wand. Wohl nur
infolge der Gegenwart der Mutter behielt sie ihre
Fassung, beugte ihr Gesicht zur Mutter, um diese vom
Herumschauen abzuhalten, und sagte, allerdings zitternd
und unüberlegt: »Komm, wollen wir nicht lieber auf
einen Augenblick noch ins Wohnzimmer zurückgehen?«
Die Absicht Gretes war für Gregor klar, sie wollte
die Mutter in Sicherheit bringen und dann ihn von
der Wand hinunterjagen. Nun, sie konnte es ja immer=

hin versuchen! Er saß auf seinem Bild und gab es
nicht her. Lieber würde er Grete ins Gesicht springen.

Aber Gretes Worte hatten die Mutter erst recht
beunruhigt, sie trat zur Seite, erblickte den riesigen
braunen Fleck auf der geblümten Tapete, rief, ehe ihr
eigentlich zum Bewußtsein kam, daß das Gregor war,
was sie sah, mit schreiender, rauher Stimme: »Ach
Gott, ach Gott!« und fiel mit ausgebreiteten Armen,
als gebe sie alles auf, über das Kanapee hin und rührte
sich nicht. »Du, Gregor!« rief die Schwester mit erhobener
Faust und eindringlichen Blicken. Es waren seit der
Verwandlung die ersten Worte, die sie unmittelbar an
ihn gerichtet hatte. Sie lief ins Nebenzimmer, um
irgendeine Essenz zu holen, mit der sie die Mutter
aus ihrer Ohnmacht wecken könnte; Gregor wollte
auch helfen — zur Rettung des Bildes war noch Zeit —;
er klebte aber fest an dem Glas und mußte sich
mit Gewalt losreißen; er lief dann auch ins Neben=
zimmer, als könne er der Schwester irgendeinen Rat
geben, wie in früherer Zeit; mußte dann aber untätig
hinter ihr stehen; während sie in verschiedenen Fläsch=
chen kramte, erschreckte sie noch, als sie sich umdrehte;
eine Flasche fiel auf den Boden und zerbrach; ein
Splitter verletzte Gregor im Gesicht, irgendeine ätzende
Medizin umfloß ihn; Grete nahm nun, ohne sich länger
aufzuhalten, soviel Fläschchen, als sie nur halten
konnte, und rannte mit ihnen zur Mutter hinein; die Tür
schlug sie mit dem Fuße zu. Gregor war nun von der
Mutter abgeschlossen, die durch seine Schuld vielleicht
dem Tode nahe war; die Tür durfte er nicht öffnen,
wollte er die Schwester, die bei der Mutter bleiben
mußte, nicht verjagen; er hatte jetzt nichts zu tun,
als zu warten; und von Selbstvorwürfen und Besorg=
nis bedrängt, begann er zu kriechen, überkroch alles,

Wände, Möbel und Zimmerdecke und fiel endlich in seiner Verzweiflung, als sich das ganze Zimmer schon um ihn zu drehen anfing, mitten auf den großen Tisch.

Es verging eine kleine Weile, Gregor lag matt da, ringsherum war es still, vielleicht war das ein gutes Zeichen. Da läutete es. Das Mädchen war natürlich in ihrer Küche eingesperrt und Grete mußte daher öffnen gehen. Der Vater war gekommen. »Was ist geschehen?« waren seine ersten Worte, Gretes Aussehen hatte ihm wohl alles verraten. Grete antwortete mit dumpfer Stimme, offenbar drückte sie ihr Gesicht an des Vaters Brust: »Die Mutter war ohnmächtig, aber es geht ihr schon besser. Gregor ist ausgebrochen.« »Ich habe es ja erwartet,« sagte der Vater, »ich habe es euch ja immer gesagt, aber ihr Frauen wollt nicht hören.« Gregor war es klar, daß der Vater Gretes allzukurze Mitteilung schlecht gedeutet hatte und annahm, daß Gregor sich irgendeine Gewalttat habe zuschulden kommen lassen. Deshalb mußte Gregor den Vater jetzt zu besänftigen suchen, denn ihn aufzuklären hatte er weder Zeit noch Möglichkeit. Und so flüchtete er sich zur Tür seines Zimmers und drückte sich an sie, damit der Vater beim Eintritt vom Vorzimmer her gleich sehen könne, daß Gregor die beste Absicht habe, sofort in sein Zimmer zurückzukehren, und daß es nicht nötig sei, ihn zurückzutreiben, sondern daß man nur die Tür zu öffnen brauche, und gleich werde er verschwinden.

Aber der Vater war nicht in der Stimmung, solche Feinheiten zu bemerken, »Ah!« rief er gleich beim Eintritt in einem Tone, als sei er gleichzeitig wütend und froh. Gregor zog den Kopf von der Tür zurück und hob ihn gegen den Vater. So hatte er sich den Vater wirklich nicht vorgestellt, wie er jetzt dastand, allerdings hatte er in der letzten Zeit über dem neuartigen Herumkriechen versäumt, sich so wie früher um die Vorgänge in der übrigen Wohnung zu kümmern, und hätte eigentlich darauf gefaßt sein müssen, veränderte Verhältnisse anzutreffen. Trotzdem, trotzdem, war das noch der Vater? Der gleiche Mann, der müde im Bett vergraben lag, wenn früher Gregor zu einer Geschäftsreise ausgerückt war; der ihn an Abenden der Heimkehr im Schlafrock im Lehnstuhl empfangen hatte; gar nicht recht imstande war, aufzustehen, sondern zum Zeichen der Freude nur die Arme gehoben hatte, und der bei den seltenen gemeinsamen Spaziergängen an ein paar Sonntagen im Jahr und an den höchsten Feiertagen zwischen Gregor und der Mutter, die schon an und für sich langsam gingen, immer noch ein wenig langsamer, in seinen alten Mantel eingepackt, mit stets vorsichtig aufgesetztem Krückstock sich vorwärts arbeitete und, wenn er etwas sagen wollte, fast immer stillstand und seine Begleitung um sich versammelte? Nun aber war er recht gut aufgerichtet, in eine straffe blaue Uniform mit Goldknöpfen gekleidet, wie sie Diener der Bankinstitute tragen; über dem hohen steifen Kragen des Rockes entwickelte sich sein starkes Doppelkinn; unter den buschigen Augenbrauen drang der Blick der schwarzen Augen frisch und aufmerksam hervor; das sonst zerzauste weiße Haar war zu einer peinlich genauen, leuchtenden Scheitelfrisur niedergekämmt. Er warf seine Mütze, auf der ein Goldmonogramm, wahrscheinlich das einer Bank, angebracht war, über das ganze Zimmer im Bogen auf das Kanapee hin und ging, die Enden seines langen Uniformrockes zurückgeschlagen, die Hände in den Hosentaschen, mit verbissenem Gesicht auf Gregor zu. Er wußte wohl selbst nicht, was er vor hatte; immerhin hob er die

Füße ungewöhnlich hoch, und Gregor staunte über die Riesengröße seiner Stiefelsohlen. Doch hielt er sich dabei nicht auf, er wußte ja noch vom ersten Tage seines neuen Lebens her, daß der Vater ihm gegenüber nur die größte Strenge für angebracht ansah. Und so lief er vor dem Vater her, stockte, wenn der Vater stehen blieb, und eilte schon wieder vorwärts, wenn sich der Vater nur rührte. So machten sie mehrmals die Runde um das Zimmer, ohne daß sich etwas Entscheidendes ereignete, ja ohne daß das Ganze infolge seines langsamen Tempos den Anschein einer Verfolgung gehabt hätte. Deshalb blieb auch Gregor vorläufig auf dem Fußboden, zumal er fürchtete, der Vater könnte eine Flucht auf die Wände oder den Plafond für besondere Bosheit halten. Allerdings mußte sich Gregor sagen, daß er sogar dieses Laufen nicht lange aushalten würde, denn während der Vater einen Schritt machte, mußte er eine Unzahl von Bewegungen ausführen. Atemnot begann sich schon bemerkbar zu machen, wie er ja auch in seiner früheren Zeit keine ganz vertrauenswürdige Lunge besessen hatte. Als er nun so dahintorkelte, um alle Kräfte für den Lauf zu sammeln, kaum die Augen offenhielt; in seiner Stumpfheit an eine andere Rettung als durch Laufen gar nicht dachte; und fast schon vergessen hatte, daß ihm die Wände freistanden, die hier allerdings mit sorgfältig geschnitzten Möbeln voll Zacken und Spitzen verstellt waren — da flog knapp neben ihm, leicht geschleudert, irgendetwas nieder und rollte vor ihm her. Es war ein Apfel; gleich flog ihm ein zweiter nach; Gregor blieb vor Schrecken stehen; ein Weiterlaufen war nutzlos, denn der Vater hatte sich entschlossen, ihn zu bombardieren. Aus der Obstschale auf der Kredenz hatte er sich die Taschen gefüllt und warf nun, ohne vorläufig scharf zu zielen, Apfel für Apfel. Diese kleinen roten Äpfel rollten wie elektrisiert auf dem Boden herum und stießen aneinander. Ein schwach geworfener Apfel streifte Gregors Rücken, glitt aber unschädlich ab. Ein ihm sofort nachfliegender drang dagegen förmlich in Gregors Rücken ein; Gregor wollte sich weiterschleppen, als könne der überraschende unglaubliche Schmerz mit dem Ortswechsel vergehen; doch fühlte er sich wie festgenagelt und streckte sich in vollständiger Verwirrung aller Sinne. Nur mit dem letzten Blick sah er noch, wie die Tür seines Zimmers aufgerissen wurde, und vor der schreienden Schwester die Mutter hervoreilte, im Hemd, denn die Schwester hatte sie entkleidet, um ihr in der Ohnmacht Atemfreiheit zu verschaffen, wie dann die Mutter auf den Vater zulief und ihr auf dem Weg die aufgebundenen Röcke einer nach dem anderen zu Boden glitten, und wie sie stolpernd über die Röcke auf den Vater eindrang und ihn umarmend, in gänzlicher Vereinigung mit ihm — nun versagte aber Gregors Sehkraft schon — die Hände an des Vaters Hinterkopf um Schonung von Gregors Leben bat.

III.

Die schwere Verwundung Gregors, an der er über einen Monat litt — der Apfel blieb, da ihn niemand zu entfernen wagte, als sichtbares Andenken im Fleische sitzen —, schien selbst den Vater daran erinnert zu haben, daß Gregor trotz seiner gegenwärtigen traurigen und ekelhaften Gestalt ein Familienmitglied war, das man nicht wie einen Feind behandeln durfte, sondern dem gegenüber es das Gebot der Familienpflicht war, den Widerwillen hinunterzuschlucken und zu dulden, nichts als zu dulden.

Und wenn nun auch Gregor durch seine Wunde an Beweglichkeit wahrscheinlich für immer verloren hatte und vorläufig zur Durchquerung seines Zimmers wie ein alter Invalide lange, lange Minuten brauchte — an das Kriechen in der Höhe war nicht zu denken —, so bekam er für diese Verschlimmerung seines Zustandes einen seiner Meinung nach vollständig genügenden Ersatz dadurch, daß immer gegen Abend die Wohnzimmertür, die er schon ein bis zwei Stunden vorher scharf zu beobachten pflegte, geöffnet wurde, so daß er, im Dunkel seines Zimmers liegend, vom Wohnzimmer aus unsichtbar, die ganze Familie beim beleuchteten Tische sehen und ihre Reden, gewissermaßen mit allgemeiner Erlaubnis, also ganz anders als früher, anhören durfte.

Freilich waren es nicht mehr die lebhaften Unterhaltungen der früheren Zeiten, an die Gregor in den kleinen Hotelzimmern stets mit einigem Verlangen gedacht hatte, wenn er sich müde in das feuchte Bettzeug hatte werfen müssen. Es ging jetzt meist nur sehr still zu. Der Vater schlief bald nach dem Nachtessen in seinem Sessel ein; die Mutter und Schwester ermahnten einander zur Stille; die Mutter nähte, weit unter das Licht vorgebeugt, feine Wäsche für ein Modengeschäft; die Schwester, die eine Stellung als Verkäuferin angenommen hatte, lernte am Abend Stenographie und Französisch, um vielleicht später einmal einen besseren Posten zu erreichen. Manchmal wachte der Vater auf, und als wisse er gar nicht, daß er geschlafen habe, sagte er zur Mutter: »Wie lange du heute schon wieder nähst!« und schlief sofort wieder ein, während Mutter und Schwester einander müde zulächelten.

Mit einer Art Eigensinn weigerte sich der Vater, auch zu Hause seine Dieneruniform abzulegen; und während der Schlafrock nutzlos am Kleiderhaken hing, schlummerte der Vater vollständig angezogen auf seinem Platz, als sei er immer zu seinem Dienste bereit und warte auch hier auf die Stimme des Vorgesetzten. Infolgedessen verlor die gleich anfangs nicht neue Uniform trotz aller Sorgfalt von Mutter und Schwester an Reinlichkeit, und Gregor sah oft ganze Abende lang auf dieses über und über fleckige, mit seinen stets geputzten Goldknöpfen leuchtende Kleid, in dem der alte Mann höchst unbequem und doch ruhig schlief.

Sobald die Uhr zehn schlug, suchte die Mutter durch leise Zusprache den Vater zu wecken und dann zu überreden, ins Bett zu gehen, denn hier war es doch kein richtiger Schlaf und diesen hatte der Vater, der um sechs Uhr seinen Dienst antreten mußte, äußerst nötig. Aber in dem Eigensinn, der ihn, seitdem er Diener war, ergriffen hatte, bestand er immer darauf, noch länger bei Tisch zu bleiben, trotzdem er regelmäßig einschlief, und war dann überdies nur mit der größten Mühe zu bewegen, den Sessel mit dem Bett zu vertauschen. Da mochten Mutter und Schwester mit kleinen Ermahnungen noch so sehr auf ihn eindringen, viertelstundenlang schüttelte er langsam den Kopf, hielt die Augen geschlossen und stand nicht auf. Die Mutter zupfte ihn am Ärmel, sagte ihm Schmeichelworte ins Ohr, die Schwester verließ ihre Aufgabe, um der Mutter zu helfen, aber beim Vater verfing das nicht. Er versank nur noch tiefer in seinen Sessel. Erst bis ihn die Frauen unter den Achseln faßten, schlug er die Augen auf, sah abwechselnd die Mutter und die Schwester an und pflegte zu sagen: »Das ist ein Leben. Das ist die Ruhe meiner alten Tage.« Und auf die beiden Frauen gestützt, erhob er sich, umständlich, als sei er für sich selbst die größte

Last, ließ sich von den Frauen bis zur Türe führen, winkte ihnen dort ab und ging nun selbständig weiter, während die Mutter ihr Nähzeug, die Schwester ihre Feder eiligst hinwarfen, um hinter dem Vater zu laufen und ihm weiter behilflich zu sein.

Wer hatte in dieser abgearbeiteten und übermüdeten Familie Zeit, sich um Gregor mehr zu kümmern, als unbedingt nötig war? Der Haushalt wurde immer mehr eingeschränkt; das Dienstmädchen wurde nun doch entlassen; eine riesige knochige Bedienerin mit weißem, den Kopf umflatterndem Haar kam des Morgens und des Abends, um die schwerste Arbeit zu leisten; alles andere besorgte die Mutter neben ihrer vielen Näharbeit. Es geschah sogar, daß verschiedene Familienschmuckstücke, welche früher die Mutter und die Schwester überglücklich bei Unterhaltungen und Feierlichkeiten getragen hatten, verkauft wurden, wie Gregor am Abend aus der allgemeinen Besprechung der erzielten Preise erfuhr. Die größte Klage war aber stets, daß man diese für die gegenwärtigen Verhältnisse allzugroße Wohnung nicht verlassen konnte, da es nicht auszudenken war, wie man Gregor übersiedeln sollte. Aber Gregor sah wohl ein, daß es nicht nur die Rücksicht auf ihn war, welche eine Übersiedlung verhinderte, denn ihn hätte man doch in einer passenden Kiste mit ein paar Luftlöchern leicht transportieren können; was die Familie hauptsächlich vom Wohnungswechsel abhielt, war vielmehr die völlige Hoffnungslosigkeit und der Gedanke daran, daß sie mit einem Unglück geschlagen war, wie niemand sonst im ganzen Verwandten= und Bekanntenkreis. Was die Welt von armen Leuten verlangt, erfüllten sie bis zum äußersten, der Vater holte den kleinen Bankbeamten das Frühstück, die Mutter opferte sich für die

Wäsche fremder Leute, die Schwester lief nach dem Befehl der Kunden hinter dem Pulte hin und her, aber weiter reichten die Kräfte der Familie schon nicht. Und die Wunde im Rücken fing Gregor wie neu zu schmerzen an, wenn Mutter und Schwester, nachdem sie den Vater zu Bett gebracht hatten, nun zurückkehrten, die Arbeit liegen ließen, nahe zusammenrückten, schon Wange an Wange saßen; wenn jetzt die Mutter, auf Gregors Zimmer zeigend, sagte: »Mach' dort die Tür zu, Grete,« und wenn nun Gregor wieder im Dunkel war, während nebenan die Frauen ihre Tränen vermischten oder gar tränenlos den Tisch anstarrten.

Die Nächte und Tage verbrachte Gregor fast ganz ohne Schlaf. Manchmal dachte er daran, beim nächsten Öffnen der Tür die Angelegenheiten der Familie ganz so wie früher wieder in die Hand zu nehmen; in seinen Gedanken erschienen wieder nach langer Zeit der Chef und der Prokurist, die Kommis und die Lehrjungen, der so begriffstützige Hausknecht, zwei drei Freunde aus anderen Geschäften, ein Stubenmädchen aus einem Hotel in der Provinz, eine liebe, flüchtige Erinnerung, eine Kassiererin aus einem Hutgeschäft, um die er sich ernsthaft, aber zu langsam beworben hatte — sie alle erschienen untermischt mit Fremden oder schon Vergessenen, aber statt ihm und seiner Familie zu helfen, waren sie sämtlich unzugänglich, und er war froh, wenn sie verschwanden. Dann aber war er wieder gar nicht in der Laune, sich um seine Familie zu sorgen, bloß Wut über die schlechte Wartung erfüllte ihn, und trotzdem er sich nichts vorstellen konnte, worauf er Appetit gehabt hätte, machte er doch Pläne, wie er in die Speisekammer gelangen könnte, um dort zu nehmen, was ihm, auch wenn er keinen Hunger hatte, immerhin gebührte. Ohne jetzt mehr nachzudenken,

womit man Gregor einen besonderen Gefallen machen
könnte, schob die Schwester eiligst, ehe sie morgens
und mittags ins Geschäft lief, mit dem Fuß irgendeine
beliebige Speise in Gregors Zimmer hinein, um sie
am Abend, gleichgültig dagegen, ob die Speise viel=
leicht nur verkostet oder — der häufigste Fall — gänz=
lich unberührt war, mit einem Schwenken des Besens
hinauszukehren. Das Aufräumen des Zimmers, das sie
nun immer abends besorgte, konnte gar nicht mehr
schneller getan sein. Schmutzstreifen zogen sich die
Wände entlang, hie und da lagen Knäuel von Staub
und Unrat. In der ersten Zeit stellte sich Gregor bei
der Ankunft der Schwester in derartige besonders be=
zeichnende Winkel, um ihr durch diese Stellung ge=
wissermaßen einen Vorwurf zu machen. Aber er hätte
wohl wochenlang dort bleiben können, ohne daß sich
die Schwester gebessert hätte; sie sah ja den Schmutz
genau so wie er, aber sie hatte sich eben entschlossen,
ihn zu lassen. Dabei wachte sie mit einer an ihr ganz
neuen Empfindlichkeit, die überhaupt die ganze Familie
ergriffen hatte, darüber, daß das Aufräumen von Gre=
gors Zimmer ihr vorbehalten blieb. Einmal hatte die
Mutter Gregors Zimmer einer großen Reinigung un=
terzogen, die ihr nur nach Verbrauch einiger Kübel
Wasser gelungen war — die viele Feuchtigkeit kränkte
allerdings Gregor auch und er lag breit, verbittert und
unbeweglich auf dem Kanapee —, aber die Strafe
blieb für die Mutter nicht aus. Denn kaum hatte am
Abend die Schwester die Veränderung in Gregors
Zimmer bemerkt, als sie, aufs höchste beleidigt, ins
Wohnzimmer lief und, trotz der beschwörend erhobenen
Hände der Mutter, in einen Weinkrampf ausbrach,
dem die Eltern — der Vater war natürlich aus seinem
Sessel aufgeschreckt worden — zuerst erstaunt und hilf=

los zusahen, bis auch sie sich zu rühren anfingen, der Vater rechts der Mutter Vorwürfe machte, daß sie Gregors Zimmer nicht der Schwester zur Reinigung überließ, links dagegen die Schwester anschrie, sie werde niemals mehr Gregors Zimmer reinigen dürfen, während die Mutter den Vater, der sich vor Erregung nicht mehr kannte, ins Schlafzimmer zu schleppen suchte; die Schwester, von Schluchzen geschüttelt, mit ihren kleinen Fäusten den Tisch bearbeitete; und Gregor laut vor Wut darüber zischte, daß es keinem einfiel, die Tür zu schließen und ihm diesen Anblick und Lärm zu ersparen.

Aber selbst wenn die Schwester, erschöpft von ihrer Berufsarbeit, dessen überdrüssig geworden war, für Gregor, wie früher, zu sorgen, so hätte noch keineswegs die Mutter für sie eintreten müssen und Gregor hätte doch nicht vernachlässigt werden brauchen. Denn nun war die Bedienerin da. Diese alte Witwe, die in ihrem langen Leben mit Hilfe ihres starken Knochenbaues das Ärgste überstanden haben mochte, hatte keinen eigentlichen Abscheu vor Gregor. Ohne irgendwie neugierig zu sein, hatte sie zufällig einmal die Tür von Gregors Zimmer aufgemacht und war im Anblick Gregors, der, gänzlich überrascht, trotzdem ihn niemand jagte, hin und herzulaufen begann, die Hände im Schoß gefaltet staunend stehen geblieben. Seitdem versäumte sie nicht, stets flüchtig morgens und abends die Tür ein wenig zu öffnen und zu Gregor hineinzuschauen. Anfangs rief sie ihn auch zu sich herbei, mit Worten, die sie wahrscheinlich für freundlich hielt, wie »Komm mal herüber, alter Mistkäfer!« oder »Seht mal den alten Mistkäfer!« Auf solche Ansprachen antwortete Gregor mit nichts, sondern blieb unbeweglich auf seinem Platz, als sei die Tür gar nicht geöffnet worden. Hätte man doch dieser Bedienerin, statt sie nach ihrer Laune ihn nutzlos stören zu lassen, lieber den Befehl gegeben, sein Zimmer täglich zu reinigen! Einmal am frühen Morgen — ein heftiger Regen, vielleicht schon ein Zeichen des kommenden Frühjahrs, schlug an die Scheiben — war Gregor, als die Bedienerin mit ihren Redensarten wieder begann, derartig erbittert, daß er, wie zum Angriff, allerdings langsam und hinfällig, sich gegen sie wendete. Die Bedienerin aber, statt sich zu fürchten, hob bloß einen in der Nähe der Tür befindlichen Stuhl hoch empor, und wie sie mit groß geöffnetem Munde dastand, war ihre Absicht klar, den Mund erst zu schließen, wenn der Sessel in ihrer Hand auf Gregors Rücken niederschlagen würde. »Also weiter geht es nicht?« fragte sie, als Gregor sich wieder umdrehte, und stellte den Sessel ruhig in die Ecke zurück.

Gregor aß nun fast gar nichts mehr. Nur wenn er zufällig an der vorbereiteten Speise vorüberkam, nahm er zum Spiel einen Bissen in den Mund, hielt ihn dort stundenlang und spie ihn dann meist wieder aus. Zuerst dachte er, es sei die Trauer über den Zustand seines Zimmers, die ihn vom Essen abhalte, aber gerade mit den Veränderungen des Zimmers söhnte er sich sehr bald aus. Man hatte sich angewöhnt, Dinge, die man anderswo nicht unterbringen konnte, in dieses Zimmer hineinzustellen, und solcher Dinge gab es nun viele, da man ein Zimmer der Wohnung an drei Zimmerherren vermietet hatte. Diese ernsten Herren — alle drei hatten Vollbärte, wie Gregor einmal durch eine Türspalte feststellte — waren peinlich auf Ordnung, nicht nur in ihrem Zimmer, sondern, da sie sich nun einmal hier eingemietet hatten, in der ganzen Wirtschaft, also insbesondere in der Küche, bedacht. Un=

nützen oder gar schmutzigen Kram ertrugen sie nicht. Überdies hatten sie zum größten Teil ihre eigenen Einrichtungsstücke mitgebracht. Aus diesem Grunde waren viele Dinge überflüssig geworden, die zwar nicht verkäuflich waren, die man aber auch nicht wegwerfen wollte. Alle diese wanderten in Gregors Zimmer. Ebenso auch die Aschenkiste und die Abfallkiste aus der Küche. Was nur im Augenblick unbrauchbar war, schleuderte die Bedienerin, die es immer sehr eilig hatte, einfach in Gregors Zimmer; Gregor sah glücklicherweise meist nur den betreffenden Gegenstand und die Hand, die ihn hielt. Die Bedienerin hatte vielleicht die Absicht, bei Zeit und Gelegenheit die Dinge wieder zu holen oder alle insgesamt mit einemmal hinauszuwerfen, tatsächlich aber blieben sie dort liegen, wohin sie durch den ersten Wurf gekommen waren, wenn nicht Gregor sich durch das Rumpelzeug wand und es in Bewegung brachte, zuerst gezwungen, weil kein sonstiger Platz zum Kriechen frei war, später aber mit wachsendem Vergnügen, obwohl er nach solchen Wanderungen, zum Sterben müde und traurig, wieder stundenlang sich nicht rührte.

Da die Zimmerherren manchmal auch ihr Abendessen zu Hause im gemeinsamen Wohnzimmer einnahmen, blieb die Wohnzimmertür an manchen Abenden geschlossen, aber Gregor verzichtete ganz leicht auf das Öffnen der Tür, hatte er doch schon manche Abende, an denen sie geöffnet war, nicht ausgenützt, sondern war, ohne daß es die Familie merkte, im dunkelsten Winkel seines Zimmers gelegen. Einmal aber hatte die Bedienerin die Tür zum Wohnzimmer ein wenig offen gelassen, und sie blieb so offen, auch als die Zimmerherren am Abend eintraten und Licht gemacht wurde. Sie setzten sich oben an den Tisch, wo in früheren Zeiten der Vater, die Mutter und Gregor gegessen hatten, entfalteten die Servietten und nahmen Messer und Gabel in die Hand. Sofort erschien in der Tür die Mutter mit einer Schüssel Fleisch und knapp hinter ihr die Schwester mit einer Schüssel hochgeschichteter Kartoffeln. Das Essen dampfte mit starkem Rauch. Die Zimmerherren beugten sich über die vor sie hingestellten Schüsseln, als wollten sie sie vor dem Essen prüfen, und tatsächlich zerschnitt der, welcher in der Mitte saß und den anderen zwei als Autorität zu gelten schien, ein Stück Fleisch noch auf der Schüssel, offenbar um festzustellen, ob es mürbe genug sei und ob es nicht etwa in die Küche zurückgeschickt werden solle. Er war befriedigt, und Mutter und Schwester, die gespannt zugesehen hatten, begannen aufatmend zu lächeln.

Die Familie selbst aß in der Küche. Trotzdem kam der Vater, ehe er in die Küche ging, in dieses Zimmer herein und machte mit einer einzigen Verbeugung, die Kappe in der Hand, einen Rundgang um den Tisch. Die Zimmerherren erhoben sich sämtlich und murmelten etwas in ihre Bärte. Als sie dann allein waren, aßen sie fast unter vollkommenem Stillschweigen. Sonderbar schien es Gregor, daß man aus allen mannigfachen Geräuschen des Essens immer wieder ihre kauenden Zähne heraushörte, als ob damit Gregor gezeigt werden sollte, daß man Zähne brauche, um zu essen, und daß man auch mit den schönsten zahnlosen Kiefern nichts ausrichten könne. »Ich habe ja Appetit,« sagte sich Gregor sorgenvoll, »aber nicht auf diese Dinge. Wie sich diese Zimmerherren nähren, und ich komme um!«

Gerade an diesem Abend — Gregor erinnerte sich nicht, während der ganzen Zeit die Violine gehört zu haben — ertönte sie von der Küche her. Die Zimmerherren hatten schon ihr Nachtmahl beendet, der mittlere hatte eine Zeitung hervorgezogen, den zwei anderen je ein Blatt gegeben, und nun lasen sie zurückgelehnt und rauchten. Als die Violine zu spielen begann, wurden sie aufmerksam, erhoben sich und gingen auf den Fußspitzen zur Vorzimmertür, in der sie aneinandergedrängt stehen blieben. Man mußte sie von der Küche aus gehört haben, denn der Vater rief: »Ist den Herren das Spiel vielleicht unangenehm? Es kann sofort eingestellt werden.« »Im Gegenteil,« sagte der mittlere der Herren, »möchte das Fräulein nicht zu uns hereinkommen und hier im Zimmer spielen, wo es doch viel bequemer und gemütlicher ist?« »O bitte,« rief der Vater, als sei er der Violinspieler. Die Herren traten ins Zimmer zurück und warteten. Bald kam der Vater mit dem Notenpult, die Mutter mit den Noten und die Schwester mit der Violine. Die Schwester bereitete alles ruhig zum Spiele vor, die Eltern, die niemals früher Zimmer vermietet hatten und deshalb die Höflichkeit gegen die Zimmerherren übertrieben, wagten gar nicht, sich auf ihre eigenen Sessel zu setzen, der Vater lehnte an der Tür, die rechte Hand zwischen zwei Knöpfe des geschlossenen Livreerockes gesteckt, die Mutter aber erhielt von einem Herrn einen Sessel angeboten und saß, da sie den Sessel dort ließ, wohin ihn der Herr zufällig gestellt hatte, abseits in einem Winkel.

Die Schwester begann zu spielen, Vater und Mutter verfolgten, jeder von seiner Seite, aufmerksam die Bewegungen ihrer Hände. Gregor hatte, von dem Spiele angezogen, sich ein wenig weiter vorgewagt und war schon mit dem Kopf im Wohnzimmer. Er wunderte sich kaum darüber, daß er in letzter Zeit so wenig Rücksicht auf die andern nahm; früher war diese Rücksichtnahme sein Stolz gewesen. Und dabei hätte er gerade jetzt mehr Grund gehabt, sich zu verstecken, denn infolge des Staubes, der in seinem Zimmer überall lag und bei der kleinsten Bewegung umherflog, war auch er ganz staubbedeckt; Fäden, Haare, Speiseüberreste schleppte er auf seinem Rücken und an den Seiten mit sich herum; seine Gleichgültigkeit gegen alles war viel zu groß, als daß er sich, wie früher mehrmals während des Tages, auf den Rücken gelegt und am Teppich gescheuert hätte. Und trotz dieses Zustandes hatte er keine Scheu, ein Stück auf dem makellosen Fußboden des Wohnzimmers vorzurücken.

Allerdings achtete auch niemand auf ihn. Die Familie war gänzlich vom Violinspiel in Anspruch genommen; die Zimmerherren dagegen, die zunächst, die Hände in den Hosentaschen, viel zu nahe hinter dem Notenpult der Schwester sich aufgestellt hatten, so daß sie alle in die Noten hätten sehen können, was sicher die Schwester stören mußte, zogen sich bald unter halblauten Gesprächen mit gesenkten Köpfen zum Fenster zurück, wo sie, vom Vater besorgt beobachtet, auch blieben. Es hatte nun wirklich den überdeutlichen Anschein, als wären sie in ihrer Annahme, ein schönes oder unterhaltendes Violinspiel zu hören, enttäuscht, hätten die ganze Vorführung satt und ließen sich nur aus Höflichkeit noch in ihrer Ruhe stören. Besonders die Art, wie sie alle aus Nase und Mund den Rauch ihrer Zigarren in die Höhe bliesen, ließ auf große Nervosität schließen. Und doch spielte die Schwester so schön. Ihr Gesicht war zur Seite geneigt, prüfend und traurig folgten ihre Blicke den Notenzeilen. Gregor kroch noch ein Stück vorwärts und hielt den Kopf eng an den Boden, um möglicherweise ihren Blicken begegnen zu können. War er ein Tier, da ihn Musik so ergriff? Ihm war, als zeige sich ihm der Weg zu der ersehnten unbekannten Nahrung. Er war entschlossen, bis zur Schwester vorzudringen, sie am Rock zu zupfen und ihr dadurch anzudeuten, sie möge doch mit ihrer Violine in sein Zimmer kommen, denn niemand lohnte hier das Spiel so, wie er es lohnen wollte. Er wollte sie nicht mehr aus seinem Zimmer lassen, wenigstens nicht, solange er lebte; seine Schreckgestalt sollte ihm zum erstenmal nützlich werden; an allen Türen seines Zimmers wollte er gleichzeitig sein und den Angreifern entgegenfauchen; die Schwester aber sollte nicht gezwungen, sondern freiwillig bei ihm bleiben; sie sollte neben ihm auf dem Kanapee sitzen, das Ohr zu ihm herunterneigen, und er wollte ihr dann anvertrauen, daß er die feste Absicht gehabt habe, sie auf das Konservatorium zu schicken, und daß er dies, wenn nicht das Unglück dazwischen gekommen wäre, vergangene Weihnachten — Weihnachten war doch wohl schon vorüber? — allen gesagt hätte, ohne sich um irgendwelche Widerreden zu kümmern. Nach dieser Erklärung würde die Schwester in Tränen der Rührung ausbrechen, und Gregor würde sich bis zu ihrer Achsel erheben und ihren Hals küssen, den sie, seitdem sie ins Geschäft ging, frei ohne Band oder Kragen trug.

»Herr Samsa!« rief der mittlere Herr dem Vater zu und zeigte, ohne ein weiteres Wort zu verlieren, mit dem Zeigefinger auf den langsam sich vorwärtsbewegenden Gregor. Die Violine verstummte, der mittlere Zimmerherr lächelte erst einmal kopfschüttelnd seinen Freunden zu und sah dann wieder auf Gregor hin. Der Vater schien es für nötiger zu halten, statt Gregor zu vertreiben, vorerst die Zimmerherren zu beruhigen, trotzdem diese gar nicht aufgeregt waren und

Gregor sie mehr als das Violinspiel zu unterhalten
schien. Er eilte zu ihnen und suchte sie mit ausgebrei=
teten Armen in ihr Zimmer zu drängen und gleichzeitig
mit seinem Körper ihnen den Ausblick auf Gregor zu
nehmen. Sie wurden nun tatsächlich ein wenig böse,
man wußte nicht mehr, ob über das Benehmen des
Vaters oder über die ihnen jetzt aufgehende Erkennt=
nis, ohne es zu wissen, einen solchen Zimmernachbar
wie Gregor besessen zu haben. Sie verlangten vom
Vater Erklärungen, hoben ihrerseits die Arme, zupften
unruhig an ihren Bärten und wichen nur langsam gegen
ihr Zimmer zurück. Inzwischen hatte die Schwester die
Verlorenheit, in die sie nach dem plötzlich abgebrochenen
Spiel verfallen war, überwunden, hatte sich, nachdem
sie eine Zeit lang in den lässig hängenden Händen
Violine und Bogen gehalten und weiter, als spiele sie
noch, in die Noten gesehen hatte, mit einem Male
aufgerafft, hatte das Instrument auf den Schoß der
Mutter gelegt, die in Atembeschwerden mit heftig
arbeitenden Lungen noch auf ihrem Sessel saß, und war
in das Nebenzimmer gelaufen, dem sich die Zimmer=
herren unter dem Drängen des Vaters schon schneller
näherten. Man sah, wie unter den geübten Händen
der Schwester die Decken und Polster in den Betten
in die Höhe flogen und sich ordneten. Noch ehe die
Herren das Zimmer erreicht hatten, war sie mit dem
Aufbetten fertig und schlüpfte heraus. Der Vater schien
wieder von seinem Eigensinn derartig ergriffen, daß er
jeden Respekt vergaß, den er seinen Mietern immerhin
schuldete. Er drängte nur und drängte, bis schon in
der Tür des Zimmers der mittlere der Herren donnernd
mit dem Fuß aufstampfte und dadurch den Vater zum
Stehen brachte. »Ich erkläre hiermit,« sagte er, hob die
Hand und suchte mit den Blicken auch die Mutter und

die Schwester, »daß ich mit Rücksicht auf die in dieser Wohnung und Familie herrschenden widerlichen Verhältnisse« — hiebei spie er kurz entschlossen auf den Boden — »mein Zimmer augenblicklich kündige. Ich werde natürlich auch für die Tage, die ich hier gewohnt habe, nicht das Geringste bezahlen, dagegen werde ich es mir noch überlegen, ob ich nicht mit irgendwelchen — glauben Sie mir — sehr leicht zu begründenden Forderungen gegen Sie auftreten werde.« Er schwieg und sah gerade vor sich hin, als erwarte er etwas. Tatsächlich fielen sofort seine zwei Freunde mit den Worten ein: »Auch wir kündigen augenblicklich.« Darauf faßte er die Türklinke und schloß mit einem Krach die Tür.

Der Vater wankte mit tastenden Händen zu seinem Sessel und ließ sich in ihn fallen, es sah aus, als strecke er sich zu seinem gewöhnlichen Abendschläfchen, aber das starke Nicken seines wie haltlosen Kopfes zeigte, daß er ganz und gar nicht schlief. Gregor war die ganze Zeit still auf dem Platz gelegen, auf dem ihn die Zimmerherren ertappt hatten. Die Enttäuschung über das Mißlingen seines Planes, vielleicht aber auch die durch das viele Hungern verursachte Schwäche machten es ihm unmöglich, sich zu bewegen. Er fürchtete mit einer gewissen Bestimmtheit schon für den nächsten Augenblick einen allgemeinen über ihn sich entladenden Zusammensturz und wartete. Nicht einmal die Violine schreckte ihn auf, die, unter den zitternden Fingern der Mutter hervor, ihr vom Schoße fiel und einen hallenden Ton von sich gab.

»Liebe Eltern,« sagte die Schwester und schlug zur Einleitung mit der Hand auf den Tisch, »so geht es nicht weiter. Wenn ihr das vielleicht nicht einsehet, ich sehe es ein. Ich will vor diesem Untier nicht den

Namen meines Bruders aussprechen, und sage daher bloß: wir müssen versuchen, es loszuwerden. Wir haben das Menschenmögliche versucht, es zu pflegen und zu dulden, ich glaube, es kann uns niemand den geringsten Vorwurf machen.«

»Sie hat tausendmal Recht,« sagte der Vater für sich. Die Mutter, die noch immer nicht genug Atem finden konnte, fing in die vorgehaltene Hand mit einem irrsinnigen Ausdruck der Augen dumpf zu husten an.

Die Schwester eilte zur Mutter und hielt ihr die Stirn. Der Vater schien durch die Worte der Schwester auf bestimmtere Gedanken gebracht zu sein, hatte sich aufrecht gesetzt, spielte mit seiner Dienermütze zwischen den Tellern, die noch vom Nachtmahl der Zimmerherren her auf dem Tische lagen, und sah bisweilen auf den stillen Gregor hin.

»Wir müssen es loszuwerden suchen,« sagte die Schwester nun ausschließlich zum Vater, denn die Mutter hörte in ihrem Husten nichts, »es bringt euch noch beide um, ich sehe es kommen. Wenn man schon so schwer arbeiten muß, wie wir alle, kann man nicht noch zu Hause diese ewige Quälerei ertragen. Ich kann es auch nicht mehr.« Und sie brach so heftig in Weinen aus, daß ihre Tränen auf das Gesicht der Mutter niederflossen, von dem sie sie mit mechanischen Handbewegungen wischte.

»Kind,« sagte der Vater mitleidig und mit auffallendem Verständnis, »was sollen wir aber tun?«

Die Schwester zuckte nur die Achseln zum Zeichen der Ratlosigkeit, die sie nun während des Weinens im Gegensatz zu ihrer früheren Sicherheit ergriffen hatte.

»Wenn er uns verstünde,« sagte der Vater halb fragend; die Schwester schüttelte aus dem Weinen heraus heftig die Hand zum Zeichen, daß daran nicht zu denken sei.

»Wenn er uns verstünde,« wiederholte der Vater und nahm durch Schließen der Augen die Überzeugung der Schwester von der Unmöglichkeit dessen in sich auf, »dann wäre vielleicht ein Übereinkommen mit ihm möglich. Aber so —«

»Weg muß es,« rief die Schwester, »das ist das einzige Mittel, Vater. Du mußt bloß den Gedanken loszuwerden suchen, daß es Gregor ist. Daß wir es solange geglaubt haben, das ist ja unser eigentliches Unglück. Aber wie kann es denn Gregor sein? Wenn es Gregor wäre, er hätte längst eingesehen, daß ein Zusammenleben von Menschen mit einem solchen Tier nicht möglich ist, und wäre freiwillig fortgegangen. Wir hätten dann keinen Bruder, aber könnten weiter leben und sein Andenken in Ehren halten. So aber verfolgt uns dieses Tier, vertreibt die Zimmerherren will offenbar die ganze Wohnung einnehmen und uns auf der Gasse übernachten lassen. Sieh nur, Vater,« schrie sie plötzlich auf, »er fängt schon wieder an!« Und in einem für Gregor gänzlich unverständlichen Schrecken verließ die Schwester sogar die Mutter, stieß sich förmlich von ihrem Sessel ab, als wollte sie lieber die Mutter opfern, als in Gregors Nähe bleiben, und eilte hinter den Vater, der, lediglich durch ihr Benehmen erregt, auch aufstand und die Arme wie zum Schutze der Schwester vor ihr halb erhob.

Aber Gregor fiel es doch gar nicht ein, irgend jemandem und gar seiner Schwester Angst machen zu wollen. Er hatte bloß angefangen sich umzudrehen, um in sein Zimmer zurückzuwandern, und das nahm sich allerdings auffallend aus, da er infolge seines leidenden Zustandes bei den schwierigen Umdrehungen mit seinem Kopfe nachhelfen mußte, den er hierbei viele Male hob und gegen den Boden schlug. Er hielt inne und sah sich um. Seine gute Absicht schien erkannt worden zu sein, es war nur ein augenblicklicher Schrecken gewesen. Nun sahen ihn alle schweigend und traurig an. Die Mutter lag, die Beine ausgestreckt und aneinandergedrückt, in ihrem Sessel, die Augen fielen ihr vor Ermattung fast zu, der Vater und die Schwester saßen nebeneinander, die Schwester hatte ihre Hand um des Vaters Hals gelegt.

»Nun darf ich mich schon vielleicht umdrehen,« dachte Gregor und begann seine Arbeit wieder. Er konnte das Schnaufen der Anstrengung nicht unterdrücken und mußte auch hie und da ausruhen. Im übrigen drängte ihn auch niemand, es war alles ihm selbst überlassen. Als er die Umdrehung vollendet hatte, fing er sofort an, geradeaus zurückzuwandern. Er staunte über die große Entfernung, die ihn von seinem Zimmer trennte, und begriff gar nicht, wie er bei seiner Schwäche vor kurzer Zeit den gleichen Weg, fast ohne es zu merken, zurückgelegt hatte. Immerfort nur auf rasches Kriechen bedacht, achtete er kaum darauf, daß kein Wort, kein Ausruf seiner Familie ihn störte. Erst als er schon in der Tür war, wendete er den Kopf, nicht vollständig, denn er fühlte den Hals steif werden, immerhin sah er noch, daß sich hinter ihm nichts verändert hatte, nur die Schwester war aufgestanden. Sein letzter Blick streifte die Mutter, die nun völlig eingeschlafen war.

Kaum war er innerhalb seines Zimmers, wurde die Tür eiligst zugedrückt, festgeriegelt und versperrt. Über den plötzlichen Lärm hinter sich erschrak Gregor so, daß ihm die Beinchen einknickten. Es war die Schwester, die sich so beeilt hatte. Aufrecht war sie schon da ge=

standen und hatte gewartet, leichtfüßig war sie dann vorwärtsgesprungen, Gregor hatte sie gar nicht kommen hören, und ein »Endlich!« rief sie den Eltern zu, während sie den Schlüssel im Schloß umdrehte.

»Und jetzt?« fragte sich Gregor und sah sich im Dunkeln um. Er machte bald die Entdeckung, daß er sich nun überhaupt nicht mehr rühren konnte. Er wunderte sich darüber nicht, eher kam es ihm unnatürlich vor, daß er sich bis jetzt tatsächlich mit diesen dünnen Beinchen hatte fortbewegen können. Im übrigen fühlte er sich verhältnismäßig behaglich. Er hatte zwar Schmerzen im ganzen Leib, aber ihm war, als würden sie allmählich schwächer und schwächer und würden schließlich ganz vergehen. Den verfaulten Apfel in seinem Rücken und die entzündete Umgebung, die ganz von weichem Staub bedeckt waren, spürte er schon kaum. An seine Familie dachte er mit Rührung und Liebe zurück. Seine Meinung darüber, daß er verschwinden müsse, war womöglich noch entschiedener, als die seiner Schwester. In diesem Zustand leeren und friedlichen Nachdenkens blieb er, bis die Turmuhr die dritte Morgenstunde schlug. Den Anfang des allgemeinen Hellerwerdens draußen vor dem Fenster erlebte er noch. Dann sank sein Kopf ohne seinen Willen gänzlich nieder, und aus seinen Nüstern strömte sein letzter Atem schwach hervor.

Als am frühen Morgen die Bedienerin kam — vor lauter Kraft und Eile schlug sie, wie oft man sie auch schon gebeten hatte, das zu vermeiden, alle Türen derartig zu, daß in der ganzen Wohnung von ihrem Kommen an kein ruhiger Schlaf mehr möglich war —, fand sie bei ihrem gewöhnlichen kurzen Besuch an Gregor zuerst nichts Besonderes. Sie dachte, er liege absichtlich so unbeweglich da und spiele den Beleidigten;

sie traute ihm allen möglichen Verstand zu. Weil sie zufällig den langen Besen in der Hand hielt, suchte sie mit ihm Gregor von der Tür aus zu kitzeln. Als sich auch da kein Erfolg zeigte, wurde sie ärgerlich und stieß ein wenig in Gregor hinein, und erst als sie ihn ohne jeden Widerstand von seinem Platze geschoben hatte, wurde sie aufmerksam. Als sie bald den wahren Sachverhalt erkannte, machte sie große Augen, pfiff vor sich hin, hielt sich aber nicht lange auf, sondern riß die Tür des Schlafzimmers auf und rief mit lauter Stimme in das Dunkel hinein: »Sehen Sie nur mal an, es ist krepiert, da liegt es, ganz und gar krepiert!«

Das Ehepaar Samsa saß im Ehebett aufrecht da und hatte zu tun, den Schrecken über die Bedienerin zu verwinden, ehe es dazu kam, ihre Meldung aufzufassen. Dann aber stiegen Herr und Frau Samsa, jeder auf seiner Seite, eiligst aus dem Bett, Herr Samsa warf die Decke über seine Schultern, Frau Samsa kam nur im Nachthemd hervor, so traten sie in Gregors Zimmer. Inzwischen hatte sich auch die Tür des Wohnzimmers geöffnet, in dem Grete seit dem Einzug der Zimmerherren schlief, sie war völlig angezogen, als hätte sie gar nicht geschlafen, auch ihr bleiches Gesicht schien das zu beweisen. »Tot?« sagte Frau Samsa und sah fragend zur Bedienerin auf, trotzdem sie doch alles selbst prüfen und sogar ohne Prüfung erkennen konnte. »Das will ich meinen,« sagte die Bedienerin und stieß zum Beweis Gregors Leiche mit dem Besen noch ein großes Stück seitwärts. Frau Samsa machte eine Bewegung, als wolle sie den Besen zurückhalten, tat es aber nicht. »Nun,« sagte Herr Samsa, »jetzt können wir Gott danken.« Er bekreuzte sich, und die drei Frauen folgten seinem Beispiel. Grete, die kein Auge von der Leiche wendete, sagte: »Seht nur, wie mager er war. Er hat ja auch schon so lange Zeit nichts gegessen. So wie die Speisen hereinkamen, sind sie wieder hinausgekommen.« Tatsächlich war Gregors Körper vollständig flach und trocken, man erkannte das eigentlich erst jetzt, da er nicht mehr von den Beinchen gehoben war und auch sonst nichts den Blick ablenkte.

»Komm, Grete, auf ein Weilchen zu uns herein,« sagte Frau Samsa mit einem wehmütigen Lächeln, und Grete ging, nicht ohne nach der Leiche zurückzusehen, hinter den Eltern in das Schlafzimmer. Die Bedienerin schloß die Tür und öffnete gänzlich das Fenster. Trotz des frühen Morgens war der frischen Luft schon etwas Lauigkeit beigemischt. Es war eben schon Ende März.

Aus ihrem Zimmer traten die drei Zimmerherren und sahen sich erstaunt nach ihrem Frühstück um, man hatte sie vergessen. »Wo ist das Frühstück?« fragte der mittlere der Herren mürrisch die Bedienerin. Diese aber legte den Finger an den Mund und winkte dann hastig und schweigend den Herren zu, sie möchten in Gregors Zimmer kommen. Sie kamen auch und standen dann, die Hände in den Taschen ihrer etwas abgenützten Röckchen, in dem nun schon ganz hellen Zimmer um Gregors Leiche herum.

Da öffnete sich die Tür des Schlafzimmers, und Herr Samsa erschien in seiner Livree an einem Arm seine Frau, am anderen seine Tochter. Alle waren ein wenig verweint, Grete drückte bisweilen ihr Gesicht an den Arm des Vaters.

»Verlassen Sie sofort meine Wohnung!« sagte Herr Samsa und zeigte auf die Tür, ohne die Frauen von sich zu lassen. »Wie meinen Sie das?« sagte der mittlere der Herren etwas bestürzt und lächelte süßlich.

Die zwei anderen hielten die Hände auf dem Rücken und rieben sie ununterbrochen aneinander, wie in freudiger Erwartung eines großen Streites, der aber für sie günstig ausfallen mußte. »Ich meine es genau so, wie ich es sage,« antwortete Herr Samsa und ging in einer Linie mit seinen zwei Begleiterinnen auf den Zimmerherrn zu. Dieser stand zuerst still da und sah zu Boden, als ob sich die Dinge in seinem Kopf zu einer neuen Ordnung zusammenstellten. »Dann gehen wir also,« sagte er dann und sah zu Herrn Samsa auf, als verlange er in einer plötzlich ihn überkommenden Demut sogar für diesen Entschluß eine neue Genehmigung. Herr Samsa nickte ihm bloß mehrmals kurz mit großen Augen zu. Daraufhin ging der Herr tatsächlich sofort mit langen Schritten ins Vorzimmer, seine beiden Freunde hatten schon ein Weilchen lang mit ganz ruhigen Händen aufgehorcht und hüpften ihm jetzt geradezu nach, wie in Angst, Herr Samsa könnte vor ihnen ins Vorzimmer eintreten und die Verbindung mit ihrem Führer stören. Im Vorzimmer nahmen alle drei die Hüte vom Kleiderrechen, zogen ihre Stöcke aus dem Stockbehälter, verbeugten sich stumm und verließen die Wohnung. In einem, wie sich zeigte, gänzlich unbegründeten Mißtrauen trat Herr Samsa mit den zwei Frauen auf den Vorplatz hinaus, an das Geländer gelehnt, sahen sie zu, wie die drei Herren zwar langsam, aber ständig die lange Treppe hinunterstiegen, in jedem Stockwerk in einer bestimmten Biegung des Treppenhauses verschwanden und nach ein paar Augenblicken wieder hervorkamen, je tiefer sie gelangten, desto mehr verlor sich das Interesse der Familie Samsa für sie, und als ihnen entgegen und dann hoch über sie hinweg ein Fleischergeselle mit der Trage auf dem Kopf in stolzer Haltung heraufstieg, verließ bald Herr Samsa mit den Frauen das Geländer, und alle kehrten, wie erleichtert, in ihre Wohnung zurück.

Sie beschlossen, den heutigen Tag zum Ausruhen und Spazierengehen zu verwenden; sie hatten diese Arbeitsunterbrechung nicht nur verdient, sie brauchten sie sogar unbedingt. Und so setzten sie sich zum Tisch und schrieben drei Entschuldigungsbriefe, Herr Samsa an seine Direktion, Frau Samsa an ihren Auftraggeber, und Grete an ihren Prinzipal. Während des Schreibens kam die Bedienerin herein, um zu sagen, daß sie fortgehe, denn ihre Morgenarbeit war beendet. Die drei Schreibenden nickten zuerst bloß, ohne aufzuschauen, erst als die Bedienerin sich immer noch nicht entfernen wollte, sah man ärgerlich auf. »Nun?« fragte Herr Samsa. Die Bedienerin stand lächelnd in der Tür, als habe sie der Familie ein großes Glück zu melden, werde es aber nur dann tun, wenn sie gründlich ausgefragt werde. Die fast aufrechte kleine Straußfeder auf ihrem Hut, über die sich Herr Samsa schon während ihrer ganzen Dienstzeit ärgerte, schwankte leicht nach allen Richtungen. »Also was wollen Sie eigentlich?« fragte Frau Samsa, vor welcher die Bedienerin noch am meisten Respekt hatte. »Ja,« antwortete die Bedienerin und konnte vor freundlichem Lachen nicht gleich weiter reden, »also darüber, wie das Zeug von nebenan weggeschafft werden soll, müssen Sie sich keine Sorge machen. Es ist schon in Ordnung.« Frau Samsa und Grete beugten sich zu ihren Briefen nieder, als wollten sie weiterschreiben; Herr Samsa, welcher merkte, daß die Bedienerin nun alles ausführlich zu beschreiben anfangen wollte, wehrte dies mit ausgestreckter Hand entschieden ab. Da sie aber nicht erzählen durfte, erinnerte sie sich an die große Eile, die sie hatte, rief offenbar beleidigt: »Adjes allseits,« drehte sich wild um und verließ unter fürchterlichem Türezuschlagen die Wohnung.

»Abends wird sie entlassen,« sagte Herr Samsa, bekam aber weder von seiner Frau, noch von seiner Tochter eine Antwort, denn die Bedienerin schien ihre kaum gewonnene Ruhe wieder gestört zu haben. Sie erhoben sich, gingen zum Fenster und blieben dort, sich umschlungen haltend. Herr Samsa drehte sich in seinem Sessel nach ihnen um und beobachtete sie still ein Weilchen. Dann rief er: »Also kommt doch her. Laßt schon endlich die alten Sachen. Und nehmt auch ein wenig Rücksicht auf mich.« Gleich folgten ihm die Frauen, eilten zu ihm, liebkosten ihn und beendeten rasch ihre Briefe.

Dann verließen alle drei gemeinschaftlich die Wohnung, was sie schon seit Monaten nicht getan hatten, und fuhren mit der Elektrischen ins Freie vor die Stadt. Der Wagen, in dem sie allein saßen, war ganz von warmer Sonne durchschienen. Sie besprachen, bequem auf ihren Sitzen zurückgelehnt, die Aussichten für die Zukunft, und es fand sich, daß diese bei näherer Betrachtung durchaus nicht schlecht waren, denn aller drei Anstellungen waren, worüber sie einander eigentlich noch gar nicht ausgefragt hatten, überaus günstig und besonders für später vielversprechend. Die größte augenblickliche Besserung der Lage mußte sich natürlich leicht durch einen Wohnungswechsel ergeben; sie wollten nun eine kleinere und billigere, aber besser gelegene und überhaupt praktischere Wohnung nehmen, als es die jetzige, noch von Gregor ausgesuchte war. Während sie sich so unterhielten, fiel es Herrn und Frau Samsa im Anblick ihrer immer lebhafter werdenden Tochter fast gleichzeitig ein, wie sie in der letzten

Zeit trotz aller Plage, die ihre Wangen bleich gemacht hatte, zu einem schönen und üppigen Mädchen aufgeblüht war. Stiller werdend und fast unbewußt durch Blicke sich verständigend, dachten sie daran, daß es nun Zeit sein werde, auch einen braven Mann für sie zu suchen. Und es war ihnen wie eine Bestätigung ihrer neuen Träume und guten Absichten, als am Ziele ihrer Fahrt die Tochter als erste sich erhob und ihren jungen Körper dehnte.

RENÉ SCHICKELE
AÏSSÉ

DER JÜNGSTE TAG ★ 24
KURT WOLFF VERLAG · LEIPZIG
1916

Aïssé

NOVELLE
VON
RENÉ SCHICKELE

LEIPZIG
KURT WOLFF VERLAG
1916

Mit Titelzeichnung und zwei Bildbeigaben nach Originallithographien von Ottomar Starke. Gedruckt bei E. Haberland in Leipzig=R. November 1915 als vierundzwanzigster Band der Bücherei »Der jüngste Tag«

COPYRIGHT 1915 BY KURT WOLFF VERLAG · LEIPZIG

AÏSSÉ

Aus einer Indischen Reise.

PONDICHÉRY an der Koromandelküste ist eine alte französische Provinzstadt, wie es sie in Frankreich selbst wohl kaum noch gibt. Sie liegt still und weiß mit großen Plätzen und winkligen Straßen, deren Namen die Schreibweise des vorvorigen Jahrhunderts beibehalten haben. Ich war an den Chefarzt des Hospitals empfohlen, und da wir nur zwei Tage bleiben sollten, beeilte ich mich, ihn aufzusuchen.

Ich traf ihn vor einem Pavillon inmitten von Palmen und gezirkelten Rasenflächen, auf deren Grün die Tulpen wie kleine bunte Laternen brannten. Die Palmen standen so dicht zusammen, daß sie ihre harten Wedel in der Höhe vermischten, doch schienen sich diese in dem grellen Licht, das sie tausendfach durchlöcherte, zu verflüchtigen, man bekam Schwindel, wenn man lange hinaufsah, der ganze Palmenwald fuhr mit einem in den Himmel. Um so zuversichtlicher kam dann der Blick auf den Rasen zurück, wo die Tulpen der Sonne tapfer standhielten, die sie mit Haut und Haaren aufzufressen drohte. Sie glichen eigensinnigen Kindern, die sich nicht von der Stelle rühren. Über die roten Sandwege, zwischen den Bäumen, in den

Büschen voll Glanz und Dunkel flitzten die Mungos, halb Eichhörnchen, halb Wiesel. Die Europäer züchten sie und lassen sie auf die Schlangen los, die der Hindu nicht von Menschenhand getötet haben will, weil sie, wie alle Tiere, wandernden Seelen zum schicksalsvollen Aufenthalt dienen.

Wir wechselten die üblichen Begrüßungsworte und schritten durch den Palmenwald einem überhellen, zitternden Stück Horizont entgegen.

„Was ist das für ein magisches Licht, das sich dort hinter den Stämmen bewegt?" fragte ich und deutete auf die weiße Flamme.

Mein Begleiter blickte auf: „Ja, nicht wahr? ein magisches Licht!... Und es ist doch nur eine Hauswand, die Wand eines Pavillons. Allerdings eines Pavillons in Südindien. Unsere schöne, schöne Sonne! Fast alle Europäer hassen sie... Ich bleibe einzig und allein ihretwegen hier... Vor zwei Jahren war ich zum letztenmal in Europa... Nie wieder!... Schon im Mittelländischen Meer fühlte ich, wie der blaue Himmel über uns langsam hinwelkte, das Licht hing stumpf und schwer über einem kraftlos glitzernden Meer, das Fenster der Welt schien beschlagen. — Vierzehn Tage später landete ich in einem feuchtkalten Keller. Das war Europa. Jetzt bleibe ich hier bis zum Ende..."

Wir betraten den Pavillon, der vom Rauschen der elektrischen Fächer erfüllt war, und wo die Kühle duftete.

Der Arzt führte mich in ein großes Zimmer. Zwei Betten standen darin. Das eine war leer, in dem andern lag eine alte Hindufrau, das Gesicht tief in blauschwarzem Haar. Daneben saß ein Europäer, der sich bei unserem Eintritt erhob: eine magere, gebeugte Gestalt, unter Mittelgröße, jedoch auffallend breitschulterig. Haupthaar und Schnurrbart waren schlohweiß. Das fahle Gesicht beunruhigten kleine, wimmelnde Augen. Aber als ihr Blick sich auf mich legte, empfand ich etwas zugleich Beklemmendes und Beglückendes, eine gütige Schwermut, die traurig machte und doch selbst vollkommen leidlos schien. Vielleicht ist das der Ausdruck des tiefen Glücks, das ja ebenso vereinsamt, wie der große Schmerz.

Der Arzt machte uns mit einander bekannt.

„Herr Frémard ist ein hervorragender Beamter unserer Kolonie, der auf eine mehr als dreißigjährige Dienstzeit zurückblickt. Er leistet seiner erkrankten Frau Gesellschaft. Madame befindet sich auf dem Weg der Besserung." Dann ließ er mich mit dem Franzosen allein.

Während ich mich auf einen Stuhl setzte, den der Franzose mir reichte, wobei er in reizend liebenswürdiger Weise die Unterhaltung begann, sah die dunkle, verwitterte Frau in den weißen Kissen uns reglos zu. Sie hatte jene sanften Hinduaugen, die schönsten Augen der Welt, die mich auf meiner Reise durch Indien begleitet haben wie eine immer erneute Gnade, Schatten und Kühle gewordenes Feuer. Mit einem Blick, der mühelos durch alle Dinge hindurchging, ohne Stoß sich umsah wie ein beständiger Wind, uralt und eben geboren — ein Ausdruck Gottes, ein Wunder. O, ich erinnere mich ihrer, ich vergesse sie nie: die seligen Augen, die Ewig-

keit seliger Augen, die aus den uralten Liebesgesängen Indiens blicken, wie sie uns noch immer, auf allen Straßen dieses Landes, hundert= und tausendmal begegnen, Schatten und Kühle gewordenes Feuer, schwarzer Diamant, den die indische Sonne flüssig erhält, große dunkle Tropfen Seele, die, ganz langsam, durch das blendende Licht fallen. Wie war das lederne, knochige Gesicht, fast schon ein Totenkopf, von der Schönheit der tiefliegenden, wie schon halb versunkenen Augen überschwemmt!
„Ist Aïssé nicht schön?!" rief der Franzose. Die Frau verstand offenbar seine Sprache, denn sie verzog die harten Muskeln um ihren Mund zu einem Lächeln, einem Lächeln, das die zahnlosen Kiefer entblößte und zuckend über das ganze Gesicht kroch, dessen Häßlichkeit noch entstellend. Zugleich stieg aus ihren Augen eine Wolke schimmernden Dunkels: Glück!

Da rückte der Franzose mit dem Stuhl näher und berührte mein Knie:
„Darf ich Ihnen erzählen, wie ich Aïssé kennen lernte? O, es ist lange her, es war drüben in Frankreich, in Paris, unter der Regentschaft des Herzogs von Bourbon, jedoch ich entsinne mich genau des Morgens in Saint=Sulpice, wo mir bewußt wurde, welchen Schatz ich, der arme, kleine Chevalier d'Aydin, in Aïssé gefunden hatte.
Ich hörte stehend die Messe an. Wenn das Rascheln eines Kleides an mein Ohr drang, dachte ich an das Böse, das sich da rührte. Ein Räuspern, ein Degenklirren gemahnte mich, daß ich von Raubtieren umgeben war, die

ihre Beute musterten, und, den Sprung berechnend, laut=
los heranschlichen. Alle lauerten unruhig hinter der zur
Schau getragenen Würde. Ihre Gedanken, unter denen
sich Kleider, Perücken, Stöcke und Degen unausgesetzt
wie in einem Luftzug bewegten, verwandelten das Heilig=
tum in einen Ort der überlegten, sorgsam vorbereiteten
und dann, plötzlich, mit Peitschenhieben losgelassenen
Laster. Saint=Sulpice war das Palais=Royal am frühen
Morgen... Bald vergaß ich alle, die sich um mich rührten,
bis auf eine, deren Stille anschwellend zu mir drang und
mich einhüllte. Obwohl ich damals leider nicht mehr
gläubig war, folgte ich doch der heiligen Handlung mit
aufmerksamer Hingabe. Die sich steigernden Gebärden
des Opfers reinigten auch mich, indem sie mit ihrer, aus
dem Dunkel der Geschlechter und meiner eigenen Kind=
heit wirkenden Kraft meine Sammlung vertieften. Alles,
was vor der Welt den Herrn Chevalier d'Aydin aus=
machte, fiel von mir ab, die tausend Nichtigkeiten, die
sich in einem lautern Charakter festsetzen und an ihm
zehren, starben, es blieb nur ein menschlich Herz, das an
seine Güte glaubt. Als die Klingel rief und der Priester
über der in die Knie gesunkenen Gemeinde die Hostie
hob, empfand ich diesen Augenblick als den beglückenden
Höhepunkt meines Zwiegesprächs mit dem Ewigen.

Ich hatte zwei Jahre am Rande der tollen Kirche ge=
lebt, in der die Teufel Menuett tanzten, daß den armen
Engeln das Entsetzen durch die steinernen Glieder rann
und die Frommen vor dem Altar nicht aus ihren Gebeten
aufzublicken wagten. Aber die Versuchungen hatten mich

in meinem Winkel aufgesucht, Frauen ergriffen meine Hände und wollten mich in das Gedränge ziehen, wo die Wildheit der einen sich an der Berührung der andern entflammte, wo der Atem all dieser erhitzten Menschen, der Duft ihrer Blumen und Essenzen, die züngelnden, stachelnden Liebkosungen ihres Witzes und ihre tiefen Schreie eine Atmosphäre schufen, die wie eine glitzernde Glasglocke über ihnen stand. Die Stärke der Versuchung hielt mich zurück. Denn so sehr empfand ich die Gewalt des grenzenlosen Lustverlangens, daß ich meinte, ich müßte in wenigen Wochen tot oder als ein Krüppel zusammenbrechen, wenn ich dem grausamen Jagdruf meiner Sinne folgte. Wie andere mit unverletzlichem, weil demütigem Vertrauen an Gott glauben, so stellte ich all meinen Mut auf die Liebe. Meine Mutter war eine reine Frau, sinnlich, heiter und überlegsam, die ihren Mann liebte, nicht heute, gestern und morgen, sondern wahrhaft in Ewigkeit. Darum konnten Enttäuschung, Schmerz und manchmal recht langer Gram kommen, sie bückte sich mit verhaltener Innigkeit unter dem Windstoß, der vorüberzog, ihr Mund blieb jung und ihre Liebe ein einziger Sommer. Sie konnte nicht rechten, weil sie an das Geschenk ihrer Liebe keine Bedingungen geknüpft hatte, und sie liebte auch nicht, um dafür belohnt zu werden. Sie liebte. Das war alles. Ich war ihr einziger Sohn. Und wenn sie mich auch nicht fromm erhalten konnte, so bewahrte sie mich doch stark und gerade.

Als ich, zweiundzwanzigjährig, nach Paris kam, stellte ich mich, über meine Unscheinbarkeit erfreut, belustigt und die Menschen nehmend, wie sie waren, aller Kamerad, ohne Furcht vor Gefahr und Verrat, unter die einströmenden Gäste des Karnevals, sah alles, nahm manchmal teil und suchte gleichzeitig mit den Blicken, ob nicht vielleicht irgendwo eine Frau stände und ihren wissenden Blick ebenso schweifen ließe... Sie saß vor dem jungen Herrn von Richelieu, der mit strahlendem Gesicht auf sie einredete! Ihre eine Hand hielt die andere fest umschlungen, und ihr Blick irrte hilfesuchend durch den Saal. Der Blick traf mich und verweilte, ich kam. Richelieu stellte mich vor. Ich verließ sie nicht an diesem Abend. Wochen, Monate warb ich um ihre Liebe, bis sie mich eines Tages fortschickte... Ich sollte sie vergessen... Und reiste acht Monate ins Ausland, kam zurück. Sie gab sich mir. Ich bot ihr meine Hand an, sie schlug sie aus und ließ mich versprechen, niemand zu sagen, daß ich sie habe heiraten wollen.

Alle Frauen von Paris zusammen hatten nicht so viel Liebeskraft, wie Aïssé in einer Stunde an ihren Geliebten hingab. Es war, als ob die Liebe der Welt in ihrem Herzen zusammenströmte. Sie war so voll Liebe, daß sie mich nur von weitem anzublicken brauchte: gleich fühlte ich in mir eine Quelle von Freude aufbrechen, die meinen ganzen Körper durchdrang und sogar verklärte, was um mich war. Ich ging in meinem eignen Schein. In Wahrheit trug ich nur einen Abglanz von Aïssé durch die Stadt. Sie aber leuchtete wirklich.

Das alles wurde mir an jenem Morgen in Saint=Sulpice klar.

Der Priester segnete die vornehme Welt, die diskret lärmend aufbrach und sich mit herrischen Mienen aneinander drängte, während sie dem Ausgang zuströmte. Die Männer streiften die Frauen, es wurden heimliche Händedrücke und eindeutige Blicke gewechselt, ein beschnalltes Knie stieß flüchtig in einen Rock. Vor der Tür wurden die Wagen aufgerufen.

Und wie seltsam: auch für Aïssé wurde dieser Morgen entscheidend.

Als sie mit ihrer Zofe in der Kirche allein war, schickte sie das Mädchen in die Sakristei und ließ den Priester bitten, ihr die Beichte abzunehmen.

„Ehrwürdiger Vater", sagte sie, „Sie wissen ja, ich war ein Heidenkind, als man mir von Christus erzählte, liebte ich ihn gleich wie meinen großen Bruder, und es fiel nicht schwer, mich zu bekehren. Im Gegenteil, mir war, als sei ich, seit ich lebte, durch einen dunkeln Gang marschiert, immer geradeaus, bis in die Kapelle des Klosters, wo im Weihrauch die goldene Monstranz war und die weißen Schwestern sangen. Aber nun sterbe ich daran. Ich spüre es, ich fürchte sogar, daß es schnell geht. Ich magere schrecklich ab. Ich verzehre mich. Herr von Ferriol hat mir einmal geschrieben, schlimmer als in einem Harem hätten es die Frauen in Paris auch nicht. Er hat vielleicht recht. Und die Frauen wollen es ja nicht anders. Aber ich kann nicht. Ich liebe, ehrwürdiger Vater, ich liebe mit ganzem Herzen, und, nein, ich kann meine Liebe nicht für Sünde halten. Aber das ist es nicht. Ich muß sterben, weil ich den Chevalier nicht heiraten kann..."

Der Priester wollte sie unterbrechen, aber Aïssé fuhr schnell fort:

"Ja, er will mich heiraten — ihn trifft keine Schuld. Sie müssen einsehen, daß ich ihn nicht heiraten darf. Er kann keine Sklavin heiraten, und ich bin eine Sklavin, eine böse, eifersüchtige Sklavin, die ihm nie verziehe, wenn er sie einmal nicht mehr liebte, und sich gleich auf der Stelle wegwürfe, um sich an ihm zu rächen. Wie sind sie jetzt schon hinter mir her! Oh, sie haben mich verhöhnt, als ich herkam, und gesagt, man sehe an meinem Gang, daß ich eine Sklavin sei, ich stieße mit dem Fuß ein rohes Ei vor mir her, darum schliche ich so. Dann haben sie alle versucht, meinen Gang nachzuahmen. Ich bin ihnen nicht böse, viele haben mich gestreichelt, — und im übrigen weiß ich sehr wohl, daß ich schöner bin, als sie, und daß sie neidisch sind, je älter sie werden. Und sie werden jeden Tag älter. Nein, ich bin ihnen nicht böse. Wer fände es nicht natürlich, daß sie einen Eindringling wie mich nicht gelten lassen wollen! Und wissen nicht alle, daß Herr von Ferriol mich auf dem Sklavenmarkt wie ein Tier gekauft hat, damit ich ihm nach seiner Rückkehr wie ein Tier diene? Sie hätten nur gewünscht, daß ich nicht auf ihn wartete. Denn sie leiden, wenn sie sehen, daß jemand nicht betrogen wird, und was mich betrifft, so schwanken sie zwischen Abscheu und Zufriedenheit. Sie verabscheuen mich, weil ich tugendhaft scheine, sind es aber zufrieden, weil meine Dummheit, wie sie sagen, mich unschädlich macht. Dem Chevalier geht es nicht besser. Sie haben ihn nicht für sich haben können, jetzt tun sie alles, um ihn aus ihrer Gesellschaft zu vertreiben. Zugleich freuen sie sich, daß er mich liebt. Denn er ist nicht reich, ohne Protektion, und ich — mir gehört nicht einmal das Hemd an meinem Leib. Es ist fürchterlich, arm zu sein. Und daran bin ich schuld, ich allein. Aber ich liebe ihn, doch, ich liebe ihn, liebe ihn, liebe ihn! ... Was soll ich tun? Für sie bin und bleibe ich die Sklavin des Herrn von Ferriol. Sie wollen es nicht anders. Es darf nicht anders sein."

Sie warf den Kopf auf den Arm und stöhnte auf. Der Priester im Beichtstuhl hatte die Augen geschlossen und schwieg. Er kannte jede Falte in Aïssés Herzen und wußte, daß sie ohne einen Schatten von Hochmut, gut und geduldig war, und wie still sie selbst Beleidigungen hinnahm. Daran konnte er die Größe ihres Schmerzes ermessen, wie sie, die er immer gefaßt gesehen hatte, nun verzweifelnd vor ihm lag. Es gab nur ein Mittel, ihr zu helfen. Er sagte ihr: Christus kannte keine Sklaven, alle Menschen waren gleich vor ihm.

„Ist das ganz sicher?" schluchzte Aïssé.

Nichts konnte gewisser sein. War nicht Christus selbst ein Sklave? Waren nicht fast alle seine ersten Anhänger, Apostel und Märtyrer, Sklaven? Arme, verachtete Sklaven? Hatte er nicht selbst gesagt: „Es geht leichter ein Kamel durch ein Nadelöhr, als ein Reicher in den Himmel?" Sie war Christin. Alle Christen waren Brüder und Schwestern. Der König und seine Leibeignen waren Brüder. Wehe dem König, der es vergaß. „Die letzten werden die ersten sein." Am jüngsten Gericht wer=

den beim Ruf der Posaunen die mißbrauchten Throne zusammenbrechen und die Unwürdigen unter sich begraben, indeß die Armen und Gerechten an Gottes Seite treten. Sie war keine Sklavin. Sie durfte nicht glauben, daß sie eine Sklavin sei, das war Sünde an Gottes Kreatur ... Sie liebte vielleicht zu maßlos, mehr, als man Menschen lieben sollte. Er, der Priester, konnte es nicht billigen. Es war einer der schlimmsten Fallstricke.

Aïssé schüttelte heftig den Kopf.

Doch, das durfte sie nicht vergessen. Aber er hoffte, für Menschen wie sie habe Christus das Wort gesprochen: „Ihnen wird verziehen werden, weil sie viel geliebt haben."

„Da bin ich so sicher," sagte Aïssé leise. „Ich habe Christus nie vergessen. Ich kann nur seine unendliche Liebe besser begreifen, seitdem ich liebe, ich fühle ihn näher, ihn leibhaftig, mit seinen blutenden Liebeswunden und seinem grenzenlosen Liebesblick über Himmel und Erde. Wenn ich ihn mir früher vorstellte, war er immer fern ... Ehrwürdiger Vater, ich weiß erst, daß er lebt, seitdem ich liebe."

Der Priester antwortete fast ebenso leise:

„Ja, ich glaube, daß ich Sie verstehe. Und ich will Ihnen beistehen mit meinem Gebet ... Aïssé, Sie sind keine Sklavin. Der Chevalier liebt nur Sie, er kann gewiß den Hof entbehren. Heiraten Sie ihn und verlassen Sie mit ihm Paris. Sie dürfen nicht seine Geliebte sein."

Aïssé dachte lange nach. „Unmöglich," flüsterte sie endlich mit zitternder Stimme. „Denken Sie an den Prin-

zen von Conti, der seine Frau zuerst so liebte . . . Sie waren kein Jahr verheiratet, da betrog er sie und kam nicht einmal mehr nach Hause, um zu essen und zu schlafen. Alle sagen, daß sie einander hassen. Ich ertrüge es nicht . . . Wenn er sie entbehren sollte, zöge es ihn vielleicht doch wieder zu den Frauen seiner Gesellschaft."
Aïssé fuhr in die Höhe und rief trotzig: „Und dann, ich will nicht noch einmal gekauft werden, wie ich gekauft worden bin, nackt und bloß, ohne Eltern und Freunde! Er soll mich lieben, bis ich tot bin, und dann eine Dame heiraten, mit der er seinen Eltern unter die Augen treten darf." Nach einer Weile fügte sie hinzu: „Ehrwürdiger Vater, es dauert nicht mehr lange! bitte, haben Sie Nachsicht mit mir, verstoßen Sie mich nicht."

Sie starrte in das Dunkel des Beichtstuhls mit angstgroßen Augen, die ihr Urteil erwarteten.

„Dann sagen Sie wenigstens und lassen Sie verbreiten, daß der Chevalier Ihnen seine Hand angeboten hat."

„Warum?" fragte Aïssé.

„Damit Ihre Liebe nicht erniedrigt wird."

Er bat Aïssé, bald wiederzukommen, und entließ sie ohne Absolution . . .

Am Abend dieses selben Tages gab der Regent seinen Freunden ein Fest. Da saß Aïssé und war gezwungen, Frau von Berry, der Tochter des Regenten, die in fetter Röte neben ihr thronte, ihre Beobachtungen über das Hofleben mitzuteilen. Sie wandte das schmächtige Gesicht hin und her und konnte ihre Ungeduld nicht verbergen.

„Madame, Sie verzeihen, aber Ihre Sitten werden mir wohl immer ein wenig fremd bleiben. Herr von Ferriol hat mich auf einem Sklavenmarkt aufgelesen, wo ich, elfjährig, zum Kauf angeboten wurde, und mich nach Paris in seine Familie und dann ins Kloster gebracht. Ich habe mir viel Mühe gegeben zu lernen. Trotzdem kann ich nicht lieben, wie die hohen Damen, die mich mit ihrer Freundschaft beehren."

Die Herzogin von Berry warf den Fächer auseinander und sagte entschuldigend:

„Sie sind ja auch noch fast unverdorben ... Herr von Ferriol wird sich freuen, Sie in solchem Zustand zu bekommen. Wie lange bleibt er denn noch in Konstantinopel?

Aïssé errötete.

„Madame. Sie tun Herrn von Ferriol Unrecht. Herr von Ferriol ist für mich wie ein Vater."

„Hören Sie? Hören Sie?" rief die Herzogin und winkte mit dem Fächer. Der Regent blieb vor ihnen stehen:

„Braune Diana mit den Honigschultern, sollten Sie endlich meiner Tochter gestanden haben, daß Sie mich nicht mehr verabscheuen?"

Der Graf von Charolais aber, der wieder getrunken hatte, sammelte schnell einige Herren und stellte sich mit ihnen in die nahe Fensternische, von wo sie Aïssés Minenspiel beobachten konnten.

„Aufgepaßt," flüsterte er. „Ich habe zweihundert Dukaten gegen ihre Unschuld gewettet! Wenn ich euch sage, daß Richelieu Bresche gelegt hat. . . ."

Aïssé sah, wie alle Gäste des Regenten einen Kreis um sie schlossen, und sie bemerkte auch den lüsternen Stolz, mit dem Frau von Ferriol, die sie, mit Spott, ihre Stiefmutter nannten, jetzt durch die wispernden Gruppen auf sie zuschritt. Das war die ganze Belagerungsarmee, die der Regent geworben hatte und mit Versprechen von Gold, Regimentern, Pfründen, Titeln und wiederum Geld und — Liebe in Atem hielt. Und dort aus der Tür trat der bildschöne Richelieu, lächelnd, wie immer. Sie schlug erschreckt die Augen nieder.

„Beschämen Sie mich nicht. Wie könnte ich Sie ver= abscheuen, wo Sie gut zu mir sind."

„Indes, Sie lieben mich auch nicht, und es ist — viel= leicht eine schlechte, aber, ich versichere Sie, unüberwind= liche Gewohnheit von mir, geliebt zu werden!"

Aïssé hob lachend die Augen:

„Ich gestand gerade der Frau Herzogin von Berry, daß ich nichts von dieser Liebe verstehe."

Hier aber fuhr Frau von Averne dazwischen, die Aïssé allzu kokett fand:

„Nein, meine Liebe, Sie sind treu, und ich wünschte sehr, daß diese Tugend hier mehr verbreitet wäre."

„Nun?" flüsterte Charolais. „Seht nur die beiden Weiber an! Wie?"

„Treu? Herr von Richelieu, wenn Sie mein Freund sind, so führen Sie Frau von Averne an die frische Luft, sie könnte sich sonst von ihrem Temperament hinreißen lassen, mich noch einmal zu unterbrechen . . . Treu? Sind Sie treu?"

"Wie könnte ich treu sein, da ich nicht liebe?"
"Gar nicht? Auch nicht den Chevalier?"
"Noch lange nicht, wie ich möchte."
Da eine Pause eintrat, während deren der Regent mit seinen heißgespielten Blicken in den großen Augen vor ihm nach einem Fünkchen suchte, um es zu entflammen, hörte man die Herzogin von Berry gelangweilt ausrufen:
"Wann wird denn endlich das Feuerwerk abgebrannt?"
Der Regent nickte:
"Die Zündschnur will nicht Feuer fangen ... Die Hoffnung erhält mich am Leben, Mademoiselle."
Er reichte seiner Tochter den Arm — Vor Aïssé und Frau von Ferriol stand der Kardinal Dubois und schwärmte leise:
"Madame, Sie sind heute schöner denn je, und glauben Sie mir, der Regent hat ebenso gute, wenn nicht bessere Augen, als ich. Kennen Sie schon die Geschichte von der Stiftsdame, die sich in die Venus verwandelte? Herr Graf von Charolais, wenn Sie zuhören wollen, müssen Sie nähertreten ... Ich bittte darum ... Eine Stiftsdame, wie gesagt. In der Garderobe des Regenten stand auf dem Postament eine Venus, die, weil irgendwie beschädigt, zur Reparatur weggebracht worden war. Unsere Stiftsdame schlich sich ins Zimmer, entkleidete sich, nahm den Platz der Göttin ein, und wie der Regent sich zur Ruhe begeben wollte — Ich muß sagen, daß die Dame von Natur wunderbar geformt war. Jedoch, es zeigte sich, daß sie kein Herz hatte. Der Regent mußte ihr bedeuten, daß er es nicht liebe, wenn Damen zwischen

zwei Bettüchern von Geschäften reden, und schickte sie fort ... Sie scheinen toll vor Liebe und wollen doch nur Geschäfte machen. Ein Herz fehlt, ein Herz, das zugleich Frankreichs Herz wäre. Denn im Grund ist er der edelste Charakter, ich kann sagen, der edelste von allen, die ich kenne."

Er sah Aïssé fragend an.

Sie lächelte.

„Das begreife ich," sagte sie, erhob sich langsam, und dann streckte sie, wie ein Mädchen, mir, mir, der auf sie zueilte, die kleine runde Hand entgegen. Zugleich nahm Charolais den Arm des Kardinals:

„Kommen Sie, ich möchte den Kerl erst aufspießen, wenn der Regent sich zurückgezogen hat. Machen wir unterdessen ein Spiel."

„Seit vier Stunden bete ich zur himmlischen Jungfrau, daß sie dich schicken möge, um mich zu befreien. Jetzt bist du da."

Wir setzten uns nebeneinander an die Wand, den Saal vor uns, und nahmen eine Haltung ein, als ob wir plauderten. So sangen wir einander unsere Liebe zu. Wir hätten am liebsten geschwiegen, weil wir dann die Stimme am deutlichsten hörten. Aber wir wagten es nicht. Gleich hätte sich, mit spöttischem Gesicht, ein Kavalier eingefunden und behauptet, daß er die junge Dame unterhalten müsse. Wir hockten wie halb versteckt an den untersten Stäben eines großen Papageienkäfigs, den von Zeit zu Zeit grelle Flüge durchbrausten. Sie störten die sich artig und listig drehenden Tierchen gewaltsam auf. Dann war alles ein bunter kreischender Wirbel, der den Käfig selber hochzuheben und fortzureißen schien. Aber plötzlich standen sie wieder in Reih und Glied, schüttelten zeremoniös die Flügel, verteilten sich gravitätisch, zu vier und fünf, auf den vielen Stäben und Ringen und taten feierlich und immer kokett, als hielten sie, in verschiedenen Kommissionen, eine wichtige Beratung ab. Am Boden kauerten Verletzte, andere schaukelten mit eingezogener Pfote auf den Ringen. Sie gaben sich die größte Mühe, wohlauf und keck zu scheinen, und wußten die schmerzhaften Zuckungen ihrer Flügel so zu deuten, als ob sie sich gar nicht an die Ruhe gewöhnen könnten und am liebsten gleich wieder den Verstand verlören. Es kam vor, daß einige mit dem Leben auch die Fassung einbüßten und rücksichtslos auf den Rücken fielen...

Als das Feuerwerk abgebrannt war, kam der Regent auf uns zu.

"Chevalier," rief er, "ich werde Sie an die Grenze schicken".

Aïssé, die er dabei ansah, wurde weiß um die Augen.

"Kind, wie können Sie mich für so grausam halten. Wenn er Sie heiratet, mache ich ihn zum Hauptmann in der Garde."

"Sie sind ein Volk von Wilden," erwiderte sie matt, und der Regent ging lachend davon. Die schöne Türkin durfte sich viel herausnehmen!

Bald darauf entstand Lärm, Frau von Ferriol wand sich durch die nach dem Spielzimmer drängende Menge:

„Im Spielzimmer schlagen sie einander. Der Graf von Charolais hat verloren ... Das nennt man ein intimes Fest. Wir wollen nach Hause, — bevor es ihnen einfällt, sich über die Frauen herzumachen."

Im Spielzimmer sah ich, wie der Graf von Charolais seine Freunde von sich abschüttelte und mit geschwungenem Degen auf ein Kruzifix losstürmte, das über dem Kamin hing.

„Nieder mit ihm!" brüllte er. „Nieder mit ihm..."

In der Nacht bekam Aïssé, ohne ersichtlichen Grund, einen heftigen Fieberanfall. Der Arzt ließ sie zur Ader. Nun verfiel sie in einen Zustand vollkommener Erschöpfung, der lange anhielt. Als sie soweit hergestellt war, daß sie das Bett verlassen konnte, bat sie mich, sie fortzunehmen und in der Nähe von Paris zu verstecken, so daß es mir möglich wäre, meinen Dienst in den Gemächern der Regentin zu versehen und dennoch alle freien Stunden und die Nächte bei ihr zu verbringen.

Ich war glückselig. Ich brachte sie in das Haus eines Pächters, der uns ein großes Dachzimmer abließ, von wo wir, aus drei Fenstern, über hohe Wiesen blickten, die sich tief und gleichmäßig ausbreiteten, bis sie, auf der einen Seite, vor einem Walde Halt machten, auf der anderen aber in den offenen Himmel strömten. Wir waren wie auf einer Insel in einem grünen Meer.

Aïssé hatte das Haus der Frau von Ferriol in einem einfachen Kleid verlassen. Sie tat es ab, löste ihre Haare und legte sich nackt ins Bett, und ich mußte alles, was sie besaß, bis auf die Haarspangen, Frau von Ferriol überbringen mit Aïssés Dank für die Wohltaten, die sie in ihrem Haus empfangen habe: Sie wolle leben und sterben wie sie gewesen, als Herr von Ferriol sie gekauft habe. Auch bat sie Frau von Ferriol, sie in Schutz zu nehmen, wenn man zu schlecht von ihr spräche.

In Aïssés Umarmungen verlor ich bald das Bewußtsein von ihrer Krankheit. Gab sie mir nicht so viel und mehr, als je zuvor? Zum erstenmal besaß ich sie ganz, ohne Rücksicht auf andere, nicht nur für Stunden, in den Zwischenakten der höfischen Komödie, sondern Tage und Nächte, wachend und im Schlaf. Ich nahm sie nicht mehr in jenem wilden, schwindelerregenden Anlauf, als müßten wir uns schnell aus einer Welt von Verstellung und Häßlichkeit in einen Abgrund stürzen, um in dessen Tiefe endlich zusammen zu kommen und einander zu gehören. Immer war sie bereit für mich, die Zeiten des Tags und der Nacht wechselten auf ihrem Körper, Hell und Dunkel lag in ihren Händen, ihre Stimme hielt alles zusammen.

Sie schien das Geheimnis des ewigen Lebens zu kennen.

Sie war unerschöpflich.

Ihre Arme hoben mich in den Himmel. Sie rief, den schwärmerischen Tod auf den Lippen, und hielt mich an sich, bis ich wie in Feuer und Schnee in ihr versank. Ihr Blick, die geringste Bewegung ihres Körpers brach strömende Kraft in mir auf, und wenn ich müde war, deckte sie mich mit einem Frühlingshimmel zu. Ein kühlender Wind wehte und trieb Schafwölkchen über den Himmel.

Die Erde roch feucht und erquickend, wie nach einem Regen. Weit fort, am Waldrand, sangen die Vögel.

Jetzt hingen der Hof und Paris wie eine traumhafte Erscheinung in der Luft, zitternd, ungewiß, ich sah den mir wohlbekannten Chevalier d'Aydin mit Verwunderung sich in diesem Bild bewegen, die Sinne versagten mir, dann erwachte ich in Aïssés Armen zur Wirklichkeit... „Seht nur das Gespenst!" riefen die Leute, wenn ich auf meinem Pferd durch die Straßen jagte. „Der Chevalier ist blind und taub geworden," sagte man bei Hof. Ich tat meinen Dienst mit einer Art schlafwandlerischen Sicherheit, ohne mich einen Augenblick bei etwas aufzuhalten, was nicht zu der Funktion gehörte, die ich, wie mir schien, seit undenklichen Zeiten ausübte. Wie ich mich so gehen und sprechen, lächeln, den Nacken beugen fühlte, empfand ich mich selbst immer mehr als ein Gespenst.

Im selben Maße wuchs die Macht meiner Vereinigung mit der Geliebten. Es war ein Strudel, der alles anzog. Eltern, Kindheit, die kleinen und großen Ereignisse meines Lebens, Hoffnungen und Begierden, alles drängte hier zusammen und hatte nur noch Leben in ihren Armen. Manchmal sah ich halbvergessene Menschen körperhaft herbeiwandern, ich hörte ganz nah den Klang von meines Vaters Stimme, der aus dem Fenster des Wohnzimmers nach mir rief, ferne Gegenden kamen geschwommen, wie Treibeis, mit Häusern, Äckern, Herden darauf. Alles, was ich kannte, machte sich vom Boden los, verließ die Welt des Scheins und kehrte in die Heimat zu=

rück und nahm Platz in meinem und der Geliebten einem Herzen.

O wunderbare, lebenslängliche Umarmung! Sie offenbarte mir die tiefe Güte selbst der Verzweifelten. Wie alle jungen Männer, hatte ich genossen, um zu genießen, der Zerstreuung wegen, und weil andere ebenso taten, und auch, um mich von einem Alb zu befreien, — und die brennende Scham der Enttäuschung gekannt. Die ersten Frauen, die sich geben, sind ja selten die Geliebten. Ich sah sie wieder und erkannte allerhand Zeichen, die ich früher übersehen hatte, daß in ihrem Lachen, in ihrem Fieberdurst, in ihrer bald koketten, bald frechen Sachlichkeit, ihrer zerreißenden Neugierde alte Mädchenträume um Erfüllung schrien. Sie betranken sich an der Liebe, wie auch oft am Wein. Sie mußten hinaus ins Grenzenlose, kostete es, was es wollte. Versuchten immer wieder die Himmelfahrt, erwachten als Dirnen und begannen von neuem, die Männer verdarben sie, indem sie die Verführten an ihr Laster gewöhnten. Hatten nicht vier Edelleute die Marquise von Gracé, der Regent und der Graf von Charolais eine junge Witwe, Frau von Saint=Sulpice, betrunken gemacht und die eine den Lakaien vorgeworfen, die andere unter grausamen Belustigungen fast getötet? Der Regent nicht versucht, Frau von Rochefoucault mit Hilfe seiner Tochter, die sie festhielt, gewaltsam zu verführen? Die Frauen wurden nachts in ihren Betten überfallen, ihre Gatten, ihre Geliebten verkauften sie, des Gewinnes wegen, oder um selbst ungehindert nach ihrer Laune zu leben. Sie konnten nicht an=

ders, als sich verachten, so sanken sie immer tiefer. Der Regent gab das Beispiel, da er eines Abends bei Tisch saß mit Frau von Parabère, dem Kardinal Dubois und dem Bankier Law. Gegen Ende der Mahlzeit brachte man ihm eine Verordnung, die seiner Unterschrift bedurfte. Er konnte nicht schreiben, weil er betrunken war, und reichte das Papier Frau von Parabère mit den Worten: „Unterschreibe, schlechtes Frauenzimmer." Sie weigerte sich. Da hielt er es dem Kardinal hin: „Unterschreibe, du Zuhälter", und als auch der ablehnte, wandte er sich an Law: „Dieb, so unterschreibe du." Law unterschrieb nicht. „Ein schönes Königreich," seufzte der Regent, „das eine Dirne, ein Zuhälter, ein Dieb und ein Trunkenbold regieren!" und unterschrieb. Aber selbst die Verdorbensten waren nicht ohne Leidenschaftlichkeit! Frau von Nesles und Frau von Polignac hatten sich im Bois von Boulogne duelliert, weil keine wollte, daß die andere Herrn von Richelieu beglückte. Und Frau von Nesles war durch einen Schuß in die Schulter verletzt worden. Das Verlangen verbiß sich rasend in sich selbst. Sie suchten alle die Liebe, aber mit der Selbstachtung und dem Glauben rissen sie auch die Wurzeln der Freude aus. Schließlich glichen sie alle mehr oder weniger dem Kardinal Dubois, der sich für die Nacht eine Dirne kommen ließ und zwischen Bett und Schreibtisch hin und her ging, ohne seine Arbeit zu unterbrechen, und der jedem versicherte, daß die Liebe nichts sei, als eine manchmal amüsante Gewohnheit... Und verirrten sich nicht selbst die Gedanken dieses völlig ernüchterten Teufels zu anderen, lieblicheren Gestalten, während er seiner stumpfsinnigen Gewohnheit fröhnte? Auf seinem tierischen Mund — nun sah ich es! — schwebte schon das Wort, das ihn befreien sollte, sein lüsterner Blick war bereit, vor der Wahrheit abzudanken... Gleich ginge die schwelende Inbrunst in Flammen auf... Ich nannte ihn Bruder. Wie sie in meine Liebe einzogen, waren sie schon halb erlöst — alle! Das Leben glühte auf, von einem überirdischen Strahl getroffen. Das Leben erfüllte seinen Sinn. Die Schmerzen hatten, litten ohne Haß, und die Glücklichen spendeten mit reichen Händen. Zwischen Geburt und Sterben stand das schwarze Kreuz des Todes wie der Zeiger einer Wage. Ich lebte — wie das Leben selbst.

Aïssé aber starb ewig den Liebestod.

„Bin ich schon tot?" fragte sie manchmal, wenn wir, noch ineinander verschlungen, ruhten. Zwei Pflanzen waren wir, die, außer sich vor Freude, einander mit ihren Säften durchdrangen und voneinander zehrten. Die Mündung zweier Ströme. Ein Kandelaber mit vielen brennenden Kerzen.

Aïssé öffnete nicht einmal die Augen, wenn ich sie verließ, und meine Rückkehr war, als hätte ich sie nie verlassen. Wir kannten weder Zwang noch Versagen. Wir waren die beiden Flügel eines Vogels, die einander mühelos überboten und sich zusammenschlossen.

„O Wollust," rief sie, „gute Wollust!"

Aïssé wußte nichts mehr von Paris, sie war im Kloster gestorben, als die Monstranz funkelte und die hellen Schwestern sangen. Der Geliebte hatte sich über sie gebeugt, sie auf seine Schulter gehoben und in den Himmel getragen. Nun küßte er sie unaufhörlich, und sie umarmte ihn ohne Ende. Wir brannten und hatten wieder kühl. Millionen Wesen nahmen, von einem Blut durchströmt, an unserer Freude teil, eine unübersehbare, glückverstummte Schar, aus der manchmal, deutlich erkennbar, die Heiligen auftauchten. Aïssé erkannte sie nach den Bildern, die sie auf der Erde von ihnen gesehen hatte. Es war ein ewiges Kommen und Gehen wie auf einem großen Sklavenmarkt. Ein Sichsuchen, Sichfinden, ohne daß wir einander verloren. Zuweilen tauchte aus dem Goldlicht die dunklere Silhouette von Konstantinopel. Auf den Minarets hoben sich ganz dünne Arme. Das waren die Männer, die zum Gebet riefen. Aber ihre Stimme hörte man nicht.

Aïssés Gang war noch leiser, ihre Bewegungen noch demütiger geworden. Sie schwebte durchs Zimmer, bereitete das Essen, verweilte still und tat alles mit der Selbstverständlichkeit einer freien Magd. Sie kannte weder Scham noch Furcht.

Eines Tages versuchte sie mühsam, sich aus meinem Arm zu erheben, und fiel zurück. Da sagte sie:

„Du mußt meinen Beichtvater holen."

Der Priester kam und traute uns. Der Pächter und ein Knecht waren Zeugen.

„Jetzt," rief Aïssé, „kannst du tun, was dir beliebt, bis du stirbst. Dann werden wir Hochzeit halten im Himmel, denn du bist mein Gatte! Hörst du? Mein Gatte! Du gehörst Gott und mir allein."

In der Nacht begann der Todeskampf. Sie klammerte sich an mich, und litt knieend in meinen Armen, die sie hielten. Dann strich sie mit beiden Händen langsam über meinen Körper und legte den Kopf auf meinen Leib.

Ich hielt zwei Tage und zwei Nächte Totenwacht. Aïssé lag nackt und einsam ohne eine Blume zwischen den Kerzen, sie schien mit den Haaren an das große weiße Bett festgewachsen. Sie hüllten sie in das Laken und legten sie in den Sarg.

Am Grab war die männliche Gemeinde von Saint-Sulpice versammelt. Der Regent ließ sich durch den Grafen von Charolais vertreten. Als der Priester die letzten Gebete sprechen wollte, vergaß er sie mit einemmal. Er starrte mit geröteten Augen abwechselnd ins Grab und in sein Buch. Endlich sagte er einfach:

„Sie wird auferstehen!"

Kurze Zeit darnach folgte ich meiner Geliebten. Als ich spät abends den gewohnten Weg zum Pächterhause ritt, scheute auf der Brücke bei Suresnes mein Pferd vor einem Wagen und sprang über das Geländer in die Seine. Ich ertrank . . ."

Der Franzose legte seine Hände auf meine Kniee und sah mir lächelnd in die Augen.

„Ich ertrank, aber bald darauf erwachte ich in einem fremden Land. Ich sah gleich, daß alle Frauen hier Aïssé glichen und war nicht erstaunt, als ich sie selbst eines Abends wiederfand. Sie saß im großen blauen Salon unseres Gouverneurs, und ihre Augen suchten. Der

Sohn des Gouverneurs hatte den Arm auf die Lehne ihres Stuhles gestützt und sprach gebeugten Hauptes auf sie ein. Unsere Blicke trafen einander und ließen nicht los. Ich trat hinzu und bat meinen Freund, mich vorzustellen. Aber ohne diese Förmlichkeit abzuwarten, streckte Aïssé mir ihre kleine runde Hand entgegen . . . Und nun werden wir vielleicht bald wieder sterben, jedes für sich, und einander scheinbar verlieren, um des Glücks willen, einander wieder zu finden. So wandern wir durch die grenzenlose Welt, wir beiden . . ."

Sein Blick lag auf mir, ein Blick, den ich bei den Betern im Ganges, nie bei einem Europäer bemerkt hatte, der Blick, der hinübersieht, kampflos und weit offen, stark wie die Stille des Mittags in Benares, ausgefüllt von der Sonne, in deren volle Glut sie dort mit demütig zurückgebeugtem Nacken hineinsehen. Ein Märtyrer=blick, neben dem die Frauen, die ihr nasses Gesicht gleichfalls in die Sonne heben, sanft und mütterlich ver=blassen. Ich hörte die Ventilatoren im Hause rauschen, und vor der offenen Verandatür, die ein Moskitonetz ver=hing, balgten sich zwei kreischende Papageien. Die alte Frau hielt die Augen geschlossen. Sie schien zu schlafen.

*

VERBRÜDERUNG

GEDICHTE
VON
JOHANNES R. BECHER

LEIPZIG
KURT WOLFF VERLAG
1916

Gedruckt bei E. Haberland in Leipzig=R. Februar 1916
als fünfundzwanzigster Band der Bücherei »Der jüngste
Tag«. / Die Gedichte »Verbrüderung« wurden in den
Jahren 1915 und 1916 in Berlin geschrieben
Sie sind meinen Freunden gewidmet

COPYRIGHT 1916 BY KURT WOLFF VERLAG · LEIPZIG

ERSTER TEIL

KREUZZUG / EKSTASEN DER ZÄRTLICH: KEIT / ABSCHIED VON DEN FRAUEN

> Nicht daß wir zärtlich=feig oft in die Lauben uns stahlen —
> Kampf war auch dies. Krieg. Vergewaltigung.
> Versuch: wütigen Vorwärtsstemmens,
> überallhin zündend Brüderlichkeit zu entfalten,
> Paradies erarbeiten!
> Aber, Gott zu säen in die Gefilde des Weibs:
> Wie noch vergebens ...

ÖDIPUS

I

Der Knabe wartet auf die Mutterblüte,
Die unter bauschenden Gewändern thront.
Da kommt sie strahlend weich: die Mutterblüte,
Von keinem Mann, von ihm nur fern bewohnt.

Der Vater muß verreisen in den Norden.
Niemand herein in unsere Nächte stört.
⟨... ach Vater du wie oft um sie gemordet ...⟩
Der Mutterblüte tief er angehört. —

Er fuhr dazwischen. Spät. Mit Ofenhacken.
Der jagt ihn, Sturm, aus süßem Wiegenbett.
Nun wird er gleich, ein Vieh, die Mutter packen.
Schnurrbart spritzt rechts und links gleich Bajonett.

Sie spült herauf. Davon die Fleische klirren.
Entfloh ihm taumelnd, als der Zug noch stand.
Die Mutterblüte muß ihn arg verwirren.
Manchmal auszackt sie wie der Hölle Brand.

II

An den Vater

Schlangenader längs der Stirne rollt.
Gabel stößt er pfeifend in Salat.
Weißer Suppe krummes Maul träuft voll.
Makkaroni würgt aus Nase grad.

5

In den Weinberg kroch er, dichtes Laub,
Den Kniefällen seiner Kinder taub:
Dorther wächst und wächst ein Donnerschnarchen.
Die ihn sucht, sich bückt —: sie schreckt die Blöße.
Auf den Lippen gischtet Spülichtschlamm.
Szepter in der Faust des Patriarchen.
Füße Schweiß mit ihren Haaren klamm
Wäscht sie. Arme Braut des Bösen.

Später, da er vor den weiten Plätzen
Angstigend sich preßt in ihren Arm —
Seufzer schickt sie den Erbarmungsblicken,
So ihr zu oft glänzende Herren nicken...
⟨Mancher stößt sich in sie rauschend warm⟩.
Die ihm dient als Boot zum Übersetzen.
Ausgeleiert. Nur ein Ausstück. Fetzen.

Finger birgt sie, die erfroren rot
Von Stricknadeln ⟨Messerwald⟩ durchlöchert.
Aus geschwollener Augen Köcher
Spritzeln Tränen auf zerdrehtes Brot.

Niederstürzt sie, die er täppisch rupft,
An die sich heraufwälzt stumpfer Bauch.
Zitternd in ihr kleines Bett sie schlupft:
Ausgesogen, starr. Ein windiger Schlauch.

Bei dem Löffel in die Teller Klirren —:
Hund am Tisch du! Klaffender Tyrann!
Wo dein Sohn, Indianer, dir auflauert
Zwischen Zähnen Beil er fiebernd kauert
Vor dem Schlafgemach — bis schwirrend
Saust das Beil! Das Beil —: es fällt dich an!

MÄDCHEN
I
Franziska

Du Engel ihm vom Zigarettenladen!
Ein Ingenieur pflückt dich als Bräutigam.
Wir dürfen nachts im Raum der Gärten baden.
Wenn orgeln Sonntags gute Bettler am
Geblümten Weg, mit Karussells beladen,
Der Isarstrom verzweigt in grünen Bändern —
Die Augen sich mit dessen Schein berändern.

Doch bald —: er explodiert mit Bombenschritten
Ein neuer Vater! in dem Schlafgemach!!
Der Faust entrasseln paukende Gewitter.
Und tausend Väter kollern heulend nach!
Gepeitschte aller Welt in uns erzittern.
Rückflüchten wir. Es brennt die heimlichste der Lauben.
Sie wollte nurmehr — aus — dem Browning glauben.

Dein Jüngling schrie durch jene finsteren Nächte
An seine Mutter. Auch sie —: fühllos kalt.
Sie wird kein Wort in solche Zuckung sprechen.
Doch dess Gehirn durchrauscht soviel an Wald,
Gebirg, Veranden: überwölbt von Bächen
Azur, inmitten bunt die Sonne platzt.
O, Frühjahrsregen an die Fenster kratzt.

Die läßt ihn nicht. Hoch seine Schulter kriecht
Sie wie Gewürm. Du kannst mir nicht entfallen!
Da —: in die Brüste ihr die Kugel sticht.
Und draußen muß man mit dem Frühstück lallen.
Bald löscht auch er. — Bis groß die Tür ausbricht:
Schutzleute stehn enorm mit Riesenbeilen,
Behelmte Götter sich im Raum verteilend.

II

Dorka

Sie —: Dorka. Die ein orphischer Erdsturz braust.
Ihn aufwarf und bereißt. Entsog. Zerstückte.
Ihm Helferin zu seinem ersten Bau.

Um deren Mund sich Sturm aus Bajonetten zückte.
Armeeen sich im Abgrund ihres Nabels schlugen.
(— vor der er sich zum Trank der Gosse bückte —)

Wie lang schlief er in solchen Leibes Fuge.
Nie je war Nacht so fabelhafte Nacht.
Mit Engeln, die uns auf der Wolken Samtbett trugen.

Sie Dorka. Die ein schmetterndes Orchester lacht!
Am Horizont auffteht sie, wachsend ungeheuer.
Die Sterne purzeln tönend in den Schacht

Des Schoßes. Wolkgemäuer
Treibt vor und schäumt und klebt sich in die Haut.
Von Küsten euch o Lippen sprudelt Feuer! Feuer!!

Vor dem der Dachstuhl aller Kathedralen taut.
Der Haare schwarze Fahn zuhöchst dem Haupt gehißt.
. . . und von Morästen braut

Es, untermischt mit Wiesen, um den Flor
Der Wimpern, die gleich Lanzengittern niederschatten.
Um Locken Waldung sprießt ein Natternchor.

An Schläfen Nester triefender Kasematten.

III

Mary

Gefügt aus Kurven, die sich mystisch paaren,
Ellipsenscheiben, Pyramidenwald
Muß deinem Haupt zu wehendem Turm sich scharen.
Der Finger Lilie gen die Sonn gekrallt . . .
Café das Beet, aus dem du lächelnd sprießt.
Wie oft wir uns um diesen Hals schon rankten!
So laß dich tragen! Eisiger Mondschwamm fließt.
Und Wind zerrt knisternd deinen Hut, den schwanken.
Umstellt dich Reih starrfunkelnder Laternen:
Gebogenheit an solchem Leib zu lernen.

Man wird stets denken: Atem dieser Brüste!
Und morgens lösch ich mit der Frühe aus!
Die Nacht zerrauscht an deiner Glieder Küste.
Man hört hindurch der schwarzen Meere Braus.
Ein Rundes schält sich aus ovalen Zeichen,
Die wieder drehn in Linien Zickzack unter.
Heut aber willst du Tier mit Park uns reichen
Im Kelch des Worts —: Millionen Fischlein munter

Läßt du ein Wirrnis durch die Lüfte strahlen.
Der Silberlöwe fährt, ein Tollpatsch, drein.
Ein Zebra mußt du auch den Dom anmalen.
Eidechsen Ornament dich benedeit.
An Gitterästen kleben Spülichtratten,
Wie sauberweiß! Von rosenem Flaum betan.
Gleich frommen Hündlein hüpfen auf und ab dir Nattern.
Sich tönend neigt, jahrtausendalt, der Schwan.

Die Zauberin ins Paradies. Gefieder
Der Schneee wogt durch dampfende Mittagsluft.
Da steigst du auf. Kehrst du am Abend wieder?!
... nur wimmernd ächzet die Matratzengruft ...
Der Stadt Geräusche schrillen ineinander.
Kanäleschiffe schnellen rings vorbei
Du balanzierst auf des Gebirges Kante,
Faltest die Kerker, Heilige, entzwei.

IV

Emmy

Du deren Mund an Horizonte knüpfte
Einst düsteren Dichter —: er beträumt dich schwer.
Du hausest Engel tief in Unterschlupfen.
Versammlerin an kaum betretenem Ort.

Fanatisch du gestreckt von Jenes Wort —
Hah! Schwingst allein dich drehend schon auf Barrikaden!
Im Schrein aller Gehirn Reliquienfetzen.

Ja —: Satzgefüge tollste meißeln dich:
Geschwür. Wirr deinen Körper geißelt
Der Menschheit Auf- und Niedersteigen. Jäh der Treppen Schritt ...

Und diese Hand so schlug sprengt! deine Brüste.
O! Jungfrau von Orleans unsere!
Fahnen: Gesänge hüllen dich.

AUS DEN SONETTEN UM C.
I

Er hüpfet lächelnd kraus von Schleierwinken
Durch Wiese, loh im Scharlachabend brennend.
Schlägt von der Marmorberge Postament,
Bis rauhe Lippen solcher Süße trinken:

Ein wenig Mond mit Firmament gemischt,
Stöße von Nacht und Träume Intervallen.
Daß seine Augen auf die Städte fallen,
Gläsern und trunken. Kühl ihr Weißes lischt.

... Ihr Bögen dürftet nicht den Strom mehr drücken
Der gleich Palästen aufgestauten Brücken.
Alleeen rinnen hoch der Finsternis,

Kaum flockt zerbrochenen Mondes grüner Firnis.
Er aber schläft. Sein blutig Lid es hängt
Ein jäher Dorn in Hyazinthenfrühe öd.

II

Sie streift ihn kaum. Doch deinen dunklen Gärten
Ward er zum Bräutigam wie unbemerkt.
Nun tanzt und wiehert er mit lichten Pferden.
Besingt den Mondtag als sein schönstes Werk.

Voll bunter Knospen stehn in Brand die Haare.
In Ohres Muscheln flüstern Samoware.
Ein weicher Strom verzückt ums Aug sich streut.
Der Stirne Golf im weiten Strahl sich freut.

Ein Tod er trifft ihn schlafend unverwundet.
Zypressentraum herbstlicher Nächte mundet.
Von Cymbeln hingerafft ins Blau... Noch fand

An ihren Lippen Ruh die steife Hand.
Und Küsse lang wie Nektar ausgeschlürft.
Als hieß es heut zum erstenmal: „Ihr dürft..."

III

Ihr Angesicht erfüllt von nächtigem Mohne,
Drum kräuseln rührend spitze Lilaschatten:
Ein Lächeln, das einst fremde Länder hatten,
Bevor sie Frauen wurden, Stadt und Ton.

Die Zedernfüße steigen kaum im Schwung
Von Tänzerinnen. Doch der Mund ist schon.
Sie pendelt kurz, ein blankes Medaillon.
Auf dessen Schildrund rückt die Dämmerung

Nur manchmal. Horizonte Ungefähres
Webt feucht darin. Geborstene Türen klinken.
Um ihretwillen müssen Damen schminken,

Kraß Tuben klexen in ein höhnisch Leeres
Zerrissenes Oval. Asyle stinken.
Sie steht! Ihr die Verrufenen winken — —.

IV

Der Räuber Tod ließ dich wie einen Zeiger
Auf deinem Blatte vor der Stunde stehn.
Der Atem hört ein Schlagwerk auf zu gehn.
⟨... Und Menschen rings auf Plätzen wirr gesteigert..⟩

Ein Pferd will sich vor rosenem Schoß leicht schmiegen.
Im laubichten Haar versammeln sich die Fliegen.
Aus Augen Waben träuft ein Honigmet.
Geborstene Schatten winken noch... zu spät.

Die Sonne strömt. Aus Seliger Revier
Spült der Choral ⟨er schmilzt den Kerker⟩ —: **Wir!!**
Dein Triller wie auf höchstem Seile blinkt.

Schwank über Frühjahrs krummen Regenbogen
Er schaukelt, dreht... gleitend hinabgezogen.
Bis ers Finale der Posaunen bringt.

AN C.

> Manchmal meine ich, Du könntest
> eine Geschichte aus mir machen und
> mir ist, als ob das Sterben, jetzt
> oder später, leichter würde, wenn
> man weiß: ich selber konnte wohl
> nichts tun, aber es geschah irgend
> etwas durch mich.   C.

Der Nacht quoll: schief verworren
Wölbt sich jetzt Morgen grad.
Du kannst ihn schreiten sehen
Ganz Wind und Schwebezeit.

Sein Aug umstreichen Flüsse.
Tosender Wälder Schwung
Flackt um der Berge Schulter.
Des Tages Purpurküsse.

Du kannst ihn schreiten sehen.
Nicht Qual fretzt ihn. Kein Dorn.
Der Nacht quoll: schief verworren
Ganz Wind und Schwebezeit.

Aus Lilienfinger geußt dem
Gekrümmten Schwangeren Balsam.
Säuglingen, den Asylen
Träuft er der Lippen Brod.

(... einst stürzten Worte Unflat,
Nun schmilzt ein Mond im Tönen.
Wie Quell springts aus der Flöte Horn.
Jetzt kaum noch Mietskasernen stöhnen...)

Du kannst ihn schreiten sehen
— die goldenen Wagen rauschen —
Mit schmetterndem Tempostampfen,
Wo sich vor brüchigem Tor
Sein Volk in den Azur löst.

II

Mond im Fluten Traums verweht,
Nachtigallen dich besuchen.
Wickelst dich aus schweißigem Tuche,
Tanzest auf Balkonen spät,

Flackert noch ob dem Staket
Morgens klein der bunte Shawl.
Purpurküsse ausgesät
Schlürft er in den Städten fahl.

In der Autos Röcheltuten
Gluckst ihm dünn dein Husten ganz.
Sprengt er laut entzwei die Buden.
Zirpt der Karusselle Kranz.

„ . . . Jäh in Huren die hohl kichern
Schnappt dein höchster Triller über.
Rette uns zu dir hinüber
Engel . . ." Herbstlaub wischt der Dichter.

Unter Türen, Räderspeichen
Kauert brüchig das Gebild.
Harfenfinger in die Leichen
Krallt es schüttelnd, tönend wild.

„Wiesen streust du aus. Im Gang
Kräuseln Wälder. Ströme Falten
Zündeln hoch in mystischem Schwang.
Kniee stoßen grad basalten.
Um die Schläfe schmiegt dein Gang.

Langsam schmilzt der Stern ins Haar.
Flöte summt der Samowar.

Weite Weite gräbt sich trüber.
Rollt ein Atem — Nächte Wind.
Pferdeaugen blühn im Kind.
Engel rette uns hinüber! . . ."

III

Wir möchten uns begreifen
Hindurch, ja ganz das Unsere
In tauben Küssen fühlen.
Das alles: Bett, Fluß, Stühle,
Im Haar von Rosa Schleifen . . .
Das aber schreit als Unseres:
Im Schoß das Haupt zerwühlen,
Wie Stürme fetzend durch die Körper schweifen.

Oft nächtens wir uns tönend schwingen
Aus brüchigem Mund zu vollerem Baum.
Empor aus Tier und öliger Straße fingen
Auf Lüften selig gleitend ein wir Gott und Sternen=Raum.
Da stürzten Väter borstig=jähe
Herab den Trunkenen aus den Sphären.
Schwangere Mütter kreischend scheren
Ihm ab der Locken Schnee.

Das Grab klafft uns bereitet.
Flößte uns Gifte ein im Trunk.
In Herbst=Laub fahl gekleidet
Wir schwieren in der Dämmerung
Der großen Städte. Quollen
Nicht Fahnen Ruß aus Stein und Schlot.
Man Nebel schlürft zum Abend=Brot.
Die Därme gleich Fabriken schollen.

Und Echo brüllte tausendfach.
Da rinnen Augen klein. Erwacht
Des Engels Daseins=Blüte?!
Er geußt die Lilien=Hand. Ein Strich
Bog ab der Brust den Messer=Stich.
Neu formt er Rock und Hüte.

Wie Bläue hell durchs Land geweitet
Schlug auf in uns er Zelt und Pfühl.
Am Firmament heroisch schreiten
Wir aus, zu Flöte süßestem Spiel.

EKSTASEN DER ZÄRTLICHKEIT

> Du Einzige,
> Die mich verstand
> Die meine glühenden Verbrechen
> Selig verwand.
> Die meinen tiefen Schöpfergram
> Ins Heilige gemildert
> In ihren Geist hinübernahm.
>   Mombert

I

Dein Gang elastisch. Die Gelände wirbeln.
Ein roter Dorfturm stach verzückt ins Blau.
Die Rinnsal-Straßen mögen dich nie fassen.
Turban deines Haupts —: Spirale blumigen Regenbogenflusses.

So müssen immer Städte dich besingen,
Der grünsten Falterwiese zirpende Schalmei,
Von Reisauflauf ein Ruch dich ganz bedringen.
Da Kinder kehren Wäsche unterm Arm vom Baden heim.

Du: die Entfaltete. Geblümte Möbel reihen sich dir zum
                              Halsband schlicht.
Ists auch kein Sieg der aus den Gewaltmärschen längs der Küste
                              deiner Lippen blüht.
Immer aber schon ein Streif Paradies aus dem Tau deiner
                              Haare sich löste.
Jener Märtyrer-Brüder Phalanx sucht sich in dir zurück.

Libellen muntere über dem See im Spiegel deiner Ovalnägel
                              wiederfanden sie sich.
Der aber als violettes Zebra im Gitterkäfig, von der Mondschlucht
Weich beraunt ... O geschnitzte Karussellpferdchen dich melodisch
                              umkreisend!

Du heilige Jungfrau, Mutter unsere! Palast in dem der
Mann vergeht zu Urkindwildnis, Jünglinge siedende
gossen sich sterbend über die Planke deiner Hüfte.
Oft. Und einer um den anderen.
Je nachdem ...

Viel Ozeandampfer hängen in Korallenzweigen,
Mit Fischen ziehend durch das Lochgebiß.
Dein Lächeln könnte sie zusammenfügen,
Die schwebten wieder groß im Meer gewiß.

Wie tausend Tote gleich Geliebten kauern,
Sie spreitzen sich gens wolkichte Gebild.
Wind stutzt die Dornen der Granatenbrände:
Atem dein auch glättend den Berserker wild.

Mütter so dich immer wiederholen:
Schreiterin im sprühenden Ornat.
Vielecksonnen breiten auf den Wangen,
Dem vom Schleier überzogenen Gletscherfeld.

II

... und immer muß sie aus Geräuschen brodeln,
Hinflutend auch im großen Nächtewind.
Symphonisch Klirren der entfachten Fenster
Aus derer Augen zuckend bräunstem Rund.

Die Teiche vor der Stadt sie lächeln dich.
Dich meint die Heimkehr tönender Soldaten.
Zu deinen Füßen baut sich Strich um Strich,
Und Plätze mit der Sonne schwer beladen.

Wie klar es ist: daß dich der Zug nur will,
Der von der Brück ab in den Äther springt.
Die Transparente blitzen deinen Namen.
Du aller Kinos dröhnendes Plakat.

Und wenn dich noch die kleinen Dinger rufen,
Rot aus dem Bauch in spitzigen Glast geschält.
Auf Bänken Strolche sich in dir verankern.
Dich jeder ausspricht der ins Dunkel stürzt.

Erlöste Tiere ruhen in deiner Fächer=Hände Schatten,
Weit Menschenvölker spielend miteinand.
Die müssen bunte Fahnen um dich flattern.
Muster eingewoben dem Gewand.

III

Zinnobere Bäche. Mosaik der Wälder.
Gehäuft ob Bergen Trichter Sonne gell.
Firnis des Monds. Verschlungener Täler Brausen.
Geborstene Städte — brüllende! — Schalmei.

Und Niederknallen blökender Idioten —
Und Dächerbalanzieren, sternwärts Taumeln —
Und Liebender Geflüster vom Kanal —
So buntgeflickte Segel hissen dich!!

Er wird dich durch die vielen Länder tragen
Der junge Dichter, strahlende um ihn.
Ein Himalaya muß er tönend ragen,
Um den die Schwärme, Stern und Wolken jagen,
Zu dessen Füßen neue Städte knien.

Wie schlingt sich wirr um ihn dein Haargefieder.
Der Küsse Knospe reiht sich dicht zum Kranz.
Ein zitternd Fragen, Hin und her Erwidern.
Das zuckt wie Harfe aus den Lüften gell.
Der Geist, der Geist er muß Gewalt beenden,
Die stinkicht aufquoll: Krieg an allen Enden!

Den Geist der Tat, du wirst ihn heftig läutern
Beginnen! rufen. Zeigen vor uns wild.

Hah! Schon zu Hunderten Kasernen meutern.
Nun werden sich die alten Staaten häuten.
Du trägst dich vor uns gleich ein Palmenschild.
Schwebst, Heiland licht, durch tödliche Gewimmer.
Sichtbar am Horizont als Rosenschimmer.

IV

Du Hüterin! ... Da reißt sich schief
Grimassenhäuser Front, da packen
Der Gäule Hufe ins Gehirn.
Ein Dom treibt Widerhaken.
Du Hüterin... Die ziehst du all
Heraus magnetischer Streichelhände.
... O Haupt im Tabernackelschoß ...
Laß mich, dir gut, vollenden!

Und Tag! und Tag! Hah grellstes Licht
Peitscht an, rings Züge sausen.
Ein lilabrauner Himmel schwer
Presst tief. Im Pflaster scheint uns wer.
Gespenstertote hausen.
Man brüllt nach Du. Dein Atem bricht
In längsten Samumstößen.
Es stockt und ebbt schon der Tumult:
Melodisch schwemmen Abendfluren.
Wir Fabelschiffe wiegen.

— Du fütterst ihn. Du ziehst ihn groß.
Wie ist er da entsprossen!
Gleich Fahne flackert dessen Hos.
Vorbei die Kugeln spritzten.
Von dir gedacht er: so gefeit.
Gestauter Welt ein Zünder.
Die Arme wehen Signale weit.
Ekstatischer Verkünder!!!

O Einsamkeit — jetzt überwand
Dich heißestes Zerdringen.
Mein Prisma du, von mir durchbrannt
Zu tausend Strahlen schwingend.
Du streichest aus der Frauen dumpf
Gehock. Kristallenen Klumpen knetend,
Jäh meiner Brust: finster geballt.
Ein Labyrinth von Schimmelwald,
Erfüllt mit Mord der Schul und Väter.

Wir kehren nicht zurück zum Schoß,
Gen Scharlachdämmerungen.
Vom Fundament wir bauten los
Uns. Tod ward übersprungen.
Du Brücke aus der Nacht Revier —
Geharnischte Winter schlagen.
Wir schweben fest! Der Kragen
Dreht sich zum Strick. Du löst ihn mir.

Du Engel an der Pforte.
So bin ich aufgeschält.
Es blühen aus Vase meines Munds euch Heimatworte.
An deiner Stirn sich reibend auf perlig: ein Lilienfeld.
Verhüllte Meere knistern
Herein, der Donner breiter Takt.
Wir aber landeten an Küsten
Mit Gärten, Mond und Freund beflaggt.

Du klaffst: des Eilands Brunnen,
Daraus der reine Mann sich schöpft.
Nah Aeroplane knurren.
Ein Sterngewimmel tropft.
Von schaukelnden Tribünen
Gleich Flamm der Dichter loht:
Der Völker Psalmenhort,
Die rings um ihn wie Herden dehnen.

Ja —: brüderlich Verschmelzen!
Nicht einsam, sondern j e d e r sein!
Abschraubt des Hochmuts Stelze!
Fahrt in die Huren ein!
(Schraubt euch auch dumm und klein!)
Der Mantel wie ein Drahtzaun
Schlingt sich um unsere Hüfte.
O lasset uns restlos vertrauen!
Geschminkte Masken lüften!!

Du hast es ihm vollbracht:
O brüderlich Verschmelzen.
Nacht schwillt: Lampione=Nacht.
Geteerte Sommer wälzen.
Wir blättern strahlend Fächer.
Von deiner Augen Süßsee
Schlürft oft der Lippe Mal.

Frau Else Hadwiger gewidmet

GEHASSTE FRAU

„... So wiß es —: daß ich nachts die Straßen jage:
Die Brust sie geht ein Segel auf nach dir!
Die Gründe Firmamente spiegelnd tragend
Sie tösen wirr. ⟨Nun triumphier!!!⟩

Dein Lachgeheul sich in Laternen ballend.
Die Gäule wiehern ironischen Salut.
Des Pflasters Schaukelflur sie springt auf knallend.
Durch Frühen schwemme ich. Gebirge Schutt.

Grandioses Vieh ... wo dick dein Atem webt,
Die Stadt zerbeulend. Steigend auf als Säule.
Und ich! Und ich!... Es schnappen tausend Mäuler:
Den der im Sud der trüben Schlämme klebt.

Grandioses Vieh ... Ins Kugellager des Gehirns verwachsen.
Mein Stampfen schlingert. Die Maschine stoppt.
So schreite aus —: den abrasierten Kopf
Des Männchens eingespreizt in waldigen Schoß.

Grandioses Vieh ... gehetzt wir schleifen durch Lokale.
O wie ich greif und greif nach tausend Skalen.
Die Stirn sie knittert. Labyrinth es träuft.
Dein Bild verzerrt vor alle Welt zu malen.
Mannschaft zu werben. Du! In deren Strahlen
Granitenes Monument du schmilzt!! Ersäufst!!!"

ABSCHIED VON DEN FRAUEN

I

Melodische Gärten taucht ihr langsam unter.
Tag dreht herauf, von Blitz und Blitz bestellt.
Fortläuten Trams sich durch die Straßen munter.
Haar der Alleeen, grünster Flor, sich wellt.
Melodische Gärten taucht ihr langsam unter.

Verlerntet ihr es —: bogenes Streicheln kühl?!
Auch tobt die Flur, von Explosion durchmessen.
Geliebter weit, der euerer Locken Harfe spielt.
Pulver Gebraus wird Mond der Lippen fressen.
Die ihr verlernt es —: bogenes Streicheln kühl.

Da lösen Promenaden hoch ab sich vom Schmetterlingenhang der
Haubitzenloch der Sintflut Arie blies.   [Schultern.
Zu Gräbern Gräben! aber wandelten sich um die Pulte.
Die Toten sprechen manchmal im Verließ.
Ja —: Promenaden lösten hoch sich ab vom Schmetterlingenhang
  der Schultern.
Faust krallt der Männer. Schwimmet zueinander!
Zerschmeißet des Geschlechtes Sklaverei! Die rasend unerhörte Höllen-
Zu neuen Küsten —: Aufbruch! Zug und Landung!   [pein!
Es müssen Brüder sein!!!
Vom Chor der Freiheit aufgezückt. Entbrannte.
Wo Regenbogen springen kreuzweis mittendurch —:
Es schmilzt der Gletscherbrust Gestein.

II

Namenlose alle! Nicht Gesagte!
Wo, wo trifft man euer Angesicht?!
Euch zu sammeln ist es längst zu spät?!
K l a f f t es heulend —: jenes Angesicht —

Von der Häuser Löcher übersät.
Von Kanälen kreuz und quer gekerbt.
Von dem Plätze-Pickel bös zernagt.
Übergleist vom Mörtel wallenden Laternenlichts.

Langsam muß der Dichter euch entgleiten,
Viel zu lange schon bei euch verweilt.
Donner rast. Ein endlos Messer flicht
Sich dem Körper ein. Granate bricht.
Hoch den Dolomiten die sich seilen.
Euch umrankend hat er übersehn
Den Komet, der schweflicht sich am Himmel wand.
Was uns bleibt?! Auf Flur der Leichen gehen.
Ach, nicht trocknet mehr vom Blut die Hand.

Fahnen schwebet nach ihm euer Winken.
Welche Stunde bringt uns einst zurück?!
Auf die Wangen zackichte Sonnen schminkend
Bröckelt ihr an Toren: zu gebückt.
Ach, wir waren nur uns Opfer beide:
Ausgeplündert oder überzückt.
Laßt allein uns tilgen aus von jedem Leid.
Ohne Schmerzen kehren wir zurück.

Einst gleich Fächern auseinanderstrahlet
Unserer Körper eingefallener Bau.
Auf den Plätzen stehn wir: Kathedralen!
Ein Gestirn kreist wild ob unserem Haupt.
Regenbogen in die Landschaft malend
Sich das Aug, ein Periskop, rundschraubt.
Unsere Stirnen aller Armen Schild.
... Wanderung im Seligen-Gefild ...

ZWEITER TEIL
VERBRÜDERUNG

> Novus nascitur ordo
> Mirabeau, 1. Mai 1789

GETÖTETEM FREUND · VERMÄCHTNIS
DES STERBENDEN SOLDATEN

> Um den 30. Juli 1915 herum fiel — gegen Frank-
> reich verschickt —der vierundzwanzigjährige jüdi-
> sche Handlungsreisende (mir Freund und Dichter)
> Albert Michel aus Allach (oder München). Nicht
> daß er sich noch kühn selbst gelang, aber immer-
> hin der Wenigen einer, die disziplinvoll genug, er-
> kämpftestem Führer vertrauend sich anschlossen.
> 2. bayrisches Reserve-Infanterie-Regiment! Sol-
> daten der 3. Kompagnie! Erkennet ihn groß —:
> euerer ewigen Fahne wahrhaften Träger! Ihn —
> Geist vom Geist!

I

O Morgen der uns Hyazinthe scheint!
Nicht klopfet mehr so der Geschütze Fieber.
Zu nah Geduckten gleiten wir hinüber,
Auch euch Zerschaufelten im brüchigen Schrein

Der Grüfte. Brei gehackt im Labyrinth.
Ihr bei Loretto..! Gase Pest
Steigt Gloriole grause an dem Hügel.
Da — erdenen Röcken wuchsen Engelsflügel!

Aufschweben wir umsäumt von rosenem West.
Im Nebel hocken Regimenter blind.
Wir lüften euch Verwirrten bald die Schleier.

Und stürzten wir —: der große Tag bleibt euer.
Hört: führt herauf — es strahlt! — zum Totenfest
Europa!! Blut kitt ungeheuerst!!!

II

Soldaten! Brüder! Um Kolben euerer Gewehre blühen Tannen —
Wälder, und Räume einer heiligen Saat!
Die Sterngefilde blanker Bajonette spannen
Sich neigend über dem entsunkenen Staat.

III

Wir Schaukler durch die nächtigen Ozeane.
Vor weißer Küste fraß uns der Taifun.
In Augs verschlossenem Spiegel kreuzen Fahnen.
Vergilbte Schärpen in den Leibern nun.

Das Haupt zerstrahlen jene breiteren Dämme,
Kolonnen überschwellt. Ein Brückenbau.
Die Kathedrale, deren Türme stemmen
Auf den Azur. Ein Drahtverhau

Biegt sich als Dornenkrone um der Stirne Rund. Gleißend
Das Regiment, elastischer Panzer, zieht
Empor die Serpentine um die Brust. Geleise
Am Horizont nach dem Gestirne kniet.

Wie denken wir euch Brüder in den Städten!
Dich jungen Dichter, in den Platz gestellt!
Ein Monument, um das des Volks Schwarm bellt.
Du der sich brüllend aus dem Jahr muß fretten.

Doch der sich bohrt durch Höllen=Abenteuer.
Am End der Heros. Vor Europa führt.
Evangelist der Zeit. Ein Jäher. Neuer.
Einst Pyramide er. Bengalisch Feuer.
Ja —: dess Gesang die Massenlöcher schürt.

IV

An den General

... Verreckend schau ich feistes Antlitz dich.
Wie spaltest du, elendes Wrack, entzwei!
Aus dess Gehirn entsprang uns Stich bei Stich.
Anschob die Faust purpurene Bastei.
Armeeen stampftest in ein Höllgrab du.
Wozu?!

Schon finstere Haufen sich zusammendrängen.
Es malmt zu Brei dich heulender Ballast.
Die aber schraubten jubelnd hoch sich, schwängen
Wirr tanzend auf der Dächer Silberglast.
Dein Sturz der Völker Paradiesgeläut.
Antönt es heut.

Das muß enorm von Raum zu Räumen schwillen.
Zersplittert Mauern! Rast! Durchbohre Damm!
Da öffnen donnernd sich des Tags Ventile,
Verschoß in Blitzazur der Nächte Schlamm.
Verfluchte ihr des Todes Lieferanten!
Kasernen stranden.

Die Straßen ⟨Häuserchöre streichen⟩ wallen.
Es zückt die Stadt. O weißlich Sommerfest.
Ein Vogellüster auf und niederfallen.
Zu Rieselhalm verwandelt Bajonett.
Umarmt von Tieren Menschen ziehen,
Gestreift süß bunter Melodien.

— So will ich gern dir deine Falten glätten.
Ich fühl mich als des Daseins Untergrund.
Der mußte uns in Knochenwirrnis betten.
Zur Fahn entknospet sich mein Lippenmund,
Daraus elektrisch blättert Strahl um Strahl:
Mein General.

[907]

DER ENTFERNTE · GEORG TRAKL

Er geht durch Wälder. Lautlos unbewegt.
Wo gar kein Raum ist in der Luft zum Schrein.
... und würgt und würgt. Da gern es schlafend trägt
Ihn, hängt er sich ins Horn des Hirsches ein.

Betaute Wiege. Doch erwacht er grell
Matt gießen Mond und Sterne sich herein.
Ein wenig plätschert er im schwarzen Quell.
Er schlürft berauscht vom bitteren Abendschein.

Seltsam durchmischt verblieben die Geräusche
Aus jener Stadt, die knospet auf im Blut.
Von zweien Kindern ausgebrochenes Kreischen.
Wie Blasen steigend Böller Festsalut.

Auf einmal dann —: gestreckte Schlote zischen.
Andante-Baß der Straße bunter Ton.
Wo Brüllen ... Haufen schleifen an. Lang Wischen —
Am Ende schlüpft heraus ein Grammophon. —

Er geht durch Wälder. Lautlos unbewegt.
Wo gar kein Raum ist in der Luft zum Schrein.
... nur manchmal wie umarmend schlägt
Den Kopf er brüderlich ins Moosgestein.

[908]

AN DEN TYRANNEN

Mittelpunkt du rasender Geschwüre!
Deine Poren brachen auf, nun blähen
Geysirs Blut daraus. Gewölbe knallen
Dir zu Häupten. Orkus faucht dich an!

Völker zogen singend dir zu Füßen
(Frauen hackend ein der Väter Arm,
Kindlein flattern an Musiken: Fetzen —),
Völker brausen in die Gruft der Schlacht.

Eiter spritzt zu goldener Hüfte Planken.
Auch Gestrüpp von Därmen wirrt sich drum.
Große heilige schöne buntere Schiffe, ·
Lächelnde Delphine, Prunkpaläste . . . .

Schiffe menschbesät, o morgenfrische
Süßest gleich Geliebten, Schauklerinnen
Schwarzer Meere, rinnende Sternenküsten —
Ach, dein Atem spießt sie jäh zu Grund.

Nicht Gewitter=Trommeln dich Erlauchten rühren,
Finster rollend ob der Leichen Flur,
Nicht daß Weiber, klopfend kaum an Türen . . . .
Weichen sie doch, zückst du Messer nur!
Grauser: neu gewelkten Brand zu schüren
Jüngst dein Wort durch die Gemarke fuhr — — —
Explodier o Raum!
Fern der Menschheit Traum!
Ordenspanzerbrust absplittert Dolch und Schwur!!!

Nein! Tyrann! Nicht würgten Barrikaden
Dich zuend. Noch Salven Höllenflug.
Pyramiden Liebe auf dein Haupt wir laden.
Schmilz o schmilz vor freiester Güte Bug!
Sänge überspülend in Kaskaden
Monument dich. Auf all Himmel schlug.
Nebel zünden, rings Gewölk zerrann.
Arme breiten Völker dir Tyrann!

AN ZOLA

> Hinauf, Menschen! Heraus aus euerem
> Schmutz, den ich nachmale, euerem Elend
> und euerer Schande, die ich nackt hinstelle.
> Hinauf mit mir: arbeitend ihr und ich.
> Wir sind Brüder. Nicht viel Worte davon.
> Es heißt seine Pflicht tun.   Zola

Um dich gruppieren sich die Neuen Städte.
Zementene Quadern. Dächer Überfall.
Um dich Fabriken klares Frühmeß=Schmettern.
Der Donnerzüge steilster Kurvenwall.
Um dich gruppieren sich die Neuen Städte.

Es starren Dickicht rund die finsteren Völker:
Dornkranz der wie von Höllen widerscheint.
Zerzauste Himmel drauf (Ruinen) welken.
Die Riesenpyramide aus Gebein.
So starren Dickicht rund die finsteren Völker.

Zu dir verstrecken sich die jungen Dichter:
Koloß der Arbeit. Krachend aufgetürmt.
Hah: Massen wälzen! Von Tribünen spricht er
Der Hymnische. (— Du Leite mir und Schirm —).
Zu dir verstrecken sich die jungen Dichter.

Da knospet auf aus deinem Inselgarten
— Und strahlt! — der Menschheit blaue Morgenwelt.
Du schwebst ihr vor. Zurück aus Orkus=Fahrten.
Ein jeder groß und blühend eingestellt.
Wir knospen auf aus deinem Inselgarten.

Ja leucht und sprieß und schaukel in den Winden
Purpurnes Schiff! Die faßt wohl alle sie.
Asyle platzen und Kasernen schwinden,
Durchdrungene von der Brudermelodie.
Purpurnes Schiff! Demokratie!!

Zola —: es soll uns selbst der kleinste Traum zersplittern!
O Trinität des Werks: Erlebnis=Formulierung=Tat!
Gehirn ein Block Kristall heiß durchgeschliffen.
Fanfare brüll! Schaut: diese Straß biegt grad
Hinein in den Tumult und durch! Gewitter
Sie hängen drum. Emporgestemmt von ewigen Imperativen.

AN DEN FRIEDEN

O süßester Traum der streicht wie Sommer lind!
Doch bald mußt du wohl mehr sein als ein Ahnen.
Da blüht er auf wie kleinster Duft von Wind.
Ein Engel durch der Leichen Schlucht sich bahnend.

Dein Tag —: er wölbt! Die Stadt birst vor Geläut.
Der Sonne Fluß erbraust in jeder Straße.
Gemäuer hoch sprießt goldener Strahl=Efeu.
Fanfarenmünder Halleluja blasen.

Das Blutgefild verbaut zu weichem Beet,
Zu Wald und See mit Stern und Wolk darein.
Milllionen Toter schwarze Fahne weht
Breit auf vom Grund. Zerpeitschte Lüfte schrein.

Wird sich ein Blitz zum Mord im Abend zücken!?
Nein. Menschen wallen Heilige im Chor.
Auf Promenaden mögt ihr Frauen pflücken.
Ein Bund von Freunden tritt im Platz hervor.

Ihr —: laßt uns gern vom ewigen Frieden reden!
Ja, wissend sehr, daß er Gestalt gewinnt
Noch süßester Traum nur. Unsere Hände jäten
Das Unkraut aus, das jenen Weg bespinnt.
Ertön o Wort, das gleich zur Tat gerinnt!
Das Wort muß wirken! Also laßt uns reden!!

TOD DES FLIEGERS ÜBER DER STADT

Da — ein Meteor sich ab die Bombe löste.
Rings blüht, Geschmetter, auf sie in der kleinen Stadt.
Er aber brüllte an den Engel, daß er höre ...
Herab floß in Spiralen der. Gewitter töste.

Bald fliegend neben ihm, bald bog er auf.
Verfolgend ihn. Ah, klirrendes Gerenn.
Propelleratem streift ihn, Höllensturm.
„ ... Ich laß dich nicht, du segnetest mich denn ... "

Dann schrieen sie in wirrester Diskussion
Einander zu. Da schäumt von Bein und Fetzen
Gestrüpp um ihn. Tragflächen schmolzen.
Aufkreischt der Motor. Dessen Brust klafft schon

Entzweigekreuzt. Es kippt der Apparat
Und saust und bohrt. Und eines Rauches Säule
Steht mitten auf. Durchschnittene Äther heulen.
Enorm. Ja —: eines Rauches Säule grad.

Der Sockel —: Trichter aufgefüllt mit Kehricht.
Jehovas Wächterengel aber rauschend schwebt
Durch Lüfte quer. Errichtend tausend Säulen
Ob heimgesuchter Städte grausem Wundenmal.

VERBRÜDERUNG

Wie geschah, daß nicht zusammenfanden
Du und du. Daß wir uns einsam=wund
Hah! verzweifelt an Nacht=Häuser banden,
Kaum erkennend —: Flügel e i n e s Munds.
Von erhellten Räumen ausgeschlossen
Wir Verdammte zu der Straßen Flur.
Lüster (Kelche) Licht aus Fenstern gossen,
Uns Glanzschleier, lockend Tränen nur.

O —: wer hat zuerst dich angesprochen
Göttlich Du!? Ein Bruderfirmament
Wer erbaute es?! Zerstochener
Leib des Freunds, da er sich von uns trennt?!
Spieen es die Mäuler der Haubitzen
Jenes Urwort belfernden Geschreis?!
Scheinwerfer mit schrägem Strahle blitzend?!
Rollt es mit den Zügen stets vorbei —?!

Brüder! Brüder! Kann es längst vergessen
Ein sich spinnen in entfernter Bucht?!
Dostojewskis Feueraugen fressen.
Rasend Tolstoi in der Weite sucht.
Haben Mütter euch zum Mord geboren?!
Euer Schicksal —: schwank und qualgehetzt.
Öffnet, öffnet euerer Brust die Tore,
Drein Azursee stürzt!!!

Wallen mögen hier die breiten Scharen
Jener Toten. Düsterer Trommelzug.
Wald erglänzt von aufgelösten Haaren.
Münder strecken sich zu Siegfanfaren.
Langsam steuert schimmernder Brüste Bug.

Rings die Mädchen flattern gleich Libellen.
Droschkengäule tönend eingereiht.
Wir Zentrale. Städte, Länder schellen.
Welt gerinnt. Harmonisches Geläut.

Und so wird die blanke Zukunft tagen:
Heiliger Staat, der quillt aus unserem Blut.
Keine Frauen an den Männern nagen.
Freunde schreiten groß und hochgemut.
Noch wir durch der Nacht Gewimmel jagen,
Auch bespült von stinkichtem Ekelsud.
Denn —! die Menschheit ist verrückt,
Längs und quer zerstückt:
Räuber=, Mörderbrut.

Trotzdem — überherrlich aufgelassen
Wälzt durch Münder Schleusen — gleit o Hass! —
Der Gesänge Strom.
Bajonette schwank wie Halmzeug knicken.
Schwarze Vöglein hüpfen Brownings nickend.
Fetzen Wolken knittert der Pogrom.
O —: anhebt ein Zueinandereilen.
Nichtmehr Schründe klaffen tödlich=tief.
Harfen wiegen. Zwitschern. Gestern Henkerbeile.
Kleine Sonne platzend letzte Bombe stiebt.

Weiße Dome schweben auch Fabriken.
Frühling in ovaler Fensterbogen Lücken.
Flöte dehnt der einst so schrille Pfiff.
Liebende auf weichen Dachgeländen
Sich dem Hostienmond entgegenwenden,
Immer höher steigt ihr Schiff.
Spät —: sie werden sich noch dumpf erinnern
Der Gezeit aus Tod und Rauch und Pfuhl,
... Dörfer knistern. Angeschossene wimmern.
Marterkinder starben an der Schul.

Ja —: sie müssen sich zusammenfalten
In die Lüfte ragend silberner Strauß.
Auf und ab als Schaukler Balsamwinde gehen.
Monument —: nach Jahren zu bestehen,
Wieder wenn aus wütig eingekrallten
Menschenknäueln zuckt Gebiß und Faust.
Splitternd tanzen um die vielen Plätze
Mit der Bürger lautestem Märkteschwall.
Brüder! Unser Odem —: Leid zu letzen
Streich zurück den noch gewordenen Knall!!

Hört ihr nicht heraus der Tausend Warten?!
Wer ist jener, den die Schuld betrifft,
Daß das Reich nicht zu uns kommt?!
Aber Lanzen stochern, Hellebarden
Pflügen auf phantastischer Wolken Trift.
Pferde klappern — —
Brüder! Reisst die Helligkeit hinunter
In der Städte ödes Schlachtgefild!
Zerrt die Straßen hoch und schmückt sie bunter!!
Tausend warten wild — — —

Gott du Zünder, so uns geistwärts führst:
Gott aus spitzigstem Gehirn geschöpft.
Leuchtturmfeuer innigste Eintracht schürend.
Zwiespalt Tücke donnernd abgeschröpft!
Morgenküsten nähern sich Spelunken,
Schmelzend ein Asyl.
Ihr —: Gefängnisse von Abends schattener Gnade trunken
Müden Engels sanfter Wiegenpfühl.

Wo sich Sonne beißt in Wüstenorte
Stellt sich Zephir, milderen Hauchs, bereit.
Körper im Aussatz verdorrte
Gehen auf Landschaften Edens weit.

⟨... Körper von der Väter Hieb zerfleischt ...⟩
Von der Störche dunklen Herdenschwärmen,
Der Balkone Rechteck überdacht.
Wunder —: finsterer Klumpen der Gedärme
Ward zu knospener Schlingung aufgefacht.

Brüder! Nicht vom Zauberwort Berauschte
Weih ein jeder sich der ewigen Tat!
Nicht von Orgeln glühend aufgebauscht ...
Unser Psalm befiehlt euch —: heiß und grad.
Tretet an den Marsch! Freiheit auf die Fahnen!!
Dich antike Welt zertrümmere solcher Schwung!
Ein Gestirn enttaucht. Kreuzt ob unserem Plan:
Himmel der Verbrüderung.

DIE NEUE WELT
I

Er war hinabgestiegen und er schaute.
Da schwankte wie ein Schiff das Fundament.
Zum Himalaya hoch ein Blutmeer staute.
Land angereiht an Land — e in Schrei stößt! — brennt!

Und welche, die Fontänen auseinanderspritzten —
Die Flügelarme flatternd ausgereckt.
Und welche hinter Kartenpulten sitzend —
An buntem Plan das feiste Antlitz leckt.

Gekreuzt ob Epauletts die Marschallstäbe.
Millionen stapfte solch Gehirn zu Brei.
Millionen mußten in den Böden kleben.
⟨... O Knall, Dreihunderte zerfetzten eben ...⟩
Millionen vorgeführt gen die Bastei,

Wo tackend Läufe die Portale zieren.
Granate fort der Dome Blüte scheuert.
Scheinwerfer ⟨Stromband⟩ in der Runde schmieren.
Da waten Regimenter klein durch Feuer.

Und stürzen ineinander. Messermauern jäh.
Emporgeschweißt bald. Strahlend zugerichtet.
Und stürzen ineinander. Kauernde ...
Posaunen rast ihr einst, o Höllentrichter!

So hängen sie gleich zappelnden Figuren,
Exakt an Schnürchen hin und herbewegt.
Doch in den Städten hausen schöne Huren.
Geschminkt mit Blut die Wangen. Grabwind fegt

Aus deren Poren. Und die Federn nicken
Gleich aufgezücktem, umgebogenem Arm.
Hah —: dort anblähen pustend sich Fabriken,
Bestien fett im wütigen Alarm.

II

Dann kroch er fröstelnd durch Tumulte Hungers.
Gespickt mit Aussatz. Überrauscht von Pest.
Um spät zur Früh am Straßeneck zu lungern.
In jedem Tier, in jedem Mensch verwest.

Aus jedem Mensch, aus jedem Tier erstanden!
Er riß den Mantel von der Schultern Bug.
In dessen Brust, dem Krater, Sonnen brannten,
Umschwirrt von der Gestirne Donnerflug.

Nun trieb, was heulend er oft nachts gedichtet,
Heraus – : es scholl: Der Neuen Welt Programm.
Du Himmelreich in grauser Schlacht errichtet.
Ein Sturm zerschmeißt der Bösen morschen Damm.

. . . Er baute vor sich. Krallend Fäuste kneten.
Durch Finsternisse sticht er, kreisendes Plakat.
Ein Männer sammeln. Von Tribünen reden.
Er tönt, ein Riesenhorn, den Psalm der Tat.

Antike Städte unter Dröhnen knittern.
Melodisch schwingt schon nächstes Paradies.
Aus Tänzerinnen weichstem Mondgeflitter
Noch trüber Wallung voll der Tag sich gießt.

In Elfenbein. Von bunterem Wind gesalbt.
Der kämmt zurück der Nächte Schlinghaar falb.
Senkt das Gestirn in aufgestemmte Brust.
Er hobelt ab verkohlten Leibes Krust.
(. . . und Wimmern ebbt und sägendes Gehust . . .)

Er war hinabgestiegen. Auf er bog
Mit Höll im Arm, die süßer Mai bezog.
Lang tobte Chaos in dess Angesicht.
O neue Welt! An jetzt uns Freiheit bricht!!!

III

Da rollen Züge tönend im Gelände,
Das auf sich wölbte, breit und wunderbar.
Er schwebt — ein Fluß verknüpft sich noch vorm Ende,
Dran Häuser stehn wie weiße Kinderschar.

Lichtsäulen schreiten Menschen überall.
Kristallene Wälder blitzen in den Räumen.
Verzogen der Gewitter Überfall.
Gebirge Katarakte Donner säumen.

Wie tausend Brücken spreizen aus dem Land,
Mit Kurvenwirbeln strahlend in den Äther!
In Sommerluft, dem Schmetterlings=Gewand
Mag steigen ob der Dächer Flur wohl jeder.

O heilig Paar das wie ein Kelch aufsprießt!
Von blauer Lämmer hellstem Flor umläutet.
Stern an Stern durchflochtene Wies:
Spiegelglätte, Nacht und Meeresweide...

Entreinigt euch der winterlichen Städte,
Der Nebelstraße tauichtem Gebrest!
Wir grüßen Sonne dich! Erhabenes Schmettern.
⟨... einst Blutschwamm übern Himmel ausgepresst ...⟩
Nun Scharlachlüster sprühenden Geästs.

Nationen ewige, so ihr befreit
Euch — Tat! — aus mördrischen Tyrannengriffen!!
Wir drehen aus der Kriege Dunkelheit,
Emporgeschraubt, wie Morgen rein geschliffen.

Nicht daß mit Peitschen mehr uns Henker bannen.
Rings Völker brausen in die Himmel grad.
Sterngefilde blanker Bajonette spannen
Sich neigend über dem entsunkenen Staat.

[1921]

CARL STERNHEIM
META

DER JÜNGSTE TAG ✱ 26
KURT WOLFF VERLAG · LEIPZIG
1916

EINE ERZÄHLUNG

VON

CARL STERNHEIM

ERSTES ZEHNTAUSEND

LEIPZIG
KURT WOLFF VERLAG
1916

Sechsundzwanzigster Band der Bücherei
»Der jüngste Tag«.

COPYRIGHT 1916 BY KURT WOLFF VERLAG · LEIPZIG
GEDRUCKT BEI E. HABERLAND IN LEIPZIG=R.

META war ein dienender Geist, geboren im gleichen Städtchen, in dem sie bei bürgerlicher Herrschaft Stellung hatte. Siebenzehn Jahr alt, schien sie klein, fest und hatte zu mittleren Formen den vollen Busen der Frau, auf den sie stolz war, den sie herausstrich und mit Brosche und Blume garnierte. Ihr Haar, das aufgelöst mit blonder Welle ins Knie hing, wusch sie mit Branntwein und Kamille. Der dünne Sopran sang Volks= und Kirchenlied, warm wie ein Öfchen war die ganze Person.

Sprang sie morgens aus den Kissen in die Kammer, verschlug ihres Körpers Hitze gleich des Nordzimmers Kühle angenehm. Bei jeder Bewegung, warf sie die Arme ins Waschbecken, fuhr mit dem Bein in Hose und Rock, hob es zum Schuhknöpfen auf den Stuhl, ging ein molliger Hauch in die Atmosphäre, und alle Umgebung war immer behaglich für sie angewärmt.

So fand sie, von Frost und Schauern nie zur Eile getrieben, Zeit, sich beim Anziehen im Spiegel reichlich zu sehen, unter das Haar, in den Rachen zu spähen und die Zähne tüchtig zu bürsten. Mit billigen Pasten salbte sie die Haut.

Da sie aber ihrer Arbeit gewissenhaft hingegeben war, blieben die Hände, die in Soda und Lauge tags= über schwollen, Risse und Borken bekamen, ihre ständige Sorge. Unter dem Zeug war sie blank wie Porzellan, aus den Ärmeln aber schauten breit und blau die Flossen.

Kleider von glattem Tuch standen ihr zum Entzücken, beim Schaffen schien die Schürze darüber angegossen.

Stand sie hoch und auf Leitern, sah man die Säume der Wäsche weiß, und aus fester Wolle schwarze Strümpfe. In der Bewegung spielten die Glieder rund und im Rhythmus.

Der Herr, erwischte er sie in einer Ecke, patschte ihr leutselig aufs Hinterteil. Sie lächelte und nahm's als Herzensbeifall. Schon hundertmal hatte er sie getätschelt, und es sprang aus ihr kein Flämmchen. Noch war sie niedlich nur für sich selbst, und Blicke der Männer machten sie nur in der Selbstschätzung sicher. Im Sommer schwitzte sie, im Winter wünschte sie's zu tun. Der Frühling sagte ihr Besonderes. Da wurde ihr Tun gemessen. Sie verhielt sich, den Kräften, die sie spannten, begegnend. Sie flog ein wenig von innen heraus, und ihre wie zum Gebet gefalteten Hände drückten die bewegte Brust, das drängende Leibchen nieder.

Im Spiegel sah sie sich ins Auge und fand alles weit und blau. Ein großer Reiz stellte ihr das Gefieder der Haut auf; sie schnurrte. Oft fiel sie verloren in den Sitz und staunte. Befühlte Gegenstände und sich selbst und mußte, Tränen im Blick, den zierlichen Kopf schütteln. Abends aber im Bett, dem geöffneten Fenster entgegen, lächelte sie verschmitzt ins Himmelslicht und dachte ihr Teil.

Plättete sie Wäsche der hübschen Hausfrau, hatte sie gerührte Vorstellungen. Zärtlich strichen die Hände Spitzen und Rüsche. Armes, dachte sie von ihr, — glückseliges Weib dann wieder, und aus ihr hüpfte Mitgefühl. Hemd, Kragen und Beinkleid des Mannes weckten ihr gutmütigen Spott. Die Männer, Himmel, das war eine Sache für sich; doch immer zum Kichern.

Sie lächelte jeden an, dem sie Rede stand, und spürte, es ist nicht ernst mit ihm. Nur ein wenig Blitz brauchst du in den Blick zu stellen, das Mäulchen zu schürzen, und mit seiner Gewalt, dem festen Auftritt ist's vorbei. Den Beamten, die behördliche Mahnung brachten, entgegnete sie auf ihr »endlich!« und »unwiderruflich!« mit stiller Heiterkeit, daß die das Auge schlugen und gleich fröhlich von der Sache wegzureden begannen. Einem Polizisten hatte sie sogar den Arm gestreichelt. Waren die Männer schon in die Treppe zurückgetreten, schmetterte sie ihnen helle Triller nach, daß die draußen lachten und dachten: welch' niedlicher Vogel, welch' frecher! Und ihnen noch einmal wohl wurde. An allen Straßenecken grüßte sie die Obrigkeit. Die Wagenführer waren ihr gewogen. Milchmann und Schornsteinfeger grinsten bei ihrer Begegnung, und zum Dank hatte sie für alle einen Blick, irgendwie Duft ihrer Frische. Regnete es, hob sie die Röcke an die Wade, und trippelnd fing sie aus Blinzeln und Geschmunzel bärtiger Gesichter sich eigenen Sonnenschein. Hochgestimmt war sie an Sonntagen, an hohen Festen überirdisch bewegt.

Zu Weihnachten bekam sie von der Herrschaft ein leeres Heft, auf dem in goldenen Lettern »Tagebuch« stand. Dazu ein gedrucktes Buch, einen Roman des Titels »Der Zug des Herzens«. Mit der Spende des Tagebuches war von den Gebern nicht beabsichtigt, ihre Magd zur Selbsteinkehr zu führen. Irgendwann hatte es die Frau geschenkt bekommen und gab es weiter, andere Gabe zu sparen. Der Roman aber war in einer Buchhandlung eigens für Meta gekauft.

Es war die erste Liebesgeschichte, die das Kind erfuhr, und sie vermittelte ihm stürmischen Eindruck. Held und Heldin des Buches liebten sich auf vorbildliche Art, das Mädchen schien leiblich und seelisch wie aus dem Ei gepellt und machte dazu mit Rede und Geste heldische Anstrengung, stand sie bei dem Geliebten. Ihre braunen Flechten waren gelöst, es blitzten die Augen, die Brust hob sich regelmäßig stürmisch. Auf ihrem Antlitz lag Güte, sie lispelte hold, und abwechselnd ließ sie das Haupt dem Mann an die Schulter und in den eigenen Nacken sinken. Der Liebende aber war ein Standbild aus Bronze. Er sprach Gold und schwieg Erhabenheit. Es ließen sich die Situationen himmlisch an trotz einiger böser Menschen, die zum Schluß ihr Unrecht bekannten. Küsse knallten auf jeder Seite, und einmal war sogar von etwas die Rede, das Metas Blut zum Wallen brachte.

Sie war hinterher mit Dichtung gefüllt, schickte mit jedem Gedanken Übersinnliches in die Welt, verband aller Handlung fortan dunklen Zweck. Zittern befiel sie jetzt beim Bügeln der Wäsche, und es schwindelte sie, räumte sie des Ehepaars Schlafzimmer nach; ein Geheimnis wuchs in der Brust, und sie neigte ein wenig zur Angst. Auch legte sie wohl den geschwungenen Arm an einen Türpfosten und seufzte verzaubert. Schwäche saß in den Schenkeln; von der Küche sah sie zum Hof auf die Tiere, die sich berochen.

Erst wälzte sie heftig Gedanken, dann saß sie eines Abends bei Papier und Feder und stach entschlossen ins Faß. Doch flossen Tränen vor der Tinte auf die Seiten, und ihr entfuhr ein »Jesus!« nach dem andern.

Fedor, der Held des Romanes, wuchs stracks in ihr Leben. Aus den Armen Leonores, der sie auf manche Schliche kam, riß sie ihn und zog ihn zu sich hinüber. Eine Vollkommenheit ihrer Seele nach der andern entschleierte sie dem Entzückten, der mit »geliebtes, himmlisches Weib« respondierte und segnende Gebärden auf sie schwenkte. Dazu murmelte Meta innerlich ein erlöstes: ach! Einmal, als sie ihm eine Tugend, die ihr eignete, zuraunte, wollte der Hingerissene flink ihre Lippen. Da aber richteten sich Trotz und Person des Mädchens noch einmal hoch, bis sie durch Glut der Blicke versengt, schmelzend in den Wirbel seiner Küsse einging.

Nun hockte sie, von der Arbeit fort, oft in den Winkel und ließ sich von ihm umschließen. Die Lippen schmiegte sie zwischen die eigenen Finger, die sie geschlossenen Augs besog. Fedors Atem blies sie aus ihnen an, sein Wunsch und Wille mit ihr lag wie Faust auf ihrem Haupt. Er wuchs sich aus, ward bald ein Schlimmer. Dem Schluß ihrer Arbeit lauerte er auf, trieb sie, die Hände wie Hämmer über sie gehoben, flugs in die Kammer hinauf. Dort preßte er den Rücken gegen die Tür, breitete Arme und Beine und sperrte gänzlich den Weg. Dann stellte er die schreckliche Forderung: ihr Kleid solle sie abwerfen, Wäsche zeigen. Sie aber schlug ihr purpurnes Antlitz in die Hände, und während Fieber sie quirlten, stieß ihr Stimmchen das noch gerade hörbare Nein als Hilfeschrei heraus, der ihn verjagte.

Das ging nun Abend für Abend. Schon beim Einbruch der Dunkelheit sprang seine Tatze aus der Wand und trieb sie. Wo sie stand, hatte sie das Gefühl, der Zugriff blieb hinter ihr. Sie lief mit vorgestoßenem Schoß und legte die Hände schützend unter das Gesäß. Das war ihres jungen Lebens Zustand, bis Franz erschien.

*

Er brachte eines Morgens ein Telegramm, und als er's gab, sah er in die Luft. Da er auf Antwort wartete, blieb er in der Küche. Meta suchte, seinen Blick aus dem Nichts zu fangen, doch wich er aus. Endlich gelang ihr's, sich ihm in den Sehwinkel zu haken, und nun zog sie des Jungen Haupt gegen ihr Antlitz, ließ es Kreise beschreiben, und als er es recht geradeaus hielt und die Augen gleich zwei Tassen aufriß, blies ihm das

Mädchen mit Stichflamme ihren Glanz bis zur Herz=
grube. Sofort war er mit Licht innen tapeziert. In Magen
und Eingeweide, an des Leibes Wänden, — überall ver=
zehrten ihn ihre Feuer. Er stand gelähmt, und erst, als
sie ihn anredete, schlenkerte er weg. Doch wurden die
Depeschen im Städtchen hinfort nicht schnell bestellt,
denn er verweilte auf Brücken, in öffentlichen Gärten.
Bog die Zweige der Büsche nieder, ließ sie schnellen,
und ihm war's süßer Schreck. Im Tritt mied er Ritzen
der Trottoirplatten und alle Schatten, ließ den Finger
an Gittern spielen. Sonntags sackte er in eine Bank im
Park und trank Erinnerung des unvergeßlichen Morgens.
  Meta aber putzte die Scheiben zur Straße, nach ihm
zu spähen. Erschien er, hing sie den Rumpf, die halbe
Brust ins Freie und flatterte, Tuch in Händen, wie eine
Fahne am Fenster. Den Kopf in die fortstehende Sohle,
das offene Loch ihres Rockes gereckt, marschierte Franz
unten vorbei. Einmal doch wurde er flach hingenagelt,
als sie ihn anrief. Er sperrte Mund und Auge wie ein
Karpfen, und ohne daß er sie verstanden hätte war
er verhimmelt. Nun begann, was Regeldetri ist: eine
einfache, dumme Liebe in dem Jungen, der träumte, was
das Zeug hielt, mit keuschen Symbolen. Engel war für
die Angeschwärmte das mindeste Gleichnis. Er gab ihr
Krone, Kelch und Dorn und alle Vollkommenheit im
Voraus. Sie empfand's auch, als sie das erstemal mit
ihm in die Felder ging. Ganz anders als in ihrem
einstigen Verhältnis zu Fedor mußte sie sich nicht brüsten.
Wort aus ihrem Mund war ihm Allegorie, Silbe schon
Botschaft. An ihrer Seite ging er, Andacht und Glaube.
Sie schwatzte Blasen ins Blaue und spürte gleichviel,
wie Basalt fiel ihre Rede auf sein lauschendes Herz.
Die blasseste Geste von ihr blieb ihm denkmalhaft in
der Vorstellung, schloß er die Lider, rauschte sie groß=

flügelig daher mit Schwung und Faltenwurf des Gewandes. Auch Natur, die sie einmal bezeichnet, verharrte für ihn endgiltig. Als sie bei einer Promenade den sinkenden Sonnenball zeigte, stand der fortan Tag und Nacht seinem Auge an der gleichen Stelle. Silhouette der Berge, an einem regnichten Morgen von ihr mit dem Finger an den Himmel gerändert, blieb dort, fest in die Wolken gemeißelt. Überglücklich fand sich Meta und diese Anbetung wie ein Wunder, das den Sinn ihres Lebens erhellte. Was galt Arbeit und Abhängigkeit, stand am Haustor abends der Trabant mit dem Tronhimmel seiner Liebe, unter dem sie als Kaiserin schritt? Maskerade war ihr Dienst, Wirklichkeit begann an der Seite des Verliebten.

Das Mädchen sah der Gottesmutter Bildnis oft und dringend an und nahm aus Haltung und Gebärde viel für sich wahr. Denn sie meinte, des Jünglings Sinn allmählich mit Wirklichkeit stützen zu müssen, doch erfuhr sie nicht, daß der Eindruck ausblieb, weil die männliche Seele sie ewig strahlender sah, als sie es darstellen konnte. Ihm war sie nicht nur Maria aber Meta dazu. Und die war ihm ursprünglich herrlicher.

Flitzte auf gelbem Rad er vorüber — stand sie im Fenster —, riß er die Mütze in die Wagerechte und schickte mit gedoppeltem Blick ihr ewige Treue. Lob für sein forsches Fahren spendete sie ihm und bat, sie's auch zu lehren. Doch als er bei Dunkelheit kam und sie in den Sattel hob, saß sie schlecht und bewegte sich unkundig. Fürchtend aber, seine Erwartung sei, schnell müsse sie die Lenkstange greifen und, die Maschine beherrschend, sie mit Schwung aus sich selbst in Gang setzen und lächelnd entschweben, stieg sie gleich zur Erde nieder, behauptend, dies zieme ihr durchaus nicht.

Überall und immer, weil sie infolge seiner grenzen=

losen Anbetung eine Formel der Vollkommenheit erfüllen wollte, bemühte sie sich jetzt, die Schöpfung abhängig von ihr zu zeigen. Hatten sie auf Märschen den Gipfel des Berges bei schlimmer Hitze erstiegen und starrten, Atem ausbrausend, den Rausch der Freiheit oben an, wollte sie Wasser, sonst nichts, wohl wissend, anderes möchte am Ende nicht zu finden sein, Göttern aber versage sich nichts. Oder sie sprach, wenn schon die Tropfen fielen: daß es doch regnen möchte! Und stellte den Sturm der Elemente mit dem Hinweis auf die Pracht des Regenbogens ab, doch so ein wenig, als hätte der auf ihren Ruf erst sich illuminiert.

Sie war sich nun bewußt, unvergleichliches Leben mit Franz zu machen. Keine Nebenbuhlerin könne gefährlich werden, denn an goldenen Fäden lenkte sie für ihn die Welt und zog mit sphärischer Landschaft, englischen Freuden, mit sich selbst immer das Paradies auf die Szene.

Ihr Lohn war sein staunender Beifall. Ausgleich für Gefühle, die sie irgendwie schon heimsuchten. Einen Frühling hindurch liefen sie in Freistunden durch umbuschte Wege Höhen hinan. Saßen oben im Moos, das Bild der Heimat vor sich ausgebreitet, in dem Meta die gestellte Sonne blieb.

Sie lebte Dogma. In seinen Glauben geschient, war ihr Wille seiner Demut unterworfen. Seine herrische Andachtsforderung ließ ihr im einzelnen Spielraum, zwang aber unbedingt die Richtung ihres Lebens. Herzlich liebte sie ihn, bewunderte die entfesselte Hingabe, und mählich, mehr und mehr, begann sie, ihm diese zu neiden.

Baute er sie steil vor sich auf und machte Kniefall, sie aber mußte irgendwie mit seelischer Verzierung stehen, hätte sie neben ihn hinsinken und auch an-

schmachten, anbeten wollen. Ihre gezwungene Stärke trieb ihr schließlich Tränen ins Auge. Das gefügte Erz der Gesten begann zu reißen, ihrer Stimme Metall zer=
brach. Brüchig ward das eherne Standbild, und Fleisch begann, allenthalben in die Furchen zu wuchern. Stand er jung, stark und gerade als Mann gewachsen vor ihr, senkte das Haupt an ihre Brust, auf das sie dem Ritus zufolge die gekreuzten Handflächen legen mußte, konnte sie Aufwallung nicht mehr unterdrücken. Oft schüttelte sie an seiner Seite der Reiz so mächtig, daß die Zähne schlugen und Gebein klappte. Er aber, knabenhaft frei, sang das Marschlied in die Luft.

Sie betete zu allen Heiligen, den Sinn ihm von Grund auf zu ändern, seiner Kraft und Gewalt möchte er sich bewußt werden. Sie wünschte die ins Fenster ge= schmetterte Faust, daß Scherbe vom Kitt klirre. Vorm Schlafengehen brach sie ins Knie und senkte der Seele unbezähmbare Sehnsucht nach Hingabe in selbstver= gessenes Gebet. Wollte sie aber sanft und mit gütiger Schonung Anfall ihrer weiblichen Schwäche von weitem ankünden, schob er unwiderstehlich doppelte Riegel vor. Er wollte seine Andacht bis an die Sterne spreizen, doch müsse sie das unzerreißbare, sich immer weitende Gefäß für sie bleiben. Dazu flatterten seine Worte ekstatisch, und die Arme ruderten wie mystische Mühlen. So blieb sie Heilige weiter, aber der Wurm fraß in ihrem Blut. Sie duldete seinen Kult und spürte nur immer mit allen Sinnen, durch welche Mittel sie ihn zerschlagen, wie sie Franz vergotten und in der Rolle der demütigsten Magd sich selbst mit natürlichem Glück bis an den Rand füllen könnte.

Eines Abends, als sie zum Bad in flacher Schale Wasser stand und das Gesicht über die Schulter in den Spiegel legte, sah sie sich rückwärts so: von mittlerer

Größe, schien die Gestalt in der Hüfte edel geteilt. War auch das Postament der Beine höher, saß der Rumpf mit gutem Verhältnis darauf. Leuchtendes Weiß des Fleisches war durch der Flechten Blond getönt, die von der Hand im Nacken zusammengepackt, von dort in zwei Flüssen mit spitzer Mündung zu jenem Taillen= schwung liefen, der Meta das geheimnisvolle Mittel ihres Körpers schien. Sie bleibt von Reiz gefangen, als sie die geschnürte Betonung der Hüfte in Linien, die das Kissen des Gesäßes vom Schenkel, das Knie von der Wade trennen, sich wiederholen sieht. Ihr heller gewordenes Auge stellt schließlich den vierten Ton dazu fest: die Schulterlinie, die durch den hochgenommenen Arm noch deutlicher wird. Mit dieser Vierteilung Hilfe geht ihres Leibes Sinn ihr völlig auf: Zum Denken der Kopf, die Beine zum Schreiten. Zwischen Hals und Hüfte ist der Rumpf, Sitz der Organe, die uns das Himmlische vermitteln: durch Lungen und Herz den Odem Gottes, aus dem wir leben.

Aber dahin, wo wie ein geschwellter Kessel der Leib zwischen Schenkel und Hüfte eingelassen ist, hat ihr kindischer Sinn, hat Franz nie gedacht. Dort, während Blutsturm sie purpert, die Arme zur Höhe fliegen, fühlt sie plötzlich die entscheidenden Gewalten sitzen.

Die Folgen ihrer Erkenntnis waren beim nächsten Beisammensein deutlich. Kopf und Oberteil hatten die Schwere verloren, aber die Schritte setzte sie gewichtig, als liefen die Beine in Scharnieren, und sie müsse, Reibung und Kreischen der Teile in den Gelenken zu vermeiden, die Hüftknochen emsig drehen und das Rückgrat unten pendeln lassen. So kam es, daß beim Gehen ihr Rock des Mannes Schenkel schlug, während Metas Blick auf seltsame Art sich verglaste. Aber schnell merkte sie von seinen Gliedern Widerstand, der ihr die Knochen

bog und sie in das lustige Trippeln zurückzwang, mit
dem sie bisher neben ihm gegangen war. Auch im Ge=
spräch duldete er die Einführung solcher Vokabeln nicht,
die irgendwie ein Fallenlassen der strengen zwischen
ihnen geltenden Regeln andeuten wollten.

So griff sie zu Listen, ihr Gleiten aus Franzens
Himmel zur Erde zu ermöglichen. Den Hut ließ sie
fort, ihr Haar vor ihm in Verwirrung spielen. Sie ging
leicht gekleidet, daß Wind die Musseline blähte und
Sonne sie durchsichtig mache und zeigte an Hals und
Armen Streifen rosiger, gepelzter Haut. Auch hob sie
sitzend das Bein übers Knie, gelöstes Schuhband zu
knüpfen und war seinen Blicken nirgends geizig. Die
aber schienen in solchen Augenblicken mit milchigem
Horn gepanzert und schossen hinterher Drohungen auf,
die das Mädchen rührten und endlich, als sie einmal
gewagt, den gesunkenen Strumpf in seiner Gegenwart
aufzunehmen, durch ihre lodernde Gewalt vollends er=
schütterten.

So riß sie die Kräfte zusammen und gelobte mit
zusammengebissenen Zähnen, ein für allemal auf ein
anderes Glück zu verzichten und ihm weiterhin ent=
schieden die himmlische Liebe zu sein. Für ihren Ver=
zicht aber wollte sie ihn auch wirklich an den Grenzen
der Hingabe sehen, damit, könne schon sie selbst sie
nicht betätigen, sie in seiner Seele das süßeste Bild de=
mütiger Liebe entzündet finde. Er müsse in ihrem
Dienst seine gesamte Leiblichkeit ändern, verlangte sie,
die Lebenswärme für sie beleben, Geschmeidigkeit und
Beweglichkeit ausbilden. Das Zerrissene möge er in
sich binden, das Gebundene in sie auflösen. Höher
solle er jubilieren, und die Gabe der Träne müsse ihm
immer eignen. Sie fordere den Gesamtsinn verfeinert,
Einbildungskraft gesteigert, Poesie wollte sie in ihn ein=

gegossen, kurz überall stürmische Bewegung der Willens=
kräfte. Sie sei nicht eine vollkommene Heilige, ohne
daß ein im stärkeren Maß ergriffener Gläubiger zu sein,
er sich inständig bemühe.

Durch solche Worte über den statischen Zustand
seiner Jugend in eine seiner Natur genehme Entwick=
lung geführt, brach Franz in die Ekstasen der Liebe
unverzüglich auf. In seinen tiefen, mittleren und ober=
sten Gebieten wandelte er Leiblichkeit in reinen Geist
und war alsbald zu jeder von ihr gewollten Vision
bereit. Während Meta tagsüber Arbeit als simples
Stubenmädchen verrichtete, erblickte Franz sie, wo sie
vor ihm erschien, in höhere Erscheinung transformiert.
Sah erst ihr Antlitz, dann die Hände, Haare, Atem
leuchtend werden. Und erlebte sie schließlich aus leerer
Luft strahlend und figürlich.

Ihr blieb auf diesem Gebiet von ihm nichts mehr zu
hoffen übrig.

*

Da wurde die Nation in einen Krieg gestürzt. Die
Männer verließen die Familie, das Vaterland zu ver=
teidigen, wie sie, in Schritt und Tritt marschierend,
durch die Gassen sangen. Franz, der das zwanzigste
Jahr nicht erreicht hatte, blieb daheim. Doch lag auch
auf den Bleibenden der Druck, und es schien unmöglich,
ihr Schicksal von denen, die im Feld standen, zu trennen.
Jeder war von sich fort zu fremdem Los gerissen. Als
im Fortschreiten des Feldzuges immer neue Scharen
hinauszogen, war es den beiden offenbar, auch ihre
Trennung stünde bevor. Wehmut legte sich auf alles
Erleben, und die Welt schien die gewohnte Weite ver=
loren, die Brücken zum Himmel zerstört zu haben. Jede
Frage wurde praktisch, Antwort lautete aus irdischen

Begriffen. Maßnahmen des Feindes zwangen, an Notdurft, Beschaffung von Essen und Trinken zu denken. Die ersten zusammengeschossenen Krüppel traten auf, und es galt, ihre künftige Versorgung vorzubereiten. Überall stand plötzlich das Allgemeinmenschliche für das menschlich Besondere. Auch Franz und Meta sprachen von geschlagener Schlacht, Gefahr und Verwundung der Freunde und Verwandten. Sie lernten Artillerie und Infanterie, spickten ihre Sätze mit kriegerischem Begriff und unterlagen dem Eindruck von Sieg und Niederlage. Die Zeitungen bestätigten die märchenhafte Niedertracht der Gegner, bravuröse Tapferkeit der eigenen Truppen immer von neuem. Bei jeder Begegnung rief nun einer dem andern schon von weitem zu: „Hast du gehört" und „weißt du auch". Vom eigenen Schicksal war täglich weniger die Rede.

Als aber erst kräftiger neue Welt sich in Franzens Vorstellung schob, aus den Kampfberichten eine herrliche Erscheinung um die andere vor ihn trat, ward Meta aus dem Zenith seines Denkens gedrängt und führte in ihm fortan ein wenn auch verehrtes doch peripherisches Dasein. Das Übermenschliche hatte für ihn den Sinn geändert. Die passive Entrücktheit des Weibes nicht mehr war anzubeten, aber des Mannes heldischer Griff.

So hob sich der Jüngling aus dem Gewinde geübter Riten und gruppierte nach veränderten Trieben innere Natur um. Religion war das Vaterland, Vorbild der tapfere Soldat. Ein anderer Gott, kriegerisch geschient, erschien in einem Himmel geschwungener Fahnen und Lanzen.

Meta, mit den vergilbten Emblemen friedlicher Güte, war als Ideal in gründlich geänderten Verhältnissen unbrauchbar. Handgreifliches Verlangen konnte sich an sie nicht klirrend klammern. Zwar gab sie ihrem Umriß herbere Kontur, der Erscheinung Strenge, den Worten Kommandoton, aber vor Prall und Knall der Armeeerlasse, dem Alarm der Katastrophen und Verlustlisten konnte sie nicht bestehen. In Haltung und Ausdruck ließ Franz Respekt nicht im mindesten missen. Innerlich aber schaltete er mit ihr nach neuen Begriffen und Gutdünken. Er fand sie, in Waffenglanz nicht denkbar, vor dem schwächsten Manne schwach. Sah ihren zärteren Aufbau, ihrer Stimme dünne Resonanz ein, und daß sie oft zu schonen war. Er stellte sie der mit Standarte stürmenden Angriffslust des männlichen Prinzips, das plötzlich aus allen Kulissen der Welt wetterleuchtete, richtig als ein anderes gegenüber, das ruhend ergriffen sein wollte.

Als ihm die Einsicht das erstemal sprang, bäumte mit Lust herrischer Wille nach ihr auf, und er reckte sich in alle Winde. Den Gestellungsbefehl trug er in der Tasche — da war das Knabenalter hin, und sein Blick lenkte keck zu des Mädchens Brust, die unter Kattun doppelt gerundet stand.

Meta aber, als sie Franz' geänderte Absicht sah, stürzte in harten Kampf, die gräßlichsten Zweifel. Aus unaussprechlichen Ahnungen spürte sie die augenblicklichen Verhältnisse nicht beständig und daß alles, was in ihnen sich ereigne, dem Wechsel und vielleicht späterer Verdammung unterliege. Aus allen Lüften sah sie Gebraus, Geschmetter der Kraft in des Geliebten eindrucksvolle Seele geblasen und glaubte dennoch nicht, es fände dort ursprünglicher Gefühle Begegnung. Sie zitterte, vom süßen Moment hingerissen, möchte sie, fallend, ihm seine ewige Neigung trüben, und sich selbst ihm gründlich zerstören.

Da sich in Wirklichkeit erfüllte, was einst sie gegeträumt: Jung, stark und gerade als Mann gewachsen, hat sie ihn vor sich, er senkt das Haupt an ihre Brust, stößt in die Falten der Taille die Spitzen des Gesichts und schlürft ihre Wärme, bis Blut sich entzündet und im Kessel des geschwollenen Leibes Überschwang an den Ventilen siedet — zwingen sie Rufe der Not und mörderische Furcht, der ersehnten, vorzeitigen Hingabe mit schleunigem Aufbruch und schmerzlichem Aufschwung der Seele zu entfliehen.

Es weiß der Mann aus seines Leibes Verlangen immer unsinnigere Schmeichelei, Natur und alle Kreatur zaubert er vor ihre begeisterten Augen in taumelnden Aufruhr, und kaum weicht das Weib, von eigenem Verlangen gefesselt, noch aus. Schon wird über dem blanken Boden in einer Mondnacht des Mädchens Kehle und Schulter nackt, da ruft am anderen Morgen Befehl Franz zu seinem Truppenteil, und in der Hast der notwendigen Besorgungen gibt es kaum einen Abschied.

Erst aus der Garnison, dann vom Lager her, versichert er sie einer Leidenschaft, die hinter schneller Heirat fröhliche Wollust in völliger Vereinigung will. Zart fängt er zu bitten an, doch zum Schluß des Geschriebenen blitzt Mannesmut, und trumpft jedesmal die geballte Faust auf. Ihr aber beginnt, nach häufiger Wendung des Geschicks, aus seinen Worten die Ahndung eines vollkommen natürlichen Glücks, von Gott und den Menschen gesegnet, zu dämmern, und mit gefaßtem Wandel bereitet sie einfach und fromm in sich das Wesen seines Weibes vor.

Nun herrscht der Allmächtige und »Urlaub« in ihr. Mit häufigem Kirchengehen, inbrünstigem Gebet bekräftigt sie die innere Sammlung. Aufs Wiedersehen ist sie ganz gestellt, und nur manch Weibliches leuchtet ihr daneben ein. Es kam um diese Zeit die hübsche

Hausfrau mit einem Knaben nieder, und Meta ist für alle Vorgänge bei der Geburt Feuer und Flamme. Als aber das Kind aus zitterndem Schoß entbunden war, und den von Qual erlösten Leib der Wöchnerin in frischen Kissen Jubel des Mutterglücks rührten, lag Meta an der Bettkante in den Knien und küßte die hängenden Hände der glückselig Erschöpften. Sie reicht ihr durch des Zimmers Sonne auch das Bündel Windeln, aus dem es quäkt und winselt, an die Brust und staunt auf all das Saugende und Gesaugte, die Spitzen Rot an den getürmten Brüsten und das in Milch verwandelte Blut. Sie fühlt sich königlich erhöht im Hinblick auf die eigene mütterliche Zukunft und hegt für das aus ihr noch nicht Geborene schon die zärtlichsten Gefühle. An Franz schreibt sie: mach schnell, komm bald. Es ist für dich alles bereit. In ihrer Seele steht das Häuschen, das mit dem kaiserlichen Briefträger sie bis ans Ende ihrer Tage bewohnen will, fix und fertig: zwei Räume und die Küche in einem Garten mit tüchtig Gemüse. In den Stuben rumoren die Kinder, im Stall ein Schwein. Am ersehnten Tag kommt statt seiner die Nachricht, der Urlaub sei verweigert, er selbst, näher den Ereignissen, ins Quartier eines hohen Stabes geholt. Ist Metas Enttäuschung schon groß, verbirgt sie sich nicht, ihr sei auf dem neuen Posten das Leben des Geliebten sichergestellt, und Ordensschmuck unter den Augen der oberen Gewalten für ihn wahrscheinlicher als in der trüben Masse an der Front. Was bedeute die Trennung, könne sie seiner endlichen, ruhmvollen Heimkehr gewiß sein? Wie er auch schilt, man habe ihm den Auszug ins Feld verwehrt, ihn vor allen Kameraden benachteiligt, lacht sie bei sich und sitzt den Winter über geschnittener Leinwand, aus der sie das Notwendige schafft zu baldigem Gebrauch. Brennt in der Kammer die Lampe, schnurrt eifrig der Ofen mit dem Kätzchen um die Wette, setzt sie Stich zu Stich mit lustigen Gedanken, und ist mit der Gewißheit, in ihrer Liebe hat sie manches gelitten, oft geschwankt, doch schließlich sich bezwungen, und nun steht ihr in einem braven Mann richtiges Frauenschicksal bevor, das beglückteste Mädchen.

*

Franz, der im Haushalt des Stabsquartiers die gleichen Obliegenheiten erfüllt wie Meta für ihre Herrschaft — er ist dort das Mädchen für alles, putzt, wäscht und wichst zu täglichem Gebrauch, was irgend vor seine Griffe kommt — fällt nach einigen Monaten treuer Pflichterfüllung in ein hastiges Leiden, das ihm die Därme immer von neuem kehrt und entleert, bis seine gemarterte Seele kläglich durch diesen Weg aus dem kaum angebrochenen Leben entweicht. Mit rühmlicher Gefallenen verschwindet ohne Sang und Klang sein Kadaver schnell in fremde Erde.

Frei durch den Himmel ihrer Zukunft schweifend, erhält Meta die Nachricht am Abend, fällt in Ohnmacht des Begreifens und bleibt zeitlich lange genug ohne Bewußtsein, um vor selbstmörderischer Torheit bewahrt zu sein. Doch scheint Starre des eingebrochenen Winters sie miterfaßt zu haben, und geraume Weile wandelt sie, vor Besinnung gefeit, in Stummheit und Taubheit eingeschneit, huscht wie ein wundes Tier vom Bett durch die Stuben zu Bett, nicht einen Seufzer hört man von ihr. Manchmal steht groß ein Schweißtropfen an ihrer Stirn, wie aus dem Knochen herausgefroren.

Eines Tages sprach sie der Hausherr freundlich und mit väterlichem Tätscheln an. Sie solle zu sich selbst erwachen. Jung sei sie, mannigfach liege Leben vor ihr, und der Männer gäbe es viele. Auch litte mit ihrer Zerrissenheit die Qualität der Arbeit. Gott sei gnädig, die Sache des Vaterlandes stünde dank siegreicher Schlachten gut, und im Grund sei mehr gewonnen als verloren.

Oben aber sah Meta plötzlich die genähten Hemden und Herrlichkeiten, daß es sie an den Elementen packte und über den weiblichen Kram in einen Jammer warf, der Tage hindurch sie selbst und Zeug und Wäsche näßte. Auf Bett und Stuhl, wohin sie blickte, saß Franz, an Tor und Tür erschien er wieder, lachend und vertraut zu ihr aufschauend. Dann hurtig enteilend, Mütze schwingend, aufs Rad flatternd. Oder es sahen seine Augen vorwurfsvoll aus dem Dunkel; doch bei ihrem zartesten Laut strahlte sein Glaube. Und er läge ihr gestorben? Wo wäre da Sinn? War im Plan ihres gemeinsamen Lebens ein Fehler, das geringste Unreine im Zusammenklang der Seelen, und stimmt Gott der Harmonie nicht bis in die verborgenen Winkel der Schöpfung zu? Halb entkleidet steht sie zur Nacht im Loch des Fensters in feuchtem Aufruhr und sucht dem Himmel, des Busens Hügel aufnehmend, den Weg zum Herzen frei zu machen, daß er es ganz einfältig mit Franz erfüllt schaue. Wär wirklich das Unfaßbare wahr, wo in der Verkettung der Umstände sei der gräßliche Irrtum des Geschehens als Schuld anzurechnen, auf ihrer demütig irdischen oder der allmächtig himmlischen Seite? Aber die Sterne erblassen nicht vor der geheulten Anklage. Kraß und klar leuchten sie die täglichen Bilder.

Noch wartet Meta und schiebt den Tag der Abrechnung mit Gott fort, und während das Ohr auf Nachricht aus dem Feld gespannt bleibt — sie ist gewiß, auf einmal kommt Alarm seines Lebens, und bebändert und besternt steht er vor ihr und wirft verhaltenen Lebenssturm wie Gewitter und Blitz in sie — prüft sie innerlich von neuem ihre bisherige Führung nach den strengen Vorschriften der Religion, um nicht im geringsten über berechtigte Enttäuschung des Gläubigen hinaus sich anklagend zu empören. Sie bekommt auch günstige Zeichen. Ein Sergeant beim gleichen Stab, den der unverhüllte Jammer ihrer Briefe rühren mochte, antwortet in geschraubten Reden so Unterschiedliches, daß höhere Hoffnung allerhand in ihnen finden kann. Aus hundert Zeitungen erhält sie Bestätigung, daß Totgeglaubte, Totgewußte in die Arme der Liebenden zurückkehrten. Franz aber, von Fibern jugendlichen Willens hingerissen, sei ganz gewiß aus eintönigem Tagdienst in die Hitze der Gefechte geeilt und werde sich in den Berichten schließlich als ein Held und lebend wiederfinden.

Bis sie ein Bündel mit der Post erhält, das der gleiche Kamerad, ihrer Beschwörungen überdrüssig, an sie sandte: Lumpen von seinem entseelten Körper geschält, in beschämendem, kläglichem Zustand.

Ihr entgeht nicht die hämische Geste des Schicksals, die obendrein das Andenken des Verblichenen schänden will. Doch ist ihr der endliche Fall je tiefer umso lieber, da sie schon merkt, wie viel herrlicher sie sich von ihm erheben wird. Inmitten verwüsteter Hoffnungen, der jämmerlichen Trophäen seines Erdenwandels bleibt sie trauernd liegen und saugt aus tausend Erinnerungen Haß, allmählich rasenden Zorn gegen ein sinnloses Geschick und seinen oberen Lenker. Als sie endlich jeden Ort des Leibes mit gleicher Überzeugung angefüllt fühlt, erhebt sich ein neuer Mensch zu gewandeltem Leben. Mit Gott macht sie nicht mehr viel Worte. Sie sieht ihm frei ins Gesicht und zeigt ihre Meinung: Seine Entscheidung in ihren Sachen hat sie verurteilt und hängt nicht länger von ihm ab. Zum zweitenmal nimmt sie vom Dasein Besitz, belebt jetzt von sich selbst her ihre Welt. Aus deren Mitte sie alles bisher Verehrte hebt, es durch einen Götzen zu ersetzen: Franz, den sie mit jeglichem Tand der Phantasie schmückt. Je weiter sein irdisches Leben zurücksinkt, um so frischer macht sie ihn sich lebendig. Alle Kräfte müssen fortan für den einzigen Zweck sich regen, den toten Freund ihr fortwährend seiend zu erschaffen. Sie hat unaufhörliche Gesichte, Begegnungen und vertraute Zwiesprache mit ihm und riecht und schmeckt den ganzen angebeteten Mann. Ist sie aber mit ihm im innigen Verein der Gemüter, fliegt ihr Blick durch die Scheiben höhnisch zum Firmament, und Trotz spottet hell auf.

Sie wird wie eine Nonne schlicht und eindeutig. Dem einmal gewählten Bräutigam treu, geht sie wie mit Zäunen umstellt dahin. In ihre Bestimmung mit sich selbst ist von außen her kein Pfeil, kein anderes Verlangen zu senken. Sie weiß zu gut, wie der Geliebte sie wollte; nicht kleinmütig und verzagt, aber hoch über dem Los der Sterblichen. Die selbstherrlichen, keuschen Gebärden muß sie bewahren, daß beim endlichen Wiederfinden seine Erwartung von ihr sich vollauf bestätigt. So wandelt sie in Stahl gepanzert. Schicken ihr die Frühlinge Begierden, blühend erwachte Natur Versuchung, zwingt sie das Fleisch in kühle Richtlinien und lacht zum Schluß über der Geister Blendwerk. Männer, die ihr nahen, wollüstig und aufgeschwänzt, erledigt sie mit dem Blick eines für sie zu gewaltigen Maßes, in das sie wie Erbsen in riesigen Topf fallen. Je mehr das Leben sie versuchen will, um so freudiger wirft sich Meta ihm furchtlos entgegen, gewiß, mit ihrem Liebesbegriff jeder Wirklichkeit überlegen zu sein, und daß der verschmitzten Himmel lockere Absichten an ihrem Willen schließlich zerbrechen müssen.

*

Der Friede, den das Land erlangt, schwemmt die Menge der Männer in die Arme der Jungfrauen, Bräute und jungen Frauen zurück. Es hebt eine allgemeine, gewaltige Hochzeit an, und die Demut des Weibes ist an sich schon groß vor dem heimgekehrten Helden. Als aber sein Arm in der verwahrlosten Heimat richtend und regelnd überall fühlbar wird, die Jugend den zu Haus gebliebenen Greisen und irgendwie Verschnittenen die willkürliche Leitung der Ämter und Geschäfte scheltend entreißt, bricht befreiter Dank aus allen Herzen so stürmisch hervor, daß Verehrung männlicher Kraft und Vernunft allenthalben oberstes Gesetz ist. Auch Meta, der es einfällt, wie in letzter Spanne ihres Beisammenseins Franz sich zu eigenem Willen gereckt, Herrschaft und Gewalt über sie gefordert hat, formt den Geliebten dem allgemeinen Ideal nicht nur, sondern eigenem, ursprünglichem Wunsch nun unbedenklich nach. Macht ihn zum unbeschränkten Gebieter ihres Gewissens und ihrer Glieder, endlich stürzen die inneren Gewalten in das Bett einer einzigen Leidenschaft: schrankenloser Hingabe des Leibes und der Seele an den Vergötterten. Alle Organe werden, von Besessenheit ergriffen, Eingangspforten für den Atem seines Wesens. Der männliche Geist fährt wie Schwert in das Weib und reitet es mit Windsbraut in alle Abgründe des Empfindens, peitscht es durch Hohlwege und Schluchten sinnlicher Wünsche. Man hört sie aufschreien unter seiner würgenden Faust, sieht sie bäumen, stürzen, wieder stehend, halb sich heben und zum andernmal mit Wucht in die Furche der Bettstatt schlagen. Sie fühlt sich von ihm in die Wälder an alle jene Örter entführt, an denen sie einst gemeinsam scheues Gespräch geflüstert. Dort packt er sie, und während keusches Andenken sie rührt, bricht und knickt er sie in ein Bündel keuchender Wollust nach seinem Willen.

Tagsüber, mit geschundenen Gliedern, erfüllt sie dennoch die Pflichten dienender Stellung. Aus der Stärke der sie schüttelnden Empfindungen fühlt sie sich stolz von eigenen Gnaden Überwinderin des von Gott ursprünglich mit ihr gewollten Schicksals, Urschöpferin ihrer Lust und nimmt aus diesem Bewußtsein düstere Kraft. Doch immer ist es ihr Beweises eigener Person nicht genug. Rings horcht sie die Frauen nach dem Maß des natürlichen Glücks mit ihren Männern aus und jubelt, hört sie laue Anerkennung, meistens Enttäuschung. Im Verein mit ihrem süßen Mann hat Sturm und Schwelgerei kein Ende, sie unterliegt seinen Launen, Bedenken, Schwächen nicht. Jahre hindurch steigert sich noch das Maß des Entzückens, das von ihm kommt. In alle Blut- und Nervenbahnen ist sie von ihm schon besessen, aber immer noch findet Begierde neuen Genuß und blendende Überraschung.

Bald sieht Meta Folgen ihres unbändigen Glücks mit dem Mann. Der Leib, aus einem Teil einst, regelmäßig praller Formen, brach die Bünde gehügelter Üppigkeit und hat strengen Rhythmus schon gesprengt. Entzückt sieht sie ihre Schönheit für ihn, wie bei Weibern mit lebendigen Gatten, zerfließen. Nicht weniger scheint sie gestülpt, brüchig und gerupft. Mit Triumph hängt sie in den gleichen Spiegel, der einst ihrer Jugend Knappheit faßte, die zerfallenen Kuchen der Brüste, des Bauches schleppende Fettguirlande. Sie meckert sich Beifall, schlägt die entstellten Lenden, um sie mit Inbrunst neuen Visionen auszuliefern. Aber zu allen Freuden ekstatischer Liebe leidet sie alsbald Schmerzen und täglich andere. Erst ist es Freßgier, die sie befällt und unzähmbar quält. Mit tierischem Hunger schlingt sie alles Erreichbare wahllos in den offenen Schlund, bis Ekel vor sich selbst sie packt, der aufgetriebene Magen sich brüsk erleichtert. Dann quillt Speichel in Wellen aus den Häuten des Mundes und der Nase, schäumt auf den Lippen und wechselt dort in vielen Farben. Oder es preßt eine Hand den Hals zusammen, daß sie zu ersticken meint, eine gespenstische Kugel steigt aus der Gurgel in die Eingeweide nieder, wobei kalter Wind den Leib durchweht. Tiefer, traumloser Schlaf wechselt mit anhaltender Schlaflosigkeit, die sie völlig erschöpft, und wüster Halluzination. Doch immer gelingt es noch trotziger Energie, Franz, zur Umarmung bereit, vor sich aufzuzaubern. Als aber Materie fast vom Knochen geschabt ist, das Fett verlebt, die Säfte, nicht ergänzt, träg geworden, kann sie die erlangten Ohnmachten und Zerschmetterungen mit neuem Aufschwung nicht mehr regelmäßig ausgleichen. Nur hier und da erfaßt sie noch des Mannes feste Gestalt. Meist muß sie sich mit einem Schatten begnügen. Und wie sie auch die Augen aus den Höhlen dreht, die mageren Hände sehnend reckt, — bei sich fühlt sie nur mehr etwas unwirklich Zerschlissenes. Dann stöhnt sie große Seufzer und fällt durstend in die Kissengrube, aber der ausgemergelte Körper stürmt in Schlaf, und die Sehnsucht der Halbentseelten flieht vom Gift des Sichzerfleischens häufiger zu Bildern guter Ruh.

Das angetrümmerte Gebein, dicht vor seiner Vernichtung, schreit nach Befreiung. Mit dem Mut der Verzweiflung wehrt es sich, bereit, alle anderen Möglichkeiten des Seins gutzuheißen, ihnen zu dienen, nimmt man von ihm die Zentnerlast der durch Jahre getragenen Qualen.

Alsbald tritt in das erfrischte Gehirn Bild der Umwelt zögernd wieder ein. Sie nimmt des Stübchens Einrichtung deutlich wahr: den Teppich vorm Bett, dessen Mitte vertreten ist, bunte Gardinen gegen das Licht.

Erstaunt sieht sie ihren Fenstern das Dach eines Hauses gegenüber, das die frühere Aussicht ins Grüne und die angrenzenden Gärten sperrt. In der Küche glänzt Kupfer mit Zinn, und bemerkenswert scheint ihr der Ausdruck in Menschenaugen. Da kommt morgens ein Mann ins Haus, der Zeitungen trägt. Blond, greller Rede, drängt er sich kräftig in Metas Wirklichkeit, stellt sich quer vor das blasse Bild ihres Schattenmännchens. Gaukelt sie das noch manchmal her und bringt seine Züge nicht bündig zusammen, ist quick der Stellvertreter vollkommen da, zu allem Möglichen bereit. Sie dreht sich also, nur vager Absicht, in seine Bahn und hat ihn plötzlich unmittelbar, Aug in Auge vor sich. Gespannt sieht sie sein vorbereitendes Gebahren, schluckt seine bis zu den Haaren steigende Röte, die Wasserperlen auf der Stirn, zitternde Hände. Auch leises Knirschen der Kaumuskeln belustigt sie sehr. Als er aber, männlich perfekt, in die Horizontale schwenkt, macht sie der Schwitzende lachen, und sie springt von ihm fort. Zu albern wirkte sein strikter Angriff, es mangelt gewohnter, phantastischer Hinschwung; sie hat die Fanfare nicht gehört, unwiderstehliches Muß völlig vermißt.

Aus halber Anschauung und vollendeter Ahnung sah sie der hingegangenen Liebe unvergleichliche Höhe ein. Und wie vorher Natur, sind Trotz und Eitelkeit in ihr befriedigt. Reste von Zärtlichkeit und Schwärmerei schwinden schnell aus dem Herzen, und dreißigjährig stellt sich Meta, immer noch Dienstmagd in des Färbereibesitzers Familie, mit gänzlich veränderten Begriffen zu weiterem Dasein kräftig gewillt fest.

*

Bedient sie jetzt Gäste bei Tisch, die regelmäßig einmal in der Woche kommen, reicht ihnen Teller und

Schüsseln, sieht sie die Speisenden eindringlich an. Sie merkt ihre Gespräche und kennt nach kurzer Zeit die Verhältnisse der Geladenen. Doch, was sie erzählen oder mit Zwinkern und Blinzeln von ihren Gefühlen ausdrücken, ihr menschlicher Inhalt scheint Meta armselig und flach. Sie, die gemeiner Herkunft wegen vor diesen Bürgern alle Schauer des Respekts gefühlt, merkt aus der Überlegenheit selbstgewollten und überwundenen großen Schicksals, Hochmut in sich wachsen. Die da sitzen, scheinen geschlagene Leute, denen das Menschliche zu karg gemessen ist. Ihre Begierden bleiben weit hinter Metas Sehnsucht zurück. Um kleine Vorteile treibt ihr Ehrgeiz, aus der Größe des Vermögens sind sie sich wichtig. Dem Unbemittelten dienen Fabeln seiner geschäftlichen Verschlagenheit, sich zur Geltung zu bringen. Da ist ein Herr mittlerer Jahre in kaffeebraunem Rock, der von seinen Spekulationen Wesens macht. Zum Schluß seiner Vorträge, die er mit trüben Witzworten krönt, pflanzt er, beifallheischend, der Hausfrau jüngerer Schwester, die seit kurzem zu Besuch da ist, einen runden Blick mitten ins Gesicht. Meta kennt die Stelle, wo auf des Mädchens Backe antwortend jedesmal der rote Fleck aufbrennt, sieht aber geschwind zum Erzähler zurück, um noch wahrzunehmen, wie der mit dem Mundtuch herausfordernd sich die Schnurrbartspitzen wichst. Sie findet diese Spießbürger Würmer, die man bodenlos gering zu achten und nach dem Maß der Verachtung zu behandeln das Recht hat. Mit dieser Feststellung begnügt sie sich nicht, sondern beginnt, sich in die Schicksale der Lendenlahmen sofort zu mischen und sie zu treiben. Erst springt sie das Mädchen an, das nach unabänderlich trägen Gesetzen die Tage verschleißt, indem sie Gedrucktes aus des Hausherrn Bücherei ihm in den Weg legt, das durch gewagten

Inhalt es erregen soll. Durchs Schlüsselloch sieht sie der sich Entkleidenden zu und wartet auf den Effekt. Aber die klassisch Nackte, deren ebenmäßige Schönheit Meta gehässig bewegt, hält lesend das Buch mit der gemarkten Stelle, und kein Hauch rührt ihr Gesicht. Sie gähnt nur ein wenig, nestelt, kämmt, dreht die Lampe und schläft.

Und doch steckt sie seit Wochen, glaubt sie sich unbemerkt, dem kaffeebraunen Herrn die Finger schnell in die seinen. Sieht ihn geschwungener Braue an, senkt den Kopf und entschwebt. Als eines Abends die Herrschaft ins Städtchen fort ist, die Jungfrau vorm Spiegel mit gelöstem Haar und blanken Beinen zur Nacht sich schickt, schiebt Meta den scheuen Verehrer, der vorbeigehend nach der Anwesenheit der Freunde obenhin gefragt hatte, ohne weiteres der Überraschten in die Kammer und wartet verhaltenen Atems vor der Tür. Da es innen still bleibt, bringt sie den Blick an die Öffnung und sieht Mädchen und Mann beieinander, Hand in Hand und Aug in Auge. Dazu atmen beide kräftig aus geblähten Nüstern. Ein Weilchen, während das Herz vor Erwartung steht, sieht Meta ihnen zu, als aber die Haltung der Aufrechten sich nicht verändert, öffnet sie erbost die Tür und zwingt das monumentale Paar zum Aufbruch.

Doch gibt sie sich nicht zufrieden. Nach ihren höheren Absichten sollen sich dennoch die Geschicke der Armseligen erfüllen. In stärkerem Feuer will sie die Seelen glühen sehen, gewiß, noch immer wird sich dort ihr eigener Wert über dem der anderen erhärten, und sie kann an ihrer salamanderhaften Unbrennbarkeit von neuem vergleichend sich berauschen. Engeren Anschluß sucht sie an die Ahnungslose, ist beim Anzug behilflich, streift ihr die Strümpfe schmeichelnd an die Beine, das Hemd über die zarte Haut. In Kürze vollendet sie mit sympathischen Strichen jeder Nerve zärtliches Verständnis, und als sie ihr Opfer zu eigener Regung flügge glaubt, weiß sie es bald wieder einzurichten, daß der lau Temperierte das junge Weib allein im Aufruhr der Gefühle findet.

Von der völlig Entzündeten fängt der schwer zu Entflammende Feuer. Nun girren hinter der Tür die Stimmen, es fordert Verlangen und seufzt die Schwäche. Das Mal des Sieges leuchtet auf Metas Stirn.

Allem, was folgt, widmet sie sich inständig, vermittelt den Liebenden Bequemlichkeit. Je dringlicher er Halt will, um so stürmischer wird der Mann geliebt, und das schleunige Ergebnis ist des Mädchens vollendete Schwangerschaft. Da aber ist die Mittlerin erst vollends selig. Für des Hauses Ruh, die nur durch banalen Anlaß bislang gestört wurde, hofft sie gründlichen Sturm und Raserei. Sie reibt sich die Hände und schneidet dem Himmel Grimassen. Und als sich das Unglück den Verwandten nicht länger verheimlichen läßt, mit einemmal im grünen Salon Aufschrei und Verwünschung schallt, als zweier Frauen Ohnmachten zu enden sind, und Nasenbluten des erschütterten Färbereibesitzers ihre Pflege und Essig fordert, schwebt Meta, überlegene Zuschauerin der Blamage und Verlegenheit, in sieben Himmeln.

Jede Stunde ist ihr nun höchster Erwartung voll. Sie glaubt an zerschelltes Geschirr, eingetretene Türfüllungen, den aus dem Fenster in den Hof zerschmetterten Leib. Auf den Pistolenschuß wartet sie, der plötzlich die Nachbarschaft alarmieren soll, hört Feuerwehr und Polizei schon die Treppe stürmen. Doch steigt das allgemeine Elend nicht über ein finsteres Schweigen und Tränen in Strömen. Eines Morgens aber erscheint der

Verführer im schwarzen Rock mit hohem Hut, Verbeugungen, Komplimente, dann heftige Umarmungen werden getauscht, und bald kleidet Meta die Braut in Batist, Schleier und steifen Atlas. Während das erlöste, ausgelassene Mädchen lockende Kapriolen in den Spiegel stellt, fühlt sich die Bedienende von den himmlischen Gewalten aufs neue geneckt und um jeden Erfolg gebracht.

Aber sie will, nachdem ihr der Weg zu eigener, bedeutender Fühlung einmal gesperrt ist, aus von ihr aufgeregtem, fremden Schicksal unbedingt die fortdauernde Bestätigung nicht gewöhnlicher Natur. In Gestalt eines alternden Mädchens, durchschnittlicher Dienstmagd zum Kehricht geworfen zu werden, diesen Ausgang ihres Lebens ertrüge sie nicht. Sie weiß nicht, wie der Dämon in sie kam, aber daß sie vor jedem Atemzug gelten, vor sich selbst bestehen muß, und daß, diese Voraussetzung ihres Lebens zu schaffen, ihr jedes Mittel gilt.

Als mit dem in gesetzlicher Ehe geborenen Sprößling die jung Verheiratete alsbald aus ihrer Macht und ihrem Gesichtskreis entschwunden ist, spürt sie der Hausfrau Launen auf und wo bei ihr der Eingriff ins Leben zu wagen sei. Sie sieht die noch Begehrenswerte in simplem Haushaltskram befangen, und lange Zeit weiß sie nicht, wie ihr beizukommen wäre. Da springt ihr Zufall zu Hilfe, als sie den Erzieher des nun zwölfjährigen Knaben im Unterricht über ein samtenes Band der Prinzipalin träumend findet. Der Brennpunkt ist entdeckt, und mit unwiderstehlichem Drang facht sie Feuer unter den Primitiven, kocht sie durch Monate in ununterbrochener Hitze gar, bis der Boden des Topfes, in dem sie schmoren, wie Papier mürbe ist, und die Minute sich ankündigt, wo die Siedenden und Gesottenen ins offene Feuer fliegen.

Dicht vor der Katastrophe aber kommt ihr ein närrischer Einfall und macht sie vor Freude toll. Nicht halbe Arbeit will sie mehr leisten, diesmal soll das ganze Haus, der Familie rundes Ensemble, in sie untertauchen, und Herrschaft auf alle soll Lohn für fünfzehnjährige Sklaverei sein. Als der Herr wie stets in einer Ecke sie tätschelt, sprengt sie durch den ihm zugeschleuderten Blick seine gedämpfte Existenz und überläßt am gleichen Tag, da auch der junge Lehrer das ersehnte Glück findet, sich dem täppischen Alten.

Der hat durch seine Lebensstellung gefällige Umgangsformen mit der Frau. Meta nahm ohne Eifer mit Befriedigung, was er bieten konnte. Aus immer lebendiger Phantasie machte sie ihn abhängig, unterjochte ihn ganz. Sie probte und spannte ihn wie einen Handschuh, so weit er sich streckte, ersah an seinem Beispiel, wie weit der Mann dem Weibe wirklich folgt und stellt nach ihm das Bild von Franzens Männlichkeit richtig. Der Rest Bedauern, den sie über dessen Tod noch immer fühlte, minderte sich füglich. Als sie den Alten am Schnürchen hatte, er erst wie ein Pudel in ihrem Dunstkreis hüpfte, zwang sie auch die Hausfrau aus der Mitwisserschaft um ihr Verbrechen in dramatisch geführten Szenen zur Unterwerfung, allmählich zu striktem Gehorsam. Jetzt gab s i e im Haus die Kommandos, nicht so sehr mit Worten als mit Blick, einer verlorenen Geste, spielte Richter und oberes Gesetz. Nie wollte sie, was jene wünschten, verbot, was ihnen erfreuliche Aussicht war und konnte nicht schlafen, gab ihr der Überblick des hingegangenen Tages nicht Gewißheit ihrer bewiesenen Macht. Drohten anfangs die Geprügelten, sich zu empören, das noch ungewohnte Joch abzuwerfen, dämpfte sie durch anonyme Briefe, die das Infame mit gemeinen Worten an die Wand malten, die Lust zum

Aufstand, durch auferlegte Strafen den Wunsch, Widerstand zu wiederholen.

Sie zog in ein geräumiges Zimmer am Hauptflur, das sie mit hübschen Dingen schmückte, die ihr anderswo entbehrlich schienen. Setzte den Papagei im Bauer und einen Ledersessel ans Fenster, in dem sie regelmäßig als erste die Zeitung las und rückte schließlich das Grammophon im Mahagonischränkchen aus dem Eßzimmer zu sich herüber. Ein buschiger Kater hockte auf ihrem Schoß.

Für die Arbeit hat sie längst eine Magd genommen. Samt den übrigen Hausinsassen dient ihr die tagtäglich irgendwie zur Befriedigung dunkler Instinkte. Durch immer neue Nadelstiche, tausend gesiebte Bosheiten und Intriguen, gegen die sie wehrlos ist, im Mark des Lebens gelähmt, sinkt die ganze Sippe allmählich in so bodenlose Abhängigkeit, daß jede Reibung schwindet. Für den Besucher bildet die Gemeinschaft das Bild idealen Friedens, wie zärtliche Verwandtschaft liebenden Eifers bemüht ist, das Leben der verehrten Tante zu erhalten, vor Schreck und Trubel zu bewahren. Man buhlt mit den niedrigsten Mitteln um ihre Gunst, der Gatte verleumdet die Gattin, das Kind die Eltern, alle aber die Magd, die sich auf gleiche Weise rächt. Wo Meta auftrumpfen will, liegen die Stiche schon auf dem Tisch. Ihr zum Schlag gehobener Arm fällt auf Samt, zutretender Fuß taucht in Watte. Um sie ist schließlich Atmosphäre von Thymian und Lavendel, und wie sie auch immer im Einzelfall streng entscheidet, sieht sie doch nur verklärte Gesichter. Man ist unter allen Umständen entschlossen mit ihr, unbedingt für ihren Willen. Ihrer längst nicht erloschenen, leidenschaftlichen Lust am Aufruhr stellt sich in ihrer Umgebung einfach kein Gegner.

Sie muß ihren Groll künstlich päppeln, sich aufsagen,

wie sie von Gott und den Menschen tödlich beleidigt ist um etwas, das ihr lange sehr deutlich war. Während sie im Genuß ertrinkt, betet sie sich vor, sie sei gemartert und grausam gehöhnt, aber die Sühne des Himmels stehe noch aus. Sie fühlt, verliert sie Aufstand und Empörung erst völlig aus dem Blut, muß in ihr ein Vakuum entstehen, das sie in Abgründe schleudert. Aber die vier Menschen um sie, die den Schlüssel ihrer Natur gefunden, singen ihr Hymnen, überstürzen die geringste Forderung an sie von sich her und entkräften immer mehr Metas einst lodernden Haß.

Schon, wenn am Jahresersten die Familie mit dem Frühesten an ihr Bett tritt — sie aber liegt in schleifenverzierter Haube, kostbarem Hemd mit gefalteten Händen unbeweglich auf dem Rücken wie ein sehr kostbarer Gegenstand — und das erdenklich Gute wünscht, oder an ihrem Namenstag das Haus mit brennenden Lichtern und Kränzen ein Tempel der Freude ist, Likör und edler Wein in Römern herschwebt, der die Geister verzaubert, schwindet ihr Erinnerung alles Gewesenen. Aber an ihrem vierzigsten Geburtstag, da Segenswunsch und Musik, als Enthusiasmus mit frohen Toasten prasselt, und in allen Blicken die Träne der Rührung hängt, fühlt sie aus sich das Heftige gerissen, sitzt im Kreis der Feiernden betäubt und gestäupt als leere Attrappe.

Alle Arbeit ist ihr aus dem Weg geräumt, den Finger darf sie schließlich nicht mehr rühren, und die geringste Handreichung wird mit stürmischer Abwehr nicht geduldet. Aber Überraschung bringt man ihr von draußen, freundliche Grüße der Bekannten, nur gute Nachrichten. Jeder Eintretende stellt strahlenden Augs mit lachendem Mund vor ihr ein lebendes Bild. Alle haben die zierlichsten Bewegungen, holde Sprache, Händedruck und Herzbeteuerung. So ist ihr jeder Anlaß zu Scheltworten genommen. Wie sie auch Argwohn und zänkische Erwartung spannt, immer endet jeder Vorgang über Erwarten glücklich in Sonnenschein. Man schmeichelt dem Vogel im Bauer, bringt ihm Biskuits und fragt mit schmelzender Besorgnis: »wen liebst du am meisten auf der Welt?«, und kreischt der bunte Bursche: »Meta! Meta!«, scheint man gerührt, entzückt, sogar erschüttert. Vom ewigen Sitzen und Gefüttertwerden wird die Verwöhnte von neuem unförmig fett. Ihre gefräßige Natur widersteht den Leckerbissen nicht, die man ihr reicht, und aller Welt macht es gehässigen Spaß, die Anschwellende nach Kräften zu mästen.

Ißt sie reichlich zu Tisch, schlürft viele Tassen Kaffee und mummelt Kuchen, dösen die Augen träg ins Leere. Nicht Feuer mit Blitz steht in ihnen, kaum mehr Strahl des Lebens. Bei Zeitungstratsch und Phonographengeplärr läppert sie Tage. Ihrer Umgebung achtet sie nicht mehr, läßt die beherrschte Welt immer weiter aus den Zügeln und kümmert sich ängstlich nur um die Gemäßheit der Verdauung.

Doch die vom Leitseil Entspannten schweifen in ein freies, früheres, durch sie nur unterbrochenes Sein fort. Mit vorgeschrittenem Alter hat man eine gewisse Höhe des Lebens erreicht. Vom Hügel herab sieht man Jugend, Torheit und Tollheit, und sicher vor ihnen, betrachtet man sie kritisch und belächelt sie. Ohne treibende, innere Flamme sind die Gatten aus der Häuslichkeit nicht mehr fortgerissen, sondern, der schwachen eigenen Kräfte, der Kämpfe im Dasein bewußt, aufeinander zu schmalem, letztem Lebensgenuß angewiesen. Und was man nie vermocht hat: da man das Gleiche will, traut man einander, nähert sich und lernt sich wirklich kennen. Der silbernen Hochzeit steuert man zu, geht das Vergangene im Geist durch, macht entschuldigende und begreifende Anmerkungen und ist mit Hin- und Widerrede eines Tages so weit, daß man spürt, wäre es nötig, könnte man auch einen Fehltritt, der weit zurückliegt, dem andern ohne Gefahr getrost gestehen.

Als aber diese Wahrheit erkannt und eingesehen war, begann man, die Gehätschelte im Lehnstuhl mit neuen Augen zu sehen. Noch ließ man es an der Anrichtung der Speisen nicht merken, wie sich die Lage schlimm für sie geändert hatte, doch sparte man mit Besuch und machte für sie keinerlei Anstrengung mehr. Meta nahm die mangelnde Teilnahme entweder garnicht wahr oder empfand sie als erhöhte Rücksicht, die ihrer Bequemlichkeit erwiesen wurde. Immer mehr dämmerte sie in den Zustand zufriedener Gleichgültigkeit hinüber.

Doch wollte sie eines Morgens Dienstleistung und hatte dreimal den Klingelknopf gedrückt. Als niemand kam und ohne Erregung sie mechanisch weiterschellte, öffnete endlich die Hausfrau die Tür und fragte schnippisch, was ihr denn einfiele. Ganz verdutzt, blieb Meta glotzenden Blicks die Antwort schuldig. Da erhob die Scheltende schreiend die Stimme, sie verbitte sich Art und Weise. Was denn im Werk sei, und ob sie sich, was sie brauche, nicht gütigst selbst holen wolle und ob überhaupt ... und da höre alles auf! Und je weniger die Gescholtene zu entgegnen vermochte, um so mehr tobte der Frau entfesselte Wut. Zischend spie sie Wortschlangen auf die Vertatterte, berauschte sich an deren demütiger Stille so unmäßig, daß sie Stühle vom Platz, Gegenstände durchs Zimmer schleuderte. Mehr von der Dynamik der Stürmenden als vom eigenen Trieb bewegt, richtete sich Meta schließlich auf, nach bewährtem Rezept zum Angriff überzugehen. Sah aber beim ersten Blick dem Gegner ins Auge, der hatte alle Angst vor ihr verloren, und ihr Spiel sei unwiederbringlich und gründlich verspielt. Trotzdem machte sie eine fürchterliche Bewegung, zeigte plötzlich das alte, von tödlichem Haß entstellte Gesicht so drohend, daß die von neuem Geängstigte gellend den Gatten zu Hilfe rief. Der übersieht, im Schlafrock herbeieilend, mit einem Blick nach rückwärts und vorwärts die Lage und nie wiederkehrende Gelegenheit, fuchtelt die Arme wuchtig aufwärts, dröhnt mit riesiger Stimme Löwentöne, daß alles zusammenläuft, und die Nachbarn an die offenen Fenster eilen. Da er fühlt, ihn verlassen die Kräfte, es müsse aber zum Schluß noch die entscheidende Granate einschlagen, kreischt er mit schneidendem Schrei, sie solle nicht vergessen, daß sie Dienstbote und gelitten sei. Der Satz tat dämonische Wirkung. In die Brust flog die Familie. Wie vom Blitz zerschmettert aber knickte Meta in den Wirbeln und fiel wie Plunder ins Dunkle. Dann flog Bann und Fluch auf sie, und eh' ihr noch ein Gedanke keimte, war ihr für vierzehn Tage später gekündigt und zugleich anbefohlen, noch am gleichen Tag das Haus zu verlassen. Lohn und Kostgeld würde nach dem Gesetz bezahlt.

So endgültig, spürte sie, war ihre Niederlage, daß sie keinen Versuch machte, den Gang der Ereignisse aufzuhalten. Aus allen Winkeln räumte sie ihre Habseligkeiten und Siebensachen. Beim Umkehren der Schübe fiel auch ein Bündel beschmutzter Lumpen vor ihre Füße. Erst begriff sie deren Sinn und Herkunft nicht. Dann, während Ekel sie schnürt, erkennt sie Franzens irdische Hinterlassenschaft. Sie kneift die Mundwinkel und stößt den Packen zum Kehricht.

Wenige Stunden später sitzt sie im Gasthof allein, aus dem sie nach ein paar Tagen, noch halb im Traum, zu einer Verwandten aufs Land übersiedelt.

*

Von dort wollte sie anfangs, das letzte Wort im Streit zu behalten, einen Brief der ehemaligen Herrschaft schicken, in dem Verachtung und Überlegenheit maßlosen Ausdruck hätten. Da sie das Schreiben aber trotz Mahnung des Verstandes von Tag zu Tag aufschob, merkte sie endlich, wie gleichgültig im Grund die Katastrophe sei, und wie sie eher mit diesen Leuten als die mit ihr fertig gewesen. Sie findet jetzt, die letzten Monate seien durch innere Teilnahmslosigkeit als einzige ihrem Leben verloren. Aus eigenem Antrieb hätte sie eher aus einem Haus aufbrechen müssen, das längst von ihr mit Stumpf und Stiel gefressen sei. Aus welchen Quellen hätte sie dort ihr Lebensgefühl speisen sollen? Welche Gewißheit der Gegenwart und Aussicht für die Zukunft konnte sie da noch beschwingen? Ein grämlich bequemes Alter sei ihr gewiß gewesen. Halber Tod im Leben. Hier aber war vor allem die Landschaft, zu der sie aus Vergangenheit keine Beziehung hatte, ihr Phänomen, und sie hoffte, befeuernd werde die auf sie einwirken. Mit der menschlichen Umgebung, die sie ihrer Erfahrung gemäß fand, trat sie am neuen Ort nicht mehr in Wettkampf. Wo Wucht des Fühlens und der Instinkte entschied, wußte sie sich ein für allemal auserwählt und der Menge gründlich überlegen. Auf dem Gebiet geistiger Kräfte aber suchte sie keinen Anschluß, der ihr aus Begabung und Erziehung verwehrt war. Hochmut, Neid, Zorn fielen als überflüssig fort, als sie merkte, das simple Bauernvolk stand an Geltungswillen noch hinter den besiegten Städtern zurück. Unter Unbewaffneten aber im Harnisch zu gehen, erschien ihr sinnlos. Hübsche Ersparnisse gaben ihr zudem in diesen bescheidenen Verhältnissen auch die äußere Sicherheit, die ihre kurzen Gesten, knappen Anmerkungen von innenher bezeugten.

Da sie aber spürte, noch immer wende sie zuviel Kraft an den täglichen Umgang mit belanglosen Menschen, nutzte sie vor allem weiteren ihr Geld dazu, einen Mann zu fesseln, der Mittler zwischen ihr und den anderen sein, die Unkosten des von der Welt geforderten Entgegenkommens tragen sollte. Jakob war Kriegsinvalide, ein rüstiger Fünfziger mit Stelzfuß. Medaillen und Schnallen auf der Brust bezeugten seinen Sinn für Gemeinschaftsideale, den Willen, sich in bürgerlichem Verein bemerkbar zu machen und die Fähigkeit dazu. Sie heiratete ihn und setzte ihn vor ihre eigene Person als Damm gegen die kleinliche Zudringlichkeit der Nachbarn. Es wirkte nicht störend, ein brillanter Hans in allen Gassen hatte eine schweigsame, zugeknöpfte Frau. Es ließ sich im Gegenteil versöhnend an. Jede Satzrakete ihres Gatten, seine Schwärmer und Leuchtkugeln, die verständnisvolle Bewunderer fanden, sicherten ihr Stille und innere Abgeschiedenheit auch dann, saß sie mitten im aufgeräumten Kreis, der bei der Erzählung von Jakobs Kriegsanekdoten lärmend vaterländisch begeistert war. Sie stützte seine einfache, seelische Mechanik, ölte die Maschine, drehte die Kurbeln und stellte sie auf Jahrestage beliebter Schlachten, auf Kaisers Geburtstag oder sonst ein Jubiläum, um ihn, rasender Brisanz mit Lampions und Feuerwerk, auf die Zeitgenossen loszulassen.

Sie selbst aber ging heimliche Wege in die Landschaft. Am überraschenden Wirken sprühender Natur wollte sie das eigene, kräftige Leben messen. Morgenröte, Sonne im Zenith und die Sternbilder am Firmament, Wind, Regen, Hagel und Schnee stellte sie als wechselnde Erscheinungsformen fest, von denen sie den jedesmal gewollten Effekt zu erkennen suchte. Sie mochte nicht einsehen, Regelmäßigkeit sei das Prinzip, aus dem

Natur sich rege und sträubte sich, zu glauben, Sonne gehe ohne besonderen, heutigen Zweck auf, um zu sterben und morgen wieder pünktlich am Platz zu sein. Am Wiederkehrenden wollte sie durchaus das einmalig Notwendige erkennen, das es erst legitimiere.

Doch je tiefer sie in den Plan der Schöpfung eindrang, sah sie Gleichförmigkeit und Gegebenheit als letztes Gesetz ein. In noch höherem Maß als der Mensch waren Pflanze und Tier artmäßig übereinstimmend, es ging im weiten Umkreis der Natur gattungsgemäß nach ewigen Formeln von der Geburt zum Tod ohne den Aufschwung, den für sich selbst der niedrigste Mensch einmal im Dasein beweist. Was aber mit Gewißheit vorauszubestimmen war, langweilte sie nicht nur am Menschen, und so langweilte sie bald erst recht Natur. Was man den Reihen des aus gleichem Stoff Gewesenen in gleicher Absicht nachtat, könne als eigentliches Sein nicht rechnen, dachte Meta. Denn es entkleide des Selbstgefühls und noch Erhabeneren, das sie nicht zu nennen wußte, aber mit allen Fasern ihrer Seele immer anstrebte. Sie mochte nicht aus fremden Zungen reden, nicht aus fremder Gewißheit handeln. Von sich selbst mußte sie fortwährend zeugen, und im Haus und draußen wollte sie nur mit Organismen umgehen, die, die Form sprengend, eine andere eigentümliche Form bildend, sich bewiesen.

In des Hauses entlegene Stube zog sie und saß im Halbdunkel. Da die Gegenwart ihrem Erlebnisdrang nicht günstig ist, lebt sie von Erinnerung, während sie wie eine Spinne im Netz auf Anlaß lauert, sich zur Höhe ihres Gefühls von neuem aufzurichten. Sie zaubert den Abglanz aller Stationen ihres weiblichen Blühens und Welkens her. Franz tritt mit vollkommener Sensation zu ihr, und erst jetzt kennt sie ihn in seinem ganzen

Verein: Er war absonderlich jung und so wenig eigene Person, daß sie ihren ganzen Traum vom Mann mit ihm hat austräumen können. Je eindringlicher sie ihn gliedert, eine Zukunft bildet, die er gelebt hätte, wäre er vom Krieg heimgekehrt, um so deutlicher wird er das Ebenbild Jakobs. Derselben Begabung, des gleichen seelischen Gewichts, hätten Sprüche in seinem eitlen Maul den Mangel an Tatkraft stets ersetzen müssen. Wie Jakob hätten auch ihn Schnallen und Medaillen auf der Brust in seiner Welt beglaubigt, hinreichende Betätigung seiner selbst hätte auch er in Prost und Toast gefunden.

Zehn Jahre früher würde sie ihn damit aus dem Herzen verloren haben, und die Zeit ihres höchsten Aufschwungs mit ihm wäre nie gewesen.

Mild stimmte sie die Erkenntnis mit Gott, und aufmerksam sah sie ins treibende Gewölk, als läge hinter ihm vielleicht noch Überraschung und neuer Aufruf zu tätigem Leben. Ihre inneren Bestände von jeher musterte sie und stellte fest: nie habe gegen den Höchsten sie sich vergangen, hätte sie, ein menschliches Weib und nach den Worten der Schrift sein Abbild, vom ersten Lebenstag das Recht auf eigene Person und volle Verantwortung für sich gefordert. Denn nie, wohin immer die Sucht persönlichen Erlebnisses sie geführt, sei sie noch so schrecklichen Folgen ausgewichen. Sie hielt es sogar des Menschen als des göttlichen Gleichnisses für unwürdig, lebte er im Hinblick auf die Allgegenwart und Allkraft Gottes träge im Bett der Gewohnheiten, ohne mit seinem Blut die überkommenen Begriffe zu füllen und für sich selbst lebendig zu machen. Ihr ganzes Leben hindurch hatte sie nur gegen Sattheit, Ruhe und Stillstand in sich und anderen gemeutert, sich empört gegen den Tod in jederlei Gestalt, als gegen den grimmigsten Gegner des alllebendigen Gottes. In Menschen, die ein nutzloses Sein nach Schema und Klischee hinbrachten, war sie wie Flamme gefahren und hatte sie zu eigener Äußerung endlich gebracht.

Wo sie weilte, hatte Gefühl in Marsch und Aufruhr gestanden. Niemand habe mit ihrer Bewilligung einfach geschlafen, gegessen oder von beiden ausgeruht.

Als mit dieser Einsicht alle Bedenken über Vergangenheit in ihr ausgeglichen waren, regte sie sich, nach dem Tod des Gatten Jakob, wieder rüstiger und richtete von sich fort den Sinn unmittelbarer auf die Mitwelt. Es reizte sie mächtig, nicht mehr aus dunklem Drang, sondern mit vollkommener Erkenntnis manchen schwächeren Weltkinds Bürde auf ihre Schultern zu nehmen, seine Bedenklichkeit, sich zu sich selbst zu bekennen, in alle Winde zu zerstreuen. Eine alte Eva war sie, gebraucht und in den Kesseln des Geschlechts gesotten. Aber unter weißem Haar stand das Menschliche ihr frisch und unversehrt. Nicht weniger als die Jungfrau einst, im Fenster auf Ausschau hängend, war sie für sich und andere keck und zukunftssicher.

Ihre Kraft in abgestecktem Raum aufs beste noch zu nützen, trat sie in das Altfrauenhaus ihrer ländlichen Gemeinde ein. Zwanzig in durchschnittlichem Leben abgeblaßte Seelen traf sie dort, erloschene Flämmchen, die sich schämten, noch zu schwelen. In verschlissenen Kleidern, das weibliche Aussehen arg vernachlässigt, schlichen diese menschlichen Trümmer unsicher im Dämmerlicht.

Meta wie Jugend, Sturm und himmlische Überredung fuhr in sie. Rollte ihnen den Film des Lebens zurück, wies die häufigen Höhen und zeigte einer jeden an der entsprechenden Stelle ihre ganz unvergleichliche, irdische Wirksamkeit. In welken Brüsten entzündete sie eine späte aber vollkommene Überzeugung von der einzigen Bedeutung dessen, wofür sie geblüht hatten.

Und jede dieser Kreaturen setzte einige schüchterne Schößlinge an. Das kahle Holz begann zu treiben in der Gewißheit, solange es lebte, am neuen Morgen noch immer den ersten Tag zu haben. Es wurde das Licht der Augen wieder hell, die Hauben gebügelt und gewaschen, bekamen Rüschen, Spitzen und gefälteltes Weiß sahen aus den Ärmeln. Finger, Ohren und das gepflegte Tuch der dunklen Kleider waren plötzlich goldgeschmückt.

Nach vollbrachtem Tagwerk findet man die Runde der Weiber allabendlich um die gewaltige Tafel: aus den Hälsen die Häupter steif gehoben, die Hände wie bewiesene und bedeutende Einheiten breit auf die Platte des Tisches gestreckt, lauschen sie andächtig Metas Rede. In allen Antlitzen aber brennen zinnoberrot hektische Flecken, und manchmal klopft zu dem Gesprochenen ein Fuß mit hohem Bewußtsein den Boden.

Als vom benachbarten Kloster die Nonne Äbtissin, die von Metas Hochgemutsein in der strengen Abgeschiedenheit gehört hatte, sie aufsuchte und, mit ihr plaudernd, meinte, vielleicht sei das Kloster auch für den Rest i h r e r Tage der rechte Ort, gab die alte Magd bescheiden doch gewiß dies zurück:

Ihr seid nicht stolz genug auf euch, ihr klösterlichen Weiber. Mir gefällt nicht die Demut, das Bedauern eigener Unzulänglichkeit und nicht Unterwerfung unter hohe, unumstößliche Vorschrift. Schönste, irdische Wirklichkeit bin ich mir selbst, und auch vor meinen Herrn will ich einst so treten, daß er mich als das Höchstpersönliche erkennt, welches er, von aller Menschheit streng unterschieden, einst schuf, und das er »Meta« nannte.

ALBERT EHRENSTEIN
NICHT DA NICHT DORT

DER JÜNGSTE TAG * 27/28
KURT WOLFF VERLAG · LEIPZIG
1916

ALBERT EHRENSTEIN

NICHT DA
NICHT DORT

KURT WOLFF VERLAG
LEIPZIG 1916

Siebenundzwanzigster und achtund-
zwanzigster Band der Bücherei
»Der jüngste Tag«

COPYRIGHT 1916 BY KURT WOLFF VERLAG · LEIPZIG
GEDRUCKT BEI POESCHEL & TREPTE · LEIPZIG

INHALT

Das Martyrium Homers 5
Der Fluch des Magiers Anateiresiotidas . 14
Liebe 32
Der Knecht seines Schicksals 41
Hildebrandslied 42
Traum des 888. Nachtredakteurs 45
Die alte Geschichte 49
Frühes Leid 51
Wodianer 55
Tod eines Seebären 60
Ausflug 65
Vorbild 66
Mammuthbaum 70

DAS MARTYRIUM HOMERS

ICH protestiere feierlich gegen die unerhört kurz=
fristige Prophezeiung des genialen Dandy Ovid:
»Vivet Maeonides, Tenedos dum stabit et Ida, dum
rapidas Simois in mare volvet aquas.« Als ob Homer
diese lausigen, durch das nächstfällige Erdbeben ge=
handikapten Örtlichkeiten nicht um Äonen überleben
würde!

Ich protestiere ferner gegen die tolle Verdrehung
meines zynischen Freundes Lukian, Homer sei wäh=
rend des Trojanischen Krieges ⟨1193—1184 v. Chr.⟩
Dromedar in Baktrien gewesen. Wahr ist vielmehr
das Trottelwort archaischer Pädagogen: »Sieben Städte
stritten sich um die Ehre, Homer geboren zu haben:
Smyrna, Rhodos, Kolophon, Salamis, Chios, Skyros,
Athenai.«

Warum sich aber die diversen Stadtväter so hart=
näckig stritten, erfährt die leichtgläubig betrogene Nach=
welt allerdings erst durch diesen Film.

1. BILD.

Homer dichtet die Ilias und die Odyssee; der alte
Mann geht vor seinem Zelte, skandierend und die
Leier schlagend, auf und nieder.

2. BILD.

Landgut des Odysseus: Homer trägt seinem König
einiges vor. Odysseus läßt dem Sänger durch Sklaven

einen Becher Wein reichen und ein Ehrengeschenk übergeben: eine milchstrotzende Kuh. Homer dankt freudig für die wandelnde Gabe, läßt sie durch einen Sklaven heimführen, trinkt und erklärt stolz, weinbesessen, kein Wesen hätte die Gabe mehr verdient als er. Und auf eine Statue des Phoibos Apollon deutend, versichert er, selbst dieser Gott hätte nicht besser, höchstens ebensogut dichten können wie er. Denn Apollon sei nur ein Stämmling des amusischen Zeus, er aber habe die Dichtkunst geerbt, ihn hätten Sänger, Phemios mit Demodokos, gezeugt.

3. BILD.

Auf dem Olymp, von den neun Musen umtanzt, hört Phoibos Apollon diese frevle Selbstanzeige des Dichters und stürmt durch den weißen Bergnebel nach Ithaka: über die Schultern den Bogen gelegt und den Köcher voll tosender Pfeile.

4. BILD.

Drohende Gebärden. Es kommt zum Wettkampf. Odysseus soll zwischen den Dichtern Apollon und Homer entscheiden. Apoll greift nach der Leier Homers. ⟨Was der junge Gott singt, zeigt das⟩

5. BILD.

Achilleus lehnt seinen leuchtenden Schild gegen die Mauer und versucht, mit seinem ungeheuren Eschenspeer anrennend, die Tore Trojas zu durchbrechen. Der Speer zersplittert. Der rasende Achill will die Tore mit seinen Händen aus den Angeln heben. Vergebens warnt, von der Mauer her dräuend, Apollon, der Pelide läßt nicht ab, und wie er des alten Troja mürbe Tore auf seine Simsonschultern lädt, benützt ein Pfeil des Gottes die Achillesferse. Griechen und Troer kämpfen in den bekannten malerischen Posen um den Leichnam Achills. Während der dicke Aias die kühnsten Troer tötet, trägt Odysseus, schwer bedrängt, den Leichnam hinab zu den Schiffen... Dankbar verleiht Achills Mutter Thetis dem Odysseus die Waffen des Achill.

6. BILD.

Odysseus vernimmt diesen bestechenden Lobgesang mit Rührung, doch Homer bleibt unbewegt, sein Lied

7. BILD

schildert die Liebe Apolls zu Daphne. Wie der verliebte Gott die sich über einer Quelle kämmende Nymphe beschleicht, belauscht, waldein, waldaus verfolgt — die fast Erhaschte im letzten Augenblick zu ihrer Mutter, der Erde, bittend die Hände erhebt und abwärts neigt, und von ihr in dürren Strauch verwandelt wird. So daß der Gott statt des süßen Mädchens den bitteren Lorbeer (daphne laurus) umfängt.

8. BILD.

Als Homer geendet, wird in Apollon der Schmerz um die geliebte Daphne neu, er verhüllt sein Haupt, gleichgültig gibt der weinende Gott zu, daß ihn Odysseus für besiegt erklärt, drückt mitleidsvoll die Hand Homers, fährt ihm bedauernd über Augen, Wangen und Schultern, und erklärt, da er besiegt sei, habe er nicht die Macht, von Homers Haupt das Schicksal eines Dichters abzuhalten.

9. BILD.

Odysseus, ein Ruder auf den Schultern, verabschiedet sich von Homer. Poseidon, dem er den Sohn Polyphemos geblendet hatte, zu versöhnen, muß Odysseus eine Wallfahrt unternehmen, die so lange dauern soll, bis er ein Binnenvolk erreicht, das sein Ruder für eine Schaufel hält. Odysseus empfiehlt den Dichter der Fürsorge Telemachs und Penelopes.

10. BILD.

Aber Telemach ist immer auf der Wildziegenjagd. Und Penelope gibt dem Dichter, da er sich im Hauswesen nicht sehr nützlich macht (ihrer schwersten, blaumaschigen, zahmen Lieblingsstopfgans einen Fuß zertritt), stets kleinere Portionen, bis er endlich schweren Herzens, halb und halb gedrängt durch einen Konkurrenten, den Hausbettler Iros, den Entschluß faßt, den Palast zu verlassen. Penelope schmiert ihm zwei Käsestullen, und Homer geht auf die Wanderschaft.

11. BILD.

Da er in frühester Kindheit die Eltern verlor, und seine Vaterstadt, die ihn im Greisenalter zu ernähren hätte, nicht kennt, begibt er sich zunächst nach Reich-Asien. Phöniker, denen er dafür die von Odysseus geschenkte Kuh gibt, nehmen ihn mit auf ihrem Schiff.

DIE ACHT LEIDENSSTATIONEN.
12. BILD.

1. Smyrna. Bevor der von langer Seefahrt und Entbehrungen geschwächte Dichter die Stadt betritt, färbt er sein ergrautes Haupthaar und den Bart. Singt auf den Plätzen ums liebe Brot. Aber das Volk verlacht ihn — die Haarfarbe war schlecht gewesen, hatte ihm grüne Haar- und Bartlocken geliefert. Erschöpft setzt sich der arme, von höhnenden Kindern verfolgte Bettelmusikant im Stadtpark von Smyrna auf eine Bank und schläft ein, an die niedrige Stadtmauer gelehnt. Nicht gerührt durch die Tafel »Diese Anlagen sind dem Schutze des Publikums empfohlen« langt ein Kamel über die Mauer und frißt, durch die grüne Farbe verlockt, Homers Schädel rattenkahl. Seitdem trägt er eine Perücke.

13. BILD.

2. Kolophon. Infolge zu starken Kolophoniumgebrauchs und unausgesetzten Harfenschlagens beginnen Homers Finger zu eitern. Er fürchtet, die Hand werde ihm abfaulen, sehnt sich nach Ruhe, Pflege. Geht halb verzweifelt, halb sehnsüchtig einem schönen Weibe nach in den Tempel des Apollon Kourotrophos. Beugt sich und fleht den Gott an, das Weib möge wilde Liebesnächte und frische Jünglinge verschmähen und sich seiner erbarmen. Aber sie neigt sich einem Tempeldiener, und Homer bleibt nichts anderes übrig, als auch weiterhin die Ilias sowie die Odyssee zu verfassen.

14. BILD.

3. Rhodos. Enttäuscht verläßt Homer Asien. Auf Rhodos wird ihm anfangs guter Empfang bereitet. Aber dann wird er in die Königsburg geführt und, auf einen sanft verblödenden Greis deutend, versichert man ihm, dies sei der Heraklide Tlepolemos, den er in der Ilias von Sarpedons Hand habe fallen lassen. Hierauf erklärt ein Sohn des idiotischen Greises, ein Tlepolemiker, wütend, Homer habe einen Schlüsselroman geschrieben, und dem Dichter wird der fernerweitige Aufenthalt auf der Insel behördlich untersagt.

15. BILD.

4. Chios. Der gute Wein dieser Insel hebt wieder Homers Stimmung. Er singt seine Lieder vor sich hin. Da nähert sich dem Vertrauensseligen ein Jüngling semitischen Aussehens: Phron. Bittet den Homer, ihm noch einiges vorzudeklamieren. Der Dichter tut es. Phron lobt ihn, bietet ihm an, selbst auch Homers Gesänge vorzutragen, und zwar allenthalben. Aber Homers Name sei noch jung und unbekannt, an Propaganda werde zwar alles Erdenkliche geschehen, doch dergleichen sei sehr kostspielig, kurz er nast ihm als »Entschädigung und Kostenbeitrag« den pramnischen Käse ab, den ein Bauer dem Dichter geschenkt, mäkelt dann noch an dem Käse und verschwindet auf Nimmerwiedersehn. Phron war — der erste Verleger.

16. BILD.

5. Skyros. Die Skyrioten feiern die Hochzeit des Peliden Neoptolemos mit Helenas und Menelaus'

Tochter Hermione. Der Sänger Achills wird vom nicht=
besungenen, trunkenen Pyrrhus mit Hunden fortgehetzt.

17. BILD.

6. Salamis. Homer kommt hier gerade zurecht, um
einer zu Ehren des dicken Alias und des HEILIGEN
Teukros abgehaltenen Prozession als Zuschauer bei=
wohnen zu können. Da der Kurzsichtige vor den
Priestern die Perücke nicht abnimmt, wird er unter
Pöbelgeheul von der Insel verjagt.

18. BILD.

7. Athen. Als Homer vom Prytaneion ausgespeist
zu werden verlangt, beantragt Platon, der Sohn des
Kassner, den Rhapsoden, da der in seinen übrigens
hypermodernen Gesängen Athen zu wenig genannt
und auch sonst zu sehr der Unzucht gefrönt, unsitt=
liche Vereinigungen des Zeus mit der Hera, des Ares
mit der Aphrodite geschildert habe, durch das Scherben=
gericht aus Athen zu verbannen. Geschieht.

19. BILD.

8. Jos. Halb erblindet und auf Vieren wankend, hier
und da von mitleidigen Schiffern aufgenommen, irrt
Homer von Stadt zu Stadt, von Insel zu Insel. Keine
Bürgerschaft will ihn ernähren, er wird immer wieder
als lästiger Ausländer abgeschoben, die Stadtväter jeg=
licher Gemeinde verwahren sich energisch dagegen, daß
dieser krüppelhafte Kerl ihrer Polis entsprossen sei.
Am Strande von Jos ruht er endlich erschöpft aus.
Fischerknaben, leere Netze auf den Schultern, steigen

aus Booten und necken ihn. Geben ihm ein Rätsel auf: »Was wir gefangen haben, ließen wir zurück. Was wir nicht gefangen haben, tragen wir bei uns.« Homer sinnt verzweifelt, kann die Lösung nicht finden. Ein Phron ähnlicher Knabe: der Sohn des Phron, klärt ihn auf, da sie keine Fische zu fangen vermocht, hätten sie sich am Strande die Läuse gesucht, die Gefangenen getötet, die Nichtgefangenen unfreiwillig nach Hause mitgenommen... Die Lausbuben ziehen ab. Homer schüttelt klagend das Haupt, vor Gram, nun auch geistig gealtert über das einfache Rätsel der Jungen gestrauchelt zu sein, stürzt er sich von den Klippen ins Meer.

20. BILD.

Das arme Grab Homers auf Jos. Inschrift: »Hier deckt die Erde das heilige Haupt Homers, der in seinen Liedern die Helden sang.«

21. BILD.

Zeigt den Bauch des Regierungsrats Professor Methusalem Leichenstil, der, um schneller zu avancieren, sich allen bildlichen Schmuck des achilleischen Schilds auf den Bauch tätowieren ließ.

22. BILD.

Unterrichtsstunde bei Professor Leichenstil. Neben dem Katheder steht, Phron und dessen das Rätsel erklärendem Sohne sehr ähnlich sehend, der Primus Eugen Pelideles. Schnattert: Sieben Städte stritten sich um die Ehre, Homer geboren zu haben: »Smyrna, Rhodos, Kolophon, Salamis, Chios, Skyros, Athenai.«

Meer wogt gegen das Kathederpodium, auf den Wogen daher treibt ein Leichnam: Homer. Wie der Blick seiner toten Augen auf Pelideles fällt, beginnen seine Wunden zu bluten... und über alles und alle stürzt das Wasser der Zeit.

DER FLUCH DES MAGIERS ANATEIRESIOTIDAS

IN einer alten Handschrift, an hundert Jahre ver=
gilbter als die Stormschen zu sein pflegen, habe ich
folgende wahre Geschichte gefunden, welche uneben und
ruppig erzählt zu haben meine einzige Hoffnung ist,
wenn nicht der Trost meines Greisenalters.

Es war einmal eine Königstochter, Jezaide geheißen,
aus dem uralten Geschlecht der Sirvermor. Über ihre
Familie war, wie sonst nur in Märchen gebräuchlich,
ein enormer Fluch verhängt. O geiziger König Zizipê
der Siebenundsiebenzigste, warum hast du, als einst
zur Taufe deines Erstgeborenen dreizehn glückwün=
schende Zauberer erschienen waren, und der Hofjuwe=
lier, eingedenk trauriger Erfahrungen und Abzüge,
erklärte, die goldenen Stiefelzieher nur mehr dutzend=
weise abgeben zu können, warum hast du damals die
verhängnisvollen Worte gesprochen: »Ach was, der eine
wird sich halt so gefretten!«

Ja, er begnügte sich diesmal mit einem silbernen
Stiefelknecht, der große Magier Anateiresiotidas, in=
grimmig zwar, und so gewaltige Sprüche in seinen
Bart brummend, daß der vor Schreck jeden Moment
die Farbe wechselte. Mit einem violetten Bart erschien
er bei der königlichen Tarockpartie, zu der er geladen
war, und alle anderen Zauberer wußten, wieviel es
geschlagen hatte. Nur der König bemerkte die An=

14

zeichen fürchterlich aufziehenden Gewitters nicht, derart war er mit der Mondjagd beschäftigt. Er bot ihm in der Hitze des Gefechts weder die Teilnahme, noch einen Stuhl an, vielleicht um sich durch solche Höflichkeit nicht noch einen Hexenmeister zum Feinde zu machen. Und so mußte Anateiresiotidas kiebitzen, stehend kiebitzen. Auch dies hätte der Zauberer vielleicht noch ruhig hingenommen, aber ihm offerierte Zigarren trugen zwar die Leib= binden importiertester Havanna, waren jedoch mörde= rische Schusterkuba. Diesmal hatte wiederum Hoftrafikant Motschker die Upman nicht in minimalen Quantitäten zum Engrospreise liefern wollen und der königliche Geizhals daraus alberne Konsequenzen gezogen. Nur daß ein anständiger Hexenmeister in punkto Zigarren keinen Spaß versteht. Mit einem Griff hatte der Be= leidigte seine Sprechwerkzeuge auf den Tisch gelegt und sich entfernt. Kein besserer Zauberer hat so viel Zeit und Geduld, seine eigenen Reden anzuhören. Und jetzt kam der Fluch: »Von nun an werden alle Kin= der aus dem Hause Sirvermor, je nach dem Geschlecht, mit dem Ding oder Wesen, das ihrem Vater oder ihrer Mutter am liebsten ist, zur Welt kommen. Bis einst ein Jurist erscheint, dessen Namen dieselben Buch= staben wie »Sirvermor« besitzt, und nicht genug daran: ohne das geringste Plagiat ein Buch über Rechtsphilo= sophie schreibt!«

»Wer gibt?« fragte guter Laune der König, dessen geheimen Gram es längst gebildet hatte, daß justament auf seinem Stamm kein vornehmer Erbfluch lag. Und ehe noch die Sprechwerkzeuge des Anateireslotldas aus dem Spielzimmer ihrem Inhaber nachgeflogen waren, gab es bereits einen Solovalatpagatultimo, wie er in solcher Schönheit ohnstreitig noch nie dagewesen. Das aber hatten die anderen Zauberer getan, um den König zu trösten.

Denn eines Trostes bedurfte Haus Sirvermor. Da doch gemeinhin die Männer sich und die Frauen am liebsten haben und umgekehrt — wenn wenigstens, jenem Fluche nach, Gebärmänner: Hermaphroditen zur Welt gekommen wären! Die Dynastie hätte zwar zum längsten bestanden, aber Skandal, durch Jahrhunderte fortgesetzter Skandal wäre vermieden worden. Nein, deutlich getrennt von dem jeweiligen Kinde: für sich bestehend stieg das dem Vater oder der Mutter geliebteste Ding oder Wesen ans Tageslicht.

Wo soll ich anfangen, wo soll ich enden! Mit dir, Dolgoruki, dem sein Weib außer einem Nachfolger eine ewig volle Kognakflasche gebar? Solches wäre lustig anzuhören, aber wem geraten nicht unwillkürlich die Tränen in die Augen, wenn er von dir vernimmt, Seeheld Aquavit? Wohl wurde dir deinem Wunsch gemäß ein Überdreadnought geschenkt, aber starb nicht dein Weib daran, ohne daß ein anderes sich hätte finden lassen, todesverachtend genug, bald oder später ein ähnliches Ende nehmen zu wollen? Starbst nicht bald hernach du selbst infolgedessen räudig an den Leibschneiden und Weltschmerzen der Langenweile, bloß weil keiner deiner ungeschickten Ingenieure im=

stande war, Weibautomaten zu fabrizieren?! Allerdings gelang bald nachher deinem Leiberfinder Heureka die Herstellung jenes Instruments, dem wir alle unser Leben verdanken, die Herstellung des Fernzeugers. Doch waren damit die Leiden dieser Tantaliden abgeschlossen?

Panjimama, unter dessen glorreicher Regierung Apabauru und Tenteriki an Sirvermor kamen, geriet eben wegen dieser für den Ackerbau seines Landes äußerst wichtigen Guanoplätze in Streit mit dem Oberkaiser Adikran von Alazir und den Zentralkönigen von Lygien. Als gar zu dieser an sich übermächtigen Liga Araumenes der Große von Paphlagonien seine sieggewohnten Truppen stoßen ließ, und die Kunde schrecklicher Gefahren in Sirvermor sich wie Posaunenschall und Tubaklang ergoß, was konnte da der verzweifelte Landesvater anderes tun, als sein Weib eines mit den erforderlichen Kanonen und Vorräten ausgerüsteten Heeres von soviel Millionen Mann genesen zu lassen, daß sogar Rabelais darüber sein weißes Haupt schüttelte und den heiratsfähigen Königstöchtern der Erde den Rat gab, bevor sie sich mit Prinzen von Sirvermor in Verbindungen einließen, den Herren einen Eid abzunehmen, laut dem diese in Zukunft von derart gattinnenmörderischen Liebhabereien abzusehen hätten. Und als einem Herrscher, der, wie es scheint, sich selbst am meisten liebte, die Gemahlin einen Doppelgänger getragen hatte, worauf bemeldeter Monarch elendiglich in Wahnsinn verfiel, unwissend, wen er am meisten liebe und welcher der beiden eigentlich er sei, ein andermal ein in sich verzücktes Liebespaar ein Doppel= gänger=Liebespaar hervorrief, was unendlichen Jammer und blutige Bürgerkriege erregte — da, von Grauen überwältigt, bildeten die Fürstinnen den ihnen anemp= fohlenen Trust. Das wird ihnen niemand verargen! Man rufe sich's ins Gedächtnis zurück, daß neben dem jeweils Regierenden in Sirvermor noch eine Menge Prinzen existiert! Und wie rasch zarte Prinzessinnen müde werden, Ballettratten, Vollblutrennpferde, Küchen= chefs, Äbtissinnen und Jagdhunde in die Welt zu setzen, das läßt sich denken. Waren nun zwar die Prinzes= sinnen vor einem durch die Neigungen ihrer Gesponsen bewirkten frühen Tode sicher, so hatten nach dem Ver= trag ihre Gebietiger den Leidenskelch bis zur Neige zu leeren. Wenn dies nicht früher der Fall gewesen war, lag das daran: die Gemahlinnen derer von Sir= vermor blieben den Männern merkwürdigerweise immer genau eine Sothisperiode lang treu, dann waren sie wieder untreu. Und der gesetzmäßige Umschwung trat zufällig erst jetzt ein, somit das von einem hoch= weisen und vorsichtigen Rate erlassene Verbot, be= treffend Ehen zwischen den Operntänzerinnen männ= licherseits und etwa zu erwartenden Stierkämpfern weib= licherseits: dieses sogleich nach dem Fluche angeschlagene Verbot fand dergestalt niemals Gelegenheit, in Kraft und Wirkung zu treten.

Vorerst machte sich keine Veränderung bemerkbar. Auf dem Throne saß gerade Frau Ordilschnut — die Ur=

großmutter Jezaidens und Schwester der berühmteren Ordilgund von Undulur — ein Mägdlein annoch, so unschuldig, daß sie außer einem Töchterlein namens Bamalip nur einer Puppe das Leben schenkte, worüber sich der ganze Hof vor Lachen fast ausschütten wollte. Das zweite Mal — ich will nicht lügen — kam sie mit einem Mops und Zwillingen nieder, die jenem Töchterchen Bamalip aus der Maßen ähnlich sahen. Man nannte sie daher auch Barbara und Fresapo, und alle drei spielten, wie man weiß, in der sirvermorschen Geschichte nachmalen eine außerordentliche Rolle. Ihr Gatte war ein in der Räucherkammer der Zeit früh grau und faltig gewordener Herr in den kalten Vierzigern, den sie nicht lieben konnte und der durchaus und eigensinnig noch selbst etwas für die Thronfolge tun wollte. Als er die junge Königin in Armen hielt, klammerte sich die Bedauernswerte, schaudernd wie vor dem Tode, in der Angst an das wenige Liebe, das sie besaß, an ihr Töchterchen Bamalip und etwa noch an einen kleinen Mops, der sie in ihrer Einsamkeit zerstreut hatte. Als Aspramont die Zeichen der Kälte seiner Lebensgefährtin sah, die Kinder, deren Mutter sozusagen auch Bamalip war, schlug er ob dieser Blutschande die Hände über dem Kopf zusammen, ja, er hätte Ordilschnut verstoßen, wenn nicht letzte Überlegung für sie gesprochen hätte, die doch noch ein Kind war. Und so zog er denn in den Krieg wider die Orilanen, Menschen, denen der Bart auf der Nase entkeimt, und die sehr sonderbare Speisegesetze haben — gebratene Eidechsen essen sie unter keinen Umständen, Sauerkraut mit Leberwurst hingegen ist ihnen erwünscht.

Nach der über diese Leute verhängten Züchtigung, auf dem Rückwege geriet Aspramont — wenn die sirvermorischen Annalen nicht trügen — mit den Sultanen von Marabu und Talili in einen Kampf um die Weltherrschaft, und die Heimkehr verzögerte sich dadurch. Inmitten des gewaltigen Schlachtenlärmes hatte man es wenig beachtet, daß die Königin glücklich von einem Eunuchen entbunden wurde. Dies hätte eine Warnung sein sollen, war es aber nicht. Ordilschnut ergab sich einem ungezügelten Lebenswandel: eine Liebelei mit dem Prinzen Karfiol von der Mondscheinküste blieb nicht die einzige, die Leute vom Hofstaat wagten keine Vorstellungen, die Königin als die Höherstehende betrachtend, weil nicht sie durch einen Eid zur Entsagung verurteilt war, sondern der Gatte.

Die kurze Pause eines mittlerweile eingetretenen Waffenstillstandes benützend, um an das abermalige erfreuliche Wochenbett der geliebten Gemahlin zu eilen, welche Überraschungen wurden da dem guten, alten Aspramont zuteil! Reitknechte, Tenore, Schwergewichtsathleten, Chauffeure, französische Sprachlehrer! Und so oft der besorgte Gatte: »Halt ein« oder strenger: »Jetzt aber Schluß« rufen wollte, kam noch irgendein Kaminfeger, Leutnant, Fleischhacker oder Kammerdiener zum Vorschein, bis Aspramont die Hand, die schwertesschwere, wider die Pflichtvergessene erhob und zustieß. Fiel aber dann selbst im Duell mit dem Leutnant.

Es wird niemanden wundernehmen, wenn, durch so entsetzliche Ereignisse im höchsten Grade beunruhigt, geradezu außer Atem infolge wiederholt eintretender ähnlicher Vorfälle, die immerhin nicht so drastisch, weil sie auf die Hervorbringung eines einzelnen Jünglings beschränkt blieben, doch keinerdings ohne einige Mitwirkung höchstgeborener Prinzessinnen von statten gingen, ich sage, es wird niemanden wundernehmen, wenn eine löbliche Priesterschaft von Sirvermor sich da ins Mittel zu legen beschloß. Waren doch an diesen Begebenheiten Weltgesetze zuschanden geworden, vor allem jenes eine, gefaßt in das weiseste Wahrwort, welches je über die Lippen eines Lateiners kam: Pater semper incertus.

Außerdem waren die Privilegien der Gottesdiener durch Attachés und Ausländer lädiert worden, deren, mangels Einheimischer, Ordilschnut sich zur Befriedigung ihrer Lüste bedient hatte. Sirvermor nämlich gehört zu den Ländern, wo, den Satzungen der Religion entsprechend — die Prinzen des königlichen Hauses ausgenommen — die Epheben sich kastrieren, und die Fortpflanzung auf eine wunderbare Weise durch die Priester der Göttin Kibla bewerkstelligt wird.

Begünstigt ward das Vorhaben der Geschädigten, in ihren heiligsten Rechten Geschädigten, durch die übereinstimmenden Erklärungen der Mohnkipfelbeschwörer. Es nahe die Zeit, da das allerhöchste Herrscherhaus von dem Fluche befreit sein werde — dies gaben sie vor, in den Sternen und Wurstabschnitzeln gelesen zu haben. Wie jedoch den Prinzessinnen kälteres Blut beibringen, ein Gefühlsniveau, das den ans beste Mannsfutter gewöhnten Damen sogar Juristen annehmbar erscheinen ließ?

Auf die erste Nachricht von so entsetzlicher Zumutung ging wie ein verhaltener Wutschrei ein gewaltiges Rauschen des Zornes durch die Kleider der Betroffenen, ja, sie hätten mit einem Fächerschlag der Entrüstung ihre Zimmer verlassen, wenn nur jemand darinnen gewesen wäre. Ihnen Juristen antragen, Leute, deren kühn in die Brillen geschwungene Schnurrbärte keineswegs für ihre vernehmlichen Glatzen entschädigen konnten, helltönende Glatzen, die sich nicht einmal durch das berühmte Haarwuchsmittel »Kapitol« aufforsten ließen! Alles bäumte sich in ihnen. Juristen! Welcher feinere Prinz studiert Jus, und wenn, wo steht es geschrieben, daß so ein Ausnahmsprinz eines ohne Plagiat durchgeführten rechtsphilosophischen Aufsatzes fähig ist? Juristen heiraten! Menschen, die um der schnöden Leibesnotdurft willen jahrzehntelang Schweißgeruch sammeln, denen man's ewig anriecht, daß sie einst oft ein Paar Frankfurter mit Krenn für ein opulentes Mittagsmahl gelten ließen ... Die Prinzessinnen fielen in Ohnmacht. Jede in ihrem Zimmer. Als sie wieder zu sich kamen, war ihr Wille gebrochen ... Zehn Roßhähne wurden den Göttern der Unterwelt geopfert, dann faßte der Erzaugur den Beschluß, die Liebesneigungen der weiblichen Angehörigen des Königshauses durch Hypnose abzutöten. Und so geschah es, nachdem erst das Zustimmungstelegramm vom Delphischen Orakel eingetroffen war. Wohl gab es noch geraume Zeit harmlose Rückfälle, den Schwimmhäuten mancher Menschen vergleichbare atavistische Hervorbringungen von unschuldigem Spielzeug verschollener Generationen, als: Tennisrackets, Diabolos, Trompeten, Automobilbrillen. Doch schwanden diese Rückbildungen mit den Jahren, und jeder Wackere hätte Gift darauf nehmen können, daß die Prinzessinnen dieser Familie ebensowenig Liebe oder tiefere Neigungen empfanden, wie die irgendeines anderen Hauses. Alle Welt schickte nun die Kinder ins Gymnasium. Denn war früher eine Königstochter vom Drachen zu befreien, Tapferkeit und weitvorblickende Klugheit, ein andermal für derartige Erwerbung rätsellösend=einfältige Schlauheit vonnöten gewesen, dem an unsere Epoche heranreichenden aufgeklärten Zeitalter war es entschieden gemäßer, die Hand eine Fürstin an die durch den Besitz eines eigentümlichen Namens verschärfte Abfassung rechtsphilosophischen Essays zu knüpfen.

Welch ein Wetteifer unter den Juristen sowohl des Königreiches Sirvermor als auch der anderen Länder! Sogar der arme Herrscher von Suminoye, dem sein Herzogtum abgebrannt war, ließ seine Söhne Jus studieren, bis sie schwarz wurden. Bald jedoch schwoll der Fleiß ab: die Ämter hatten alle Bittschriften um Namensänderung abschlägig beschieden und auch die mannigfaltigen Versuche, durch Beifügung des mütterlichen Namens oder durch Adoption zum Ziel zu gelangen, sie waren, nachdem eine Saison lang Leute namens Sir oder Sirver hoch im Preise gestanden, durch Edikte vereitelt worden, deren genauen Wortlaut jedermann kennen lernen kann, wofern er sich nur in einer Bibliothek die betreffenden Nummern des sirvermorizer Amtsblattes verschafft. Nicht ein Weichherziger wie ich, ein anderer möge den Jammer der enttäuschten Eltern beschreiben, die vergebens ihre Sprößlinge auf die Prinzessin hatten studieren lassen. Was mich anbelangt, so muß ich hier innehalten und einige ihrem gerechten Kummer geweihte Zähren weinen ...

Andererseits gingen entartete Untertanen in ihrem Groll zu weit, sie waren es, die zuerst Realschulen erfanden und gründeten, um möglichst viele Jünglinge der dynastie=erlösenden Beschäftigung mit den Rechtswissenschaften abspenstig zu machen. So groß ist die Schlechtigkeit der Menschen!

Von da ab redete man nur wenig von unserer Angelegenheit, Artikel höchstens in den Familienblättern, königstreuer Mathematiker Berechnungen über die Wahrscheinlichkeit einer völligen Aufhebung des Fluches, erinnerten die Bürger ab und zu an jene unliebsamen Ereignisse. Und damit wären wir bis zu jener Zeit emporgeschritten, in der die eigentliche »Geschichte« sich abspielt.

Erbprinzessin Jezaide Sirvermor lustwandelt im königlichen Garten. Ist doch der Frühling angekommen, auf seinen Schultern und Flügeln die Scharen der Singvögel tragend. Ja, sie singen im königlichen Garten die gewaltigen Nachtigallen, das heißt: mit allerhöchster Erlaubnis und soweit sie keinen Schnupfen haben. Aber nicht der Nachtigallen Gesange oder Nichtgesange lauscht ihre königliche Hoheit, Falte auf Falte schneidet sich in ihre Alabasterstirn, siehe: wie in tiefem Sinnen hebt sie eine Hand empor, mit dem Rücken nach oben, und spricht zu ihrer Obersthofmeisterin: »Mir scheint, es will regnen.« Und in der Haltung wollen wir sie verlassen.

Um diese Zeit lebte in der Stadt Vienna ein edler Jüngling namens Srimoverr, Baron Aeneas Srimoverr. Er brachte die üblichen Jahre in einem geistlichen Gymnasium zu und widmete sie, wie billig, einem zwiefachen Studium. Auf der Bank lagen vor seiner Nase ausgebreitet lateinische Klassiker, unter dem Pult aber entzückte seine Sinne die Lektüre klassischer Franzosen. Nachdem er seinen ebenso verschiedenartigen als eindringlichen Studien durch das protegierende Auftreten noch einiger Freiherren namens Srimoverr und eine sogenannte Schlußprüfung Grenzen gezogen hatte, beehrte er die juridische Fakultät mit seinem Besuch. Nicht so sehr, weil ihn die Süßigkeit der Wissenschaft anzog: nein, eine bildgeschmückte Heiratsannonce Jezaidens hatte ihn mit den Bedingungen vertraut gemacht, unter denen ein Königtum von den Dimensionen des Reiches Sirvermor zu erringen war. Und seine Liebe erlahmte nicht angesichts der Schrecklichkeit seiner Aufgabe.

Zwar: es ist richtig, wenn der berühmte sygische Geschichtsschreiber Moses Maria Archivstaub behauptet,

Aeneas habe sich selbst hinlänglich für seinen bewun=
dernswürdigen Fleiß belohnt. Er benützte nämlich nicht
nur die reichhaltige Bibliothek seines Oheims, des Pri=
vatdozenten für Rechtsphilosophie, Bartholomäus Sri=
moverr, sondern auch dessen Gemahlin teilte von je=
her mit demselben Eifer das Lager des jugendlichen
Neffen, wie jene Annehmlichkeiten, die Stellung und
Güter des gelehrten Gatten mit sich brachten. Dieser
Umstand aber sollte Aeneens Verhängnis werden. Der
Tag, da er mit dem vollendeten Werke sich zu seiner
Tante begab, Abschied von ihr zu nehmen, der Tag
ward sein Todestag. Tief, tief waren die beiden ver=
sunken, er in das Vorlesen seiner Schrift, sie in ein
enthusiastisches Lauschen, und die Doppelschritte des
nahenden Gatten wurden erst gehört, als es zu spät
war. Kein zweckdienlicher Kasten im Zimmer, und
schon schwang sich Aeneas, das kostbare Pergament in
der Hand haltend, statt den Ehemann so ins Jenseits
zu stürzen, in unbegreiflicher Verwechslung selbst auf
das Fensterbrett und sprang zum letztenmal hinab in
den Teich, dessen Wellen auch vor ihm bereits man=
chen Überraschten geborgen haben mochten. Ach, dies=
mal dürften die Mühen der Lektüre zu gewaltig ge=
wesen sein. Des kühnen Tauchers Herz brach. Wild
aufrauschten die Wasser, und indem er den Zwicker
aufsetzte, sprach der Privatdozent die geflügelten Worte:
»Traun! ich habe doch diesem Fischhändler gesagt, ich
will nur echt Ibsensche Karauschen. Und was hat der
geschickt? Sind das Ibsensche Karauschen? Mutwillige

Fische, die sich hoch über Wasser schnellen. Die müssen von ganz wem andern sein! Was meinst du dazu, Rosa? Diesen Fall muß ich untersuchen. Magst mich begleiten?« Sprach's und befestigte an der Angel eine künstliche Fliege.

Ich würde gewiß nichts von dem Froschkönig erzählen, wenn es nicht für den Gang dieser Geschichte so unumgänglich nötig wäre. Er saß ganz harmlos im Teiche unter seinem Sonnenschirm — denn gerade, daß die Frösche keinen solchen brauchen, ist das Noble daran, und darum hatte der Froschkönig einen und memorierte unter ihm skandierend seine langweilige Thronrede:

»Wir Quakorax, König der Frösche, Blatt=
läuse, Malariamücken und so weiter,
kraft uralt angestammtem Recht beriefen
höchstwir alle Vasallen, die, sei es
zu Lande, sei's zu Wasser unser sind,
auf diesen hohen Reichstag. Hört, hört! wir selbst
und Ihre Majestät, die Königin
Guaplasa, um sämtlichen Untertanen
kund zu tun, wie sie zu ehren wir
gedenken, keinem unsrer Völker nah
zu treten, keinem unsrer Achtung mehr
noch minder zu erweisen als dem andern:
ja! auf einem halbüberschwemmten Hügel,
mit einem trocknen, einem nassen Fuße,
staatsrechtlich, nicht bloß so zu sagen! über
dem Berg im übrigen auf astbefest=
igetem Schaukelthrone uns bewegend«

— hier blieb der arme Quakorax, vielleicht schon zum zehnten Mal, über die jämmerlichen Versfüße stolpernd, stecken, diesmal, weil der Tote zu ihm glitt. Quakorax dankte den Göttern, daß sie ihm, falls als er bei der Thronrede wirklich ins Stottern geraten sollte, eine solche Entschuldigung vor Guaplasa darboten. Kein Zweifel: der junge Mann, gewiß ein Kollege, hatte den unerträglichen Leiden, die auch ihm eine Thronrede verursachte, durch Selbstmord ein Ende bereitet. Kaum daß Quakorax sich und den Ärmsten schicklich beweint hatte, machte er sich an den Genuß der vermeintlichen Thronrede, die dem Toten aus der klammen Hand zu winden, ihm vermittels eines Zaubers gelungen war, der so gewaltig ist, daß ich ihn hier nicht näher schildern kann. Durch seine Lektüre an den Rand der Verblödung gebracht, griff er, mit seinem Lose zufriedener, nach dem eigenen Manuskript. Da trieb vor seinen Augen eine verlockende Fliege auf und nieder. Nach hartem Kampfe mit der Pflicht beschloß er in seinem Herzen, die Fliege nicht zu verschmähen, schon um nicht die Götter zu beleidigen, die ihm den leckeren Bissen wohl zur Belohnung seines ausdauernden Fleißes gesendet hatten. Es empfiehlt sich, den Geboten der Unsterblichen mit beschleunigter Geschwindigkeit zu gehorchen, und so schoß denn auch der gute fromme Quakorax alsogleich, ohne etwas loszulassen, auf sein Opfer zu, verfing sich, ward ans Ufer geworfen und hauchte zappelnd seine Seele aus, welche geziemend zum Hades enteilte. »Froschschenkel sind auch gut,«

meinte Bartholomäus, »die den Göttern gebührenden Eingeweide misse ich mit Vergnügen.« Dann bemerkte er, was er sonst erbeutet hatte, löste unverzüglich ein Billet nach Sirvermor und ein zweites, eine Umsteigkarte in die Zukunft. Denn in dieser geht der folgende Teil unserer Erzählung vor sich.

Während der Fahrt, indem sowohl der Privatdozent in ihm eine Beschäftigung verlangte, als auch die Sorgen des seligen Quakorax merkwürdigerweise auf ihn übergingen, begann Bartholomäus die Thronrede auswendig zu lernen, und selbst als er der hold errötenden Jezaide den — wenn auch unzureichenden — Sonnenschirm des Froschkönigs anbot, rezitierte der Zerstreute noch immer sein »Wir Quakorax, König der Frösche...« Diese Phrasen, für unverfälschte Wahrheit genommen, verfehlten nicht, einen guten Eindruck zu machen; zudem: daß Srimoverr die Erbin des Reiches so ziemlich vor den Unbilden der Witterung geschützt hatte, erschien den Priestern, die pflichtigst darüber die Lage der Sterne und Butterbrotpapiere beobachtet hatten, ein dem Lande heilweissagendes Omen und Symbol. Und dies ist in unserer Geschichte, glaube ich, das einzig Unglaubliche, das man nicht glauben kann: eine alsbald angestellte Prüfung des rechtsphilosophischen Schriftchens ergab untadelige Resultate, kein einziges Plagiat! Worauf ohne weiteres wider Bartholomäus die Vermählung eingeleitet wurde.

Für den Verstand von Leuten, die in diesen anspruchslosen Zeilen eine tiefsinnige Allegorie erblicken wollen, etwa in Jezaide die Tochter eines Hofrates oder Sektionschefs zu sehen vermeinen, die einem simplen Dozenten zum Throne, id est: zu einer ordentlichen Professur verhalf — auch die anderen, wahrlich nicht wenig verschlungenen Begebenheiten auf kraß realistische Weise ausdeuten möchten: für den Verstand dieser Sorte von Leuten übernimmt der Verfasser keine wie immer geartete Garantie, wenn sie nicht so ruinösen Versuchen entsagen. Genannten Individuen aber trotzdem gebührend entgegenzutreten, gesteht der Autor offen und ehrlich, daß der Zweck seiner scheinbar nichts weniger als tugendhaften Historie, soweit ein solcher überhaupt vorhanden, ein hochmoralischer ist und hofft damit einer aufmerksamen Leserin nichts Neues zu sagen. Er hält dafür, nachträglich genug vor jenem verderblichen Geist gewarnt zu haben, der Zizipês sonst makellose Herrschergestalt verunzierte. Wolle doch ein Jeglicher seinem guten Rat gehorsamen und zur Taufe erscheinenden dreizehnten Zauberern keine silbernen Stiefelknechte und beileibe keine schlechten Zigarren anbieten, noch auf künstliche Fliegen mit übereilt zuschnappendem Rachen antworten. Den Folgsamen steht nicht bloß eventuell das Himmelreich offen, sondern ihnen und nur ihnen wird mitgeteilt, wie sich das Schicksal derer von Sirvermor=Srimoverr des Weiteren gestaltete.

Es läßt sich nicht leugnen, der Prozentsatz an kleinen Mohren und Chinesen, den die Prinzessinnen dieses Hauses auch nach jener Sühnhochzeit herbeiführen halfen, er war und blieb ein größerer, als er in den übrigen Königsfamilien Usus ist. Doch wer wird der Bösewicht sein, zu fordern, eine künstliche, zauberische Einrichtung, durch die Länge der Zeit beinahe zur natürlichen Anlage geworden, möge wie mit einem Glockenschlage zu bestehen aufhören?

Was die speziellen Schicksale Jezaidens und ihres Gatten anlangt, so beteuern manche Skribenten, beklagte Mohren und Chinesen, in dem unzureichenden Sonnenschirm bereits zart angedeutet, seien durch die Unterschiebung der Preisschrift verschuldet, und sei dieser Frevel nur darum nicht postwendend ans Tageslicht gekommen, weil Jezaide keine Kinder hatte, was weniger der abgetöteten Liebe als dem gelehrten Charakter ihres Gatten zuzuschreiben sei. Sonstige Erlebnisse des Ehepaares? Zur Beruhigung: und wenn sie nicht geboren sind, so sind sie auch heute noch nicht gestorben!

LIEBE

NITIMUR, ein wohlriechender Künstler, Erbauer der sechs großen Stockwerke, sah eines Tages die wohlwandelnde Königstochter Inve, und nicht genug daran: er wagte es, seine Augen zu ihr zu heben, die auf dem hochgelegenen Steige der Königstöchter knabenleichten Schrittes zur Lust tief und tiefer unten Wandelnder und also auch wohl zur eigenen Lust einherschwebte. Ja, er gewann es über seine in welcher Niedrigkeit aufgeschossene Seele, daß er den jäh ansteigenden Kotsee und den darauffolgenden Eisberg der vermeintlichen Glückseligkeit durchschwamm und überschritt.

Diese beiden Stoffe nämlich, Kot und Eis, ausgezeichnet sowohl durch die Menge, in der sie sich an den genannten Orten befinden, als auch durch andere Eigenschaften, sind dazu bestimmt und geschaffen, die Wege der wohlwandelnden Königstöchter und der wohlriechenden Künstler zu trennen.

Wohl war, wie ihr alle recht gut wisset, in diesem unseren Königreiche Titumsem die schreckliche Strafe der Spiegelentziehung auf das Erklimmen der Scheideflächen gesetzt. Nitimur aber mag vor, während und nach deren Durchquerung wenig an eine Selbstbespiegelung gedacht haben. Vielmehr: an dem Orte seines Strebens in welchem Aufzuge angelangt, warf er sich rücklings zu Boden, auf den heiligen Boden des Ein=

herschwebens der Königstöchter, und schlug ihn dreimal mit dem Hinterhaupte. Dies ist die Art, mit der in diesem unseren Königreiche Titumsem Hohlheit und Wohlriechenheit gewiesen wird. Inve konnte nicht anders, sie mußte eine Zeiteinheit lang ihr Einherschweben in ungleichförmig verzögerter Geschwindigkeit vor sich gehen lassen — gewöhnlich bewegen sich nämlich die Königstöchter in diesem unseren Königreiche Titumsem gleichförmig verzögert — und eine weitere Zeiteinheit lang tat sie sich die Mühe, ihre konkaven Wangen in dem Blaurot des höchsten Unwillens erröten zu lassen. Nitimur nun — war es Absicht oder Unfall? Meine der Verehrung wohlwandelnder Königstöchter sicherlich zuneigenden Zeitgenossen werden mir wohl recht geben, wenn ich steif und fest behaupte, daß es nicht seine Absicht war, und ebenso dürften meine dem Glauben an das Walten einer ursittlichen Welthausordnung herzhaft geneigten Zuhörer meiner wohlweisen Meinung sein, wenn ich statt Zufall Unfall sage...

Nitimur nämlich, der wohlriechende Künstler, rutschte, von der Blauröte des höchsten Unwillens scheinbar gleichgültig durchstrahlt, mit gleichförmig beschleunigter Geschwindigkeit den Gletscher der anscheinenden Glückseligkeit hin und überschlug sich unter den spaßhaftesten Purzelbäumen und Kapriolen im darauffolgenden Kotsee. Wieder unten auf der Straße wohlriechender Künstler angelangt, begab er sich aber nicht in seine sechs großen Stockwerke, denn er wußte wohl, daß ihm sämtliche Spiegel mittlerweile entfremdet worden waren...

Wer aber kann malen das Blaurot des noch sehr viel höheren Unwillens der wohlhabenden Königstochter Inve, als sie nächsten Tages an derselben Stelle Nitimurn gewahrte! Ihre Bewegung setzte sie da mit gleichförmig beschleunigter Geschwindigkeit fort, die sie nur um eine Zeiteinheit verzögerte, als sie an dem wohlriechenden Künstler das heiße Schweigen der Liebe, von dem die wohlwandelnden Königstöchter zu träumen pflegen, nicht kaltes Schweigen der Körperverehrung, das wohlriechende Künstler zu durchstrahlen pflegt, bemerkte. Als sie sah, daß er mit weit weniger gleichgültig durchstrahlter Miene seinen schmachvollen Heimweg abkugelte.

Da aber jeder Tag diesen Vorfall gebar, Perku, ihr wenig geschlechtlicher Erzieher, der zwar seine Zeit meist damit füllte, noch weniger geschlechtliche Erzieher zu zerspotten, dennoch beinahe bemerkt hätte, daß seine wohlwandelnde Königstochter die zur Absolvierung ihres Einherschwebens nötige und also vorgeschriebene Anzahl von Zeiteinheiten stets überschritt, schließlich Inve einsah, daß bald ihr ganzer Reichtum an Erörterungsnuancen allewerden dürfte, tat sie es eines Tages, über den Wasserberg hinweg, der den Schwindelpfad der wohlschlafenden Könige von dem Steig der wohlwandelnden Königstöchter trennt, sie tat es, ihrem Vater Pimus zuzurufen, der wohlriechende Künstler Nitimur störe täglich die Regel- und Gesetzmäßigkeit ihres Einherschwebens. Der wohlschlafende König Pimus, dem es ein Neues war und den es mit Verblüffung durchstrahlte, daß ein wohlriechender Künstler auch nach Entfremdung seiner Spiegel vor wohlwandelnden Königstöchtern zu liegen wage — deren heiligen Boden mit dem Hinterhaupte schlagend, Hohlheit und Wohlriechenheit weisend — er erschrak zuerst über das Omen dieser sehr kuriosen Zugetragenheit, das und die in keinem königlichen Orakel= und Traumbuche verzeichnet und vorgesehen war. Also machte der wohlschlafende König Pimus seinem wohl= tanzenden Gotte Kwene dreiundachtzig und eine halbe Verbeugung und sagte ein Achtel Betrolle her. Kwene nämlich, der wohltanzende Gott, dessen Seil von dem Schwindelpfade der Könige durch einen Sonnenberg geschieden ist, sah sehr gut, hörte aber schlecht: da= her dreiundachtzig und eine halbe Verbeugung und bloß ein Achtel Betrolle. Denn ihr wisset sowieso, und ich sage es auch nur, um euch der Abwechslung halber mit eurem Wissen zu ärgern: Man hat seine Freude nur an dem, was man bis in seine süßesten Einzel= heiten auszukosten vermag, nicht jedoch an Dingen, die, ach, in höchst summarischer Weise fühlbar werden...

Kwene aber wußte sehr wohl, daß der Thron eine Stütze des Glaubens an ihn sei. Nur darum reichte er dem wohlschlafenden Könige trotz des Achtels Bet= rolle schnell seine Ohren, und außerdem drangen ge= rade in dieser Zeiteinheit labend an des schlachtmesser= umgürteten, wohltanzenden Gottes nicht ganz schlecht hörende Ohren des eben von ihm eigenhändigst, nach allen Regeln der Kunst geschächteten Schlachtopfers höchst rituelle Laute des Sterbens und Verzuckens. Dennoch aber unterdrückte der wohltanzende Kwene den wohlweisen Rat: »Sende dem wohlriechenden Künstler einen zweiten Spiegel, auf daß er sich darin besehe!« Nein, er wollte wieder einmal ein Exempel seiner Allmacht, Gerechtigkeit und ursittlichen Welthausordnung statuieren und gab dem wohlschlafenden Könige Pimus den minder weisen Rat, die wohlwandelnde Inve hinabzusenden zu dem wohlriechenden Künstler Nitimur, dem Erbauer der sechs großen Stockwerke. »Denn die gebotene Möglichkeit der Befriedigung wird des wohlriechenden Künstlers Sehnsucht und Liebe stracks töten, da sie bloß jener selbsterzeugte Hunger in Gedanken ist, den armgelebte Künstler hie und da aufzuziehen pflegen, der aber immer unbefriedigt stirbt, den sie wohlahnend sich vergehen lassen, wenn der Erfüllung Schmerz ihnen verstattet wird.« Und geheime, frohe Gedanken der Rache an dem verbeugungsfeindlichen Künstler und dem gern betrollenden Könige durchstrahlten des Gottes und Tänzers Miene, kaum verborgen durch ein nervöses Zwirbeln des Schnurrbartes.

Nicht vergaß da zum Dank der wohlschlafende König eine halbe und dreiundachtzig Verbeugungen dem seiltanzenden Gotte Kwene zu machen, noch weniger vergaß er es, den Heimtückischen durch schnelles Ableiern von einem Achtel Betrolle zu ärgern. Schnell tat er es, über den Wasserberg hinweg seiner wohlwandeln=

den und gerade einherschwebenden Tochter eine Hymne auf seine Vatertugenden zu halten und ihr zu befehlen, allbereits hinabzuschweben zu dem wohlriechenden Künstler. Welche machte sich sofort auf mit ihren wohlschmeckenden Zofen, die ein wohlklingendes Geschnatter fortflattern ließen, als die Königstochter in einem Sprunge hinabsprang zur Straße der wohlriechenden Künstler, die ihr scharenweise zur gefälligen Matratze dienen wollten.

Als aber Nitimur, auf seinem wohlgeborstenen Steine vor den sechs großen Stockwerken sitzend, sie kommen sah, da wandte er sich zur Flucht und sprang lieber hinab über grasbewachsene Wiesen zu den bewußtlos lebenden Bürgern und tauchte lieber unter in ihrem Meere der Gewöhnlichkeit. Tiefbetrübt gebot da die wohlwandelnde Königstochter den wohlriechenden Künstlern, ihre Spiegel zu legen über den Kotsee, ließ sich nur unwillig ihre goldenen Schlittschuhe anschnallen. Denn sich hinunterzukugeln über die Grashalden in der häringhaften Bürger Meer von Gewöhnlichkeit, dies war ihr wie jeder echten wohlwandelnden Königstochter unmöglich. In ungleichförmig beschleunigter Geschwindigkeit, ja in rasendem Sturmlauf blitzte sie den spiegelbedeckten Kotsee hinan, hinan den darauffolgenden Gletscher der anscheinenden Glückseligkeit. Wenig kümmerte sie es, daß ihre wohlschmeckenden Zofen, diese Keineswegs=Königstöchter, vor den gefälligen Matratzenkünstlern ihr wohlklingendes Geschnatter fortflattern ließen und sich mit ihnen um die einerseits kot=

belegten, andererseits wohlgeborstenen Spiegel balgten, im Schlamme wälzten und schließlich dem Geheul und Gewaltschmerz der nicht ganz ausgenützterweise sich um ihre Spiegel gebracht sehenden Wohlgeruchs= Künstler ein Ende taten, indem sie mit ihnen die Gras= halde abkugelten in der kaninchengleichen Bürger Meer von Gewöhnlichkeit. Gar nicht kümmerte es die schnell= hinwandelnde Königstochter Inve, daß sie, anfahrend ihren Steig, ihrem wenig geschlechtlichen Erzieher Perku und seiner aus noch weniger Geschlechtlichen gebildeten Gesellschaft die restlichen Geschlechtsteile abfuhr und alle tötete.

Nicht mehr war sie bedacht darauf, in allen Zeit= einheiten gleichmäßig einherzuschweben, die wohlwan= delnde Königstochter Inve, die früher und bis zu wohl= riechenden Nitimurs Flucht zwar eingedrillterweise von Nuancen des Errötens, aber wenig von Liebe gewußt hatte, sie bewegte sich mit höchst ungleichförmiger Ge= schwindigkeit, und ihre Seele ergab sich wildem Weinen silberner Tränen. Pimus sogar, ihr wohlschlafender Vater, er hörte es, und ohne seinen ewigtanzenden Gott extra zu behelligen, griff er sofort zu dem in solchen Fällen höchst angezeigten und probaten Mittel: er zeigte seiner wohlwandelnden Tochter ihre Ver= lobung mit dem immer schlafenden Kaiser von Gata an. In ihrem tiefen Grame hörte sie es nicht, wie es der wohlschlafende König schlau geträumt oder be= rechnet haben mochte. Inve, mit Unrecht wahrlich eine wohlwandelnde Königstochter genannt oder etikettiert, fuhr immerzu fort mit ihren unsteten, ungleichförmigen Bewegungen, ihrer Seele Weinen überzog ihre Wangen mit Silberamalgam, machte sie fast konvex, und schon glaubten alle Ärzte und Urinoskospen dieses unseres Königreiches Titumsem, die weiland wohlwandelnde Königstochter Inve würde, ach, für immer der Stetigkeit und Gesetzmäßigkeit ihrer Bewegungen beraubt sein ...

Eines gemeinen Tages aber, da der wohlriechende Künstler Nitimur auf der Grashalde lag und in Träumen noch sechs große fahrende Stockwerke für die ochsenartigen Bewohner des Meeres von Gewöhnlichkeit ersann, schreckte ein schreckliches Getöse und Geflimmer ihn aus seinen Fieberträumen. Die Bürgerlein hatten nämlich von dem frohen Fest im allerhöchsten Herrscherhause gehört und feierten es, jeder nach seiner Art, der eine mit verschiedenfarbigen Fetzen, Liedern von gefälligen Matratzenkünstlern, der andere mit Lichtgestank oder Böller= und Kartaunenblähungen. Jäh fuhr der wohlriechende Künstler Nitimur auf, als er den Grund der verschiedenfarbigen Fetzen, der Hurralieder, des Lichtgestankes und der bürgerhaften Schießerei erfuhr. Wo waren da die sechs großen fahrenden Stockwerke für die gleichförmigen Bewohner des Meeres solcher Gewöhnlichkeit?!

Jetzt aber möchte ich meine dem Glauben an das Walten einer sittlichen Welthausordnung herzhaft zugeneigten Zuhörer ersucht haben, mir ihren Beifall fühlbar zu machen und sich zu entfernen.

Denn mit einem Satze über die Grashalde hinaus und die Straße der wohlriechenden Künstler, hinaus über den Kotsee und den Gletscher der anscheinenden Glückseligkeit: Nitimur war oben beim Steige der nicht immer wohlwandelnden Königstochter, und ehe noch der wohlschlafende König von Titumsem und der immerschlafende Kaiser von Gata Zeit gefunden, erwachen zu wollen, hatten sich Nitimur und Inve gefunden, in hoher Pracht gefunden. Jetzt aber möchte ich auch meine dem Glauben an das Walten einer urunsittlichen Welthausordnung herzhaft geneigten Zuhörer ersucht haben, mir ihren Beifall fühlbar zu machen und sich allbereits zu entfernen!...

Vielleicht, um nicht tiefe Lust zur Gewohnheitsqual zu verherben, zu verderben, wer es fassen kann, der fasse es: mit einem Satz über den Wasserberg hinaus und den Schwindelpfad der wohlschlafenden Könige, hinaus über den Sonnenberg und das Seil des im Fluge herabgestoßenen wohltanzenden Gottes Kwene, der noch im Falle tanzte und seinen Bart nervös zwirbelte — waren, war Nitimur-Inve geflohen, geflohen in das Reich des ewig seienden, einzig seienden Todes.

DER KNECHT SEINES SCHICKSALS

AUCH über Analama, der auf der Insel Quo=uk mit den Schwänen lebte, kam das mannbare Alter, er mußte den grauen Chroglu überschreiten und fiel in das verfluchte Königreich Uttarakuru. Wie das immer so ist, meldete sich die Königstochter unpäßlich, und ihm blieb nichts anderes übrig, als mit den Ungeheuern des Blutflusses Uhuru zu kämpfen. Sein Sinn aber stand nicht nach Streit, sondern nach den sanften Gelöstheiten des Daseins. Er sehnte sich nach intimen Wangen, Frauenhaar, Schenkeln von himmlischer Güte. Die Königstochter aber tat an= dauernd unpäßlich. Da blieb auch Analama der Ströme seines Blutes nicht länger Herr. Er fand, daß die Norne Langeweile die Zeit stickt, wollte die gefrorene Zeit töten — und aß nur seine Uhr auf. Er wollte alle Weiber vernichten — und riß nur etlichen Mädchen mit besonders aufreizenden Waden die Zöpfe aus. Die Königstochter blieb andauernd unpäßlich. Ana= lama drückte sich mit seinen eigenen Fingern famos die Augen aus, nichts mehr vom Dasein zu sehen. Die Königstochter zertrat seine Augen und empfahl dies Püree ihren Katzen. Analama verließ sich. Die Königstochter brachte die gesetzlichen Thronerben: junge, starke Hunde zur Welt.

HILDEBRANDSLIED

ES wird berichtet, daß eine Stimme sprach gegen Iskandar Zualkarnain und ihm befahl, seine Lenden todwärts zu gürten. Und da er auf seinen Reisen alle Gegenden und Menschen genossen hatte sagte er vor sich hin: »O blinder Sklave des Geschickes, wohlan, freue dich endlich, denn nun wirst du erfahren, was nach diesem kleinen Leben sein wird.« Also haderte er nicht mit jener Stimme letzten Befehls, sondern gebot Sklaven, ihm seine zwei Hörner wie für ein Fest zu putzen. Und nachdem er noch vorsichtshalber einen ganzen Wildesel verzehrt hatte, bestieg er ein Eilkamel, um nicht zu säumen und so zu beleidigen den Ruf des ehrwürdigen Todes. Aber seine Dichter, die Nachtigalleulen, begannen auf eine schöne Weise zu klagen und versuchten, sein gleichgültig schauendes Herz mit ihren gelinden Traurigkeiten zu erfüllen und den der neuen Sache Beflissenen wieder an die knappen Habseligkeiten des Lebens zu binden. Das Eilkamel jedoch in seiner Weisheit erinnerte sich verzehrter Dattelkerne, und indem es den Dichtern warmen Mist des Lebens ließ für die rauhen Nächte der Zukunft, verschwand es mit dem König der Zeit im Walde. Er aber sprach zu seinem Barte: »Nicht begreife ich die sachte Trauer der Gefährten meines Atemholens. Wenn ich ihnen entgleite, so können sie mich doch zurückhalten in den Bogen und Windungen ihrer schlangengleichen Gedichte. Ich aber habe es schwerer als diese Gezähmten: ich muß etwas tun. Nun habe ich einen ganzen Wildesel gegessen, denn es ist nicht gut, dem Tod angstvoll und mit hungerndem Magen entgegenzutreten. Sollte er mir nicht gefallen, so kann ich, ein Herr, ihm wenigstens mancherlei ins Gesicht rülpsen, wie es sich gebührt. Doch noch sehe ich hier niemanden, der mich töten könnte.« Indem er also seinen Unwillen, auf den Tod warten zu müssen, ärgerlich kundgab, erschien auf dem Wege ein weiser Wildkater und klärte ihn auf: »Nicht dies ist der Weg zum Tode, o König Zweihorn, du könntest allerdings, wenn du schneller ans Ziel gelangen willst, gegen die Bäume reiten. Aber du reite lieber diese zwei Wälder hier seitwärts durch, und wenn du an der letzten Lichtung meine Frau siehst, so sage ihr, daß ich sie noch heute besuchen werde.« Da dankte der König dem liebenswürdigen Kater, und als er einen halben Kamelritt weiter wirklich die Katze erblickte, grüßte er sie höflich und richtete seine Botschaft aus. Dafür belehrte ihn die Wildkatze freundlich über die nahe Möglichkeit eines annehmbaren Todes — nur eine Parasange weit!

Und als er sich über diese Strecke hinweggesetzt hatte, traf er richtig dort einen Mann, an Stärke gleich einem ausgewachsenen Löwen. »Nächstens lasse mich nicht so lange warten,« brüllte der Mann. »Ich bin dein Vater Rustan, und da ich dich ins Leben gepflanzt habe, schickt es sich auch, daß ich dich töte.«

Begann auch sogleich dem unpünktlichen Sohne die Hörner aus dem Kopf zu drehen, und Iskandar Zualkarnain ehrte den Vater, getreu dem Gesetze des Propheten. Er wagte es nicht, diesen Tod am Barte zu zupfen, noch auch ihm den vorbereiteten Esel ins Gesicht zu rülpsen. So benommen war er von den Schmerzen des Lebens.

TRAUM
DES 888. NACHTREDAKTEURS

UND Schahrazad bemerkte das Grauen des Tages und hielt inne in der verstatteten Rede. Doch als die achthundertundachtundachtzigste Nacht da war, fuhr sie also fort: »Ich vernahm, o glücklicher König, daß im Lande der besoffenen Ströme ausnahmsweise ein geiernasiger Jüngling lebte, der gern im Schlaf ertrank und da er wenig arbeitete, Hunger trieb. Seine Sehnsucht und Begierde ging gleichwohl nach dem Faulen unerreichbarer Gewürze, und wegen dieser seiner dicken Gewohnheit nannten ihn die Ungläubigen Schinkenstern.

Als er eines Tages seinen Magen nach den Marzipaninseln traumwandeln ließ, überfiel ihn ein Schnellzug und ließ nicht ab, ihn davonzutragen, bis alle Kohlen verdampft waren. »Dies ist nicht das Land des Safrans und der Wohlgerüche,« jammerte der Entführte, als er sich nach einem wahnwitzig schrillen Pfiff in einer robusten Halle ausgesetzt sah. Weil es notwendig war, brach er die Dämmerung seines Geistes ab und suchte nach einem Sofa, wo er sein Haupt niederlegen könne. Weiter strichen seine Pläne nicht, und indem er an einem Hotelportier vorbeiging, erreichte er es, mehrere Meldezettel ausfüllen zu dürfen. Nachdem er diese Dämonen besiegt hatte, warf er sich in den Schlaf, ob ihm vielleicht die Deutung der zu

erwartenden Träume seine innersten Gedanken ent=
hülle. Doch der Schlaf spie ihn rücksichtslos, traumlos
wieder ins Leben aus, und als der Unglückliche zum
abertausendsten Male kläglich im Raume erwachte,
veranstaltete er einige Augenblicke der Besonnenheit.
Aber ehe er etliche Vernünftigkeiten ausgeheckt hatte,
verdrängte der Schrei nach einer Buttersemmel das
Gekrächz seiner Seele. Als er dann, noch verdauungs=
matt, seinen Kopf aufzusetzen versuchte, fand sich
dieser nicht, und so beschloß er, seine Leiblichkeit vor=
läufig dem Hin und Her des Zufalls zu schenken.
Keinesfalls war er jedoch geneigt, allzu hündische Ar=
beit zu tun und wollte lieber die Verhandlungen mit
der Erde abbrechen. Er begann also über die Ober=
fläche der fremden Straßen als ein gemäßigter und
nicht ganz zielloser Spaziergänger hinzugleiten. Seine
Augen grasten ruhig die Erscheinungen ab und fielen
schließlich in die Blätter, aus denen sich zahlreiche
Toren über den Gang der Gestirne zu unterrichten
versuchten. Da schlug in ihn ein schnelles Erinnern,
und seine futterwitternde Geiernase, die ihm aus einem
Spiegel entgegengrinste, bestärkte ihn zu einer seel=
losen Zeit in gewissen Betrachtungen.

Er besaß zwar keine Feder der Fülle, aber an Schalt=
tagen drangen tollkluge Worte aus ihm. Wenn er auch
bezweifelte, daß diese seltenen Schalttage je sein ganzes
Jahr anstecken würden, war er sich doch einer bescheidenen
Kenntnis einiger, aber bei weitem nicht aller Gesetze
der Interpunktion bewußt, und verdammte sich kalten

Herzens dazu, von seiner Durchschnittssprache zu leben.
Dieszwecks legte er Zylinder an und ehe er sich noch
hatte warnen können, verscholl er in einem Verlags=
gebäude. Er hätte besser getan, sich des Zephirs der
Welt zu berauben. Denn als er vor den Journalisten
der Zeit trat, zersetzte ihn der Druckgewaltige folgen=
dermaßen: »Du gehörst zu den weltfremden Sirius=
ochsen und bildest dir zwar nicht den Besitz des Stil=
monopols ein, bist aber trotzdem stolz darauf, als
erster den Ipunkt unter dem I befestigt zu haben.
Ich kann jedoch nur eine rechtschreiberische Schreib=
maschine brauchen.« Da ließ sich der Verräter Schin=
kenstern sterben, er antwortete: »O, König der Zeitung,
ich höre und gehorche. Ich war ein Ifrit von den
Marids der Dschann und bin bereit, den Eid auf das
Zeilenhonorar abzulegen. Ich habe es eilig, ins Nichts
zu hasten. Ich war mitunter die Zunge der Dinge.
Werde ich es weniger sein, wenn ich mich zur Stimme
des Rindviehs mache? Möge ich bald an einem Druck=
fehler sterben!« »Ich sehe, du gehörst zu den schwachen
Zugtieren, die, statt ein Ende zu setzen, ihren un=
überwindlichen Magen anklagen, o Halbdichter!«

Es wird berichtet, daß der Geiernasige zunächst als
Besprechungsliterat versank, einer jener vielen Kriti=
kastraten und Verschnittenen wurde, die eifersüchtig
den Harim des Ruhmes bewachen. Er ward eine kahle
Negation, legte sein Gehirn bloß, exhibitionierte mit
der raschwachsenden Glatze der Weisheit, aber seine
Seele war im Übersatz. Er schrieb nur Kartoffeln,

und die Worte der Dichter verdienten, mit Nadeln in die Spitzen seiner Augenwinkel geschrieben zu werden. Da bemerkte er endlich das Graue seines Tages und hielt inne in dem verstatteten Leben. Allah übersetze ihn nicht!

DIE ALTE GESCHICHTE

ES war einmal ein junger Dichter namens Eduard, der lebte in einem Palaste. Und in ihm war nichts als Sehnsucht. Seine Diener aber brachten ihm Schinkensemmeln mit Kaffee. Sehr traurig war der junge Dichter, und seine Sehnsucht ging von einem Zimmer in das andere. Herrliche Bilder konnte er sich vorgaukeln, und das junge Mädchen, das er liebte und haßte: Kunigunde!

Doch wenn sein junger Leib, der sich sehnte, einen Schritt vorwärts tat, die geschaute Gestalt zu umarmen, schwand alles, und seine Lippen, die nach einem Kusse lechzten und glühten, sie sanken kümmerlich zusammen, und sein Kopf fiel schulterwärts... und er war wieder allein mit seinen Zimmern, Dienern und Schinkensemmeln. Da haderte der junge Dichter mit Gott und seinem Palaste und weinte über sie die Tage und Nächte, daß sie ihm nicht geben wollten, wonach er flammte... und hätte am liebsten die Wände geküßt und die Bäume seines Gartens umarmt: so sehnte er sich. Und er vergoß sieben Tränenströme. Und wollte nichts essen und zerfleischte sich das Gesicht und die lieben Hände und raufte sein Haar und zerriß seine Gedichte und lag wie ein Toter da auf seinen Teppichen.

Sandte der liebe Gott zu ihm in den Traum eine ausgezeichnete Fee, und die sprach: Was gibst du deinem Körper Wunden und üble Farben? Sieh, sei wieder brav und ruhig, und Gott wird dein Haar streicheln, und dein Haupt soll liegen in dem Schoße deines jungen Mädchens. Da sprach der junge Dichter: Ich will ja gern wieder an den lieben Gott und meinen Palast glauben, aber warum ward ich so schwer geschlagen? Es ist ja wahr, ich habe vor sieben Jahren, zehn Monaten und drei Tagen beinahe eine Ameise zertreten!

Küßte die ausgezeichnete Fee dem jungen Dichter langen Schlaf an und tat von seinem Leibe die Wunden und üblen Farben, nahm von seinen Händen die Betrübtheit... und als er erwachte, da taten sich alle seine Zimmer auf und strahlten, und sein Haupt lag gebettet in den Schoß des jungen Mädchens, und sie streichelte seine Haare und küßte ihn und klebte seine Gedichte wieder zusammen.

Glaubt ihr das? Ich nämlich glaube es auch nicht! Sondern, als von dem jungen Dichter der Schlaf trat, da stand zu seinen Häupten ein Freund und wies ihm eine Kritik, in der Eduard niederträchtigerweise gelobt wurde, ein Briefträger feierte seinen Einzug mit einer Drucksorte, laut der sich Kunigunde mit Archangelus Lardschneider, jenem niederträchtigen Kritiker, verheiratet hatte, und eine jähe Drahtung zwang ihn, die Première seines letzten Stückes abzusitzen, des Schiffahrtsaktiendramas »Eduard und Kunigunde«, das ihm vom Lesen her übel bekannt war. Und zu Füßen seines Bettes stand ein Diener, in der Hand haltend eine Tasse Kaffee mit Senf.

FRÜHES LEID

ICH war kein Tierfreund, eher vielleicht ein tyrannischer Beobachter der Tiere. Seit jeher reizte es mich, diesen schwachen Wesen zuzusehen, mitzuspielen, Herrschaft über sie auszuüben, da ich die Menschen nicht knechten konnte. Ich ging ja in die Schule, war Sklave von Rohrstäben, Katalogen, Klassenbüchern und Zensurzetteln. Und daheim saßen grausame Zieheltern, die meine Abneigung gegen das Leben nährten, indem sie mich stets zum Essen zwangen, zur Strafe mit den widerwärtigsten Speisen traktierten, wenn ich den grammatikalischen Kram nicht wissenswert fand. Die Existenz von Schulbüchern war doch eine Gnade meinerseits? Nein! Man begnügte sich unbescheidenerweise nicht damit, daß ich das Vorhandensein derartiger Materialien hypothetisch annahm, gelten ließ, ich sollte sie empfangen, die Bücher sollten in mich übergehen und ich Buch werden. Paßte mir diese Besessenheit nicht, reagierte ich auf solche Vernichtung meines Ichs sauer oder, was meist geschah: ließ ich mich auf derlei Provokationen überhaupt nicht ein, sah man in meinem Vorgehen alles eher denn Selbstbewahrung. Meine früh erwachte Aversion dagegen, Gedichte anderer Schriftsteller auswendig zu lernen: von mathematischen Formeln koitiert zu werden, diese eminent männliche Eigenschaft hieß auf einmal Faulheit und man entleerte über mich ein Füllhorn von Strafen.

Ich besaß eine kleine Kaninchenzucht. Gab ich mich mit Hühnern und Tauben ab, fesselten den Zarten, der für seine Person Raufereien scheute und mied, die schonungslosen Kämpfe zwischen rivalisierenden Hähnen oder Taubern. Blutliebe war es, Freude an diesen ebenso formstrengen als gefühlsheißen Duellen, die erbittert und unerbittlich bis zur Entscheidung ausgetragen wurden. Bei meiner Zucht, bei meinem Kult von übrigens unfreiwilligen Mitgliedern der Friedensgesellschaft, den geduldbehauchten Kaninchen gegenüber hatte ich lautere Motive. Ich ergötzte mich an rein vegetativen Prozessen, freute mich, wie die jungen Tierchen schnupperten und dann mit langen Froschsprüngen herbeieilten, mir die Kohlblätter aus der Hand zu fressen. Aber Kohl — der kostete Geld, ein paar Heller täglich, und Futter, Wartung fraß Zeit, die ich nach Ansicht meiner Pflegeeltern besser an das Studium gewendet hätte. Ihr ewiges: »Hugo, lerne!« scholl an mir vorbei, ich betrachtete die unregelmäßigen Zeitwörter als Verbalinjurien und wußte mir etwas Besseres als Verben reiten, konjugieren: Kaninchen. Die waren mein Trost, halfen mir mit ihren Farben und Bewegungen über schlechten Ausfall der Schularbeiten und Mittagmahle hinweg. Bekam ich zu Weihnachten eine üble Zensur und wurde demgemäß statt jedes anderen Geschenkes strafweise täglich diejenige Speise aufgeführt, die ich am stärksten haßte: Sauerkraut — und noch dazu in angebranntem Zustand — flüchtete ich nach Tisch zu den Kaninchen. Und siehe da! es gab Wesen, denen die Verabreichung dieses Giftes, die Ausspeisung mit Krautblättern Glücks=augenblicke schuf, Wesen, die mir, dem göttergleichen Spender, durch ihr zufrieden=geräuschvolles Mahl zu einigem Selbstgefühle verhalfen und nicht genug daran: sozusagen durch die Vernichtung eines Teiles des Sauer=krautbestandes der Welt mir dankbar einen großen Dienst erwiesen.

Es kam eine Zeit, wo ich mein Reich nicht vertei=digen konnte, und die Bazillen drangen ein. Mit den Bazillen meine ich nicht etwa die Erreger der Wind=pocken. Die machten sich nicht so breit, mit denen wurde ich leicht fertig, und wenn ich dennoch mich schwach zu fühlen vorgab, nicht aufstehen wollte, so lag das in 'mir: ich hatte wenig Lust, ins äußere Leben zurückzukehren, in die Schule, diesen Garten voll bitterer Kräuter, die — o bodenlose Verruchtheit — obendrein botanisch=lateinische Namen trugen! Das Kranksein bedeutete für mich sorgsame Pflege, Ruhe und Waffenstillstand, und ich kann sagen, ich machte häufig von Halsentzündungen Gebrauch. Wenn das Fieber geschwunden war, sagte man wohl: »Liegend lesen schadet den Augen,« aber ich durfte eine Weile Lektüre treiben, was mir sonst — schlechter Zeugnisse halber — verwehrt war. Der Arzt ließ mich gerne liegen, er verordnete sogar zur Behebung der allge=meinen Schwäche kräftigende und wohlschmeckend von mir bejahte Gerichte, vor allem Weißfleisch. Doch für die Wirtschaft, für das Staubabwischen und Aufräumen bedeutete mein Kränkelnwollen, mein Zärtlichkeitsbedürfnis Hemmung und Überarbeit. Weißfleisch? Wozu Hühner kaufen, wenn herrliche Kaninchen im Hause waren, Kaninchen überdies, die, wenn man sie dem eigensinnigen Knaben ins Bett geben mußte, sich unsauber betrugen. Sonst zwar wurden Kaninchen nicht gegessen, aus Ekel . . . aber ein wehrlos in der Genesung begriffenes Kind aus der Geborgenheit, aus dem sicheren Bett zu scheuchen, dazu war kein Mittel schlecht genug. Thyestes nährte sich vom Fleisch der eigenen Kinder. Atreus hat ihn damit brüderlich bewirtet. Das ist noch gar nichts. Denn Thyest war ahnungslos, wußte nicht, wovon er zehrte, wußte nicht, was er wieder zu sich nahm. Auch ich mußte die Geschöpfe essen, die mir die liebsten waren. Aber ich fühlte, was ich hinabzuwürgen gezwungen wurde. Ich verschluchzte mein Herz. Anfangs sagte man, auf das Kaninchenfleisch weisend: »Backhuhn!« Als sich jedoch mein tiefes Wissen um diese Welt durch das Gerede nicht übertäuben ließ, hieß es, ich solle nicht so kindisch sein. Kindisch? Leichtsinnig hatte ich die Kaninchen preisgegeben, verraten! Während es mir beliebte, krank zu sein, wurden sie wenig gefüttert, gemordet. Da gab ich die Krankheit hin, stand auf, um die übriggebliebenen Kaninchen vor meinen Zieheltern, vor den Bazillen, vor dem Tode zu schützen. So rief mich das Leben. »Hugo, lerne!«

WODIANER

DER junge Baron Wodianer=Bruckenthal=Sar=
mingstein betrachtete sein himmelan starrendes
Haar, das über seine Stirn, früh verwelkend, endlich
grau hereingebrochen war in diesem dreißigsten Jahr
seines ziellosen Lebens. Der Spiegel trug nicht die
Schuld, der hatte Generationen von Wodianern in
der Wiege strampeln und etwas stiller auf der ihr
folgenden Bahre liegen gesehen und jedem in durchaus
zuverlässiger Art ein Bild des veränderlichen Körpers
gezeigt, über das in manchen Fällen sogar ein Ab=
glanz der recht unsterblichen Seele gebreitet war. Nun
saß Albrecht Wodianer als letzter vor dem treuen
Möbel und ärgerte sich über ein Stück Materie, das
ihn langen Atems überdauern würde, unerblindet ihm
die Unreinheiten seines Geistes wies: die weiß an=
gelaufenen Speere seiner Haare. Albrecht Wodianer
ertrug den Anblick des Spiegels schließlich nicht länger,
da er aber allen Freunden gegenüber sanften Gemütes
war, zertrümmerte er ihn nicht, sondern trat den Rück=
zug ins Café »Prag« an. Er selbst, wiewohl verarmt, kam
sich dort etwas deplaziert vor; ein Achtelliter Raubritter=
blut empörte sich in ihm gegen die spitzfindige Synago=
genluft dieses Zionistenbeisels, in dessen Ecken immer ein
paar jüdische Literaten urchristelten. Doch der Umstand,
daß sich hier Räume ärmlichster Schlichtheit über zahllose
Stilepochen hinweg unversehrt im zwanzigsten Jahrhun=

dert geborgen hatten, beruhigte ihn wieder, sonderbarerweise, obwohl seine Nervosität und Zeitzerriebenheit sonst sich gegen die Dauer der Gegenstände empörte.

Wodianer bestellte im leeren Café irgendwas und ging dann wieder nach Hause, froh, niemanden getroffen zu haben, denn das Öffnen des Mundes zu formellen Reden und Antworten, zu dialektischen Wortkrämereien, die nichts von seinem erschütterten Seelenzustande offenbaren durften, weil Haltung unter Egoisten Ehrensache war — dieses ganze, immer wieder nur einen konventionellen Schein liefernde Gebaren war ihm verhaßt. Und doch mußte er täglich, täglich ins Café trotten, er konnte die Zeit vor Mitternacht nie zu Hause verbringen, gewohnheitsmäßig warf er diese Stunden an den nächstbesten Frauenleib, oder ließ die Worte nahe hockender und doch weltweit entfernter Literaten und Intellektbestien wie Fliegen in die Melange fallen, die er dann nicht austrank.

Während des Heimweges empfand Wodianer eine seltsame Blutleere im Schädel und empfand sie ungern, denn sie erinnerte ihn an den Tag, da der Tod zum letzten Male sich in seiner Nähe aufgehalten hatte, eine Stirnwunde hinterlassend und kuriose Schwächen. Folgen eines Duelles mit dem Hauptmann Orbenhayn, der eine Bemerkung Wodianers — was auf dem rötlichen Beteigeuze den Mädchen der Erde entspräche, müßte dort schöner sein — auf seine Braut bezogen hatte.

Albrecht Wodianer sah vor sich liegen den sterbenden Orbenhayn, dessen blutschäumender Mund röt=

licher glänzte als der Stern Beteigeuze. Und spürte, in der Erinnerung wieder Leib an Leib mit Ex=Orben=hayns Braut, abermals die Wahrheit seiner Bemerkung.

Auf einem winterkahlen Baume vor der Universität schwirrte es in kleinen Flügen von Ast zu Ast, um nicht zu erfrieren. Zweigauf, zweigab glatt verschluckbare weiße Flaumenbälle: Spatzen, die in Scharen über den Baum versammelt waren. Hie und da sauste, den Baum erschütternd, eine Elektrische vorbei, die in sich verkrochenen Klümpchen, wärmehungernd, versuchten am Stamm kleben zu bleiben. Wodianer fühlte mit ihnen kein Mitleid, er wußte: in den Tierchen schwangen die Seelen ungeborener oder abgeschiedener Mädchen, denen es bisher mißlungen war, in die Universität zu laufen, und die nun hier, nahe der Wissenspforte nächster Wiedergeburt harrten.

Wodianer haßte Frauenstudium, seine schwarzhaarige Männerfaust fuhr hinab zu den Kieselsteinen der Reitallee, und eine Faustvoll ergoß sich über rasch aufschwirrende Sperlinge. »Viel Leben um nichts!« murmelte er, zerrte seinen Bart und fluchte schon lauter: »Nicht erwarten können sie es, die idiotischen Dinger! Stellen sich da in Nacht und Nebel an, als wäre so ein flaches Kolleg eine gute Burgtheatervorstellung. Und nicht früher werden sie aufhören, die zudringlichen Ludern... bis sie von Logarithmen ganz verwanzt sein werden. Pfui Teufel!« Sehr unvermittelt erklang in seinem Gehirn die Stimme seiner toten Mutter: »Bubi, das darf man nicht!« Albrecht schlug mechanisch die Hände gegeneinander, daß von den

Handschuhen die schuldbeweisenden Steinkörnchen glit=
ten. Hernach ward er doppelt unwirsch, krächzte heiser:
»Das lebt noch immer in mir! Als ob so eine alte tote
Baronin Wodianer=Bruckenthal=Sarmingstein wüßte,
welche Gesetze heute im Leben gelten. Es war doch
meine Pflicht, möglichst vielen dieser lebensschwangern
Tierchen die nächste Wiedergeburt abzutreiben!«

Seine Augen noch baumwärts gerichtet, strauchelte
er über hervorstehende Straßenbahnschiene, fühlte sich
plötzlich im Besitze zweier Kniee. Die leicht kitzeln=
den Schrammen bluteten stark, und indem er die eine
gerechte Strafe Gottes behauptende Stimme seiner
Mutter abwies, beschloß er, diesmal kein Mädchen zu
frequentieren, da er spürte, er könne diesen Abend
mit dem einen sanften Kräfteverlust ganz gut auskommen.

Wieder in sein Zimmer ausgespien, fragte er sich,
ob er den intriguanten Spiegel weiß oder schwarz ver=
hängen solle. Die Antwort darauf gab ein Knall, irgend
etwas, Stein oder Kugel, durchschlug Doppelfenster
und Spiegel. Wodianer riß erfreut die Fenster auf,
lehnte sich über die Brüstung, und seine Augen bohrten
sich in die nächtigen Parks, aus denen her das Feind=
selige zu ihm gedrungen war. Dann verfolgte er, bei
jedem Schritt Glassplitter zermalmend, die Flugbahn des
Geschosses, fand eine abgeplattete Revolverkugel...
und nannte schließlich diese Begebenheit irrsinnig, da
ihm bis zum Überdruß bekannt war, daß er außer
etlichen imaginären Halunken und Ausgeburten seines
Hirnes keinen realen Freund oder Feind auf der Erde

besaß. Die Schrammen der Knie bluteten noch immer im leisen Rhythmus eines kleinen Schmerzes. Er legte keinen Verband an. Schmutz in der Wunde? Wenn ein lächerlicher Sturz die Macht hatte, ihm durch Blutvergiftung das Leben zu nehmen, dann pfiff er überhaupt auf diese dumme Errungenschaft...

Irgendwer hatte also nach ihm geschossen. Er ahnte dumpf und immer heller die altruistische Verpflichtung, den wohlgemeinten Versuch des Unbekannten zu Ende führen zu müssen, lud, am Fenster stehend, die abgeplattete Revolverkugel mechanisch in den Lauf eines Schießinstruments, die Sache ging zielgerecht in seine duellalte Schläfennarbe los, und mit der Hand nach den Sternen greifend, als wolle er diese Steinchen auf irgendwen werfen, hörte er noch, gegen den zertrümmerten Spiegel fallend, verzweifelt als letztes Wort in der Sprache der alten Welt die bekümmerte und eines tschechischen Akzentes nicht entbehrende Stimme des Ewigkeitsschaffners: »Wodianer=Bruckenthal=Sarmingstein umsteigen!«

TOD EINES SEEBÄREN

SEIT Kaiser Schnurrbart die Mode auf dem Kontinent kreiert hatte und auch im Königreich Kujavien jene reizenden Galeeren, die man Dreadnoughts nennt, eingeführt worden waren, kannte der Hochmut der Marineoffiziere dieses Landes keine Grenzen. Daß Jeremej, der junge Herrscher, niemals in einer anderen als der Admiralsuniform gesehen und photographiert wurde, mußte die frevelhafte Überhebung der Seeleute steigern, namentlich aber den Neid aller Kasten hervorrufen, die bis dahin den Großherrn mit einiger Berechtigung den Ihrigen hatten nennen können. Dubrogin, der Oberste der Spione, welcher übrigens dieser Bezeichnung den Titel eines Polizeiministers vorzuziehen liebte, ergrünte vor invidiöser Wut. Hatte doch früher er den um seine Sicherheit bangenden Fürsten besessen und reichen Sold und große Ehrungen zur Stärkung seiner dem Regenten teueren Lebensenergien bezogen. Nun hingegen vertraute der treulose Monarch den Schutz seiner Existenz den Seefahrern an, in deren Gesellschaft er die Tage seines Lebens verabschiedete.

Dies war so gekommen: die Küste des Reiches, die Gestade des Blutigen Meeres, beschmutzten Stämme der Skiapoden und Monokotyledonen, und um deren Sprach= und Futterstreitigkeiten, sowie daraus erfolgenden Aufruhr in Schranken zu halten, bedurfte es einer stets paraten, bewaffneten Macht. Da die Seebehörden die nächsten am Platze waren, hatten sie wiederholt eingegriffen und durch ihre geräuschlosen Gewalttätigkeiten die Aufmerksamkeit des Landesherrn auf sich gelenkt und sie schließlich in dem angegebenen Grade zu fesseln gewußt. Der Oberste der Spione aß vor Wut darüber seinen Bart, ja, er ward der Freuden dieser Welt überdrüssig. Solches wurde also sichtbar: Im Königreiche Kujavien wie überhaupt in der gesamten Biosphäre sind die meisten Wesen genötigt, durch Einsatz und Preisgabe einzelner Körperteile und Fähigkeiten die übrigen zu ernähren. Dieses Lebensgesetz führt zu fast grotesken Nutzanwendungen. Zum Beispiel: eine verhältnismäßig große Anzahl von Mädchen kann nicht anders als durch jedermann anheimgestellte Benützung ihrer Leibesöffnungen den Magen mit Speisen füllen. Diese nichts als tragikomische Beschäftigung hatte aber irgendein alter Prophet, der sich von Gurkensalat nährte, scheinbar verurteilt. Demzufolge und aus vielen anderen ebenso triftigen Gründen müssen die Mädchen, wenn sie trotzdem auf die beschriebene Art zu eiweißhaltigen Substanzen gelangen wollen, Tribut zahlen, die Grausamkeit der über sie verhängten Gesetzesdrachen einlullen, in Schlaf wiegen. Also mußte, gleichwie jedes einzelne der Weibchen Körperteile zugesetzt, prostituiert hatte, auch die Gesamtheit, die Zunft, eines ihrer Glieder opfern, es den Spionen zum Fraße hinwerfen. So ward denn eines Tages nach alter Sitte ein Mägdlein namens Lisaweta seiner Schönheit wegen zum Opferlamm auserkoren. Mit Blumen, Bändern und Edelsteinen aufs herrlichste geschmückt, einen Myrtenkranz auf dem Haupte, wurde sie von ihren weißgekleideten Genossinnen unter frommen Gesängen unserem Dubrogin dargebracht, daß er segnend seine Hände auf sie lege und die Blüte ihres Leibes verkoste. Er aber befahl ihr nicht, ihren Körper zu entblößen und sich zu lagern, der Tyrann gab ihr keinen einzigen seiner Blicke, die Lieder ihrer Augen und der Gesang ihrer Schenkel rührte ihn nicht, und das arme Kind, sich so verschmäht sehend, vergoß reichliche Tränen, und es brach ihr das Herz.

Die Späher in ihren Höhlen sannen vergebens darüber nach, was wohl die Mißstimmung ihres Häuptlings hervorgerufen haben möge? Aber einer unter ihnen, der bislang noch nie eine Erhöhung der zu seiner Mast bestimmten Speiserationen hatte bewirken können, im Gegenteil von jedem diesbezüglichen Bittgang mit zertretenem Zylinder heimgekehrt war, besaß ein kluges und ehrgeiziges Weib. Sie erriet die Ursache der Verstörtheit des Gewaltigen, und nicht genug daran: es fiel ihr ein Mittel ein, wie geschaffen, dem Regenten die Freude am Umgang mit den Wassermännern zu zerstören.

Wenn nämlich die Seebären nach langer Fahrt ans Land steigen, befällt sie regelmäßig eine unendliche Sehnsucht nach Seebärinnen. Viele aber unter ihnen, nicht fähig, eine große Ewigkeit enthaltsam zu überstehen, hatten ihre Lust mangels an so vollendet angepaßten Materien, wie es Mädchen sind, an minder geeigneten Objekten gebüßt und fürchteten nun, dadurch an Liebenswürdigkeit verloren zu haben, die Prüfungen bei ihren Damen nicht zu bestehen und der Strenge des Auswahlgesetzes zum Opfer zu fallen. Obgleich manche aus ihrer Mitte berufen waren, dereinst an der Spitze ganzer Geschwader zu stehen, hatten sie doch nicht so viel allgemeine Bildung, um zu wissen, daß diese Verstimmung ihrer Generationswerkzeuge nur kurze Zeit anhalten, späterhin, kraft eines Weltprinzips, die Funktion das Organ tauglich schaffen würde. Unwissend lechzten sie nach Gewaltmitteln, die ihren Liebeswillen ins Ungeahnte steigern könnten. Diesem ihren Wunsche kam die Frau jenes beförderungssüchtigen Unterspähers entgegen. Sie erinnerte sich der Tage, an denen sie sich zu ihrer höchsten Befriedigung gemeinsam mit dem uralten Fürsten Yohimbin jenen transversalen Schwingungen überlassen hatte, deren innerer Gang und Rhythmus vielleicht dem der Bewegungen sehnsüchtig an- und auseinanderprallender Sterne gleicht. Tückisch sandte sie zahlreichen Kapitänen magische Zigarren, die angeblich ein vortreffliches Aphrodisiakum waren, in Wirklichkeit jedoch einen Stoff enthielten, zu dessen nebensächlichen Eigenschaften es gehörte, das menschliche Leben wesentlich abzukürzen. Ein Meergreis versuchte eine der Zauberzigarren, und sein Leib gab sich den Wirkungen des Giftes hin.

Dies geschah gerade zu der Zeit, da ein ansehnliches Kometenmännchen sich der Erde in Liebe zu nähern begann. Es wollte ein zartes Liebesspiel spielen, die Veteranen aber und die Bürger beschlossen aus einer Art Patriotismus, ihre Schädel recht hart zu machen, um, soviel an ihnen lag, Widerstand zu leisten, die Erde zu verteidigen. Vielleicht ganz gegen die Absicht ihrer Herrin und Ernährerin, die wohl längst von solchem Zusammenstoß geträumt hatte.

Trotz der Koinzidenz mit einem so seltenen Ereignis rief der Tod des Admiralaspiranten großes Aufsehen hervor. Von den Spionen bestochene Gazetten führten den Meuchelmord auf avancementlüsternen Brotneid zurück, und Jeremej, der junge König von Kujavien, entsetzt über so niedrige Gesinnungen und für sein Leben bangend, mied die Gesellschaft der Seeteufel und flüchtete eilends in die Windeln, die Dubrogin für ihn bereit hielt. Doch bald ermannte er sich wieder und verließ seinen Schlupfwinkel, ja! er konnte den Augenblick nicht erwarten, da ihm der Leibdiener die Admiralsjacke ausgezogen haben würde. Und jetzt geht der glorreiche Monarch auf und ab, rastlos auf und ab, Extraausgaben der namhaftesten Zeitungen sind in Vorbereitung, alle Untertanen harren in gespanntester Aufmerksamkeit des Momentes, der ihnen die Nachricht bringt, welche Uniform er nun tragen wird — dem Kometen entgegen.

AUSFLUG

AUF einem meiner Spaziergänge durch das Weltall stolperte ich über den Schicksalsbaum, der in solid=arischen Zeiten Weltesche Ygdrasil hieß, nun aber längst blattlos verschrumpft, zwerghaft verkommen ist und von den Rittern des Raumes »Baum im Elend« genannt wird. Klein erschien er meiner hungrigen Seele, und auch ein Webstuhl der Zeit, an dem Baum mechanisch befestigt, wollte auf mich keinen besondern Eindruck machen. Zunächst darum, weil dieser Webstuhl der Zeit keineswegs sauste, sondern sich als versonnen einen Abgrund überhängendes Spinnennetz darstellte, in dem überwältigt, fliegengleich eingesponnen, linsengroß die Sonnen hingen und auch, kaum erkennbar, wie verrückt sich abzappelnd, die Laus »Erde«. In der Mitte des Netzes ein Fettpatzen, schwarz wie die Notwendigkeit: die Riesenspinne »Zeit«. Ich wollte ihr eine Nadel in den Hinterleib stechen, aber das darf nur der Finger Gottes.

VORBILD

UEBER die Bewohner von Morbihan, eines kleinen und momentan noch sehr jungen Sternes, erzählen die großen Weltfahrer der Vergangenheit seltsame Dinge.

Früher erblickten die Sklaven des Palalu von Ohobdiro niemals die Sonne. Dann aber kam Jesus der Zweite, Schmernerenx, den ihre Jambenkönige in vielen heiligen Liedern als Erlöser namhaft machen. Infolge seines ergreifenden Gesanges wurden die den Bergwerken Verfallenen immer beim Erscheinen eines Schweifsterns, mit den trefflichsten Ketten gefesselt, an die Oberwelt geführt und mit einer Ration Tageslicht gelabt. Die Herren gewährten dies, auf daß die Arbeiter nicht das Gesicht verlören wie gewisse Fische in den Tiefen, erfrischende Strahlen in sich schlürften für die Jahre der Nacht. Damit sie jedoch ihre Sprechwerkzeuge dabei nicht zu herzzerreißenden Klagen mißbrauchten, wurde ihnen vorher die Zunge schmerzlos entfernt. Kam nun der Komet seines Weges, so riefen alle Freien »Heil«, entblößten das Haupt zum Zeichen ihrer Verehrung für den seltenen Gast, und sprachen fromm die anläßlich des Aufblitzens eines Haarsterns vorgeschriebenen Gebete. Einen Augenblick auch wurden die fahlen Gesichter der stummen Sklaven der schmerzenden Helle überlassen, sodann jeder wieder seinem Schachte zugetrieben und in Arbeit umgesetzt.

Ein einziger Heiland kann ja auch gar nicht die Kraft haben, die moralische Zusammensetzung der Geschöpfe dauernd zu wandeln, er vermag auf diese chemischen Elemente höchstens färbend, kalmierend einzuwirken. Anhaltenden Erfolg dürfte aber erst die lange Reihe, das Ineinandergreifen von zwanzigtausend erstklassigen Erlösern erzielen.

Den letzten Berichten nach scheinen mittlerweile wieder einige in Messiasse verwunschene Söhne des Sonnenfürsten zu längerem Aufenthalt auf Morbihan eingetroffen zu sein. Ein gewisser Fortschritt, vielleicht dem Entwicklungsdogma entsprechend, läßt sich jedenfalls nicht ableugnen: den Knechten der Bergwerke wurde zu Zuchtzwecken Oberweltsurlaub bewilligt. Diese Neuerung verdankten sie einer Reform der theologisch=wissenschaftlichen Anschauungen. Man sah in der herrlichen Annäherung eines Kometen an einen Wandelstern Werbung. Wer auf eine Staatsanstellung Anspruch erhob, mußte in dem stets entfalteten Pfauenrad und Feuerschweif des Irrlichtes — dieses wie bei zahlreichen anderen Kreaturen bedeutend kleineren Männchens — einen Balzakt, eine Exhibition erblicken. Jeden Gedanken an prahlerische Mimikry außer acht lassend, glaubte man, alle diese Scheingestirne seien Zuchtsterne, Befruchtungssterne, von irgendeiner Macht an einem der himmlischen Harems, an den Planetenweibchen eines Sonnendistriktes entlang geschleudert.

Nun untersagte aber ein Religionsparagraph den Leuten von Morbihan, die Begattungskrämpfe ihrer

Eltern zu betrachten. Also verboten die Großpriester ihren Anhängern einen unzüchtigen Anblick: die Beobachtung des Liebesspiels ihres Muttersternes mit dem Kometen.

Da es für ein böses Omen galt, der Geburt eines Mondes beizuwohnen, ferner den unschuldigen Spermatozoën des feuerverzehrten Amanten schädliche Eigenschaften angesonnen wurden, und zwar: den Gasen und Dämpfen eine den Atemorganen unbekömmliche, dem befruchtenden Magma, wenn es an der Oberfläche des Sternes zu Meteoriten gefroren war, sogar eine zermalmende Wirkung — erklärten sich die Machthaber bereit, die Arbeitstiere als Bazillenfänger zu verwenden, sie zwischen sich und die giftigen Ejakulationen zu schieben. Die Kometen ihrerseits hielten sich ja stets vorsichtshalber, um nicht von der Geliebten verspeist zu werden, in respektvoller Distanz. War aber einer am Himmel zu erspähen, mußte er notgedrungen, gesetzlich-galant der Morbihan den Hof machen — nach den ebenso ehernen als lächerlichen Geschlechtsregeln des Sonnendistriktes R. Nahte endlich der schöne »Telecoitus«, so bedeckten die Gewaltigen ihre Augen, stiegen, diesmal frommverhüllten Hauptes, tief in die nun schützenden Berge hinab. Aufwärts die Helotenmaschinen.

In jenen Tagen der Angst verrichteten die Oligarchen unten in halb erheuchelter Demut das niedrige Handwerk der Leibeigenen. Der jähe Umsturz, der plötzliche Übergang von der Verehrung des Kometen zur Flucht vor dem Untier, dürfte allerdings schwerlich ohne blutige Religionskriege vor sich gegangen sein. War jedoch dieser Evolution wider alle Berechnung ein friedlicher Verlauf beschieden, so leitete die Regierenden dann wohl die Erwägung, eventuell, statt selbst sterben zu müssen, bloß die Hörigen fallen zu sehen. Außerdem die chimärische Hoffnung eines Gegenteils, dem Gutachten eines weisen Schäfers entnommen. Er sprach: »Melancholie und Verstimmung — unverbrauchte Überkraft. Jedes unbefruchtete Ei weint in dem Weib, jeder verhaltene Samen weint in dem Mann. Liebe ist entweder eine Autointoxikation durch überschüssiges Sperma oder eine Vergiftung durch die Sekrete und Gase, durch die Strahlen und Düfte anderer. Gleichwie nun die der Zeugung Beflissenen Eier und Samen der getöteten Tiere: unterworfener Stämme als zweckdienlichstes Futter verspeisen, könnten die erotischen Ausstrahlungen des wackeren Kometen eine vermehrte Geschlechtstätigkeit, eine gesteigerte Fortpflanzungsgeschwindigkeit der Sklavenkaninchen hervorrufen!«

So ereilten die Proletarier von Morbihan gefährliche Saturnalien. Während der ganzen Brunstzeit des Kometenviehs durften die Zuchttrotteln im Lichte weiden, sich an dem seltenen Spektakel ergötzen. Ob zu ihrem eigenen oder dem Verderben in so siderischer Luft geschaffener Kinder und Enkel — darüber fehlt nicht bloß in den Erzählungen der großen Weltfahrer der Vergangenheit, sondern sogar im Spektrum des Sternes jede Andeutung.

MAMMUTHBAUM

IN seinem Sputum hat man Kometen gefunden. Er starb an Lungensternen, jenen winzigen und scheinbar so harmlosen Mikroorganismen, die wir Planeten nennen. Was hatte diese gräßliche Erkrankung aufgerufen? Wahrhaftig, ich schäme mich es auszusprechen: Rassenhaß!

Draußen spazieren die zarten Frühlingsdamen, ich kann ihnen nicht nahen. Unablässig sehen meine Augen jenes tragische Ereignis vor sich. Und so ist es mir beinahe lieb, daß von mehreren Seiten an mich appelliert wurde, einige »Details« der Öffentlichkeit preiszugeben. Da der Zweck ein löblicher, ja patriotischer ist, will ich, obgleich das Ansinnen fast eine Frechheit war, weil kein anderer den Fall auch nur mit den Fingern berühren mag, die Sache auf mich nehmen und in den Schlund springen...

Reginald Mammuthbaum mußte endlich Rücksichten dem Vaterlande gegenüber platzgreifen lassen. Snob schon der Abstammung nach, wählte er das exklusivste Garde-Regiment. Früher war die Sache lebenslänglich und die Anführer dachten: »Was heute nicht geschieht, geschieht morgen«. Seitdem man aber diese detestable tausendjährige Dienstzeit eingeführt hat, eilt den Vorgesetzten die Ausbildung, und die Lage der Rekruten ist eine sehr prekäre. Gar die Mammuthbaums haben nichts Gutes.

Nun, vorerst wurde das Usuelle gegen den Eindringling

angewendet. Jahrzehntelang Gelenksübungen im Chaos, Kanonenschultern, Kniebeugen, Bauchwellen, Eilmärsche, man stelle sich vor: mitten im bittersten Universum!

Das Terrain ist koupiert, gibt man einen Moment nicht acht, auf ja und nein hat man sich einen giftigen Stern eingetreten und wird ihn nie wieder los. Und die Gefühle! Riesenzecken sind nichts dagegen . . . Sterne aber, vor denen hatte Sidonie, Reginalds Mutter, großen Respekt. Sie sagte stets: »Kinder, wenn ihr die Welt aufeßt, immer hübsch die Sterne ausspucken!«

Wie man weiß, gibt es viererlei Sorten von Sternen. Ihr Wohlgeschmack und Nährwert ist ihrer Größe gerade proportional. Erst das reifere Alter, und zwar nur der geschlechtlich quieszierten Exemplare verbürgt bei den Siderozoën die Genießbarkeit. Jugendliche oder gar infantile Individuen sind als unbekömmlich, unter Umständen sogar als giftig zu bezeichnen. Im übrigen ist ihr Wachstum wie das unsere an Nahrungsaufnahme gebunden, nur sind sie hierbei ganz auf schwächere, jüngere Artsgenossen beschränkt. Geselligkeitstrieb, was dasselbe wäre: Erotik, d. h. Hunger läßt Kometen größeren Kometen verfallen. Das größere Gewicht hemmt die Flüchtigkeit der neuentstandenen Organismen, die man Satelliten nennt, sie erliegen der anziehenden Kraft der Planeten und werden von ihnen schließlich einverleibt. All das nichts als Etappen der Sonnenbildung, Stationen auf dem Wege zum ausgewachsenen Fixsterne.

Nur die Sonnen lassen sich leicht fangen, da sie nicht liebedurstig einherirren wie die Jungen, sondern sexuell gesättigt und wiederkäuend ruhig an einem Ort verharren, bis die Luftfischer unseres Kaiserreiches Mirabilien kommen und nach ihnen sehen. Dann sprechen wir das Tischgebet und streichen uns die nahrhaften Körner wie Fischrogen aufs Brot ... In geringer Quantität sind sie ganz unschädlich, in großen Mengen hingegen rufen sie Cholera hervor ... Ich für meine Person vertrage ziemlich viel. Sterne, in Essig eingemacht, munden mir wenigstens bedeutend besser als Schwammerln. Die eßbaren Altersstufen selbstverständlich. Und auch die darf nur verzehren, wer einen heilen Mund besitzt. Sogar unzubereitet schmecken die kleinen, gustiösen Flammenbälle sehr pikant. Freilich: die Mitglieder des Tierschutzvereines schlagen Lärm, wenn man die armen Tierchen roh, bei lebendem Leib schnabuliert. Und die Vegetarier gar erblicken im Sternkonsum, in der Vereinigung mit niedrigstehenden Geschöpfen Sodomie ... Aber — Verzeihung dem Ausdruck — wer wird sich noch um diese alten Weiber kümmern!

Was unseren R. M. anlangt, so haben ihn derartige Anwürfe nie treffen können, seiner Mama ängstlichnasale Laute: »Reggie! Paß auf, daß du keine Planetoiden schluckst!« hielten den Feigling ab, sich eine gewisse Fertigkeit im Sternschlucken anzueignen. Wahrscheinlich glaubte die würdige Dame, wie so manche Laien, diese Pfefferkugeln seien den Nieren unerwünscht. Vielleicht war auch in ihren famosen Speisegesetzen dieses Nahrungsmittel verboten und ein Rest von Antipathie zurückgeblieben. Ich weiß es nicht.

Des schlappen Kerls reglementwidrige Furcht vor den Himmelsinfusorien wurde irgendwie notorisch. Und die Offiziere wollten einen derartigen Temperenzler nicht im Korps dulden. Niemand wird ihnen das weiter verübeln. Nur die Art und Weise, wie sie ihn ab= reagierten, war schon mehr als unkollegial. Man machte Reginald trunken.

Unter dem Beistande des logischerweise gesinnungs= verwandten Koches, der das fatale Nahrungsmittel schlecht passierte, im Zeichen eines symbolischen Termines, würde von den Aufrechten Mirabiliens die übelriechend= zertretene Minderheit und Varietät in Mammuthbaum vernichtet. Ein krasser Fall von Soldatenmißhandlung!

In der Ehrenstunde unseres Repräsentanten, der 5% Jehovaleute und 95% Andersgeartete zu vertreten hat, dessen Selbsterhaltungstrieb also mit einiger Not= wendigkeit für die verschwindende Minorität weniger übrig haben muß als für die dominierende Masse seiner Stammesgefährten: am Geburtstag des Selbst= herrschers machte man Reginald trunken.

Im Urrausch fand er ein säuerliches Gelee, eine verhängnisvolle Sternsauce, sehr plausibel. Der Un= glückliche litt an chronischem Rachenkatarrh. Die ver= schiedenen Sonnensysteme taten ihm nicht wohl und ein Satellit, ein verdammter kleiner Mond, blieb in der Kehle stecken. In dem törichten Bestreben, durch plötz= lichen Schreck das Schlucken zu erleichtern, nannten die Offiziere den Namen der Speise.

An wunden Stellen mochte es schon früher im Rachen

nicht gefehlt haben, heftiges Würgen vergrößerte sie, und ließ die seltenen Gäste in die Blutbahnen eintreten, wo sie erfahrungsgemäß giftig wirken. Namentlich wenn Trunkenheit ihre Virulenz steigert.

Zu spät holte man mich. Ich legte mein Ohr an Reginalds Thorax. Wenn Bazillen in unsereinen einmarschieren, singen sie zuerst ihre Volkshymne. Es ist ja ein Triumph für sie. Und auch diese hier produzierten sich im Mammuthbaum: bei ihren Atembewegungen und Umschwüngen summten die Sterne in ihm — ihm und sich die Sterbegesänge.

Die Krankheit dauerte relativ lang. Spät erst traten die Vorboten der Agonie auf: er erzählte Gleichnisse, einen Witz zwei- oder dreimal ein und demselben Zuhörer. In normalen Fällen pflegen wir ein Individuum, das so weit ist, zu erschießen, da es um erinnerungslos-greise Hirne nicht schad ist und wir Gesunden unter zu oft wiederholten Leitmotiven wimmern. Man muß es demnach als ein Zeichen von Schuldbewußtsein auffassen, daß man befahl, ihn über diese Grenze hinaus zu erhalten. Und die nach seinem Tode erfolgte Verfügung, laut der Gestirne von nun ab nur gegen ärztliche Anweisung verkauft werden dürfen, läßt sich ebenfalls nicht anders deuten.

Ich ahne es tief: man wird, dieser scheinbaren Anklage wegen, mich, den in vielen Feldzügen dekorierten Stabschirurgen, mit Demokraten, Anarchisten oder gar Judäophilen in einen Topf werfen wollen. Das Gefühl der Pflichterfüllung wird mich über alle Anwürfe hinausheben.

Es gibt nur zwei Wege. Entweder erläßt man wieder den Kultusgemeinden die Blutsteuer. Abgesehen von der erziehlichen Wirkung, welche die komische Körperhaltung der semitischen Soldaten auf die restliche Mannschaft ausübt, verliert man damit ein großes Quantum Kanonenfutter... Oder aber, und dazu möchte ich einraten: man verbiete den jüdischen Trilliardären, wenn sie schon adelshalber wohltätig sein wollen, das Gründen von Krankenhäusern für Konnationale. Man stelle nichtarischen Schriftstellern vorläufig den Betrieb ein. Man drohe Bibliotheksbenützern aus den Kreisen der Übelnasigen mit der Todesstrafe! Faßlicher zu sprechen: Siechenhäuser ins Leben rufen, heißt die Folgen bekämpfen, wo sich mit geringerem Aufwande die Ursache entfernen ließe: einfach durch Kreierung von Sportplätzen für die Patriarchenstämmlinge.

Die Regierung wird anfänglich meinem Projekte mit Mißtrauen begegnen. Wenn die Zionisten des Universums die für sie charakteristischen Gesten und Körperlinien verlieren, muß das Ministerium befürchten, bei den Wahlen die Stimmen der Satiriker billiger Wirkungen, die Stimmen der Karikaturisten tiefstehender Rassen einzubüßen.

Demgegenüber fällt ins Gewicht: es ist wahrscheinlich, daß wir zu groß sind, um von den Sternen oder gar schmarotzenden Bewohnern derselben gesehen und verstanden werden zu können. Dies darf uns aber nicht abhalten, dies entbindet uns nicht der Pflicht, uns vor diesen immerhin denkbaren Zuschauern anständig zu benehmen, unsere Tugenden exhibitionistisch vor ihnen zu entfalten und unsere Stellung als einzig=echte Bekenner wahrhaft humanen Christentums im Weltall von neuem zu kräftigen.

Ich verbitte es mir, in meinem Exposé eine Beschuldigung erblicken zu wollen. Ich bin überzeugt, daß der größte Teil unseres Offizierskorps geschilderter Art der Mißhandlung jenes Freiwilligen innerlich ganz verständnislos gegenübersteht.

Unterdrückte Klassen sind eben immer an sich lächerlich, und man steinigt, man reagiert auf diese Lächerlichkeiten absichtslos, rein instinktiv. Unerlaubt ist es bloß, unterdrückte Völker in einem Grade zu demütigen, der dem eigenen Land abträglich ist. Diese Möglichkeit liegt vor, deswegen erhebe ich meine Stimme.

Mit den Gesetzen der Biologie nicht Vertraute werden behaupten, ich übertreibe. Das ist unwahr. Jedes Wesen weicht gern seinen Peinigern aus. Und so liegt gegenwärtig bei den diversen Mammuthbäumen ein den Rekrutierungen unbekömmlicher Wille zur Degeneration vor. Ihre Füße besitzen bereits keine Trittfläche mehr, nach der gewiß authentischen Klageschrift der Hutmachergenossenschaft weisen ihre Lockenköpfe sonst bloß bei Säuglingen statthafte Dimensionen auf. Sie wollen ihren Angreifern die ausgesucht kleinste Zielscheibe darbieten, sie verwehrlosen, verflüchtigen sich, sie schrumpfen ein, sie ducken sich unter das Militärmaß.

Gesänge aus den drei Reichen

Ausgewählte Gedichte

von

Franz Werfel

Kurt Wolff Verlag / Leipzig

29./30. Band der Bücherei
„Der jüngste Tag"

Copyright 1917 by Kurt Wolff Verlag, Leipzig
Gedruckt in der Offizin W. Drugulin, Leipzig

Aus
„Der Weltfreund"
Gedichte
1911

An den Leser

Mein einziger Wunsch ist, Dir, o Mensch verwandt
zu sein!
Bist Du Neger, Akrobat, oder ruhst Du noch in
tiefer Mutterhut,
Klingt Dein Mädchenlied über den Hof, lenkst
Du Dein Floß im Abendschein,
Bist Du Soldat, oder Aviatiker voll Ausdauer
und Mut.

Trugst Du als Kind auch ein Gewehr in grüner
Armschlinge?
Wenn es losging, entflog ein angebundener Stöpsel
dem Lauf.
Mein Mensch, wenn ich Erinnerung singe,
Sei nicht hart, und löse Dich mit mir in Tränen
auf!

Denn ich habe alle Schicksale durchgemacht. Ich weiß
Das Gefühl von einsamen Harfenistinnen in Kur=
kapellen,
Das Gefühl von schüchternen Gouvernanten im
fremden Familienkreis,
Das Gefühl von Debutanten, die sich zitternd vor
den Souffleurkasten stellen.

Ich lebte im Walde, hatte ein Bahnhofsamt,
Saß gebeugt über Kassabücher, und bediente un=
  geduldige Gäste.
Als Heizer stand ich vor Kesseln, das Antlitz grell
  überflammt,
Und als Kuli aß ich Abfall und Küchenreste.

So gehöre ich Dir und Allen!
Wolle mir, bitte, nicht widerstehn!
O, könnte es einmal geschehn,
Daß wir uns, Bruder, in die Arme fallen!

Kindersonntagsausflug

Vom Quai steigt eine Treppe zu Dampfschiff und
  Booten.
Oh, Kindersonntagsausflug! Wie abenteuerlich
  kam mir das alles vor.
Strahlender Fluß, Frühlingshimmel, Regatta=
  kähne, Eisenbahnbrücke, Gerüste und Piloten,
Blauer Rauch in der Luft. Oh dünnes Gewebe,
  oh schwacher Flor!

Ein enges Brett — schaukelnder Boden — ich
  dachte an meine Seegeschichten.

Worte wie Backbord, zwei Glas, Wanten, Lee,
    Marssegel fielen mir ein.
An einen kleinen Schiffsjungen dachte ich, an
    Matrosengesang und Ankerlichten,
An gieblige Hafenhäuser und Schenken, in denen
    betrunkene Holländer und Malayen schrein.

Auf schmalem Platz saß ich in meine ganz exo=
    tischen Phantasien eingefangen.
Meine Mama löste beim Kassier eine Kinderkarte
    für mich.
Ich seh noch, wie einige Nickelstücke wieder in ihr
    silbernes Täschchen sprangen,
Dann riß ein Mann an der Glocke — Die
Maschinen unter uns stampften und rührten sich.

Was ich alles auf dem rotweißen Dampfer er=
    lebte: Wasserhosen, Zyklone,
Am Äquator riß uns Champagner, Heimweh und
    Sternnacht zu lautem Wahnsinn fort,
Am südlichen Wendekreis aber warf man ohne
Gebete und Tränen einen steinbeschwerten Leich=
    nam über Bord. —

Oft sahn wir Land, Vulkane, weiß zugetürmte,
Insulaner schossen um unser Schiff und krächzten
    zu uns empor.

Und wenn das Meer glatt war, keine Wolke, kein
    Windvogel stürmte,
Warf man Geldstücke in die Tiefe und Kinder
    tauchten danach, und holten sie hervor.

Und als die Räder langsamer schlugen und wir
    zum Landungsplatz glitten,
Da erkannte kaum den einfachen Hügel mein Blick.
Ich ging ans Ufer mit kleinen, ganz unsicheren
    Schritten,
Und hörte wie im Traume vom Restaurations=
    garten her die donnernde Militärmusik.

Der dicke Mann im Spiegel

Ach Gott, ich bin das nicht, der aus dem Spiegel
    stiert,
Der Mensch mit wildbewachsner Brust und unrasiert.
    Tag war heut so blau,
    Mit der Kinderfrau
Wurde ja im Stadtpark promeniert.

Noch kein Matrosenanzug flatterte mir fort
Zu jenes strengverschlossenen Kastens Totenort.

Eben abgelegt,
Hängt er unbewegt,
Klein und müde an der Türe dort.

Und ward nicht in die Küche nachmittags geblickt,
Kaffee roch winterlich und Uhr hat laut getickt,
Lieblich stand verwundert,
Der vorher getschundert,
Übers Glatteis mit den Brüderchen geschickt.

Auch hat die Frau mir heut wie immer Angst gemacht.
Vor jenem Wächter Kakitz, der den Park bewacht.
Oft zu schnöder Zeit,
Hör im Traum ich weit
Diesen Teufel säbelschleppen in der Nacht.

Die treue Alte, warum kommt sie denn noch nicht?
Von Schlafesnähe allzuschwer ist mein Gesicht.
Wenn sie doch schon käme
Und es mit sich nähme,
Das dort oben leise singt, das Licht!

Ach abendlich besänftigt tönt kein stiller Schritt,
Und Babi dreht das Licht nicht aus und nimmt es mit.
Nur der dicke Mann
Schaut mich hilflos an,
Bis er tieferschrocken aus dem Spiegel tritt.

8

Im winterlichen Hospital

Himmel wird sich bald entblättern,
Aber Licht ist noch genug.
Ach, und kleine Stimmen, die ans Fenster klettern,
Von Winterwind ein Flug.
Und dunkle Sonne im Wasserkrug.

Draußen gibt es Blumen zu kaufen,
Da sind Kinder vorübergelaufen.
Doch der Hof tönt von behutsamen Schritten.
Die Erwachsenen haben zärtliche Sitten...

O Verband, der erlöst! — Nicht regen, nicht rühren!
Doch kann ich noch spüren,
Wie Bewußtsein mit Ruderschlägen
Vom Lande stößt.

Vorbei — vorbei
An Wildnis und Fläche!
Dort stürzen Bäche,
Schon atmet die Steppe,
Die ewige frei...

Was tönt im Haus,
Gedämpft über die Treppe?
Ist die Besuchsstunde schon aus?

Jetzt liegen die kranken Brüder da,
Einen lieben Gegenstand in der Hand,
Von Eau de Cologne ein frischer Flacon,
Und, ach, ein neuer Engelhornband.

Ich will nicht klagen, daß niemand
Im fremden Land
Meine Türe aufgetan
Freundlich mir zugewandt.

Wer trat herein?
So leicht und unbefangen,
Mit einem lila Shawl
Und tanzerregten Wangen,
Wie bei der Damenwahl?

Nun hat es sich doch erfüllt!
O Erinnerung! O Schlacht auf den katalaunischen
Gefilden!
O Geschichtsstunden, wo wir uns einbilden
Erschlagene Krieger zu sein!

Da kamst Du immer dem treuen,
Dem Knaben Blumen zu streuen.
So ist es wieder geschehn?
Schon stürzten die Speere und Schilde,

Nun darf auch mein armes Gefilde
In Abend und Tränen stehn.

„Schwester, so spät ist es schon?"
„Ja, ich bringe die Abendbouillon."

Treibe — Treibe
Im Strome von dannen.
Rings breitet die Scheibe
Sich weiter Savannen.
An sandigen Stellen,
Im Dunkeln, im Hellen,
An niedrigen Feuern,
Nach Abenteuern
Gelagerte Männer
Bereiten ein Mahl.

Sterben im Walde

Im Himmel, Grün, Wind und Baumdunkel ver=
fangen,
Von Farren und Gräsern umwachsen Glieder und
Wangen
Bin ich im Walde melodisch zu Grunde gegangen.

Nun beginnt die süße Verwesung mich zu verzehren.
Ameisen und Raupen kriechen über meine Augen.

Und kein Wimperzucken will ihnen wehren.
Unten auf der Promenade spaziert ein internatio=
nales Publikum.
Entfernter Klang von Sand, Damenkleidern und
Kinderstimmen.
Ich weiß: Viele elegante Leute gehen da herum.

Nadeln, Laub, Zweige und Tannenzapfen fallen
auf mein Gesicht,
Und Fliegen, doch auch Bienen und Schmetterlinge
verschmähen meine Lippen nicht.

Oh jetzt! Leise und dennoch mächtig angeschwellt,
Beginnt sich das unvergleichliche Rigolettquartett
auszubreiten.

Und meine Seele fällt ein:
Du bist auf der Welt!
Und verteilt sich jauchzend nach allen Seiten.

Das Malheur

Als das Mädchen die Schüssel fallen ließ, blieben
alle Gäste anfangs stumm,
Nur die Hausfrau sagte etwas und drehte sich nicht
um.

Das Mädchen aber stand regungslos, wie in un=
 natürlichen Schlaf gesenkt,
Krampfhaft die Arme zu einer rettenden Geste ver=
 renkt.

Jedoch dem Mitleid der Gäste hatte sich scheues
 Erstaunen zugesellt.
Denn sie sahen plötzlich Eine mitten in ein Schicksal
 gestellt.

Kamen schon die Stubenmädchen mit Tüchern und
Besen, der Diener und selbst der Herr vom Haus.
Sie aber ging ganz wunderschön von Kindheit und
 Heimweh hinaus.

In der Küche setzte sie sich auf die Kohlenkiste, legte
 die Hände in den Schoß
Und weinte vielfach, in allen Lagen, nach aller Kunst,
 voll Genuß, laut und grenzenlos.

Als man dann spät und geräuschvoll Abschied nahm,
War sie es, die wie aus Ehrfurcht das reichste Trink=
 geld bekam.

Erzherzogin und Bürgermeister

Die Erzherzogin hatte eine wunderschöne, hohe und
 gerade Gestalt,
Aber ihr Gesicht, wie war das schon enttäuscht,
 schüchtern und alt.

Und der dicke Herr, der sie mit wehmütiger Ver-
 beugung empfing,
War so aufgeregt, daß ihm manche Träne in den
 Wimpern hing.

Die beiden schauten vorbei, und konnten einander
 nicht ins Auge sehn.
Nein! Als wären sie Kinder, die vor Erwachsenen
 stehn.

Die hohe Frau sagte etwas auf, wie einen Geburts-
 tagswunsch, so leise und verzagt.
Und er antwortete darauf, als würde er in der Schule
 Vokabeln gefragt.

Und während sie manches sprach, was dachte sie?
Gott, Gott, Gott! Wie gemütlich ist doch abends
 meine Bridgepartie.

Und er dachte traurig und gebückt, daß er sogar
einmal Hoheit zu sagen vergaß,
Wie schön sichs sommermittags in Hemdärmeln bei
Tische saß.

Da wußten sie, daß sie einander müßten quälen
und erkannten ihr böses Los,
Und in diesen beiden Seelen wurde echte Demut groß.

Und als der Empfang zu Ende, sagte ich mir:
Gott sei Dank,
Daß es zu keinem Skandal kam und das Paar
nicht auf die Kniee sank,

Die Hände hob, abbittend Müh und Trübsal, die
eins dem andern schuf,
Da doch Einanderfreudemachen schönster Menschen=
beruf.

Der Patriarch

Die Hütte, Schiffsgebälk, Öllampen, Fisch= und
Trangeruch.
O könnt' ich hier — ein Patriarch — die atmende
Gemeine lehren!

Die harten Greise, hohen Bursche, all die Dirnen
und die schweren,
Schwieligen Schiffspatrone, kauend Priem und
Fluch.

Woher und wann ich kam, o Bardenlied, doch
mein Besuch
Heilt Kranke, meine Stimme schallt, die Seenot
abzuwehren.
Göttlich erglänzt mir Stirn und Bart. Das Volk
wird beide ehren,
In fernem Angedenken segnend Tat und Spruch.

Und wenn ich einst auf meinem Steinsitz, wie in
Sinnen stürbe,
Sie sollten mich begraben in der frostgeprüften Erde,
Wo über meinem Hügel Renntierherden weiden!

Nicht Kinderlust, nicht Kräuter würden auf der
Böschung mürbe,
Wehmütter pflückten hier Salbei, zu nahender Be=
schwerde,
Sich einen kräftig=heiligen Teetrank zu bereiten.

Solo des zarten Lumpen

Nun wieder eine Nacht durchjohlt
Ist rings der Stadtpark aufgewacht.
Allee, der Wasserfall, ein Vogelzwitschern ohne
    Mühe.
In der durchsichtigen Frühe,
Nach falschbekränzter Nacht
Hast Du mich eingeholt.

Wie ich Dich gestern sah...
Bewegte Straße glitt
Dein Gang. Wer dürfte frevelnd sagen,
Daß unter Röcken und Jackett, so leicht getragen,
Sich mehr verbarg als Atemzug und Schritt,
Du Schlanke fern und nah!

Gefühl, geheimer Sinn
Und ein Gedanke kam.
Elysisch aufgeregt blick ich zum leichten Himmel
    hin, zur leichten Erden.
Heiraten wirst Du, Du wirst Mutter werden! —
Warum zerschmilzt mich Scham?
Was reißt mich Wonne hin?

Noch höher bist Du bald
Und weiter mir entrückt.

Denn was vergöttlicht? Leiden! Du wirst leiden.
Im Erker sitzen seh ich Dich verständig und be=
scheiden,
Von Schmerz und Glück bedrückt,
Nun mildere Gestalt!

In die Natur und Pflicht
Wächst lieblich Du hinein.
Ich aber treibe mich herum in parfümierten Vesti=
bülen,
In überheizten Zimmern schwelge ich auf Pfühlen;
Du denkst an Dinge rein,
An Windeln, Kindgewicht.

Drum soll es so geschehn!
Von Wolken lieb umdrängt,
Zieh mir vorbei in Wind und solchem Morgen oben!
Ich will Dich bebend hochbeloben,
Und Blick und Bart gesenkt
Vor Dir in Andacht stehn.

Der schöne strahlende Mensch

Die Freunde, die mit mir sich unterhalten,
Sonst oft mißmutig, leuchten vor Vergnügen,
Lustwandeln sie in meinen schönen Zügen
Wohl Arm in Arm, veredelte Gestalten.

Ach, mein Gesicht kann niemals Würde halten,
Und Ernst und Gleichmut will ihm nicht genügen,
Weil tausend Lächeln in erneuten Flügen
Sich ewig seinem Himmelsbild entfalten.

Ich bin ein Korso auf besonnten Plätzen,
Ein Sommerfest mit Frauen und Bazaren,
Mein Auge bricht von allzuviel Erhelltsein.

Ich will mich auf den Rasen niedersetzen
Und mit der Erde in den Abend fahren.
Oh Erde, Abend, Glück, oh auf der Welt sein!!

Wanderlied

Glaubst Du, Deine Schritte sind vergangen,
Die einst kies- und straßenüber klangen?
Deine schwergesenkten, Deine leichtgelenkten,
Deine volksvermengten, Deine kindgedrängten,
Deine Schritte laufen oder schleppen
Ewig weiter über Weg und Treppen.

Glaubst Du, Deine Worte sind verloren,
Die Dein wallendes Gemüt geboren?
Hangend in den Häusern, unter Toren,
Sinken sie in vorbestimmte Ohren,

Bilden sich zu wunderlicher Stunde,
Und entflattern neu dem Enkelmunde.

Glaubst Du, Sohn, Du könntest Dein sie heißen,
Schritt und Worte, die ins Weite reisen?
Oder wähnst Du, daß der graue, alte
Ahnherr diese sprach und jene wallte?
Und ist gar aus diesem Lied zu lesen,
Daß Du selbst der Bärtige gewesen?

Der kriegerische Weltfreund

Schon bin ich voll und klar,
Dem noch so arg zu Mut.
Der bös und bitter war
Nun ist er gut.

Bosheit, die mich zerwirrt,
Rache und falscher Stoß,
Ach, meine Güte wird
An ihnen groß!

Schäumst Du noch, dunkles Blut,
Wenn Hohn sich feig vermummt,
Sternaufgebäumte Wut
Bist Du verstummt?

Der sich zu Boden schmiß,
Keuchend und krankgehetzt,
Nachts in die Pölster biß
Wie tönt er jetzt?

Bosheit und feigen Hohn,
Alles, was falsch mich haßt,
— O wie stark bin ich schon —
Lad ich zu Gast.

Dämonen in Erz und Stahl
Wandeln sich, werden rein,
Stürzen mit einem Mal
In mich herein.

Ich habe eine gute Tat getan

Herz frohlocke!
Eine gute Tat habe ich getan.
Nun bin ich nicht mehr einsam.
Ein Mensch lebt,
Es lebt ein Mensch,
Dem die Augen sich feuchten,
Denkt er an mich.
Herz, frohlocke:
Es lebt ein Mensch!

Nicht mehr, nein, nicht mehr bin ich einsam,
Denn ich habe eine gute Tat getan,
Frohlocke, Herz!
Nun haben die seufzenden Tage ein Ende.

Tausend gute Taten will ich tun!
Ich fühle schon,
Wie mich alles liebt,
Weil ich alles liebe!
Hinström ich voll Erkenntniswonne!
Du mein letztes, süßestes,
Klarstes, reinstes, schlichtestes Gefühl!
Wohlwollen!
Tausend gute Taten will ich tun.

Schönste Befriedigung
Wird mir zu Teil:
Dankbarkeit!
Dankbarkeit der Welt.
Stille Gegenstände
Werfen sich mir in die Arme.
Stille Gegenstände,
Die ich in einer erfüllten Stunde
Wie brave Tiere streichelte.

Mein Schreibtisch knarrt,
Ich weiß, er will mich umarmen.

Das Klavier versucht mein Lieblingsstück zu tönen,
Geheimnisvoll und ungeschickt
Klingen alle Saiten zusammen.
Das Buch, das ich lese
Blättert von selbst sich auf.

. . . .
Ich habe eine gute Tat getan!

Einst will ich durch die grüne Natur wandern,
Da werden mich die Bäume
Und Schlingpflanzen verfolgen,
Die Kräuter und Blumen
Holen mich ein,
Tastende Wurzeln umfassen mich schon,
Zärtliche Zweige
Binden mich fest,
Blätter überrieseln mich,
Sanft wie ein dünner,
Schütterer Wassersturz.
Viele Hände greifen nach mir,
Viele grüne Hände,
Ganz umnistet
Von Liebe und Lieblichkeit
Steh ich gefangen.

Ich habe eine gute Tat getan,
Voll Freude und Wohlwollens bin ich
Und nicht mehr einsam
Nein, nicht mehr einsam.
Frohlocke, mein Herz!

Aus
„Wir sind"
Neue Gedichte
1913

Die Unverlassene

(Der Besuch aus dem Elysium)

Es kommt die eine neue Nacht.
Du bist von Ferne aufgewacht,
Und neben Dir ist Schnarchen schwer.
Und ach vom Gitterbettchen her
Ein Weinen klein und unbewußt.
Da schlägst Du Deine Decke um,
Nimmst ohne Glück und stumm
Das Kind an Deine Brust.

Wenn mühsam Tag sich näher drängt
Und Dich in Erdenlos verfängt,
Wird Schoß und Lippe wissensschwer,
Und kennt Dein Fuß kein Schweben mehr,
Wächst Dir ums Aug' der dunkle Strich,
Gedenke und erinnere Dich,
Daß jener Bot' aus besserer Welt
Dich seltsam in der Seele hält!

Weißt Du, weißt Du den Abendgang,
Wo noch Dein Wesen glitt und sprang?
Wer fühlte einst im Elternhaus,
Wer Dich in Ewigkeit voraus?
Wenn Du Dich einsam meinst,
Wer kannte schon den Schmerzenston,

In wessen Kehle brannte schon
Das Weinen, das Du jetzt weinst?!

Als mich Dein Wandeln an den Tod verzückte

Als mich Dein Dasein tränenwärts entrückte
Und ich durch Dich ins Unermeßne schwärmte,
Erlebten diesen Tag nicht Abgehärmte,
Mühselig Millionen Unterdrückte?

Als mich Dein Wandeln an den Tod verzückte,
War Arbeit um uns und die Erde lärmte.
Und Leere gab es, gottlos Unerwärmte,
Es lebten und es starben Niebeglückte!

Da ich von Dir geschwellt war zum Entschweben,
So viele waren, die im Dumpfen stampften,
An Pulten schrumpften und vor Kesseln dampften.

Ihr Keuchenden auf Straßen und auf Flüssen!!
Gibt es ein Gleichgewicht in Welt und Leben,
Wie werd' ich diese Schuld bezahlen müssen!?

Vater und Sohn

Wie wir einst im grenzenlosen Lieben
Späße der Unendlichkeit getrieben
Zu der Seligen Lust —
Uranos erschloß des Busens Bläue,
Und vereint in lustiger Kindertreue
Schaukelten wir da durch seine Brust.

Aber weh! der Äther ging verloren,
Welt erbraust und Körper ward geboren,
Nun sind wir entzweit.
Düster von erbosten Mittagsmählern
Treffen sich die Blicke stählern,
Feindlich und bereit.

Und in seinem schwarzen Mantelschwunge
Trägt der Alte wie der Junge
Eisen hassenswert.
Die sie reden, Worte, sind von kalter
Feindschaft der geschiedenen Lebensalter,
Fahl und aufgezehrt.

Und der Sohn harrt, daß der Alte sterbe
Und der Greis verhöhnt mich jauchzend: Erbe!

Daß der Orkus widerhallt.
Und schon klirrt in unseren wilden Händen
Jener Waffen — kaum noch abzuwenden —
Höllische Gewalt.

Doch auch uns sind Abende beschieden
An des Tisches hauserhabenem Frieden,
Wo das Wirre schweigt,
Wo wirs nicht verwehren trauten Mutes,
Daß, gedrängt von Wallung gleichen Blutes,
Träne auf= und niedersteigt.

Wie wir einst in grenzenlosem Lieben
Späße der Unendlichkeit getrieben,
Ahnen wir im Traum.
Und die leichte Hand zuckt nach der greisen
Und in einer wunderbaren, leisen
Rührung stürzt der Raum.

Die Witwe am Bette ihres Sohnes

Mit meinem verflackernden Lichte
Besuche ich, Kind, Deinen Traum.
Im Schlaf erstaunt Dein Gesichte,
Doch faltet Dein Atem sich kaum.

Daß Du mich gestern verstießest,
Hat nimmer Dich bitter gemacht.
Daß Du mich alleine ließest
Die ängstliche Mitternacht.

Und doch. Ich will Dich bewegen
Zu Leben und nächtlichem Mut.
Dein mächtiges Treiben und Regen
Durchläuft meinen Schatten mit Blut.

O Sohn! Dein Zechen und Speisen
Nährt Deine Mutter, ich weiß.
Dein Lärmen und Becherkreisen
Bewegt meinen Lebenskreis.

Und wenn ich sitze und sticke,
Dies Leben ist in Dich entrückt,
Aus meinem vergehenden Blicke
In Deine Augen gezückt.

Wie ich Dich bebend getragen
Im heilig erkannten Schoß,
Du wuchsest an bildenden Tagen
Und schmerztest und wurdest groß.

Und wie Du aus mir gemündet,
In Himmel und Welt und Haus,
Und wie Du in mir Dich entzündet,
So lösche ich in Dir aus.

Mein Leben ist ein Sichergießen
In Dein gerundetes Licht,
Im leidenden Überfließen
Erfüll ich die weltliche Pflicht.

Bald bin ich nichts als Dein Lachen
Nichts als Deines Mundes Gebot.
Laß mich Deinen Schlaf bewachen,
Mein Kind, mein Dasein, mein Tod.

Balance der Welt

Ich klag' und klage: Harte Welt!
Doch fühl' ich, wie's mich auch umstellt,
Wie mir hier alles harte Welt,
So bin ich allem harte Welt!

Ja, schuld ist das gewaltige Wort.
Es dreht die alten Globen fort.
Und eh' noch unsre Zeit beginnt,
Werden wir schuldig, daß wir sind!

Daß mich, o Freund, Dein Mordstoß traf,
Zerbrach ich meiner Mutter Schlaf,
Fluchte der Vater seinem Sohn.
Du Weltgesandter bringst den Lohn.

Gott, ich erkenn' Dich Zug um Zug!
Und Dich, Gesetz, in Deinem Lauf!
Es bricht hier keine Wunde auf,
Die ich mir nicht in andern schlug.

Der Feind

Mein Feind, dem ich entgegenspeie,
In meiner Brust versammelnd kleine Schreie
Und in den Händen ohne Mut
Zerkrampfte Ohnmacht, halbverlöschte Wut,
Mein Feind, Du trittst auf einen Pflasterstein!
Und da aus Deinem Auge fällt der Abendschein,
Der niedertropft in bläulich süßen Flammen.
Und weinend, unter Schwalben, ungeheuer sinke
                                        ich zusammen.

In mir steht der Erzengel groß,
Versöhnung bricht unendlich los.
Daß wir uns schlugen und zerrissen,
Mit dumpfem Witz und List beschmissen,

Daß wir dies trugen, jetzt erst kann ich's fassen,
Dies Meucheln, dieses Auf=sich=tanzen=lassen.
Dies schlechte Leiden, alter Rache Trick,
Die Passion zu diesem Augenblick!

Nun braust der Himmel als Posaunenmeer,
Triumphtrompeten schnellen drunterher.
Aus mir stürzt Liebe, Lieb', Weltsinn, der dunkel lag.
Und golden durch mich donnert jüngster Tag!

Eine alte Frau geht

Eine alte Frau geht wie ein runder Turm
Durch die alte Hauptallee im Blättersturm.
Schwindet schon, indem sie keucht,
Wo um Ecken schwarze Nebel wehen.
Wird nun bald in einem Torgang stehen.
Laute Stufen langsam aufwärts gehen,
Die vom trägen Treppenlichte feucht.

Niemand hilft, wie sie ins Zimmer tritt,
Ihr beim Ausziehn ihrer Jacke mit.
Ach, sie zittert bald an Händ' und Bein'.
Schickt sich an mit schwerem Flügelschlagen
Aufgehobene Kost von alten Tagen

Auf des Kochherds armes Rot zu tragen.
Bleibt mit ihrem Leib und sich allein.

Und sie weiß nicht, wie sie schluckt und kaut,
Daß in ihr sich Söhne aufgebaut.
(Nun, sie freut sich ihrer Abendschuh')
Was aus ihr kam, steht in andern Toren,
Sie vergaß den Schrei, wenn sie geboren,
Manchmal nur im Straßendrang verloren,
Nickt ein Mann ihr freundlich „Mutter" zu.

Aber Mensch, gedenke Du in ihr,
Ungeheuer auf der Welt sind wir,
Da wir brachen in die Zeiten ein.
Wie wir in dem Unbekannten hängen,
Wallen Schatten mit gewaltigen Fängen
Die ins letzte uns zusammendrängen.
Diese Welt ist nicht die Welt allein.

Wenn die Greisin durch die Stube schleift,
Ach, vielleicht geschieht's, daß sie begreift.
Es vergeht ihr brüchiges Gesicht.
Ja, sie fühlt sich wachsender in allem
Und beginnt auf ihre Knie zu fallen,
Wenn aus einem kleinen Lampenwallen
Ungeheuer Gottes Antlitz bricht.

Nacht=Fragment

Bald hat dies, hat dies alles ausgeschlagen.
Was muß ich noch im machtvoll einsamen Nacht=
bahnhof stehn
Und sehn, daß Lichter sind und Träger gehn,
Die Felsen tragen, und sehn die schon verblichenen
Wagen?

So vieles weiß ich mit mir, Herz= und Atemschreiten.
— Ein Pikkolo schläft, ein Schutzmann schaut in
den Wind. —
Wer weiß es denn, wie sehr wir alle beisammen sind.
Auch Deine leichten Schlafseufzer, Fernste, fühl' ich
mit mir gleiten.

Gestern, wie tauchtest Du in Astern Dein Gesicht!
Und tanztest mit den Zähnen, tanztest mit den
frechen Knien.
Und ach, Dein Gemsenlachen, das mich zu höhnen
schien,
Nun ist es eingestimmt in mich, o Nacht, und weiß
es nicht!

Auch Du Azucena, Mutter, von Traum zu Traum,
Suche den klaren Jungen im Waldpensionat!
Eng ist die Erd'. Wie fand ich Deinen Pfad?
Wir seh'n uns an und schweigen im gleichen Raum.

Ihr Unerreichbaren all', die wir voneinander wissen,
Wie sind unsre gleichen Hände uns fremd!!
————————————————————

Das erkaltende Herz

Geschwisterliebe war einst.
Ich lief mit dem Mädi über die Wege
Und die Himmel, die vielen waren rege,
Die unergründlichen Berge standen weit —
Und im Zimmer die stündliche Zeit.

    Die Wagen und Reisen,
    Vergangene Speisen,
    Die Schmerzen und Strafen,
    Am Abend das Licht,
    Und unser Gesicht
    War ganz von Seele verschlafen.

Und tiefe Furcht war da, daß man einander stürbe,
Und manchmal weinte man wild in die Finsternis,
Bis treu der andre Atem kam.
Da war man so gewiß,
Daß Gott sei und man niemals lahm
Und niemals anders würde.

Das waren Tränen und Brisen der Treue . . . .
Geschwisterliebe war einst.
Jetzt lieg ich oft auf meinem Kanapee.
Am Abend werden die Fenster groß.
Da läßt mich mein Atem los,
Und der Tod ist ganz in der Näh'.

Und muß ich vor meinem Spiegel stehn,
Da hat sich etwas gerächt.
Ich weiß, wie mir die Haare ausgehn —
Und die Zähne sind worden schlecht.

Und der Mund, der nichts ließ,
Jetzt kann er euch alle lassen
Und das Herz kann nicht fassen,
Wie es einst hieß!
Und wo hängen in den erstarrten Zimmern,
Hinter welkendem Glas,
Die ewigen Photographien?

Der göttliche Portier

Da ich an Dir vorüberlief als Knabe,
Wuchst Du ins Tor unendlich aufgehoben.
Dein Dreispitz rührte Wappensterne oben.
Allmächtig sank Dein Bart. Mann mit dem Stabe!

Wie ich mich kindlich auch vergangen habe,
Gestickter Greis, Du tratst herein zu loben,
Warst sänftlich grausem Kindertraum verwoben,
Wo ich mich gelb einstürzen sah im Grabe.

Nun wieder, Bibelgott, erscheint Dein Bild!
Aus Kindernächten wallt Dein breitgelockter
Erzväterbart, der goldne Brust umquillt.

Die winterlichen Tressen klingeln mild,
Und tief beruhigt mich Dein weißbeflockter
Allgütiger Pelz, der durch die Sphären schwillt.

Ein Lebens-Lied

Feindschaft ist unzulänglich.
Der Wille und die Taten,
Ein erdbewußtes Leben
In sich, was sind sie, Welt?
Es schwebt in jedem Schicksal,
Im Schritt der Lust und Schmerzen,
Im Morden und Umarmen,
Anmut des Menschlichen!

Nur das ist unvergänglich!
Sahst Du die wilden Augen
Buckliger Bauernmädchen?

Sahst Du, wie sie sich langsam
Weltdamenhaft verschleiern,
Sahst Du in ihnen blinken,
Das Grün von Festestraden,
Musik und Lampennacht?

Sahst Du den Bart von Kranken,
/Ihr Wolken über Pappeln/
Wie er an Gott erinnert,
Getaucht in einen Sturm?
Sahst Du die große Güte
Im Sterben eines Kindes?
Wie uns der holde Körper
Mit Zärtlichkeit entglitt?

Sahst Du das Traurigwerden
Von Mädchen an, am Abend?
Wie sie die Küchen ordnen
Und fern, wie Heilige sind.
Sahst Du die schönen Hände
Durchfurchter Nachtgendarme,
Wenn sie den Hund liebkosen
Mit grobem Liebeswort?

Wer handelnd sich empörte,
Bedenke doch!! Unsagbar

Mit Reden und Gestalten
Sind wir uns fern und nah!
Daß wir hier stehn und sitzen,
Wer kann's beklommen fassen?!
Doch über allen Worten
Verkünd' ich, Mensch, wir sind!!

Ein Anderes

Daß einmal mein dies Leben war,
Daß in ihm jene Kiefern standen
Und Ufer schlafend sich vorüberwanden,
Daß ich in Wäldern aufschrie sonderbar.
Daß einmal mein dies Leben war!

Wo Ufer schlafend sich vorüberwanden,
Was trug der Fluß mit Schilf und Wolk' davon?
Wo bin ich — und ich höre noch den Ton
Von Ruderbooten, wie sie lachend landen,
Wo Ufer schlafend sich vorüberwanden.

Wo bin ich — und ich höre noch den Ton
Von Equipagen, dicht im Kies verfahren,
Kastanien= und Laternensprache waren
Noch da und Worte — doch wo sind sie schon?
Wo bin ich — und ich höre noch den Ton?

Kastanien- und Laternensprache waren
Noch da und Atem einer breiten Schar.
Und mein war ein Gefühl von Gang und Haaren.
O Ewigkeit! — Und werd' ich es bewahren,
Daß einmal mein dies Leben war!

Amore

    Wenn noch die Eitelkeit
    Das Auge Dir entweiht,
    Ist kommen nicht die Zeit.

    Solang Du noch willst stehn
    Auf Podien, gesehn,
    Kann Glück's Dir nicht geschehn.

    Wer sich noch nicht zerbrach,
    Sich öffnend jeder Schmach,
    Ist Gottes noch nicht wach.

    Wer noch mit Eifer spitzt,
    Daß er ein Weib besitzt,
    Ist noch nicht ausgewitzt.

    Erst wenn ein Mensch zerging
    In jedem Tier und Ding
    Zu lieben er anfing.

Erst wer Erfüllung floh,
Wächst an zum Höchsten so,
Wird letzter Sehnsucht froh.

Erst wer sich jauchzend bot
Der Schande und der Not
Und zehnfach jedem Tod,

Im heiligsten Verzicht,
Vor Liebe ihm zerbricht
Sein irdisch Angesicht!

Wohin schwillt er empor?
Was schwingt er überm Chor
Unendlich sein amor'!!

Ich bin ja noch ein Kind

O Herr, zerreiße mich!
Ich bin ja noch ein Kind.
Und wage doch zu singen.
Und nenne Dich.
Und sage von den Dingen:
    Wir sind!

Ich öffne meinen Mund,
Eh' Du mich ließest Deine Qualen kosten.
Ich bin gesund,
Und weiß noch nicht, wie Greise rosten.
Ich hielt mich nie an groben Pfosten,
Wie Frauen in der schweren Stund'.

Nie müht' ich mich durch müde Nacht
Wie Droschkengäule, treu erhaben,
Die ihrer Umwelt längst entflohn!
(Dem zaubrisch, zerschmetternden Ton
Der Frauenschritte und allem, was lacht.)
Nie müht' ich mich, wie Gäule, die ins Unendliche
traben.

Nie war ich Seemann, wenn das Öl ausgeht,
Wenn die tausend Wasser die Sonne verhöhnen,
Wenn die Notschüsse dröhnen,
Wenn die Rakete zitternd aufsteht.
Nie warf ich mich, Dich zu versöhnen,
O Herr, aufs Knie zum letzten Weltgebet.

Nie war ich ein Kind, zermalmt in den Fabriken
Dieser elenden Zeit, mit Ärmchen, ganz benarbt!
Nie hab ich im Asyl gedarbt,
Weiß nicht, wie sich Mütter die Augen aussticken,
Weiß nicht die Qual, wenn Kaiserinnen nicken,
Ihr alle, die ihr starbt, ich weiß nicht, wie ihr starbt!

Kenn' ich die Lampe denn, kenn' ich den Hut,
Die Luft, den Mond, den Herbst und alles Rauschen
Der Winde, die sich überbauschen,
Ein Antlitz böse oder gut?
Kenn' ich der Mädchen stolz und falsches Plauschen?
Und weiß ich, ach, wie weh ein Schmeicheln tut?

Du aber, Herr, stiegst nieder, auch zu mir.
Und hast die tausendfache Qual gefunden,
Du hast in jedem Weib entbunden,
Und starbst im Kot, in jedem Stück Papier,
In jedem Zirkusseehund wurdest Du geschunden,
Und Hure warst Du manchem Kavalier!

O Herr, zerreiße mich!
Was soll dies dumpfe, klägliche Genießen?
Ich bin nicht wert, daß Deine Wunden fließen.
Begnade mich mit Martern, Stich um Stich!
Ich will den Tod der ganzen Welt einschließen.
O Herr, zerreiße mich!

Bis daß ich erst in jedem Lumpen starb,
In jeder Katz und jedem Gaul verreckte,
Und ein Soldat, im Wüstendurst verdarb.
Bis, grauser Sünder ich, das Sakrament weh
               auf der Zunge schmeckte,

Bis ich den aufgefreßnen Leib aus bitterm Bette
                                        streckte,
Nach der Gestalt, die ich verhöhnt umwarb!

Und wenn ich erst zerstreut bin in den Wind,
In jedem Ding bestehend, ja im Rauche,
Dann lodre auf, Gott, aus dem Dornenstrauche.
(Ich bin Dein Kind.)
Du auch, Wort, praßle auf, das ich in Ahnung
                                        brauche!
Geuß unverzehrbar Dich durchs All: Wir sind!!

Aus
„Einander"
Oden Lieder Gestalten
1915

Lächeln Atmen Schreiten

Schöpfe Du, trage Du, halte
Tausend Gewässer des Lächelns in Deiner Hand!
Lächeln, selige Feuchte ist ausgespannt
All übers Antlitz.
Lächeln ist keine Falte,
Lächeln ist Wesen vom Licht.
Durch die Räume bricht Licht, doch ist es noch nicht.
Nicht die Sonne ist Licht,
Erst im Menschengesicht
Wird das Licht als Lächeln geboren.
Aus den tönenden, leicht, unsterblichen Toren,
Aus den Toren der Augen wallte
Frühling zum erstenmal, Himmelsgischt,
Lächelns nieglühender Brand.
Im Regenbrand des Lächelns spüle die alte Hand,
Schöpfe Du, trage Du, halte!

Lausche Du, horche Du, höre!
In der Nacht ist der Einklang des Atems los,
Der Atem, die Eintracht des Busens groß.
Atem schwebt
Über Feindschaft finsterer Chöre.
Atem ist Wesen vom höchsten Hauch.
Nicht der Wind, der sich taucht

In Weid, Wald und Strauch,
Nicht das Wehn, vor dem die Blätter sich drehn...
Gottes Hauch wird im Atem der Menschen
geboren.
Aus den Lippen, den schweren,
Verhangen, dunkel, unsterblichen Toren,
Fährt Gottes Hauch, die Welt zu bekehren.
Auf dem Windmeer des Atems hebt an
Die Segel zu brüsten im Rausche,
Der unendlichen Worte nächtlich beladener Kahn.
Horche Du, höre Du, lausche!

Sinke hin, kniee hin, weine!
Sieh der Geliebten erdenlos schwindenden Schritt!
Schwinge Dich hin, schwinde ins Schreiten mit!
Schreiten entführt
Alles ins Reine, alles ins Allgemeine.
Schreiten ist mehr als Lauf und Gang,
Der sternenden Sphäre Hinauf und Entlang,
Mehr als des Raumes tanzender Überschwang.
Im Schreiten der Menschen wird die Bahn der
Freiheit geboren.
Mit dem Schreiten der Menschen tritt
Gottes Anmut und Wandel aus allen Herzen und
Toren.
Lächeln, Atem und Schritt

Sind mehr als des Lichtes, des Windes, der Sterne Bahn,
Die Welt fängt im Menschen an.
Im Lächeln, im Atem, im Schritt der Geliebten ertrinke!
Weine hin, kniee hin, sinke!

Das Jenseits

Wir kommen wieder, wir kehren heim
In Dich, Du gute Mutter unser.
Schon hängt uns, hängt uns über die Stirn,
Mild über die Stirne des Todes Flieder.

Wo fahren die feurigen Wolken hin,
Wo tanzen die mutigen Flüsse her,
Was will der Meere Spiel,
Das Laub an der Wand des Himmels gerankt?

Nun kehren wir heim, nun kehren wir ein,
Mehr ist als Dasein — Gewesen sein,
Stark ist der Tod, doch siehe das Stärkste,
Stärker als Tod ist Musik.

In unsere Mutter kehren wir ein ...
Gott fährt über uns, der gute Mann,
Da heben wir an, und heben uns auf,
Arien selige schweben wir hin,

Und hängen im Herzen der Sterblichen,
Und locken die ewigen Tränen.
Träne, klarer Planet! Hier leben wir,
Leben in Gnade, sind nichts als Lied.

Warum mein Gott

Was schufst Du mich, mein Herr und Gott,
Der ich aufging, unwissend Kerzenlicht,
Und dahin jetzt im Winde meiner Schuld,
Was schufst Du mich, mein Herr und Gott,
Zur Eitelkeit des Worts,
Und daß ich dies füge,
Und trage vermessenen Stolz,
Und in der Ferne meiner selbst
Die Einsamkeit?!
Was schufst Du mich zu dem, mein Herr und Gott?

Warum, warum nicht gabst Du mir
Zwei Hände voll Hilfe,
Und Augen, waltend Doppelgestirn des Trostes?
Und eine Stimm aprilen, regnend Musik der Güte,
Und Stirne überhangen
Von süßer Lampe der Demut?
Und einen Schritt durch tausend Straßen,
Am Abend zu tragen alle

Glocken der Erde
Ins Herz, ins Herze des Leidens ewiglich?!

Siehe es fiebern
So viele Kindlein jetzt im Abendbett,
Und Niobe ist Stein und kann nicht weinen.
Und dunkler Sünder starrt
In seines Himmels Ausgemessenheit.
Und jede Seele fällt zur Nacht
Vom Baum, ein Blatt im Herbst des Traumes.
Und alle drängen sich um eine Wärme,
Weil Winter ist
Und warme Schmerzenszeit.

Warum, mein Herr und Gott, schufst Du mich nicht,
Zu Deinem Seraph, goldigen, willkommenen,
Der Hände Kristall auf Fieber zu legen,
Zu gehn durch Türenseufzer ein und aus?!
Gegrüßet und geheißen:
Schlaf, Träne, Stube, Kuß, Gemeinschaft, Kind=
                        heit, mütterlich?!
Und daß ich raste auf den Ofenbänken,
Und Zuspruch bin, und Balsam Deines Hauses,
Nur Flug und Botengang, und mein nichts weiß,
Und im Gelock den Frühtau Deines Angesichts!

Die Tugend

Die Lüge ist das Weib des Potiphar,
Mit schleppenträgem Kleide angetan.
Das ist bemalt mit allem, was da war,
Und ist, und sein wird. Mond und Sternenbahn,
Mit Frucht und Jahreszeit und Hof und Hahn,
Und Stadt und Meer und Schiff und Berg und Schar.
Und alles das, auf dem Gewande kreisend,
Hältst Du für wahr und für Dich unterweisend!

Die Welt ist Abfall. Und der Satan legt
Den Himmelsmantel an, mit Stern und Zeit.
Was durcheinander Ding an Ding bewegt
Ist Todesangst und letzte Eitelkeit.
Des Bösen Rechnung, Welt, ist stoßgefeit,
Sie scheint zu sein, weil sie kein Sein zerschlägt.
Wo Gottes Wahrheit weicht vor einem Kinde,
Und in die Knie bricht im geringsten Winde.

Doch ist Gesetz dadurch, daß man es bricht!
Die Welt ist Bruch und Schuld auf immerdar.
Allein darin verbürgt sie uns das Licht,
Und in der Sünde wird es offenbar.
Durch unser Leiden werden wir gewahr,
Wie Gott in uns durch eitles Tun zerbricht.

Und Sehnsucht wächst aus überströmten Tagen,
Zu opfern uns, uns selbst ans Kreuz zu schlagen.

So ist nur eins, das Opfer, was uns bleibt,
Im Sturm der Räume, und im Tanz der Uhr!
Die Stunde grinst herbei, die uns entleibt,
Und wir sind ohne Lohn und ohne Spur.
O Liebe, Opfer! Tötend, was uns treibt,
Sind wir erst, sind wir gegen die Natur.
Und ich bin Mensch, in meinem Menschenleben,
Dem Schein ein Sein, dem Unsinn Sinn zu geben.

Veni creator spiritus

Komm heiliger Geist, Du schöpferisch!
Den Marmor unsrer Form zerbrich!
Daß nicht mehr Mauer krank und hart
Den Brunnen dieser Welt umstarrt,
Daß wir gemeinsam und nach oben
Wie Flammen ineinander toben!

Tauch auf aus unsern Flächen wund
Delphin von aller Wesen Grund,
Alt allgemein und heiliger Fisch!
Komm reiner Geist, Du schöpferisch,
Nach dem wir ewig uns entfalten,
Kristallgesetz der Weltgestalten!

Wie sind wir alle Fremde doch!
Wie unterm letzten Hemde noch
Die Schattengreise im Spital
Sich hassen bis zum letzten Mal,
Und jeder, eh' er ostwärts mündet,
Allein sein Abendlicht entzündet,

So sind wir eitel eingespannt,
Und hocken bös an unserm Rand,
Und morden uns an jedem Tisch.
Komm heiliger Geist, Du schöpferisch,
Aus uns empor mit tausend Flügen!
Zerbrich das Eis in unsern Zügen!

Daß tränenhaft und gut und gut
Aufsiede die entzückte Flut,
Daß nicht mehr fern und unerreicht
Ein Wesen um das andre schleicht,
Daß jauchzend wir in Blick, Hand, Mund und
         Haaren,
Und in uns selbst Dein Attribut erfahren!

Daß, wer dem Bruder in die Arme fällt,
Dein tiefes Schlagen süß am Herzen hält,
Daß, wer des armen Hundes Schaun empfängt,
Von Deinem weisen Blicke wird beschenkt,
Daß alle wir in Küssens Überflüssen
Nur Deine reine heilige Lippe küssen!

Abschied
Ein Fragment
Stimme

War Dein Gang in großer Sonne verschwebend,
War Dein windiges Kleid, mir vorüberlebend,
War der tiefe Atemzug Dein Gesicht,
War das alles ein Letztesmal,
Und ich ahnte den Abschied nicht?
Die Straße hat Deinen Fuß vergessen,
Erde und Ätherstrahl gaben Dein verschüttetes
          Lachen aus.
Die boshafte Treppe im Haus,
Wo aufwärts das Letztemal Dein Antlitz durch mich
          brach,
Wie das dunkelselige Licht
Durch erhabene Fenster der Tempel bricht,
Wissend höhnt mir die Treppe nach.
Denn ich atmete nicht,
Daß Dein ferner Atem sich nicht mehr in meinen flicht.

Antwort

Es gibt nicht eine Stelle,
Die Du durch Dich nicht abgestellt.
Es gibt nicht eine Helle,
Die von Dir nicht ins Finster fällt.

Alle Welt ist Letztesmal
Abschied heißt jedes Tal.

Mit müden Straßenbäumen bin ich weggeglitten,
Aus vielen Träumen bin ich abgeschritten.
Und doch, es eint,
Daß wir uns vorbeigeweint,
Und daß wir arm sind, ohne Gleichen,
Niemals zu uns hinüberreichen!
O Abschied, Brunnen aller Worte!

Der Erkennende

Menschen lieben uns, und unbeglückt
Stehn sie auf vom Tisch, um uns zu weinen.
Doch wir sitzen übers Tuch gebückt,
Und sind kalt und können sie verneinen.

Was uns liebt, wie stoßen wir es fort?
Und uns Harte kann kein Gram erweichen.
Was wir lieben, das entrafft ein Ort,
Es wird hart und nicht mehr zu erreichen.

Und das Wort, das waltet, heißt: Allein!,
Wenn wir machtlos zueinanderbrennen.
Eines weiß ich: Nie und nichts wird mein.
Mein Besitz allein: Das zu erkennen.

Sieh den Freund, der Deine Speise teilt,
Hinter Stirn und Antlitz sich versammeln.
Wo Dein Blick ihm auch entgegeneilt,
Weilt ein Fels, den Eingang zu verrammeln.

Wenn ich walle durch den Lampenbann,
Meine Schritte höre, böse Wandrer,
Dann erwach ich, und bin nebenan,
Und mir selbst ein Grinsender und Andrer!

Ja, wer niederfährt zu diesem Stand,
Wo das Einsame sich teilt und spaltet...
Der zerrinnt sich selbst in seiner Hand,
Und nichts lebt, was ihn zusammenfaltet.

Keinem Schlaf mehr ist er einverleibt,
Immer fühlt er, wie wir selbst uns tragen.
Und die Nacht, die ihm, des Lebens bleibt,
Unabwendlich ist ein Wald zum Klagen.

Romanze einer Schlange

Wo von den aufwärtsatmenden Vulkanen
Erhaben stürzet Gold um Gold,
Unter dem Blau, das in Orkanen
Tiefdröhnend durcheinander rollt,

Roll ich mich im Gerölle,
In meiner Quader Hölle,
Und starre stolz nach den Alleen,
Wo Bäume wehn, und weiße Füße wehn,
Und Sonne, Strom und Sommer toben hold.

Weh euch! Ich wurde wach als Schlange,
Und Feindschaft, Stolz und Haß sind mein Gebot.
Die Nachtigall zerbricht sich im Gesange,
Und stürzet ab in ihren Tod,
Wenn ich mit meinem Blicke
Sie banne und bestricke.
Das Liebliche entgeht mir nicht!
Ich bin im Licht der Bösewicht,
Vernichtung und Gericht, das euch bedroht.

Unendlich singen Amseln in den Kronen,
Und an den Quellen tönt die Kreatur.
Es ist mein Teil in Stein und Stolz zu wohnen,
Und die Gestalt zu sein, in die ich fuhr.
Sind alle guten Wesen
Zu Müttern auserlesen,
So haßt mit Wut mich meine Brut,
Und krümmt sich fort in dumpfem Mut,
Und ich gewunden auf dem Grunde starre nur.

Ich frage nicht, warum bin ich erschaffen
Zum Wurm in dem umblauten Reich?!
Denn keine Sehnsucht lebt, mich hinzuraffen,
Und ich allein will sein mir selber gleich.
Der Hölle siebentiefste Flammen,
Sie quälen nicht, den sie verdammen!
Mich schmerzt mein Kriechen nicht, wenn durch Alleen
Sich Bäume wehn und weiße Füße wehn,
Ich kann nicht weinen, liebe keinen, Wehe euch!

Tempel=Traum

Wenn die Stunde saust,
Und die Frühe säumt,
Wacht der Schläfer schwer
Wie Ertrunkner auf.

Schlamm weilt auf der Stirn,
Und ins Haargewirr
Flechten Tang und Gras
Braunen Bettelkranz.

Und es ist ein Haus
Voll von Sang und Hall.
Lampe lebt in Rauch
Über Treppen hin.

Eine Mutter geht...
Und er weiß nicht wo,
Duft und Stimme wird
In der Höhe süß.

Doch ein Priester ernst
Schreitet in die Fern'
Seinem Stabe nach,
Goldnem Vogelknauf.

Und Vestalin sitzt
Bei dem Flammentier,
Springt ein Wind herein,
Hütet sie den Schoß.

Wo der Tempelbau
Oben offen ist,
Schwebt ein Adler groß
Unterm Morgenmeer.

Und die Schläferstirn
Löset ein Gesang,
Und das Herze wächst
Mit der Flut des Nils.

Ein Abendgesang

Nun uns zu Häupten die Fledermäuse und graue
Adler streichen,
Und wir im Dunste einer vergehenden Wiese
stehn,
Geschiehts, daß atemeins wir uns flüchtige Hände
reichen,
Eh wir ins Gestrüpp und das Licht des Schlafes
eingehn.

Das ist die Stunde, wo alles erwacht, und letztes
Erstaunen
In unsere wirr überwachsenen Herzen fällt,
Daß wir sind — und daß gute und böse Launen
Des Unverständlichen uns in die Welt gestellt!

Wer hat mich gewollt, daß ich Bosheit im Busen
wälze,
Wer hat es gefügt, daß mich Güte süß über=
schwemmt,
Wer gab mir die Demut — und wer mir den
Stolz und die Stelze,
Wer hat es vermocht, daß ich wandle mir selber
so fremd?

Und wie uns zu Häupten verderbliche Vögel jagen,
Wir trüben uns alle und werden leichter und klein.
Und sinken wir hin, so regnen von ziehenden Tagen
Ferne Gefühle unseren Odem ein.

Da schwebt das Schiff im Schaume der Schrauben
           wieder,
Eh unser Auge ins Leere hinüberreist.
Seligkeit naht — — wie wenn schon erlöschende
           Lider
Süß die unmenschliche Lippe des Dichters streift.

Mondlied eines Mädchens

Für meine Schwester Hanna

Ich liege in gläsernem Wachen,
Gelöst mein Haar und Gesicht.
Am Boden in langsamen Lachen
Schwebt Mond, das unselige Licht.

Und wie mir die tödliche Helle
Die Stirn und das Auge befühlt,
Zerrinn ich und bin eine Welle,
Gekräuselt, entführt und gespült.

Die Mutter atmet daneben,
Der Vater schläft auf und ab.
Ich habe Angst um das Leben
Von allen, die ich lieb hab.

Jetzt gehn durch verwachsene Zimmer
Erzengel mit schrecklichem Schwert.
Ins Ohr weint mir immer, mir immer
Ein Kind, das mir nicht gehört.

Nachtlampe von tausend Betten
Des Leidens, der Mond mir scheint.
Ich möchte viel Schluchzendes retten,
Und bin es doch selbst, die weint.

All Ding im Zimmer verlassen,
Der Schuh, und der Tisch, und die Wand.
Ich möchte das Ferne anfassen,
Nur sein eine streichelnde Hand!

Ich möchte mit Fröstelnden spielen,
Und halten die Kalten im Arm!
Ich fühle, die Reichen und Vielen
Sind Kier vondr mir und so arm!

Für alle muß ich mich sorgen,
Mein Schlaf ist gläsern und schwebt . . .
Ich horche, wie in den Morgen
Der Atem von allen sich hebt.

Im Fenster wehn Bäume zerrissen,
Viel Himmel sind windig in Ruh.
Ich decke mit meinen Kissen
Die frierenden Welten zu.

Eines alten Lehrers Stimme im Traum

Durch einen Traum der Straße oder gar
Durch eine Straße im Traum . . . .
Von fern kam Deine Stimme wunderbar.
Ich hörte kaum, groß zogen durch den Raum
Die goldenen Begräbnisse, Turm und Baum
Traten im Himmel ein — und tiefer Schaum
Von Winter, Blum' und Damen regnete mich ein.
In einem Traum der Straße hörte ich Dich sein,
Im Straßentraum die Stimme aus begrabnem
         Jahr,
Die Stimme, die einmal in einer alten Wohnung
         war.

Ich hörte Deine Stimm' und wie Du heißt,
Und dachte an des Vaters Gestalt,
Der mit Dir sprach, und dachte an der Ahnen Geist,
Die unter Sternen reisen, mild und kalt,
Und daß auch mich der Wind in Kreise reißt,
Im Traum der Straße, die mein Vater vor mir wallt.
Im Straßentraum dacht ich an einen Bart,
An eine Hand, vereist und brauner Art.
An ungeheure Worte dacht ich: war und alt.

Im Straßentraum, da Gold vorüberfuhr,
Und liebend ein Sonntagswind,
Von fern erfuhr ich Deine Spur,
Und drehte mich nicht um, vom Träumen blind.
Ich weiß nicht, wo Du wandelst, weiß und nicht geschwind,
Und ob Du bist, oder im Traume nur.
Doch von den Kerzen lind, die in mir sind,
Hub eine in der Kirche an und ist entbrannt,
Und ein Gefühl, verloren und noch unbenannt,
Begann, o Straßentraum, im Wind unterm Azur.

Zwiegespräch an der Mauer des Paradieses

Adam

Müde in den schmerzensreichen Schuhn,
Durch den Tag der Straßenqual gegangen...
Fang mich, Abend, auf, in Dir zu ruhn,
Süßer Ort, aus dem ich angefangen!
Meinen Pack von alten Schultern nun
Werf ich ab mit einem langen, langen
Atem, um mich ganz in Dich zu tun.

Ja ich tauche auf aus allem Staub,
Süße Mauer, traumwärts hergebaute,
Tiefer Wind, der sich ins Haar mir staute,
Als der Engel loderte im Laub!
Ja ich komme mit den schweren Rinnen,
Scharfen Tränenschluchten im Gesicht.
Gärtner mit dem Bart, verstoß mich nicht,
Höre auf, mich zu beginnen!
Laß zum Tor verstürzen das Gemäuer.
Schlage eine kleine Bresche ein,
Daß ich sanft in einem Weidenfeuer,
Oder kräuselnd mich am Bach ein scheuer
Windgefährte hebe an zu sein.

Stimme aus dem Garten

Ich darf Dich nicht lassen ein,
Und darf mich nicht lassen aus,
Ich muß mich fassen ein,
Und gieße Dich in Gassen aus.
Mein Haus ist wüst,
Meinen Garten hast Du versandet,
Ich bins, der für Dich büßt.
Kein Schwan mehr landet
In meinem See, der hohlgeht und brandet.

Die alten Bäume sind verbrannt,
Die schönen Tiere starben in Gesträuchen,
Und ich vermag die Würmer nicht zu scheuchen,
Aus meinem Beet und Rebenstand.

Im Herbst, wie eine alte Frau
Wall ich vorbei an eingesunkenen Malen,
    So bettelhaft.
    Dein ist die Kraft.
Mach, daß ich möge neu erstrahlen,
Aus dieser Wüste weggeworfener Schalen,
Den guten Garten wieder auferbau!

Adam

Durch tausend abgespannte Stunden
Hab ich zu Dir mich hergefunden,
Du wirfst mich fort.

Stimme aus dem Garten
Wir sind, mein Sohn, so sehr verbunden,
Daß Du Dich triffst mit Deinem eigenen Wort.

Adam
Erbarm Dich mein!

Stimme aus dem Garten
Erbarm Dich mein!

Adam
Mir Abgebückten mit zerrissenen Füßen,
Willst Du die Tür des Schlafengehns verschließen?
Ist Gnade nicht Dein Gut zuhöchst erlaucht?

Stimme aus dem Garten
Ich habe meine Gnade ausgegeben,
Sie waltet unerschöpft in Deinem Leben,
Für Dich hab ich sie ganz,
Du nie für mich gebraucht.

Adam
So wird dies Altern nimmer enden,
Und keine Heimat macht mich wieder klein?

Stimme aus dem Garten
Bestelle mich mit Deinen Händen,

Und Heimat werden wir uns beide sein,
Und kehren ein!

Adam

Weh, daß kein andres Wort mich tröste,
Und dies zurücke mich in Städte stößt!

Stimme aus dem Garten

Kind, wie ich Dich mit meinem Blut erlöste,
So wart' ich weinend, daß Du mich erlöst.

Luzifers Abendlied

Wenn ich über die nächtlichen Städte fahre,
Flatternder Mantel auf Nebel und Wind, der mich trägt...
Unter mir ist ein Abend der Tage und Jahre,
Stuben sind hell und Fenster von Schatten bewegt.

Und den Fluch im Genick muß ich all die Leidenden schauen,
Wie das lebt, wie das schlägt, und Worte bildet und glaubt,
Weinen und Sehnsucht zu all diesen Männern und Frauen
Faßt mich und beugt mein schwarzes, mein ewiges Haupt.

Und dem furchtbaren Blick erscheint in der alternden Kammer
Lehrerin, bitter und steif, die sich elend zu Ende führt.
Mutter, das Schwert im Herzen, die all ihren Jammer
Heilig ertragend im Hause die Hände rührt.

Jugend geht in den Krieg und schweiget. Geizige Knochen
Schrecklicher Greise klappern von Haß verzehrt.
Selbst die Unschuld, geboren aus blutigen Wochen
Hat den Leib einer lieblichen Frau verheert.

Und sie tragen sich selbst mit Worten. Elend ist Glaube!
Manche ahnen die Lüge, Gefährten von meinem Fluch.
Doch eine süße Schwester mit weißer, edelster Haube,
Hütet den Kranken, und ebnet das fiebrische Tuch.

Und sie nehmen es hin, daß sie sind, und zum Sterben geboren.
Manchmal lächeln sie gut, und tragen im Auge das Heil.

Und dann fühle ich weh: Ich bin verworfen, verloren,
Stolz und geflügelt und hart und unbeugsam und steil.

Ich bin der Geist ihrer Klage, der Gnadenlose und Klare,
Der sich gegen den Fluch despotischer Gnade bäumt!
Rein will ich sein und Geist, das ist Schmerz. Und heiße der Wahre,
Der umsonst an das Tor der Versöhnung und Liebe schäumt.

Aber seh ich am Abend die so geliebten Gestalten,
Reißt mich Schluchzen dahin, und es sinket und schwebt
Aller Tränen die reinste, und ruht als Stern in den Falten
Kalten Himmels, Stern, der meinen unseligen Namen lebt.

Held und Heiliger
Prophezeiung an Alexander
Held
Du Entfachter auf dem Scheiterhaufen,
Dem die Feuer um die Stirne laufen,

Sprich, was drückst Du die gepechten Drachen
An Dein Antlitz, überschwemmt von Lachen?

Heiliger

Reiter Du auf dem bebuschten Pferde,
Sieh mich an. Ich bin die Schuld der Erde!
Und ich zahl mich! Wie die Aschen sinken,
Brüllt schon Gott vor Lust, mich auszutrinken.

Held

Nennst Du Trank Dich und zerbrichst den Becher,
Sieh mich an! So nenne ich mich Zecher.
Dieses Da ist da, daß ich es saufe,
Und wer mich säuft, meiner überlaufe!

Heiliger

Eitelster, der auf dem Rosse reitet,
Deinem Pferd ist mehr die Welt bereitet!
Ohne Opfer soll Dir Gott gehören?
Wen Gott will, den muß er sich zerstören!

Held

Kann dies Jetzt denn ohne mich geraten?
Gibt es Leben außer meinen Taten?
Du und Er und alle sieben Reiche
Sind, wenn ich sie in die Tasche streiche.

Heiliger

Nennst Du Leben die verruchten Stunden?
Erst die Stunde, die Dich überwunden,
Erst das Weh, zu dem Er Dich erkoren
Hebt in Gnad Dich an. Du wirst geboren ...

Held

Schon verbrennst Du, Mann, in Deinem Brennen.
Brand, der nicht verbrennt, will ich mich nennen.
Wer nicht liebt, kann nicht zugrunde gehen.
Sterben alle, bleib ich doch bestehen.

Heiliger
(schon als Asche zusammensinkend)

Alexander über tausend Meeren,
Hör die Flammen an, die sich verzehren!
Hör den Staub, zu dem ich mich vermische!
Liegt ein Freund bei Dir an Deinem Tische,
Ist sein Blut bestimmt, Dich zu bespritzen.
Du vergißt, auch Du kannst nur besitzen.
Schwer in Händen bleibt, was Du errungen,
Im Besitz schon hat Dich Gott bezwungen!
Daß er furchtbar seine Gnade wähle,
Rüste die noch nicht verdammte Seele!

Alte Dienstboten

In dem sanften Wallen der alten Frühlinge
Stehn die alten Dienerinnen von Haus zu Haus.
Der ausgebrannte Himmel schwebt dem Mond entgegen,
Der Sonntag füllt mit seinem zarten Tod die Straße aus.
Sein letzter Odem trägt den Schall von Ruderschlägen,
Von Ufer, Hügelton und Klang von Weggesprächen her.
Die alten Mägde haben gütige Hüte auf,
Mild von Vergangenheit und kaum entlächelnd mehr.
Nur manche Masche oder kühne Rose schlägt zum Flug die Flügel auf.
Gestrickten Handschuh tun sie ab mit treuem Gruß und altem Nicken,
Eh sie sich in das Dunkel ihrer Tore schicken.

Ach diese alten Frauen tragen ewig auf den alten Händen
Das erdenlose schluchzende Traumlicht vom frühen Tag.
Wohin sie auch ihr Gehen wenden,
Klirrt ein Geschirr, ist Küche um sie, Stiege, alter Uhrenschlag.

Im Hof ist Lärm, im Herd die ewige Kohle.
Sie hören auf dem Gang das Schlürfen ihrer Sohle,
Sie haben keinen Sohn und kein Geschick,
Kein Bett zum Sterben breit. Nur kleinen Klatsch im Flur.
Schon keift die Herrin auf, die aus der Türe fuhr....
Unwandelbar in Ehrfurcht, so mit scheu gebeugtem Rücken
Sind sie bereit, sich neu zu ewigem Dienst zu bücken.

Doch ich Verworfener der Lust und Eitler in der Zeit,
Ich weiß, daß diese alten geisterhaften Leben
Sich ohne Ende über meins erheben,
Das voll von Hoffart Worte machen mag.
Nur uns zu prüfen gab uns Gott den Tag,
Allein des Tages Sinn heißt Heiligkeit.
O heiliger Dienst, o Dienst, der niemals schließt,
O Einfalt, die nichts weiß und nichts genießt,
O Licht am Abend überm Tisch gebückt!
Gepriesenes Leben, Dienst! Mit abgeschundenen Händen,
Sich irdisch tilgend, himmlisch zu vollenden!

Jesus und der Aser-Weg

Und als wir gingen von dem toten Hund,
Von dessen Zähnen mild der Herr gesprochen,
Entführte er uns diesem Meeres-Sund
Den Berg empor, auf dem wir keuchend krochen.

Und als der Herr zuerst den Gipfel trat,
Und wir schon standen auf den letzten Sprossen,
Verwies er uns zu Füßen Pfad an Pfad,
Und Wege, die im Sturm zur Fläche schossen.

Doch einer war, den jeder sanft erfand,
Und leiser jeder sah zu Tale fließen.
Und wie der Heiland süß sich umgewandt,
Da riefen wir und schrieen: Wähle diesen!

Er neigte nur das Haupt und ging voran,
Indes wir uns verzückten, daß wir lebten,
Von Luft berührt, die Grün in Grün zerrann,
Von Eich' und Mandel, die vorüberschwebten.

Doch plötzlich bäumte sich vor unserem Lauf
Zerfreßne Mauer und ein Tor inmitten.
Der Heiland stieß die dumpfe Pforte auf,
Und wartete bis wir hindurchgeschritten.

Und da geschah, was uns die Augen schloß,
Was uns wie Stämme auf die Schwelle pflanzte,
Denn greulich vor uns, wildverschlungen floß
Ein Strom von Aas, auf dem die Sonne tanzte.

Verbissene Ratten schwammen im Gezücht
Von Schlangen, halb von Schärfe aufgefressen,
Verweste Reh' und Esel und ein Licht
Von Pest und Fliegen drüber unermessen.

Ein schweflig Stinken und so ohne Maß
Aufbrodelte aus den verruchten Lachen,
Daß wir uns beugten übers gelbe Gras
Und uns vor uferloser Angst erbrachen.

Der Heiland aber hob sich auf und schrie
Und schrie zum Himmel, rasend ohne Ende:
„Mein Gott und Vater, höre mich und wende
Dies Grauen von mir und begnade die!

Ich nannt' mich Liebe, und nun packt mich auch
Dies Würgen vor dem scheußlichsten Gesetze.
Ach, ich bin eitler, als die kleinste Metze
Und schnöder bin ich, als der letzte Gauch!

Mein Vater Du, so Du mein Vater bist,
Laß mich doch lieben dies verweste Wesen,
Laß mich im Aase Dein Erbarmen lesen!
Ist das denn Liebe, wo noch Ekel ist?!"

Und siehe! Plötzlich brauste sein Gesicht
Von jenen Jagden, die wir alle kannten,
Und daß wir uns geblendet seitwärts wandten,
Verfing sich seinem Scheitel Licht um Licht!

Er neigte wild sich nieder und vergrub
Die Hände ins verderbliche Geziefer,
Und ach, von Rosen ein Geruch, ein tiefer,
Von seiner Weiße sich erhub.

Er aber füllte seine Haare aus
Mit kleinem Aas und kränzte sich mit Schleichen,
Aus seinem Gürtel hingen hundert Leichen,
Von seiner Schulter Ratt und Fledermaus.

Und wie er so im dunklen Tage stand,
Brachen die Berge auf, und Löwen weinten
An seinem Knie, und die zum Flug vereinten
Wildgänse brausten nieder unverwandt.

Vier dunkle Sonnen tanzten lind,
Ein breiter Strahl war da, der nicht versiegte.
Der Himmel barst. — Und Gottes Taube wiegte
Begeistert sich im blauen Riesen=Wind.

Neue Gedichte
1916
(In Buchform noch nicht veröffentlicht)

An den Richter

Ich habe meine Lampe ausgelöscht und mich zu
 Bette gelegt in mein fremdes Bette.
Da wallte mir durchs Fenster die bleiche Welt der
 Nacht, und der aufgebaute Berg beugte sich über
 meine Brust und wankte.
Die reißenden Hunde bellten in den schattenlosen
 Höfen des mondreichen Dorfes und ich
Verwarf mich und stand auf und zündete die un=
 willige Lampe wieder an.

Ich will nichts von den Früchten und Speisen ge=
 nießen, die noch auf meinem Tische stehn, ob=
 gleich es mich gelüstet.
Ach die Befriedigung vertritt uns Deinen Weg,
 und wer weich kniet, betet heiser.
Mit dem Apfel lockt der Arzt das kranke Kind von
 seinem Weinen ab, um Fieber zu messen;
Weh uns, verheert von Lockung und Genuß, all=
 zubereit die edle Stätte des ewigen Erkennt=
 nisschmerzes zu verlassen!!

O mein Richter! Meine Feinde haben mich ent=
 rätselt, durchschaut und geschlagen.
Sie verwarfen mich, und ich mußte mich mit ihnen
 verbünden.

Sie schalten mich: Scheinmensch, charakterlos,
eitel, träge, gleichgültig, zu klein zur Sünde,
zu gering zur Wohltat, schwach im Frevel und
wertlos in der Reue,
Und ich hörte sie, und fuhr gegen mich, und gab
ihnen Recht — mein Richter — und muß mich
hassen!

Ich bekenne — und wenn auch dies Eitelkeit ist,
weh, vermag ich nichts dagegen, bekenne dennoch:
Ich war an diesem einzigen Tage so klein und
niedrig, mittelmäßig und schwach, wie nicht einer
an meinem Tisch —
Höflich war ich aus Angst, lobsprecherisch aus Feig=
heit, aus Trägheit zweizüngig und ohne Halt,
Liebe vergalt ich mit böser Hoffnung, Sorge
mit sorglosem Schwachsinn.
Es ist nicht die Lust der Zerknirschung, wenn ich
mit dem weidenden Vieh vergleiche.

Wie köstlich ist der kommende Tag, mein Richter,
wie träumt man sich wandeln im Gebirg, wie
hoffend auf Größe.
Aber der abgestorbene Tag ist schrecklich, man sieht
sich ungern nach ihm um, wie nach einem Kübel
voll Kehricht.

Wird es immer so sein? Mein Tag immer so sein,
bis zum letzten Tage?
Und wird sich im schmutzigen Kranken noch die
alte Sturmglocke der Schuld empören?!

Mein Richter, ich weiß nichts vom kommenden
Tag, von jenem Tag, nicht ob Du wirst zu
Gerichte sitzen, mein Richter.
Aber Deinen Gerichtstag fürchte ich nicht, Deine
Erhabenheit nicht, Dich nicht, mein Richter,
mich fürchte ich, ich fürchte mich, Mich.
Meine lahme Seele fürchte ich, mein stummes Herz,
den unverzweifelten Blick, den Leichtsinn, das
So und So, das leere Achselzucken!
Ich weiß nicht, ob Du bist, mein Richter, aber ich
wünsche, daß Du bist, mein Richter, und will
Deine gute Rute besprechen.

Ich sitze in diesem kalten Zimmer vor meiner Lampe.
Horchst Du an meinem Fenster? Ich kann die
Sterne sehn.
Ich wende meinen Kopf scheu zum Fenster, und
rufe Dir diesen Gesang zu, und mache diesen
Gesang den Schlafenden kund.
Meine Lampe erfriert. In das Grab des schreck=
lichsten Todes sehe ich, ich sehe den geistigen Tod,

ich fühle das fieberlose Übel, Trägheit des Herzens!
Mit kalten Fingern sitze ich da, ohne Hilfe, und völlig ratlos.

Bald werde ich mich unter meine Decke legen, meinen Leib dehnen, und ruhig atmen.
Laß es nicht zu, mein Gott, dieses Stunde um Stunde, dies Heute und Gestern, dies Immer und Ewig!
Aber vielleicht hast Du keine Macht über mich, wie ich keine Macht über diesen Gesang habe, der in seiner Wahrheit noch gleisnerisch ist.
Und nicht einmal den Wahnsinn darfst Du mir mit seinen Sperberschwärmen und großen Steppen schenken!

Gebet um Reinheit

Nun wieder, mein Vater, ist kommen die Nacht, die alte immergleiche.
Sie durchschreitet all uns die Wunderblinden mitten im Wunder.
Und die Stunde ist da, wo die Menschen, unwissend des tiefen Zeichens,
Vor ihr Wasser treten, den Kopf eintauchen, und die beschmutzten Hände spülen.

O heilig Wasser der Erde, doppelt bestimmt, zu tränken und zu reinigen!
O mein Gott, o mein Vater, heilig Wasser der Geisterwelt!
Ist nicht meine Sehnsucht nach Deiner Kühle Gewähr, daß Du springst und spülst,
Ist nicht mein Zweifel noch das Hinlauschen nach Deinem süßen Gefälle?

Ich senke meinen Kopf und tauche ihn in die Feuchte des Lampenkreises.
Ich halte Dir meine beschmutzten Hände hin, wie ein Kind, das am Abend der Waschung wartet.
Nach einem lügnerischen Tage will ich mich sammeln, um in dieser Spanne wahr zu sein.
Ich will mich in meiner Hürde zusammendrängen, bis das Geheul meiner Eitelkeit verstummt.

Dein Psalmist, mein Vater, hat wider seine Feinde gesungen,
Und ich, mein Vater, folge ihm, und singe einen Psalm hier wider meinen Feind!
Ach, ich habe keine Feinde, denn wir Menschen lieben einander nicht einmal sosehr, um uns Feinde zu sein.
Aber ich habe einen Feind, einen gewaltigen Feind, der mich berennt, und an alle meine Tore pocht.

Ich habe einen Feind, mein Vater, der an meinem
        Tisch sitzt und Völlerei treibt,
Während ich meine verdorrten Hände falte und
        darbe, und sich am Fenster die Hungrigen drängen.
Ich habe einen Feind, der aufstoßend nach der Mahl=
        zeit seine Zigarre raucht und fett wird,
Während ich immer geringer werde, und zusehn
        muß, wie er das Gut meiner Seele verpraßt.

Ich habe einen Feind, mein Vater, der meine edle
        Rede in Geschwätz verkehrt und in Selbstbetrug.
Ich habe einen Feind, der mein Gewissen liebe=
        dienerisch macht, und meine Liebe mit Trägheit
        erstickt,
Ich habe einen Feind, der mich zu jeder Niedrig=
        keit verleitet, zur Wollust des Sieges an den
        Spieltischen,
Der ich doch ein Meister der göttlichen Genüsse bin.

Warum hast Du mich mit diesem Feind erschaffen,
        mein Vater, warum mich zu dieser Zwieheit
        gemacht?
Warum gabst Du mir nicht Einheit und Reinheit?
        Reinige, einige mich, o Du Gewässer!
Siehe, es wehklagen all Deine wissenden Kinder
        seit eh und je über die Zahl Zwei.

Ich tauche meinen Kopf ins Licht und halte Dir
meine Hände hin zur Waschung.

Befreie mich, reinige mich, mein Vater, töte diesen
Feind, töte mich, ertränke diesen Mich!
Wie selig sind die Einfachen, die Unwissenden, selig
die einfach Guten, selig die einfach Bösen!
Aber unselig, unselig die Entzweiten, die Zwiefachen,
die zu= und abnehmenden Gegenspieler.
O heilig Gewässer, um Dein und meiner Größe
willen, hilf mir!

Einem Denker

Dein Blick, mein Bruder, hat mich erschreckt.
Ich habe um Deinen Mund und über Deinen Brauen
einen bösen Mangel entdeckt.
Meine Sphäre war traurig,
Ihr mißfiel Deine Art
An der Spitze des Tisches zu sitzen, zierlich geduckt,
Mit gekreuzten Armen, freundlich, listig, kätzchen=
haft.

Tu dieses Ducken aus Deinen Augen, mein Freund!
Laß ab von der barbarischen Bereitschaft des An=
klägers und Angreifers!
Wie deute ich mir,

Wie verstünd ich's,
Daß Du den feurigen Talar des Richters unverbrannt durch die gleichgültigen Räume trägst,
Daß Dein Wort Dir gelingt, Dein Schlaf Dir gelingt,
Du Schläfer an Dir vorbei, Du nicht Erwachter!?

Wie soll ich Dein Gebrechen nennen, Schläfer?
Ich will Dein Gebrechen Selbstgerechtigkeit nennen, Schläfer!
Denn wer zu Gericht sitzt
Über die Sünder,
Sitzt hinterm Kreuz, ist im Recht, braucht seiner Schuld nicht zu gedenken, darf sein Wesen vergessen,
Und der Henker erspart die Pflicht, sich selbst den Kopf abzuhaun.

Ich bitte Dich mit der Hand auf dem Herzen, ich beschwöre Dich, laß ab davon!
Es ist mir sehr wohl bekannt, was uns alle zur Anklage treibt, zu Urteil, Bannstrahl, Ächtung und zu der Seligkeit des Hohns.
Du aber bist wie ein Knabe,
Und scheinst nicht zu wissen,
Daß Du nur angreifst, um Dich vor Dir zu verteidigen,
daß Du mit Deinem Schilde Deine Blöße bedeckst ...

Aber vergiß nicht, daß Aussatz und Räude dereinst
unsern erhabensten Triumphschrei zum Gespött
machen.

Ich will Dir ein Wort sagen, das Du nicht begreifen
wirst.
Ich sage Dir: die Selbstbehauptung im Geiste ist
Selbstvernichtung, die Selbstvernichtung im
Geiste aber ist Selbstbehauptung.
Kennst Du die starke Waffe
Der wirklichen Sieger?
Sie verachten das Wort, sie ziehn die Niederlage
dem Sieg vor, sie ergeben sich, sie lassen sich ge=
fangen nehmen ...
Denn furchtbar ist der Demütige, furchtbarer der
Reine, der sich erkennt, und ein Tamerlan, wer
sich aufgibt!

Ich tadle Deine Philosophie, mein Bruder, weil
sie die Philosophie der Gerichtshöfe ist.
Sie ist dialektisch, forensisch, sie betet das Wort
an und die Unterscheidung der Worte.
Aber die Worte sind
Bedingter noch als die Dinge.
Die Dinge verstellen den Geist, die Worte verstellen
die Dinge, und der Geist der Worte

Ift wundersam und angenehm zu faffen in feinen
Gefügen und Reimen, aber eitel und troftlos
für die Leidenden.

Sprich, o sprich mir nicht von all dem Frevel, der
Dir widerfährt und Dich vereinsamt.
Glaube mir, die Unvollkommenheit, die uns trennt,
ist lange nicht so groß, wie die Unvollkommen=
heit, die uns vereint.
In Dir ist aber noch
Der alte Adam allzusehr!
So hängst Du Dich an Ehre, Mut und Mannheit,
an die Tugenden der Bestie und ihre Voll=
kommenheit,
Vergiffest, daß die Vollkommenheit die Lilie der
göttlichen Vernichtung ist.

Du bist zu schnell an den Betten vorübergegangen,
auf denen die gelben Sterbenden rasten,
Du warst, mein Bruder, mit Gerichtsakten be=
schäftigt, als die Sträflinge ihren einstündigen
Marsch im Hof anhuben.
Du kennst jene Weisheit nicht,
Höher als alles Mitleid!
Du kennst nicht jenes Hindurcherkennen, plötzlichen
Aufgang andern Lichts, die Demokratie der Un=

gleichheit, und das Bewußtsein, daß wir alle
Hände haben,
Du kennst noch nicht jene kostbaren Tränen, deren
man wenig in einem Leben vergießt.

Ballade von Wahn und Tod

Im großen Raum des Tags
Die Stadt ging hohl, Novembermeer, und schallte
schwer,
Wie Sinai schallt. Vom Turm geballt
Die Wolke fiel. — Erstickten Schlags
Mein Ohr die Stunde traf,
Als ich gebeugt saß über mich zu sehr.
Und ich entfiel mir, rollte hin, und schwankte da
auf einem Schlaf.

Wie deut' ich diesen Schlaf,
Wie noch kein Schlaf mich je trat an, da ich verrann
In Dunkelheit, so mich eine Zeit
In mein Herz traf?
Und als ich kam empor,
In Traum auftauchend Atemgang begann,
Trat ich in mein vergangnes Haus, in schwarzen
Flur durchs winterliche Tor.

Nun höret, Freunde, es!
Als ich im schwarzen Tage stand, schlug mich eine
                                                  leichte Hand.
Ich stand gebannt an kalter Wand.
O schwarzes, schreckliches
Gedenken, da ich ihn nicht fand,
Den Leichten, der mich so ging an
Und mich im schwarzen Tag des Tors geschlagen
                                  leicht mit seiner leichten Hand.

Es fügte sich kein Schein,
Und selbst das kleine schnelle Licht, das sich in falsche
                                              Rosen flicht,
Und unterm Bild vergeht und schwillt,
Das kleine Licht ging ein.
Es trat kein schwarzer Engel vor,
Kein Schatten trat, kein Atem trat aus dem kalten
                                                Stein!
Doch hinter mir in meinem Traum, aufschluchzend
                                      kaum versank das Tor.

Und auch kein Wort erscholl.
Doch ganz mit meiner Stimme rief ein Wort in
                                          meinem Orkus tief.
Und wie am Eichenort ein Blatt war ich verdorrt.
Weh, trocken, leicht und toll

Fiel ich an mir herab und fuhr in Herbst und großem Stoß.
Mich nahm ein Wort und Wind mit fort,
Das Wort, das durch mich stieß, das Wort mit dreien Silben hieß, das Wort hieß: rettungslos.

O letzte Angst und Schmerz!
O Traum vom Flur, o Traum vom Haus, aus dem die Frau mich führte aus!
O Bett im Dunkel aufgestellt, auf dem sie mich entließ zur Welt.
Ich stand in schwarzem Erz,
Und hielt mein Herz und konnte nicht schrein,
Und sang ein — Rette mich — in mich ein.
Der Raum von Stein baute mich ein. Ich hörte schallen den Fluß und fallen, den Fluß: Allein.

Und da es war also,
Tat sich mir kund mein letztes Los, und ich stieg auf aus allem Schoß.
Im schwarzen Traum vom Flur zerriß und klang die Schnur.
Und ich erkannte so,
Warum da leicht und fein die Hand mich schlug,
Die schwach an meine Stirne fuhr,
Und meinen Gang geheim bezwang, daß ich nicht wankte mehr, und kaum mich selber trug.

Und als ich ihn erkannt,
Den Augenblick, der mich trat an, da war ich selbst
                            der andre Mann,
Und der mir hart gebot, ich selber war mein Tod.
Und nahm mir alles unverwandt,
Und wand es fort aus meiner Hand und hielts
                                    gepackt —
Genuß und Liebe, Macht und Ruhm und jammernd
                            die Dichtkunst zuletzt.
Und stand entsetzt und ausgesetzt und ohne Wahn
                          und aufgetan und völlig nackt.

O Tod, o Tod, ich sah
Zum erstenmal mich wahrhaft sein, mich ohne
                            Willen, Wunsch und Schein,
Wie Trinker nächtlich spät sich gegenüber steht.
— — Er lacht und bleibt sich fern und nah — —
Ich stand erstarrt in erster Gegen=Wart allein zu
                                      zwein.
(Ach, was wir sagen lügt schon, weil es spricht)
Ich fand mich, ohne Wahn mich sein, und starb
                            in mein Erwachen ein.

Im großen Raum des Tags
Hob ich mein Haupt auf aus dem Traum, und sah
                           auf meinen Fensterbaum.

Die Stadt ging hohl, Novembermeer, und schallte schwer,
Der Himmel glühte noch kaum.
Ich aber ging hinab mit großem Haupt und Hut,
Und ging durch Straßen, rötliches Gebirg und Paß...
Mein Haupt vom Traum umlaubt noch. Ging mit dumpfem Blut.

Ich ging, wie Tote gehn,
Ein abgeschiedner Geist, verwaist und ungesehn.
Ich schwebte fern und kühl durch Heimkehr und Gewühl,
Sah Kinder rennen und sah Bettler stehn.
Ein Buckliger hielt sich den Bauch, und eine Greisin schwang den Stock und schrie,
Leicht eine Dame lächelte. Ein Mädchen küßte sich die Hand...
Und ich verstand, was sie verband, und schritt in großer Alchimie.

Der Tempel

O Tempel, in die
Zarteste Stunde gebaut,
Wenn schon die unermüdlichen
Schmetterlinge
Die kreisenden welken an

Der alten Lampe des Weisen und
Die Träumer plötzlich das Haupt
Tauchen aus tausend Fenstern.

Tempel,
In solcher Stunde erschallend,
Läßt Du uns gehn
Über die Treppe.
Aber wenig leuchtet
Die Laterne voran des Priesters,
Wenn tief der Tierkreis
Brüllet und leis im Schlaf.

Wie bald doch steh ich
Und schon im Kuppelsaal.
Dort aber rundet
Der offne Himmel.
Ein Morgen
Macht ihn schon fast
Zum verschwommenen Knaben.
Doch in dem hellen Boden
Findet er sich bemessen
Zu unseren Füßen wieder
Genau
Im bildenden Wasserteich.

Wie da ruhen
Über unseren Schultern
Die einhaltenden Vögel,
Die Planeten sich aus.
Sitzen sanft eine Weil' nur,
Geschlossene Flügel
Auf atemlosen Säulen.
Trällert einer im Schlaf.
Aber als letzter
Luzifer schwirrend
Hebt sich hinweg
Morgender Stern.
Mit fernem Gelächter
Spiegelnd Gefieder
Im schon helleren Bassin.

Nun aber seh ich
Wolken grünen im Wasser.
Sehe dreifach
Das Strandgut treiben
Im kleinen Umkreis
Des Brunnenteichs.

Wohl weiß ich,
Und nimmer täuschet mich wer,
Mattes und Morsches.

Drei Dinge schwimmen,
Kleines Brett Noahs
Binsenkorb Mosis
Holzspahn der Krippe.
Drei Schatten schwimmen
Auf wachsendem Himmel.
Nun aber schreiten —
(Da es doch bald mehr Frühe ist)
Die Männer hinaus,
Die herrlichen
Nach der Abfertigung.
Über den Brauen
Schimmern die Glatzen vor Osten.
Sie neigen und schreiten
Die Heiligen schreiten
Hinter Planeten.
Frühe Arbeiter
Und kühl
Von diesem Himmel und Frische.
So schreiten sie,
Ohne zu wecken,
Gesenkte Stirnen,
Aus allen Türen zugleich
Hinaus aus diesem
Kuppelkreis,
Die Verschmäher der Speise.

Die heilige Elisabeth

für Gertrud Spirk

Wie sie geht
Die Schwester der fünften Stund und der Lerchen,
Unter dem noch versagenden Himmel,
Dem atmenden Osten voraus!
Über Stufen
Steigend nieder
Am Klirren vorbei des frühen Frühlings ...

    Aber es wehen noch, es fliegen
    Die wahrhaft gläubigen Träumer
    Durch Träume auf schlagenden Fittichen,
    Über den unzähligen Morgen,
    Stürzen sich in die Meere,
    Brust und Haar voll Auferstehungswind.

Ihre Füße lächeln
Über die Steine nieder.
Doch in den harten
Gebeizten Händen
Hält sie, die Dienende,
Den gedeckten Korb.

Nun drängen schon
Hunde und räudige Krüppel,

Krähende Tolle
Sich an das Jenseits ihres Knies.
Bettler mit Näpfen
Heben sich auf,
Gestreifte Kranke,
Lampe in Händen,
Hastende Kinder,
Betrunkene Greise,
Huren, Gelichter, sterbende Sünder,
Wanken geschlossenen Auges ihr nach.

Schon heult die Stadt auf
Und ächzt in ihren Morgen ein.
Durch den Nebel der Kaserne
Bricht die entsetzliche Trompete.
In den Asylen krächzt
Der Greis, gewälzt von der Bettstatt
Flößerruf!
Die schweren unseligen Pferde
Neigen in Höfen ihr Haupt.

Sie geht noch,
Eh sie verfließt,
Eh ihr Aufwärtslächeln
Sich einmischt in die Antwort des Himmels,
Sie geht noch die Magd,

Sie weht noch die hohe Deutsche ...
O Dämmerung ihres Haars,
O Schritt, o Blick,
Wie sie geht, die Schwester der fünften Stunde!

Der Ruf

So stand sie schon vor dem großen Nachmittagstor,
Und hielt mit ihrer Hand den Durchblick zu.
Ihr Kleid sang westlich im tiefen Wind.

Dort aber war der Tag,
Wo Munde abwärts ernster werden,
Und Hände hart, die nicht mehr streichelnden.
Des Auges Willen geht dort nicht mehr aus vor Herz.
Nicht rast das Antlitz mehr dort,
Die süße Fläche ebbet, weh flieht in sich.
Der Schritt verwaltet keinen Tanz mehr dort.
Schritt schreitet Arbeit, Arbeit dort und Verlust.

Ihr Fuß so stand auf dem Schwellenstein.
Doch ihre Hand vor ausblickendem Aug.
Das Haar im Zephyr leicht ...
Ich rief sie an.

Doch wie sie sich wandte,
Wie sie horchte nach dem Rufenden hin,

Hob in den Lüften um sie ein Kampf an.
Die ernsten Dämonen des Ausgangs taten sich in
                                  Wind,
Rafften mahnend vorwärts Kleid ihr und Haar.
Aber die jauchzenden Götter des Aufgangs
Warfen sich in die Saiten der Sonne,
Töneten, sangen die Leichte zurück.

Da aber wankte ihr Antlitz unter den Schatten,
Und sie sah mich stehn im rollenden Tag,
Sah mich unter den brüllenden Festen:
Ruhm, Mittag, Lüge, Gesang und Blauheit!
Sie selbst war Wachsen schon der Brüst', Aufbruch
                                  des Munds.
Ich rief noch einmal . . . .
Wie im leichten Schmerze,
Zögernd,
Wehte sie ihre edle Mädchenheit mir zu.

Vergessen

An dieses Flusses Walten wachend,
Hinüberruhend
Nach des Eilands, nach des Schilfes nördlichem
                                  Drang,
Habe ich Dein vergessen.
Vergaß Dein Antlitz,

Deiner Züge Niederwehn
In die offenen harten armen Händ'.
Vergessen hab' ich Deinen Abendschmerz in diesem
                                            Abend ...
Niedrige Möven schnellen über Wirbel hin.
Das Gras braust in die Nacht.
Weh mein Gesicht ist Sünde!

Müdigkeit

Tiefe Schwester der Welt
Weilt auf bewimpeltem Bord,
Schützt ihren Krug vor dem Glanz,
Der schon im Westen zerstürzt.

Mit dem Gelächter des Volks
Löst sich das Schifflein und schäumt.
Aber die Göttin und Gold
Rollt mit den Wellen noch lang.

Herz und Atem versinkt,
Woge, in welchen Schlag?
Mischt schon die Fledermaus
Elemente und Mohn?

Abendgestade und Blick
Schwinden hin. Kiel und Delphin.

Lebt noch über der Bucht
Maulbeer, Limone und Öl?

Schrei

Es wandeln oben vielleicht die reinen Dämonen,
Ernste Frauen,
Weilende Augen ohne Ebbe,
Mit abwärts schon wachsendem Mund ...

Aber wir unten
Wir Knechte
In diesem Pfuhl von Luft!
Ausatmend, einatmend,
Die Zeit vertreibend,
Gute Vergesser ...
Und dennoch
Von uns befallen,
Von uns befallen.
Im Hals den großen Skorpion,
Der an den Gaumen juckt.
Den gebundenen Teufel,
Mit Stachel und Scher',
Den modernden Asmodi,
Der zum Mund ausführt,
Verbindlich, eitel, wohlgestalt,

Der Lügenvater
über unsere
Edle
Von Wahrheit blutende Lippe.
Wir unten, wir!

Hilflos wie Knechte,
Erstickt von Betrügen
Erwürgt von Verraten,
Gebeugte Auswandrer
Wir aus uns selber,
Verbrecher, verfolgt
Von gewordenen Worten.
Wettläufer ins Aus,
Preisspringer ins Ende,
Von den Türmen der Stunden —
Zerekelt, ewiglich, immer, —
Träge uns schleudernd in Schlaf.

Der Dichter

Ah! Ich habe mich ausverraten.
Mein entsetzliches Geheimnis und mein gütiges,
Aus den Kasernen der Verstellung ausgebrochen!!
Das gepflegte Antlitz meiner Lüge,
Das blatternarbige Antlitz meiner Wahrheit,

Enträtselt sich zur Wahrheit.
Ich schrieb mir unbekannte Chiffernschrift,
Unerbittlich log ich Wahrheit.
Nun beginne ich mich zu bedeuten,
Nun beginne ich hinter meinem Weiß hervorzu=
kommen,
Nun baue ich mich auf mit abgehackten Händen...
Hilflos
Höhn ich mich Hilflosen von fern an.